이효석 전집 6

이효석 전집 6

초판 1쇄 인쇄 2016년 12월 1일
초판 1쇄 발행 2016년 12월 5일

엮은이 이효석문학재단
펴낸곳 서울대학교출판문화원
펴낸이 성낙인

책임편집 박희자
디자인 장혜원

출판등록 제15-3호

주소 (08826) 서울 관악구 관악로 1
대표전화 02-880-5252 | **팩스** 02-888-4148
마케팅팀(주문상담) 02-889-4424, 02-880-7995
이메일 snubook@snu.ac.kr
홈페이지 www.snupress.com

ISBN 978-89-521-1801-1 04810
978-89-521-1795-3 04810 (세트)

이효석 전집

콩트, 소설
수필 외, 설문
권말 부록

6

이효석문학재단 엮음

서울대학교출판문화원

이효석(구본웅 그림)

❶ '푸른집' 정원에서
❷ '푸른집' 거실에서
❸ 1939년 평양 대동공전 영문학 교수 시절
❹ 1929년 경성제대 재학 시절

❺ 1940년대의 이효석과 그의 육필 서명

❻ 부인 이경원

❼ 말년의 이효석

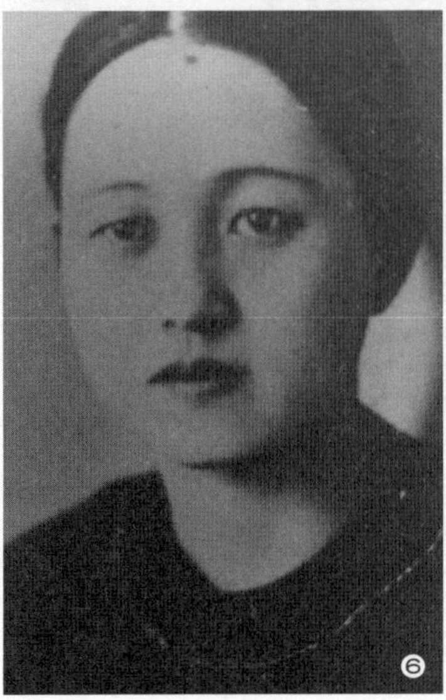

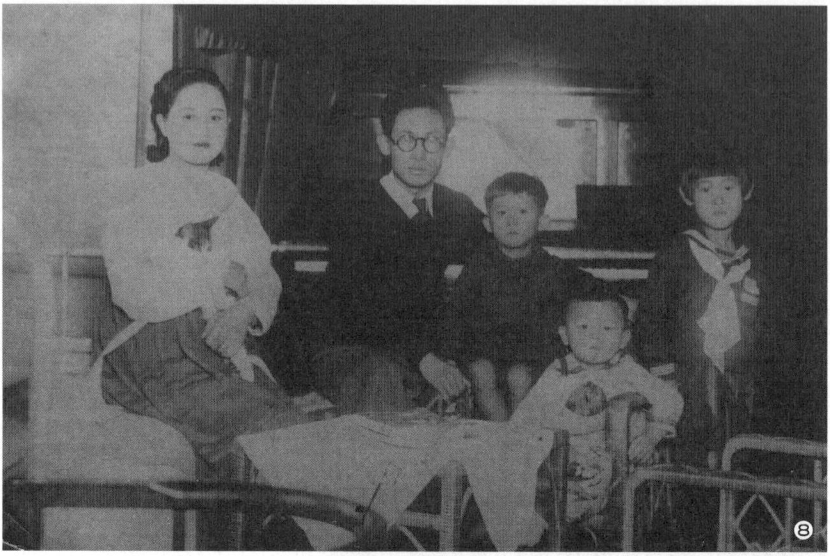

❽ 가족사진('푸른집' 거실에서)
❾ 부인 이경원과 함께

❿ 모친 강홍경
⓫ 부친 이시후와 모친 강홍경

◆ 이효석 전집 교감 및 편집을 마치고

최초의 이효석 전집은 1959년에 춘조사(春潮社)에서 간행된 『李孝石全集』(전 5권)이다. 이 한 질의 책은 이효석의 장남 이우현의 헌신적 노력의 결실로 빛을 보게 되었다. 1956년에 경기고등학교를 졸업한 그는 연소한 나이로 국립도서관 등지를 찾아다니면서 1942년에 작고한 부친의 작품들을 일일이 모아서 필사한 후 다섯 권의 전집으로 묶었던 것이다.

그 후 미국 유학길에 올랐던 이우현은 반생 동안 고국을 떠나 살다가 2011년에 귀국했다. 이듬해 사재를 출연하여 이효석문학재단을 설립한 그는 부친의 문학을 기리는 몇 가지 중점 사업을 시작하였다. 그중의 하나가 텍스트 비평을 거친 정본 전집 간행 사업이다. 기왕에 전집을 편찬해 본 경험이 있는 그에게 이번 전집 출간이 결코 생소한 일은 아니었을 것이다. 그러나 50여 년 전에 나온 전집과 이번 전집은 그 성격이 판이하다고 할 수 있다. 왜냐하면 이번에 간행된 것은 원전을 포함한 관련 문헌을 엄격히 교감하면서 작성한 텍스트로 이루어진 이른바 '결정판' 전집이기 때문이다.

교감 작업은 쉽지 않았다. 예전부터 우리나라 학계에서 문헌학이나 훈고학은 학문의 중요 분야로 전승되어 왔지만, 근자에 이르러서는 웬일인지 원전 문헌을 교감하는 일이 소홀히 대접되고 있다. 학자들이 개인적인 필요성에 따라 문헌을 조사하고 정본 텍스트를 확정한 사례는 더러 있지만, 현대의 중요 작가들, 특히 소설가들의 작품이 철저한 텍스트 비평을 거쳐 정본 전집으로 출간된 예는 찾아보기 어렵지 않을까 싶다. 이런 풍토 속에서는 문헌 교감에 대한 학계의 깊은 이해나 호의적 후원을 얻어 내기가 쉽지 않았고, 또 그런 작업의 준거가 될 만한 학계의 관행이나 기준을 찾아보기도 어려웠다.

어려움은 거기에 그치지 않았다. 이효석은 1920년대 말엽에서 1940년대 초엽에 걸쳐 작품 활동을 했는데, 그 시기에는 국한문 혼용이 시작된 지 얼마 되지 않아 우리말 정서법이 제대로 확립되어 있지 않았으므로 작가들마다 어법이 달라 극심한 혼란을 겪고 있었다. 그래서 오늘날의 독자들이 70, 80년 전의 우리나라 문헌을 대할 때에는 현대 영국 독자들이 400여 년 전 셰익스피어 시대 영어를 마주하는 것에 못지않은 어려움을 겪을 수도 있다. 바로 이 점이 텍스트 비평을 거친 정본 전집 간행의 필요성이나 그 시급성을 정당화해 주지만, 한편 그 작업에 임하는 사람들에게는 적잖은 부담이 되고 있다.

전집에 수록할 정본 텍스트를 작성하기 위해서 우리는 우선 작업 지침을 마련한 후 전문가들의 자문을 거쳤다. 2012년 9월에 구성된 이효석 전집 텍스트 교감·편집 팀은 이 지침에 의거하여 기왕에 나온 전집의 텍스트를 전산 입력한 후 그 최초본 및 후속본과 대조 교감하는 작업을 시작했다. 개개 작품의 텍스트는 담당 위원에 의

해 교감된 후 소위원회의 검토를 거쳐 잠정적으로 확정되었다. 이런 방식으로 개별 작품의 교감 작업이 세 차례 이루어졌다. 이런 절차의 교감을 거친 텍스트는 최종적으로 작업 책임자에 의한 교감을 거쳐 정본 텍스트로 확정되었다. 새로이 발굴된 작품도 모두 이와 같은 과정을 거쳤다. 한편 이효석이 일어로 쓴 작품들은 모두 번역해서 이번 전집에 수록했다. 그중의 일부는 기왕에 번역되어 있었지만 이번에 거의 전부를 새로이 전문 번역가들에게 청탁하여 번역했음을 밝혀 둔다.

이 모든 과정을 거쳐 오면서 우리는 이효석의 작품에 나오는 어휘를 모아 사전으로 편찬해야 할 필요성을 절감하게 되었다. 그래서 이효석 특유의 어휘와 사투리 및 잘 쓰이지 않거나 뜻이 어려운 표현들을 골라서 그 뜻풀이와 함께 제6권 권말 부록에 '이효석 어휘 해설'로 달았다.

이 전집 편찬을 처음 기획할 때 우리는 이효석을 연구하는 학자들에게 꼭 필요한 연구 자료가 될 수 있을 뿐만 아니라, 교양 있는 일반 독서대중이 읽기에도 적합할 만큼 반듯한 텍스트를 제공하자는 데 주안점을 두었다. 아울러 이번 전집의 출간이 우리나라 학계에서 이른바 '결정판 정본 전집' 간행의 필요성을 일깨우는 계기가 될 수 있기를 바란다. 이런 목표를 달성하기 위해서 우리는 최선의 노력을 기울였지만, 실제로 얼마만큼의 성과를 거두었는지 모르겠다. 전집 출간 후에도 이효석문학재단에서는 계속해서 텍스트를 살피고 미흡한 대목이 눈에 띄면 바로잡아 두었다가 개정판에 반영하고자 한다. 이런 후속 작업이 성공적으로 수행될 수 있도록 각계의 독자 여러분들이 기탄없는 질정을 아끼지 않기를 바란다.

전집 간행을 위한 자문에 꾸준히 응해 주시고 격려해 주신 분들과 일어 작품을 우리말로 옮겨 주신 장순하 선생, 한성례 선생 및 이로미 선생에게 고마움을 전한다. 아울러 새로이 이효석의 많은 작품을 발굴하여 빛을 보게 한 이현주 박사에게도 감사 드린다. 그리고 3년이 넘는 긴 세월 동안 어려운 일을 마다 않고 분담해 주신 네 분 젊은이들의 노고도 이 자리에서 기억하고 싶다. 그러나 무엇보다도 그 숱한 모임에 빠짐없이 합석해 주신 이우현 편찬위원장의 열성을 잊을 수 없다. 끝으로, 출판업이 유례없는 어려움에 처해 있는 시기임에도 이 전집의 간행을 선뜻 맡아 주신 서울대학교출판문화원 관계자 여러분께 감사를 드린다.

2016년 11월
이효석 전집 교감·편집 책임자
이상옥

◆ 감사의 글

— 유족을 대표하여

선친께서 작고하신 지 75년이라는 세월이 흘렀다. 1925년부터 1945년까지는 일제의 강압적인 식민 정책과 다양한 이데올로기가 충돌하며 한국사에 암흑이 드리운 혼란기였다. 국어와 한문이 혼재하였고, 어법 기준이 고르지 못하였으며, 일본어를 국어로 강요당한 시대였다. 이 시기에 선친께서는 지식인이자 문필가로서 모진 시련을 겪지 않을 수 없었다.

선친께서 「메밀꽃 필 무렵」을 발표한 1936년 무렵은 한국문학이 근대문학에서 현대문학으로 자리를 잡아 가면서 시, 소설, 수필, 평론 등이 장르적 개별성을 드러내며 분화하는 시기였다. 이러한 때 이효석은 '소설을 배반한 소설가'로 불렸다. 작품 속에 시적 요소와 산문적 요소를 뒤섞어 장르의 경계를 허물었기 때문이다.

경향문학적 요소를 뒤로하고 순수문학을 추구함으로써 이효석은 한국문학사에 당신의 이름을 분명히 새겨 넣었으며, 시적 문체로 승화한 단편소설들은 지금까지도 많은 독자들의 사랑을 받고 있다.

사실 선친의 전집을 엮는 일은 이번이 두 번째이다. 나는 미국으로 유학하기 전, 3년 동안 도서관을 헤집으며 아버지의 작품을 필사하여 1959년 춘조사에서 5권 분량으로 전집을 간행한 바 있다. 50

여 년이 지나 그 작업을 다시 시작하는 감회가 새롭다.

새로이 편찬되는 '이효석 정본 전집'에 대해 이상옥 교수는 "이효석을 연구하는 학자들에게 꼭 필요한 연구 자료가 될 수 있을 뿐만 아니라, 교양 있는 일반 독서대중이 읽기에도 적합할 만큼 반듯한 텍스트를 제공하는 데 주안점을 두었다."라고 말하였다. 이상옥 선생의 헌신적 노고가 없었다면 이와 같은 텍스트 비평을 거친 전집 간행은 어려웠을 것이다. 특히 우리나라 학계에서 처음 간행되는 '결정판 정본 전집'이 근현대문학사 연구의 필요성을 일깨우는 계기가 되기를 바란다는 말씀을 늘 귀하게 여기고 있다.

이 작업을 하는 동안 작은 바람이 있었다. 나를 비롯한 우리 네 남매를 위한 글을 찾고 싶었다. 너무도 개인적인 바람이지만, 요절하신 아버지의 사랑을 그런 식으로라도 확인하고 싶었고 보상받고 싶었다. 그 소망을 이룰 수는 없었지만, 그때 미처 발견하지 못한 작품들을 찾을 수 있었고, 여러 번의 교정을 거치며 잘못된 부분들을 바로잡을 수 있었다.

이런 일들은 아낌없는 자문과 격려를 보내 주신 문단과 학계의 여러분 덕분에 가능하였다. 깊이 머리 숙여 감사의 마음을 전한다. 3년여의 긴 여정에서 한결같이 함께 호흡을 맞춰 주신 편찬위원 송민자, 공강일, 이지훈, 그리고 나보령 선생께 심심한 사의를 표한다. 그 고마움 길이 가슴에 새겨 간직할 것이다. 또한 우수한 번역으로 전집을 새로이 단장해 주신 장순하, 한성례, 이로미 선생을 비롯한 많은 분들께 진심으로 감사한 마음을 전한다.

끝으로 이 전집의 출간을 맡아 주신 서울대학교출판문화원의 여러분에 대해서는 '감사하다'는 표현만으로는 모자라 최고의 찬사를 찾고 싶은 마음이 절실하다.

생전에 쓰셔서 발표하신 아버님의 글을 모두 모은 결정판을 이제서야 영전에 드리게 되었다. 함께 기뻐해 주시리라 믿는다.

2016년 11월

이우현

차례

콩트, 소설

수필 외

설문

권말 부록

권의 차례

1권

2권

◆ 서간문

◆ **평론**

존 밀링턴 싱의 극 연구
「깨뜨러지는 홍등」의 평을 읽고
시나리오에 관한 중요한 술어
과거 일 년간의 문예
첩첩자(喋喋子)를 질타함
소포클레스로부터 고리키까지
문학수첩
창작 활동의 왕성과 비평의 천재를 대망(待望)
낭만 리얼 중간의 길
즉실주의의 길
기교 문제
건강한 생명력 추구
현대적 단편소설의 상모(相貌)
서구 정신과 동방 정취
단편소설
임학수 신저(新著) 『팔도풍물시집』
문운(文運) 융성의 변
『화분』을 쓰고
문학 진폭 옹호의 변
신간평
국민의 마음 훈련 과정을
생활과 창조
문학과 국민성
특수가치의 참가

◆ **좌담**

조선 문화의 재건을 위하여
평양문인 좌담회
현대작가창작고심합담회
지성 옹호와 작가의 교양
내 지방의 특색을 말하는 좌담회 (평양 편)
신문소설과 작가의 태도

일러두기

1. 이 전집 편찬의 기본 방침은 작가의 최초본을 포함한 원본에 되도록 충실하자는 데 있다. 그러므로 사투리와 작가 고유의 어휘는 가급적 존중되었고, 맞춤법과 띄어쓰기만 현행 규정에 따라 바로잡았다.
2. 소설 작품 속의 대화 부분은 원전을 거의 존중했다. 그러나 소설과 산문을 가리지 않고 서술문에서는 사투리를 가급적 표준말로 바꾸었다.
3. 의미가 모호한 대목도 그 뜻을 짐작할 수 있는 경우에는 고치지 않고 그대로 두었다. 확실한 비문은 뜻이 통하게 바로잡기도 했으나, 더러는 그대로 두고 각주로 비문임을 밝혔다.
4. 각주는 최소화하고 그 대신 미심한 낱말 및 생소한 표현은 그 뜻풀이와 함께 6권 권말 부록의 '이효석 어휘 해설'에 첨부해 두었다.
5. 원전의 한자는 모두 한글로 전환했지만, 의미소통에 필요한 경우 괄호 속에 남겨 두었고, 드물게는 원전에 없는 한자를 추가하기도 했다.
6. 대화 부분은 " "로, 강조 부분은 ' '로, 단행본 제목은 『 』로, 단행본 속의 장별 제목이나 작품 제목은 「 」로, 정기간행물, 영화, 악곡 등의 제목은 《 》로, 그리고 혼잣말 부분은 ( )로 각각 표기했다.
7. 모든 저작물은 장르별로 구분한 후 거의 모두 저작 연대순으로 배열했다.
8. 작품마다 그 말미에 탈고 일자, 간행 일자, 잡지사가 기획한 편집 제목 등을 밝혀 독자나 연구가가 참고할 수 있게 했다.

콩트, 소설

은빛 송어(銀の鱒)

한(韓)이 도쿄에 가겠다는 희망을 진지하게 꺼내 들었을 때 모두가 정말이냐? 정말이야? 하고 다그쳤다. 마음속으로는 각자 똑같은 정도의 꿈을 소중히 간직하고 있었던 만큼 선수를 빼앗겼다는 기분이 들어서 겉으로 드러내지는 않았으나 부러운 마음을 금치 못했다. 데이코(禎子)와 관련이 있군, 하고 정곡을 찔리자 한은 그렇다고도 아니라고도 하지 않고 언제나처럼 빈정거리듯 입술을 움찔거리며 회심의 미소를 지었다. "너 혼자 독점할 생각 마라. 찾아내면 데려와. 다 같이 기다릴 테니."라는 말로 결국 본심을 드러내며 저마다 목소리를 높이자 한은 "늑대 소굴에 데려올 성싶으냐? 먹이를 던져주는 꼴이지."라며 건방진 태도로 얼마간 치기를 부렸다. "그렇기도 한데 너야말로 욕심쟁이 늑대잖아. 아무튼 마음 단단히 먹고 찾아봐. 도쿄 한복판에서 어디 있는지도 모르는 여자 하나 찾아낸다는 건 넓은 바닷속에 떨어진 진주 한 알 건져 올리기나 마찬가지니까."라며 지지 않고 대꾸했다. 그러면서도 각자 머릿속에서는 '이 녀석, 어쩌면 모르는 사이에 데이코와 미리 짰는지도 몰라. 의외로 만만찮은 놈이거든.' 하는 생각이 언뜻 스쳤다. 그동안 한은 한대로 신문사 자리를 미련 없이 내던지고 그때까지 손수 돌보던 난(蘭)의 경영을 남의 손에 맡기면서 용의주도하게 여행 준비를 갖춘 것을 보자 더 이상 무모한 녀석으로만 보기는 어려웠다. '정말 보통내기가 아니야. 그 정도로 결심이 확고하다니.' 하며 모두가 조금 무색해 했다. 한과 같은 회사에 근무하는 동료 박(朴)에 따르면 한의 여행 계획은 데이코 실종 직후부터 싹텄다고 한다. 신문사 일이 싫어졌네, 다방 경영에도 싫증이 났네 하며 매사에 불평을 늘어놓던 수작은 이미 방랑벽이 꿈틀거리기 시작했다는 증거였다. 마침 최근에 신문사 지사장이 바뀌어 사사건건 부딪히면서 그 새로 온 임원과 뜻이 맞지 않았던 데다 한편으로는 데이코를 잃은 뒤로 다방 수입이 현저히 줄어든 것도 부정할 수 없는 사실이었다. 허나 그것은 이를테면 여행의 유혹에 사로잡히기 시작했음을 변명하기 위해서 꾸며낸 유용하면서도 시의적절한 구실에 불과했다.

다만 결심을 서두는 결정적 계기가 있다면 그것은 이번 부회의원(府會議員) 후보로 나섰다가 비참할 정도의 표차로 낙선의 고배를 마신 일이었다. 동료들의 말을 빌리자면 분수에도 맞지 않는 일에 손을 댄 셈이었다. 생각해 보면 그도 이립(而立)의 나이를 훌쩍 넘긴 지금, 이루어야 할 마지막 목표를 여태껏 찾지 못한 채 여전히 암중모색 중인 거리의 수많은 젊은이 가운데 하나였다. 하는 일마다 그저 하루하루를 때우는 수단에 지나지 않았고, 기자라고는 해도 그 길로 대성할 생각은 꿈에도 없었거니와 보잘것없는 가게로 떼돈을 벌겠다는 마음도 전혀 없었다. 모처럼 돌아온 선거를 하나의 기회로 삼아 부민(府民)들의 신용도나 점쳐 볼 심산이었으나 뚜껑을 열어본 결과는 민망하고 창피한 수준이었다. 그의 입장에서 보면 설령 당선되었다 쳐도, 그것으로 십몇 년을 사회운동에 빠져 피투성이가 된 과거의 행적까지 말끔히 씻어내겠다는 속셈은 털끝만큼도 없었다. 끊임없이 무언가를 해야 직성이 풀리는 그의 활동적인 습성에서 유래했다고 보면 크게 틀리지 않는다. 어찌 보면 과거의 거친 생활에서 비롯된 그러한 습성은 하나의 시대적 현상이 아니었을까. 여하튼 끊임없이 새로운 사업에 도전해서 상대를 바꿔가며 많은 일을 성취한 듯 보였지만 기실 이룬 것은 아무것도 없었다. 그 증거로 머릿속은 늘 흐리멍덩했고 손끝은 게걸스럽게 허기를 호소했으며 밝아오는 날들은 그저 귀찮고 시시했다. 그에게 부원선거는 생활방침을 바꾸는 하나의 시도였지만 보기 좋게 실패하고 보니, 오히려 그 탓에 역마살이 끼었는지 이 거리에 별다른 애착도 생기지 않았다. 그런 탓에 마음을 달래 줄 방랑벽이 맹렬하게 활동하기 시작한 것은 필연의 이치였다. 사실 데이코 문제는 주도 아니요 종도 아니었다. 그저 그의 이런 심경을 파고들어 방향의 일치를 본 것에 불과했다. 그녀는 아마도 한의 마음 어딘가 깊은 어둠 속 더 안쪽의 의식을 지배하고 규정하는지도 모른다. 그것을 한 스스로가 분명히 의식하거나 설명하지 못할 뿐이다. 그러나 그를 둘러싼 친구들은 지금 그 자리에서 그가 여행을 결심하게 된 발단을 데이코와 결부시키는 편이 가장 쉬웠고, 그러는 편이 무엇보다 자연스러웠다. 더군다나 아무도 그것이 진실이 아니라고 부정하지 않았다. 그도 그럴 것이, 데이코를 향해서라면 한 혼자만이 아니라 거의 모두가 똑같은 감정을 품고 있었기 때문이다. 그들의 꿈은 거의 엇비슷해서 도쿄에 대해 동일한 생각을 하듯 같은 대상을 향해 공통된 동경(憧憬)을 품고 있었다. 그러한 동경심이 우연히 데이코라는 구체적 대상을 중심으로 표출되었는지도 모른다. 신문사 동료 박부터가 한에 뒤지지 않을 만큼 열심이었다. 같은 그룹에서도 예컨대 사립전문학교 문과 교실에서 어학을 강의하는 문(文)도, 화가 최(崔)도, 방송국에 근무하는 문학청년 김(金)도 데이코가 발산하는 엑조티시즘(exoticism)에는 여지없이 무너졌다. 검은 눈동자와 흰 이마를 지닌 그녀에게서 세련된 이지와 근대적 센티먼트(sentiment)의 결정체를 보는 듯한 기분이 들었으므로 그들은 무한한 감동과 애착을 금치 못했다. 평소에 품고 있던 꿈의 재현까지는 아니었지만 어쨌든 세련되지 못한 환경 속에서 일정 정도의 꿈을 충족시켜 줄 수 있는 부류의 여자였다. 이런 사실은 그녀가 사라지고 나서부터 점점 더 분명히 의식되었고 그녀가 없다는 공허함이 모두의 가슴에 지대한 영향을 미쳤다. 그녀를 외부세계와 분리해서 구별하고 그 한 점에 의식을 얼마나 집중하고 있었는지 비로소 깨달았다. 어디에나 있는 흔한 여자가 아니라고 불현듯 북받쳐 오르는 애정을 느끼고는 이제 어떡하나 하며 우리는 탄식마저 하기에 이르렀다. 그녀가 돌연 모습을 감췄을 때 대체 무슨 일인가 하고 눈이 휘둥그레져서 서로 속내를 읽거나 읽히지 않으려는 일종의 노력을 기울였다. 일주일쯤 지났을 때 문은 그녀에게서 그림엽서를 받았다. 구마모토(熊本)에서라고 흘려 쓴 엽서 뒷면에는 센리가하마(千里ヶ浜) 평원의 여름철 방목 정경을 찍은 사진이 인쇄되어 있었다. 저 멀리 거무스름하게 에보시다케(烏帽子岳)가 우러러보이고 완만하게 경사진 언덕 아래로 물을 찾는 소떼가 드문드문 어슬렁거리는 풍경이었다. 맑고 가득한 수면에 발을 담근 소의 다리 둘레에 잔잔하게 파문이 일고 그 속에 여유로운 소의 모습이 비쳐 시정(詩情)을 일으키는 한가로운 사진 한 폭이었다. 엽서는 두 장짜리였다. 겉장을 넘기면 어느 쪽이 첫 번째이고 어느 쪽이 두 번째인지 분명하지 않을 만큼 양면을 빼곡히 채운 여장부의 활달한 필적을 반가운 마음으로 읽었다.

> 결국 여행할 결심을 했어요. 울적한 마음에 여기까지 와 보기는 했지만 어린 시절의 추억도 별로 위로가 되지는 않아요. 따스한 공기와 차가운 마음은 도무지 어울리지가 않는군요. 그곳을 떠난 지 이레나 지났는데 어찌 된 조화일까요. 내일이라도 당장 돌아가고 싶은 마음과 좀 더 여행하고 싶은 마음이 교차합니다. 시골에 왔더니 마음가짐도 순해지고 제 자신이 만족스러워요. 내일 도카이도 선(東海道線) 기차에 오를 생각이에요.

요 며칠 거의 그녀 생각만으로 허송세월을 한 터라 문은 다시 얻기 힘든 귀중한 글월을 접한 것처럼 그 간단한 서면을 탐닉하고 또 탐닉하며 되풀이해서 읽었다. 그러는 사이 그녀의 환영은 점점 더 또렷해져 마음을 파고들었다. '나는 진정으로 그녀를 사모하는 걸까?' 하고 자신의 마음속을 헤아리는 것만으로도 즐거웠다. 그날 밤도 여느 때처럼 난에 모여든 일동은 앞에 놓인 편지로 인해 공연히 들뜨고 가슴이 벅차올라 평소와 달리 농담이라도 한마디 던지지 않으면 못 배길 지경이었다. 하지만 슬슬 화제가 데이코 쪽으로 옮겨 가서 그녀가 자취를 감춘 뒤의 동정(動靜)에 이르렀을 때 최와 김과 박은 거의 이구동성으로 그녀에게서 받았다는 엽서 이야기를 꺼냈다. 발신지는 다 달랐지만 모두 여행지에서 간단히 흘려 써서 보낸 모양이었다. 문은 그렇다면 자신이 받은 두 장짜리 엽서도 그리 고마운 게 아니었다는 생각이 들었고 그날 밤 남들보다 가장 마지막에 편지 이야기를 꺼낸 자신의 입장이 창피하기만 했다. 그녀는 동일한 정도로 모두에게 똑같이 예의를 차린 것이다. 참으로 슬기롭고 경우가 바른 여자라고 감탄하는 지금, 한편으로는 자신들의 한심스러움이 한층 두드러져 견디기 힘들었다.

"그래서 너희는 기쁜 거야 슬픈 거야? 어느 쪽이야? 설마 우리 각자가 속으로는 그녀를 몰래 사랑하기라도 했다는 말이야? 정말 어이가 없군."

문이 대놓고 분통을 터뜨리며 토해내듯 말했다.

"그렇게 화낼 일은 아니잖아. 남의 마음을 이러니저러니 넘겨짚지 말고 자네 마음속이나 들여다보는 게 어때? 속으로 몰래 무엇을 하든 자기 마음 아닌가?"

화가인 최가 항변하듯 대꾸했다. 이 또한 어쩐지 격앙된 말투였으나 알고 보면 꼭 문을 향한 분노도 아니었다. 오히려 제 마음속의 조바심을 견디지 못해 터져 나온 비명과도 같은 말이었다.

"꼴불견이라고 생각하지 않나? 다 큰 사내들이 미색에 빠져서 암묵적으로는 쟁탈전을 벌이고 있었다니. 게다가 혼자서 남몰래 연정이라고 품었던 게 고작 몇 마디 끼적인 종이 쪼가리란 말이지. 한심하지도 않아?"

문이 얼마간 자신의 결백을 옹호하고 싶은 마음도 있어서 조금도 머뭇거리지 않고 한 차례 몰아세웠다. 그러자 최도 지지 않고 대꾸했다.

"마음의 세계라는 게 처음부터 한심스럽게 생겨먹은 거야. 마음속에 무엇을 감췄는지 들여다볼 수 있는 건 신이나 악마, 아니면 쉬르레알리슴(Surréalisme)의 그림엽서 정도일걸. 무엇을 생각하고 어떻게 행동하든 그럴 자유조차 없다면 인간 생활이 대체 뭐가 되겠어?"

지루한 논쟁을 듣다 못한 한이 의자를 끌어와 두 사람 사이에 비집고 앉았다.

"나는 신도 아니고 악마도 아니지만 너희 둘의 마음이 뭔지는 짐작이 가는군. 둘 다 데이코 앞에서는 목석이 아니라는 사실을 너희가 했던 말들이 그대로 웅변하고 있거든. 너희는 자신도 모르는 사이에 너희 속내를 분명하게 이런저런 말들로 번역했잖아? 그걸로 된 거야. 몇 명이 엮여서 그녀를 사모했다고 해서 무슨 상관이겠어? 결국 그녀 주변만 맴돌다가 모두가 아무 소득 없이 끝난 셈이지만 그걸로 충분하지 않나? 요컨대 우리는 지금 똑같은 것을 원한 거라고. 똑같은 것을 동경하고 똑같은 꿈을 품었던 거야. 그리고는 채워지지 않는 공허함에 안절부절못하면서 잔뜩 안달이 난 거지. 그게 다야."

"너희는 대체 푸념을 늘어놓자는 거냐 아니면 논쟁을 벌이자는 거냐? 뭐하자는 건지."

박은 오랫동안 질환을 앓아서 시력이 극도로 나빠진 가느다란 눈을 색안경 속에서 씀벅거리며 다 식은 커피를 한 모금 쭉 들이켰다.

"이 얼마나 죄 많은 미스 도쿄란 말인가. 그 여자를 처벌하자!"

방송국에 다니는 김도 박을 따라 거칠게 찻잔을 들어 올리며 외쳤다.

이날 밤 이렇게 자조와 불만이 가득한 분위기 속에서 다른 누구보다도 한층 크고 격렬하게 실망한 사람은 아무래도 문이었다. 그 원인은 데이코의 매력과 영리함을 가장 먼저 발견해서 공적을 올린 사람이 바로 자신이라는 자부심에서 기인한다 해도 틀리지 않았다. 요컨대 자신이 최초로 그녀를 발견해서 한에게 추천했고 카페 난도 일러주었으며 그런 뒤에 나머지 친구들이 한꺼번에 몰려들었으니 그런 공적에 대한 자부심은 제법 끈질기게 그의 마음에 들러붙어서 좀처럼 사라지지 않았다. 이런 어린아이 같은 순수함이 그에게 선구자의 긍지를 맛보게 했고 더 나아가 지금은 외골수 같은 완고함으로 치닫고 있었다.

마키노 데이코(牧野禎子)가 이 거리에 처음으로 나타난 때가 작년 2월이었으니 올 여름까지 치면 일 년 반이 채 안 된다. 그 일 년 반 동안 모두가 크게 흥분해 있었다. 생각해 보면 짧기도 하고 길기도 한 시간이었다. 2월이라고 하면 아직 으스스한 계절이라 사람들은 보통 실내에서만 생활하는 시기였는데 그때 마키노 데이코의 모습을 가장 먼저 눈여겨본 사람이 문이었다. 문이 한과 박과 셋이서 거의 매일같이 밤을 지새우던 시기였다. 카페 불새의 나나코(奈奈子)라는 여자에게 한은 조금 넋이 빠져 있었고 박과 문도 언제부턴가 친구를 따라 불새를 근거지처럼 삼고 있었다. 그곳에서 우연히 데이코가 눈에 들어온 것도 여느 때와 같은 어느 날 밤이었다. 구석진 칸막이 안에 홀로 앉아서 접시에 담긴 요리를 열심히 뒤적거리며 먹고 있었는데 검은색 외투와 모자를 쓴 여자의 모습이 소란스러운 분위기 속에서 강렬하게 문의 시선을 끌었다. 검고 선명한 눈동자에 영리해 보이는 얼굴이 주변의 모든 것과 구별되어 또렷이 떠올랐다. 노골적인 응시가 부담스러웠던지 그녀도 포크질을 하면서 흘깃흘깃 문을 돌아보았는데 그 예리한 눈동자가 문의 가슴에 별처럼 박혔다. 문은 결국 박과 한에게도 일러주며 뭐하는 여자일까 하고 두 사람의 공감을 불러일으키더니 그 다음에는 셋이서 일제히 그녀에게 시선을 쏘아대기 시작했다. 그때 나나코는 다른 손님을 접대하느라 그 자리에는 없었으나, 그녀에게서 그날 밤 여자 친구들이 도쿄에서 찾아올 것이라는 말을 들은 터라 일동은 즉각 검은 모자의 여인이 나나코의 친구라고 직감했다. 점점 흥미를 더해 갔다. 문은 흥미를 넘어 마음속으로 감탄해 마지않았다.

"어때, 멋지지 않아? 최근 몇 년 동안 저런 여자를 만난 적이 한번이라도 있었던가?"

이 말을 듣자 한도 그녀가 새삼 다시 보인다는 태도로 유심히 뜯어보았다.

"과연 네가 좋아할 만한 타입이야. 자네 말을 듣고 보니 그리 나빠 보이지도 않고. 볼수록 멋진 것 같아."

한에 비해 박은 훨씬 솔직하게 이야기했다.

"맞아, 정말 멋진 여자야. 그리 나쁘지 않네 뭐네 함부로 말하기도 어렵고. 아무 데서나 볼 수 있는 흔한 여자가 아니야. 문의 눈이 잘못되었을 리가 없지."

진심으로 공감하는 말투였다.

"내가 오늘 밤 떠나야 한다는 게 억울할 정도야. 좀 더 지켜보고 싶은데. 내가 돌아올 때까지 어떻게든 붙잡아 둘 수 없을까? 일단 너희 수완에 맡겨 보마."

문은 이삼일 동안 경성(京城)에 다녀올 예정이었다. 번역출판 일로 이런저런 사정이 생겨 서둘러야 했던 까닭에 무슨 일이 있더라도 그날 밤을 넘겨서는 안 되었다. 차가 출발하기 전까지 그곳에서 시간을 때우고 있던 참이었는데 출발 시간이 되자 문은 몹시 원통해 하며 마지못해 자리에서 일어났다. 그리고는 검은 눈동자의 베아트리체(Beatrice)를 몇 번이고 돌아보며 가게를 나섰다. 풀이 죽은 듯 보였지만 좋은 징조라고도 여기는지 밝은 모습도 보였다.

문은 경성에서 돌아오자마자 열일을 제치고 다짜고짜 박을 붙들고 다그쳤다.

"이봐, 어떻게 됐어? 베아트리체 아직 있어 없어? 빨리 말해!"

"그게 말이야, 너도 참 억세게 운도 없지. 벌써 떠나고 없어."

"떠났다고? 어, 어디로? 어디로 갔단 말이야?"

"신경(新京)으로 갔어. 흑하(黑河)라던가 그곳에 친구가 있다나 봐. 여하튼 그런 변두리까지 흘러간 모양이야."

"이렇게 아까울 데가 있나! 신경은 너무 멀잖나."

문은 실망했는지 눈빛에 생기가 사라졌다. 흐리멍덩해진 눈앞에 이삼일 전 카페 불새에서 본 겨울 옷차림에 검은 모자를 썼던 그녀의 모습이 선명하게 떠올랐다. 손에서 달아난 작은 새가 훨씬 더 아름다워 보이는 법이다. 무슨 근사한 기적이라도 기대하고 있었던 것처럼 실망이 컸다.

"사실 요 며칠 동안 재미있는 일이 있었거든."

박은 문의 실망스런 기분을 더욱 부추기듯 의미심장하게 은근한 말투로 이야기했다.

"그 여자 이름이 마키노 데이코래. 나나코가 정식으로 소개해 준 덕에 금방 친해져서 한 이틀 아주 신나게 놀았지. 날이 좀 춥긴 했지만 한 그 녀석과 셋이서 강변도 걷고 조선 요리도 크게 한턱내기도 하고. 꽤 말이 잘 통하는 여자더라고. 총명함 그 자체 같으면서도 어딘가 유들유들한 구석이 숨어 있었어. 그건 하나의 이상(理想)이었어. 한 그 녀석, 처음에는 이런저런 핑계를 대면서 아닌 척하더니 나중에는 홀딱 반해서는 혼자 무진장 공을 들이더라고. 나나코가 보기에도 눈꼴시었던 모양이야. 분명히 지금쯤 둘이서 옥신각신하고 있을걸. 신경에서 신문사 다닌다는 한의 친구 있잖아? 그쪽으로 소개장을 써 주어서 보낸 게 어젯밤이야. 공교롭게도 너하고만 어긋나서 유감이지만 어쨌든 유쾌한 시간이었어."

"왜, 왜 그 여자를 말리지 않았어? 말렸어야지. 신경 같은 델 가 봤자 무슨 소용 있다고."

문은 가여우리만치 화가 나서 씩씩거렸다.

"말려서 여기 남았으면 그다음 어떡할 건데? 누가 책임지냐고?"

"여기서 일하면 되잖아. 여행하며 전전해 봐야 별 볼일 있겠어? 어디서 머물든 어차피 똑같은 일밖에 못할 텐데. 그럴 거면 여기서 일해도 상관없잖아. 나나코가 일하는 곳도 괜찮고. 친구 사이라니까 사이좋게 지낼 테니."

"꼭 그렇지만도 않은가 봐. 친구라고는 하지만 둘이 얼마나 친한지도 모르고. 무엇보다 나나코라는 여자부터가 속을 알 수 없는 사람이라서 말이야. 여자들 사이는 여우 같은 데가 있어서 옆에서 간단히 들여다보이는 게 아니거든. 게다가 일단 방랑길에 나섰으니 갈 데까지 가고 싶은 것도 인지상정 아니겠어?"

"됐어. 너희 실수를 구구절절 변명해 봐야 나는 도저히 납득이 안 가. 누가 뭐래도 너희 실수야. 그렇게 공을 들였으면서 두 눈 멀쩡히 뜨고 놓치는 놈들이 어디 있냐!"

"그런가."

화가 나서 펄펄 뛰는 친구 앞에서는 박도 입 다물고 있는 게 최선이었다. 그나마 한 가지 대책이 떠올라 이야기했다.

"그럼 한과 의논해서 데이코를 불러들이면 어떨까? 그 녀석 근간에 다방을 내고 싶다고도 했으니. 그쪽 사정도 알아보고."

"그래, 그게 좋겠다."

그제야 만족스러운 듯 문은 표정을 누그러뜨리고 경직됐던 자세를 풀었다.

한도 같은 생각을 하고 있었던지 즉각 찬성의 뜻을 보였고 그 제안은 생각보다 빨리 실현되었다. 오래 지나지 않아 그녀에게서 고맙다는 편지를 받았는데 이를 계기로 연락을 주고받기 시작했다. 두세 번 편지가 오가는 사이에 다행스럽게도 이야기가 잘 마무리되어 그달이 지나기 전에 데이코의 모습을 다시 보게 되었다. 그 정도의 미모로 일자리를 못 구할 리 없었다. 오히려 잡아끌다시피 하며 접근해 오기 바빴다. 그 수많은 가게 가운데 우선 '보나미'에서 한동안 '스미레'라는 이름으로 지냈다. 카페 난이 완성된 때는 여름이 가까워질 무렵이었다. 한은 아버지를 설득해서 자금을 얻어냈고 나머지 반은 다른 친구에게 투자하게 해서 두 사람이 공동으로 경영하기로 했다. 그리고는 어느 빌딩 지하에 방 두 간을 전세 내어 새로 단장했다. 한 간은 간이 양식집으로, 다른 한 간은 다방으로 꾸몄다. 거기서 마담이자 총지배인 격이었던 데이코의 모습은 여급으로 있을 때보다 훨씬 당당해 보였고 기품마저 느껴졌다. 다양하게 여러 벌 갖고 있던 의상을 연신 갈아입고서 손님을 접대하거나 카운터에 앉아 있으면 그것만으로도 가게 안이 한층 화사한 색채로 빛을 발했다. 그런 그녀에게 남자들은 너도나도 흥미를 가지기 시작했는데 같은 무리의 최가 그랬고 김이 그랬다. 아니다. 이들 무리는 자기네 일이었으니 그렇다 쳐도 그 밖에 얼마나 많은 피라미들이 은밀한 마음을 품고 있었는지는 상상도 하기 어려웠다. 그녀를 둘러싸고 주변에서는 끊임없이 무언가가 꿈틀거리고 음모가 꾸며지며 비밀이 쌓여 갔다. 이러한 느낌이 알게 모르게 난의 독특한 공기를 형성한 것도 사실이었다.

그렇게 비밀로 가득한 난의 공기는 결벽하고 고독을 좋아하는 문의 성격과 어울리지 않았다. 데이코로 인해 그토록 분개하고 열중했던 문의 예전 모습은 크게 바뀌었다. 틀림없는 데이코 본인이 난에 나타나 가만히 앉아 있으면 그 모습을 바라보기만 해도 충분하다는 듯 비교적 느긋하고 태평한 기분이 들었다. 문 자신이 생각하기에도 신기할 정도였다. 식사를 하거나 차를 마실 때 그녀와 잡담을 하고 담소를 나누다 보면 그것만으로 이미 마음이 벅차올랐다. 더 이상 음모를 꾸미거나 기회를 노리는 일 따위는 생각조차 할 수 없었다. 박이나 한도 거의 비슷한 마음이라 추측되었지만 남의 숨은 속내는 아무도 모르는 법이라고 문은 다소 회의적인 생각이 들기도 했다. 무엇보다도 서로가 혼자서 그녀와 만나는 기회를 만들기보다는 보통 두 사람 이상 어울릴 때가 많았다. 가령 영화를 보러 든가 뱃놀이를 하러 나가든가 산책을 할 경우 한과 박, 아니면 박과 문 사이에 그녀가 함께하는 식이었다. 모두가 그녀와 몰래 시간을 가질 틈이 없어 보이기도 했고 혹은 오히려 그럴 시간이 많아 보이기도 했다. 특히 한은 상당히 유리한 조건이었다. 주종관계였기에 한에 대한 그녀의 태도는 각별히 친밀한 듯 보이다가도 의외로 멀었고, 먼 것 같다가도 가깝게 여겨졌다. 더욱이 데이코가 사람을 대하는 기술은 천재적인 면이 있었다. 열이면 열 카멜레온처럼 상대에 따라 교묘하게 색조를 맞추는 재주를 갖고 있었다. 둘이 마주앉아 이야기하면 한 가지 화제에 몰입해서 어느새 그 공기 속으로 녹아들었다.

늘 그런 식이어서 각자 자신과 그녀가 만난 일만 알 뿐, 다른 사람과 그녀의 관계는 전혀 알지 못했다. 그 거리가 어느 정도인지, 자신과의 거리보다 훨씬 가까운지, 혹은 생각보다 먼 것인지 정도의 정보조차 막연하게라도 예측하기 힘들었다. 데이코는 문학을 좋아했는데 문이 두세 번 소설책을 빌려주는 사이 문학에 대한 공감대가 생겼다. 마주앉아 이야기하다 보면 문학 이야기로 빠져드는 경우도 있었다. 도쿄에서 어느 노작가의 집에 기거했을 때 그 집 아들딸들과 춤을 추며 흥겨워했던 일, 노작가에게서 체격 조건이 좋으니 댄서가 되면 좋겠다는 말을 듣고 못마땅했던 일, 어느 찻집에서 일할 때 멀리서 관광 온 버마 재무차관의 눈에 들어 초대를 받았는데 꽃다발을 들고 호텔을 몇 번 방문했다가 국제 스파이 혐의를 받고 곤경에 처했던 일 등을 들려 주었다. 이야기는 가지를 쳐서 신경이나 하얼빈 때 이야기를 해 주기도 했는데 차분한 목소리는 언제까지고 그칠 줄을 몰랐다. 문은 조용하고 온화한 기분을 느끼면서 이 이야기만은 자기 말고 아무도 모를 것이라는 생각에 조금 우쭐해지기도 했다. 다음 날 예컨대 박에게 그 이야기를 해 보니 과연 그 모든 내용이 박에게는 미지의 세계였다. 대신 박은 문이 아직 들은 적 없는 그녀의 일신상에 관한 이야기를 들려주었다. 이를테면 도쿄에 살던 시절 어느 이상한 남자가 2년 동안이나 집요하게 추근거려 몹시 난처했던 일을 그녀가 털어놓았다며 의기양양하게 떠벌였다. 그럴 때면 문도 할 말이 없었다. 그저 그녀는 다양한 얼굴을 가진 다채로운 여자이겠거니 하고 생각하는 게 고작이었다.

최는 선전(鮮展)의 서양화 부문에서 간간이 입선할 정도로 출중한 그림 실력을 갖고 있었다. 그런 그도 오래전부터 데이코를 그리고 싶은 욕망에 사로잡혀 있었던지 급기야 어느 날은 문을 찾아와 의논했다. 네 말이라면 그녀도 쉽사리 응할 듯하니 한번 모델로 서게 부탁해 주지 않겠냐는 이야기였다.

"물론 벗은 몸이 아니라 옷 입은 모습을 그리겠지?"

"그럼! 얼굴을 그릴 거야. 옷을 입은 상반신이면 돼."

“설마 나체를 원했던 건 아니겠지?”

문이 얼른 그 의향을 데이코에게 전했다. 그녀는 좋다 싫다 말도 없이 잠시 무표정하게 있다가 이윽고 입을 열었다.

“실은 최 선생이 벌써 두세 번 부탁했어요.”

“이 자식, 그랬으면서 다시 나를 이용하다니.”

“전 그림의 소재가 된다는 게 별로 내키지 않아요. 얼굴만이든 뭐든 몇 시간씩 가만히 있어야 하다니 질색이에요.”

“그저 말을 전한 것뿐이니까 좋을 대로 해.”

그런데 어쩌다 마음이 바뀌었는지 그토록 단호하게 자기 의향을 밝히던 그녀가 어느 틈에 최의 화실에 은밀히 드나들기 시작했고 매일 몇 시간씩 얌전히 얼굴을 대 주어 그림 몇 장의 모델이 되어 있었다. 문은 깜빡 잊고 그 후 최에게나 데이코에게나 그림에 대해 물을 기회를 놓쳤다가 한 달이나 지나서 최가 개인전을 연다는 소리를 들었다. 카페 난의 벽에는 수십 점의 유화가 진열되어 있었는데 그중에 ‘T 양의 초상화’라는 그림이 대여섯 점이나 걸려 있었다. 그걸 보자 그저 놀라울 뿐이었다. 정면 모습과 옆얼굴, 모자 쓴 얼굴과 상반신, 의자에 앉은 전신상까지. 언제 그렇게 많은 그림을 완성했는지. 게다가 파랑, 노랑, 빨강 등 대체로 연하고 밝은 색채를 즐겨 사용해서 어딘가 들뜬 느낌을 주던 기존 화풍에서도 과감하게 벗어난 그림이었다. 묵직하고 차분한 색조로 바뀌어서 화면 전체가 어딘지 성숙한 인상을 주었는데 그러한 성장의 흔적도 문이 보기에는 경이로웠다.

어느 화폭이든 데이코의 얼굴에는 신비한 그림자가 드리워져 있었고 윤곽은 꿈에서 보듯 흐릿하게 번져 있었다. 최는 이상형의 여자를 그 화폭에다 창조해 내어 공상하고 있는 게 틀림없었다. "어때? 이 그림들 마음에 들어?" 하고 문이 묻자 데이코는 "네, 여기서 한두 점은요." 하고 대답하면서 의자에 걸터앉은 채로 액자를 물끄러미 올려다보았다. 문은 그 침착한 풍정(風情)이 더할 나위 없이 아름다워 보였다. '이 여자는 대체 어떤 사람일까? 도무지 정체를 알 수가 없어. 최는 이렇게 아름다운 요정과 무슨 이야기를 했을까?' 하고 문은 내심 탄식해 마지않았다.

방송국에 다니는 김은 그녀를 위해 한 편의 라디오 드라마를 편성하기까지 했다. 문이나 박, 최에 비하면 그녀와 뚝 떨어져 있는 듯 보이던 김이었다. 그도 속으로는 조용히 정열을 불태우면서 그 심정을 작품으로 구체화한 것일까.

'은빛 송어'라는 제목의 라디오 드라마는 매우 상징적인 작품으로 예이츠의 시에서 착상을 얻었는지 "시냇물에 나무 열매를 던져 작은 은빛 송어를 잡았네……. 사과 꽃을 머리에 꽂고 그녀가 내 이름을 부르며 뛰어가다가 눈부시게 빛나는 하늘로 사라졌네."라는 시구를 그대로 삽입하기도 했다. 말할 것도 없이 은빛 송어는 데이코를 상징했다. 그녀를 드라마 주인공으로 가정하고 역할까지 그녀에게 직접 할당했다. 김은 문예부에서 주임급이었다. 프로그램 편성 과정에서 방송 대본을 선정하고 이따금 등장인물을 직접 섭외하기도 했다. 데이코는 그림 모델일 때와는 달리 처음부터 싱글벙글 기쁜 얼굴로 대본을 한 장 한 장 되풀이해 읽었다. 그러면서 은빛 송어 역할을 아주 흡족해 하는 표정이었다. 문은 김과 함께 억양을 붙여 대사를 살리는 데 열심이었다. 어디서 모았는지 남녀 조연들을 데려와서는 가게가 한가할 때마다 틈틈이 데이코를 둘러싸고 반복하고 또 반복하며 연습해 나갔다. 방송은 성공적이었다. 제1방송[1]에 편성되었는데 30분간의 혼신을 다한 낭독이었다. 문을 비롯한 친구들은 난에 모여 전기 축음기를 틀어 놓고 생각지도 못한 데이코의 열연에 귀를 바짝 기울였다. 여배우 소질도 있는 게 아니냐며 박과 다른 이들은 감탄과 찬사를 아끼지 않았다. '은빛 송어' 방송은 하나의 암시였을까. 얼마 지나지 않아 그녀의 동정(動靜)에 변화가 생겼다.

방송을 마치고 자동차로 태워다 주어 가게로 돌아온 뒤 모두에게 열화와 같은 칭찬 세례를 받고 그것이 한 차례 지나가자 그녀는 피곤하다는 듯 의자에 털썩 앉더니 이야기했다.

"은빛 송어가 사라졌으니까 아무래도 이젠 제가 사라질 차례 같아요. 자꾸만 그런 생각이 들어요."

"그럼 우리도 또 데이코를 좇아서 찾아 나서야겠군."

마치 예언처럼 이 농담은 들어맞았고 그로부터 일주일도 지나지 않아 데이코는 가게에서도 거리에서도 자취를 감추었다. 그 길로 데이코와는 끝이었다. 사건의 발단은 사소하고 시시한 데에 있었다. 가게에 일손이 모자라 난처해 하던 한이 또 다른 여자를 가게에 들

1 1927년 일제 치하에서 경성방송국(JODK)이 개국하여 일본어와 한국어 혼용 방송을 하다가 1933년부터 일본어 방송 제1방송과, 한국어 방송 제2방송과로 나누어 별도 채널을 통해 이중 방송을 했다.

인 것이다. 한과는 과거에 인연이 있던 여자였는데 그것이 데이코의 심기를 건드렸다.

홀의 여왕은 한 명으로 충분하다는 뜻이었거나, 혹은 마담이 둘로 늘어나면 자신의 존재감이 손상된다는 뜻이었는지도 모른다. 그것도 아니라면 그녀는 한과 보통 이상의 사이였다는 반증인지—이것만은 별로 현실성이 없어 보이지만. 어쨌든 그녀는 또 한 명의 여자가 가게에 나타난 다음 날 아무도 모르게 짐을 꾸려 어디론가 사라졌다. 어쩌면 이 일은 그저 적당한 구실에 불과했는지도 모른다. 이곳을 떠나고 싶은 마음이 진즉부터 있었는지, 혹은 그런 결심을 하게 된 숨은 동기가 따로 있었는지 사실 여부는 아무도 모른다. 그녀가 사라진 카페는 불씨가 꺼진 화로처럼 허전하고 쓸쓸했다. 모두가 입을 꾹 다문 채 무미건조함만을 되새길 뿐이었다. 그렇게 일주일이나 지났을 때 문과 친구들 앞으로 여행지에서 그림엽서가 날아들었고 그녀의 도쿄행을 알려 주었다. 도쿄 출신의 여자가 결국 도쿄로 돌아갔구나 하고 생각하니 남의 일이기는 해도 얼마간 마음이 놓였다. 그래도 그녀가 없다는 쓸쓸함은 더욱 크게 느껴졌다. 그 공허함이 터무니없이 크다는 것을 깨달았고, 그녀의 매력에 대한 공통된 마음이 '동경(憧憬)'이었다는 사실을 모두가 절절히 실감했으며, 그녀는 평범한 여자가 아니며 거리의 흔해빠진 여자가 아니라는 식으로 생각하기에 이르렀다.

그러던 차에 이번에는 한이 도쿄로 가겠다는 마음을 진지하게 언급했던 것이다. 데이코를 잃은 뒤로는 가게 수입도 부쩍 줄어든 데다 데이코를 향한 나나코의 엄청난 질투를 당해 내느라 마음고생을 겪는 등 한은 여러 가지로 번잡한 사정에 휘말려 있었다. 마치 그 모든 것을 던져버리고 새로운 것을 찾아 나서는 것처럼 도쿄 행을 계획했다. 그가 데이코를 제대로 찾아낼지, 아니면 이미 데이코와 무슨 계획을 세웠는지는 아무도 모른다. 아니면 그런 것과는 전혀 무관하게 그저 도쿄를 향한 동경인지도 모른다. 그렇다 해도 어쨌든 한은 모두의 현재 기분을 대변하고 있었으며 그 바람을 대신 실현하려는 것이나 마찬가지였다. 모두가 한의 행동을 선망하면서도 그 한 몸에 잠시 자신들의 꿈을 의탁하는 기분이었다. "너 혼자 독점할 생각 마라, 찾아내면 데려와. 다 같이 기다릴 테니."라고 했던 말은 그들 모두의 진심에서 우러나오는 외침이었다. 그때 마음속으로는 저마다 은빛 송어를 그리고 예이츠의 시구를 떠올렸을 게 틀림없다.

《외지평론(外地評論)》, 1939. 2.

은은한 빛(ほのかな光)

먼지 냄새를 처음 맡는 사람처럼 욱(郁)은 진열대를 쓱 문지르고는 더러워진 손가락을 코끝으로 가져갔다. 좁고 옹색하고 지저분한 가게에 가득 들어찬 골동품 위를 닦아서 깨끗하게 해 두었으나 어느 틈에 쌓이고 쌓인 먼지가 스스로 하나의 가치를 주장하고 있는 듯했다. 낙랑과 고구려가 주를 이루고 고려 시대와 조선 시대를 합쳐 오백 점 정도의 도자기와 그 외 수백 장의 기와 종류가 선반에 여러 줄로 빼곡히 진열되어 있었다. 흙 속에서 주워 온 그 고대의 정물(静物)은 제각각 옛날 그대로의 의지를 간직하고 있는 듯했다. 욱은 몇 날 며칠을 시골에서 헤매다가 가게로 돌아온 터라 조용한 벽 속에서 영혼의 숨소리가 들리는 듯해서 먼지 냄새가 유달리 반가웠다.

장식장 창으로 늦은 오후의 흐린 빛이 비쳐들었고, 오랍뜰에는 어슴푸레한 그늘이 어른거렸다. 가게가 곧바로 좁은 길가로 나 있어서 만주호두나무 가로수의 그림자가 가게를 폭 감싸는 모양새라 오랍뜰은 늘 어둑하게 그늘이 졌다. 밤새 내린 비로 나무는 잎이 거의 다 떨어졌다. 병원이며 가구점이며 과일가게가 잡다하게 늘어선 골목 안 가득 낙엽이 흩어져서 근처 물웅덩이며 창가에 너저분하게 들러붙어 쓸쓸한 계절의 느낌을 물씬 자아냈다.

욱은 이삼일 강서 방면의 시골을 돌아보고 어젯밤에 막 돌아왔다. 가을걷이가 끝난 시골의 밭에서 옛날 기와 수십 점을 주울 수 있었다. 뜻밖의 수확물이라 기쁨에 들뜬 몸으로 피곤함도 잊은 채 정리에 여념이 없었다. 흠집 사이에 박힌 흙을 후벼 파 털어내자 흙내가 먼지 냄새에 섞여 그윽하게 퍼졌다. 분류대의 각 빈칸에 그 수십 점의 새 유물이 다시 더해져서 그 장관은 욱에게 희열을 맛보게 했다.

“틀림없이 고구려 때 물건이에요. 색으로 보나 선으로 보나 의장(意匠)으로 보나 아무리 봐도 그보다 후대 것은 아니에요. 천 년 세월은 족히 흐른 물건이에요. 여기에다 기와까지 더하면 수적으로나 질적으로나 박물관 소장품을 훨씬 뛰어넘겠어요.”

혼자 지껄이는 말이 아니었다. 그러나 마루 끝에 걸터앉아 벼루에 먹을 갈고 있는 아버지는 무뚝뚝한 표정으로 아무 말이 없었다. 벼룻집 옆에는 붓이 준비되어 있었다. 가게에 앉아 있으려니 무료하여 언제부터인가 소일거리 삼아 서예를 시작했던 것이다. 여생이 얼마 남지 않은 아버지는 외동아들 욱이 그 젊은 나이에 골동품 취미에 빠져, 이 변변찮은 생업에 안주하는 꼴이 탐탁지 않았다. 가게는 자신에게 맡기고 따로 제대로 된 일자리를 구해 집안을 다시 일으켜 주었으면 하고 바랐다. 기와 한 장, 도자기 한 점 찔끔찔끔 팔아 본들 무슨 소용이냐며 입이 닳게 타일러도 보았으나 자식의 고집스러운 취미를 이제 와서 어찌할 도리가 없었다. 욱의 광적인 흥분과 감격에 대해서는 늘 끝까지 모른 체하는 아버지였다.

"혹시 모르니 관장님한테 가서 확인하고 올게요. 아마 제 감정(鑑定)이 틀리지 않을 거예요. 낙랑 시대인지 고구려 시대인지가 문제이지 절대로 그보다 후대는 아니에요."

"아 참! 깜박했구나."

아버지는 욱의 말을 듣고 그제야 무언가가 떠오른 모양이었다.

"그저께던가, 호리(堀) 관장이 찾아와서 네가 돌아오면 전하라며 이걸 두고 갔다."

아버지는 작은 상자에서 명함 한 장을 꺼내 주었다.

그 고집쟁이 관장이 어찌 몸소 행차했을까 하며 명함을 뒤집어 보자 연필로 흘려 쓴 글씨로, 만나고 싶으니 돌아오는 즉시 와 주기 바란다는 글이 적혀 있었다.

"서두르는 걸 보니 급한 모양이더구나. 이유를 물었지만 대답은 안 하더라만."

명함을 만지작거리며 별로 놀라는 기색도 없이 잠시 말이 없던 욱은 되레 차갑게 중얼거렸다.

"알겠어요. 필시 그 일 때문일 거예요."

"뭔데? 도검(刀劍) 말이냐?"

아버지도 대충 짐작이 간다는 눈치였다.

"틀림없이 그거예요. 요 한 달 동안 애걸복걸하면서 저를 못살게 굴었잖아요. 이제 와서 생각하니 보여 주는 게 아니었어요. 마치 뭣에 홀린 사람처럼 졸라대거든요. 그런다고 줄 것 같아요? 이 가게를 통째로 넘겨줄 수는 있어도 그것만큼은 턱도 없어요. 절대로 넘기지 않는다고요."

"너야말로 뭣에 홀린 사람 같구나. 고구려인지 뭔지 모르지만 그 녹슨 옛날 칼이 어디가 좋냐? 내 보기에는 서푼짜리도 안 되겠더구먼."

"그 칼의 훌륭함을 이해하지 못한다면 이 땅에 태어난 걸 부끄러워해야죠. 그건 옛 영혼의 소리예요. 후세에 남겨서 고대의 영광을 전하려는 거라고요."

욱은 흥분했다. 아버지도 그런 마음을 모르는 바는 아니었다. 하지만 그보다 시급한 주변 일은 놔둔 채 옛날 물건 따위에 고지식하게 집착하는 행동이 어리석어 보였다.

"관장은 너만 좋다면 와서 함께 일해 주었으면 하고 자리까지 마련하며 친절을 베푸는 게 아니냐. 시시한 옛날 칼 따위가 다 뭐라고. 이참에 죄다 집어치우고 착실하게 정착할 궁리나 하는 게 어떠냐? 집안 형편이야 일일이 말하지 않아도 네가 보는 대로이고. 이 궁상맞은 가게 꼴이 다 뭐란 말이냐."

늘 듣는 아버지의 똑같은 잔소리에 말대꾸를 해 봤자 끝이 없다는 사실을 알기에 욱은 기와를 두세 장 껴안고 가게를 나섰다.

아귀가 잘 맞지 않는 유리 미닫이가 꽉 껴서 삐걱거렸다. 몇 년씩 수리도 하지 않고 버티는 터여서 비단 유리문뿐 아니라 기울기 시작한 판자벽의 페인트칠도 벗겨진 지 오래였다. 밖에서 보면 유난히 더 촌티 나는 누옥처럼 느껴졌다. 기왓고랑에 쌓인 낙엽이 밑에서 봐도 훤히 보일 정도로 낮은 지붕에는 하얀 바탕에 파랗게 '고려당(高麗堂)'이라고 돋을새김을 한 옥호가 앞으로 비스듬히 기울어져 있어서 집이 전체적으로 일그러진 느낌을 주었다. 만주호두나무 밑에 기대어 둔 애용하는 자전거도 옛날 물건 중 하나였다. 시골 길 진창에 빠지기도 하고 밭의 붉은 흙을 박차고 달리기도 하는 바퀴는 늘 흙투성이였다. 페달도 혹사를 견디지 못해 한쪽 절반이 어디론가 떨어져나갔다. 생각 같아서는 그 한쪽 페달을 새것으로 교체하고 싶었지만 그러지도 못하는 형편이었다.

욱은 이런 사정을 생생하게 보아 왔으므로 어려운 집안 형편이 걱정되지 않을 리 없었다. 그저 잠자코 있을 뿐이었다. 아버지나 자신이나 침묵이 제일이었다. 멀리 한 곳을 응시하면서 자신이 처한 현실에는 냉담하려고 애썼다. 좋든 싫든 욱에게 남은 유일한 방책이었다. 비겁하지 않나라는 생각도 들었지만 그에게 외면은 이미 몸에 밴 가장 자연스러운 생존 방법이었다.

한참을 타고 온 전차에서 내려 모란대의 언덕길에 당도했을 때는 욱의 생각도 이미 옆구리에 낀 기왓장과 옛 검으로 바뀌어 그것만이 머릿속에 가득했다. 자작나무와 앵두나무 단풍이 아름다웠다. 온 산이 짙은 가을색이었다. 저 멀리 산 중턱 분지에 돌로 지은 산뜻한 박물관 모습이 올려다보였다. 언제 걸어도 즐겁고 정겨운 길이다.

문제의 고구려 고검(古刀)이란 욱이 한 달 전쯤 손에 넣은 것으로, 그날의 감격은 영원히 잊을 수 없었다. 강서고분의 벽화를 모사(模寫)하러 갈 계획이어서 평소보다 빨리 나갈 채비를 하던 참이었다. 항상 발굴한 물건을 들고 찾아오는 상오리(上五里)의 한 농민이 뛰어왔다.

"굉장한 게 나왔어요. 능금밭을 파는데 다섯 척(尺)이 넘는 장검이 나오는 겁니다. 가서 좀 봐주시겠어요?"

부탁을 받는 쪽이 되레 더 허둥대는 꼴로 욱은 자전거를 끌고 농민을 뒤따랐다. 아침부터 강을 따라 좁은 길로 1리(里)도 넘게 상류 쪽으로 올라갔다.

마을에서도 다소 가파른 언덕길이었다. 사과나무를 옮겨 심고 그 자리에 다시 오두막을 지을 요량이라고 했는데 밭은 전부 파헤쳐져 있었다. 한 그루의 사과나무 아래 대여섯 척(尺) 깊이에서 나왔다는 그 흙투성이의 고도를 보자 욱은 덥석 움켜쥐고 목이 메어 한참동안 그대로 있었다. 몇십 원인가, 있는 대로 다 털어서 사례금을 쥐어주고 그 근사한 발견물을 손에 꽉 쥐었다.

대성산(大城山) 기슭 일대는 고구려 시대의 궁전과 사찰 터로서 지금까지도 종종 불상이라든가 옛날 물건이 발굴되고는 해서 눈독을 들이던 곳이다. 그날 아침에 발견된 고도 역시 고구려의 유물이 틀림없었으므로 욱의 기쁨은 비할 데가 없었다. 낙랑 시대의 도검은 박물관에도 소장품이 풍부했지만 고구려 시대의 도검은 그 수가 극히 적어서 그만큼 각별하고 귀하게 여겼다. 그런 까닭에 욱의 기쁨이 배가된 것은 당연한 일이었다.

칼집은 사라지고 없었지만 다섯 척에 가까운 칼몸의 짙푸른 반점이 아름다웠다. 고색창연함 속에서 고대의 자취를 그려 보기에 충분했다. 집으로 돌아와 꼼꼼하게 닦은 후 살펴보니 순금의 고리 모양 칼자루가 은은한 금색으로 빛나고, 날밑인 듯한 부분에 조각을 새긴 정교한 의장 등의 고귀한 만듦새를 보니 왕후의 소지품이라

추측되었다. 칼끝도 살아 있고 한 줄의 호(鎬)도 또렷했다. 이 정도로 완전하게 원형을 유지하고 있는 경우는 드물었다.

욱은 골동품에 손을 댄 지 십몇 년째이지만 그날만큼 감격스러웠던 예가 없었다. 하루 종일 만지작거리며 쾌재를 부르다가 감정을 부탁하기 위해 호리 관장에게 가져갔던 것이 애당초 골칫거리를 만든 발단이었다. 틀림없는 고구려의 고도를 관장은 한눈에 알아보더니 자신이 갖고 싶다고 했다. 골동품 취미에서만이 아니라 박물관 소장품에 추가했으면 하는 것도 간절한 바람 중 하나였다. 절친한 사이여서 욱은 망설였지만 이번만큼은 관장의 고집도 완강했다. 칼을 몸에 붙이다시피 하여 집으로 돌아가면서 무슨 일이 있어도 넘겨주지 않겠노라고 마음속으로 굳게 다짐했다. 그 뒤로 나무상자에 담아 집안 깊숙한 곳에 보관하고 가보처럼 모셔온 것이다.

박물관이 문을 닫은 후여서 뒤편 사택으로 돌아가 보았다. 웬일로 고미술애호회의 후쿠다(福田) 노인도 와 있었다.

욱이 기왓장을 보여 주자 호리 관장은 대충 훑어본 뒤, 좋은 물건을 갖고 왔군, 틀림없는 진짜 고구려 시대 유물이야, 기념으로 박물관에 두고 가지그래 하며 웃는 얼굴로 얼버무리고서 일어섰다.

"후쿠다 씨도 오셨고 하니 함께 산책이라도 나갑시다."

관장의 제안에 후쿠다는 금세 싱글벙글하며 신발을 신었다. 욱도 무슨 일일까 의아해 하며 두 사람과 행동을 같이했다.

을밀대에서 부벽루, 전금문(轉錦門) 쪽으로 산을 한 바퀴 돌고 물가를 따라 강변마을로 들어서자 잠시 한숨 돌리자며 정갈하고 고풍스러운 한 요릿집 앞에 멈춰 섰다.

욱은 생각지도 못했던 연회에 떠밀리다시피 참여한 셈이었다. 언제 작당들을 했는지 월매(月梅)까지 등장했고 자리에 흥이 돋기 시작할 즈음이었다. 그날 밤의 관장의 속내를 겨우 알아차렸다.

"별다른 이유가 있는 건 아니오. 오랜만에 조선 요리가 당기는군."

말은 그랬으나 월매를 동원할 생각까지 할 만큼 용의주도한 수법에는 적잖이 당황스러웠다.

남월매가 호리 관장과 가까이 지내면서도 욱과 기묘한 인연을 맺은 것은 수년 전 왕관 사건이 있은 다음부터였다. 지금은 항간에서도 거의 잊혔지만 당시는 조선 전체에 화제를 뿌린 사건이었고, 사건의 주인공인 월매 때문에도 기생 세계가 한때 떠들썩했던 일이다. 월매에게 약간 마음이 있었던 당시 도지사가 취흥에 겨운 나머지 박물관에서 비장(秘藏)하고 있던 신라 시대 왕관을 화류계 애인인 월매에게 씌우고 서로 번갈아가며 사진을 찍었는데 그 일을 주선한 자가 호리 관장이었다. 그 하룻밤의 은밀한 유희가 일단 시중(市中)에 알려지자 벌집을 쑤신 듯 들끓었다. 국보의 존엄을 모독한 도지사의 경거망동을 비난하는 목소리가 높았고 신문기자와 변호사 단체는 지방 행정관의 부패를 탄핵해야 한다며 궐기(蹶起)하고 나섰다. 월매의 집에 숨겨 두었던 사진을 찾아내어 사회면에 폭로하고 시민 여론에 호소해서 지사를 비롯한 책임자를 철저히 규명하게 되었다. 지사는 실각하기에 이르렀고 호리 관장은 지위를 감안해서 간신히 유임만은 허용되었다. 욱도 한 단체에 속해서 한몫을 했다. 신기하게도 이 사건이 있은 뒤로 욱과 관장의 교분은 한층 격의(隔意)없는 사이로 발전했다. 욱은 월매와도 인연을 맺게 되었다. 월매는 그 사건을 계기로 '왕관 기생'이라는 명성을 얻었지만 항간의 인기는 이미 하락세로 돌아서고 있었다. 그로 인해 생긴 남모를 고민을 허심탄회하게 털어놓을 만한 사람이 욱 정도였다. 둘 사이는 날로 가까워져 술자리에는 반드시 그녀를 불렀다. 관장은 지금도 좌중의 취흥을 위해 그녀에게 술을 따르게 하는 것을 즐겼다. 그날 밤의 그런 융숭한 대접과 배려가 욱은 아무래도 유별나게 느껴졌다.

"요즘은 조선 요리도 점점 형편없어지고 있어. 어디를 가나 순수함이 사라졌지. 특히 요정에서 내는 건 끔찍하더군. 어디 것인지 근본도 모를 음식들이 밥상에서 설쳐대니 말이야. 나는 경주와 경성(京城)에서 두어 번 정통 조선 요리를 먹어 보았는데 그 풍순(豊醇)한 풍미를 지금도 잊지 못해. 그런 것을 좀 더 아끼고 보급할 방법이 없을까 고민한다네."

그날 밤 이야기할 요지는 좀처럼 꺼내지 않고 관장은 쓸데없는 말만 늘어놓았다. 후쿠다는 거기에 맞장구치는 투로 말했다.

"요리뿐인가. 형편없기로 치면 건축이나 복장도 같은 지경이지. 특히 요즘 청년들은 언덕 위에 양관(洋館)을 짓는 꿈은 꾸어도 기와와 통나무를 살린 조선식 건축은 깨끗이 잊었더군. 복장도 괴상한 양장보다는 넉넉한 조선 옷이 우아해서 훨씬 좋은데 말이야. 아무튼 예로부터 내려오는 것은 경멸하고 외래 문물에만 빠져 있는 꼴이지. 또 듣기로는 전문학교 정도의 교육을 받은 어떤 청년이 서양인의 집에 놀러갔다가 응접실에 장식해 둔 조선의 옛날 목갑(木匣)과 유기(眞鍮)그릇을 보고 비로소 그 아름다움에 눈을 떴다는 거야. 그리고는 집에 돌아오자마자 그것을 꺼내 애용하기 시작했다는군. 이렇게 역수입한 청년은 그나마 기특한 편이지. 아예 불감증에 빠진 청년들이 문제라고 생각해."

그러면서 껄껄 웃는 소리를 듣자 욱은 부끄럽고 수치스럽기까지 했다. 그에게는 결코 웃을 일이 아니었다.

"일반적으로 그런 풍조 같더군요. 한심할 따름이지요. 자기 것은 하나도 모르면서 흉내 내기에만 급급하니 말입니다. 가난하게 자라 그럴 만도 하겠지만 자신의 장점만은 확실히 분별할 줄 알아야죠."

"그렇지만 현 군(玄君)처럼 답답한 고집쟁이도 곤란하지."

후쿠다는 욱을 언급하며 호기롭게 웃었다.

"예컨대 노래도 말이야, 요즘 기생은 유행가나 잘 부르지 옛날 노래는 아예 글렀어. 시조나 수심가를 못 부르면 적어도 잡가나 단가 한 토막쯤은 부를 줄 알아야 말이 되잖아. 옛날 기생은 노래는 물론 춤에도 능통했거든. 서화도 뛰어났지. 시를 읊고 사서삼경을 줄줄이 읽을 줄 알았다고. 요즘 기생은 아예 재주도 없이 다닌다니까. 이봐, 월매! 자네 같은 기생은 정말 드물어. 역시 왕관 기생뿐이야. 오늘 밤은 옛날 노래로 한 곡 뽑아 주게. 자, 저기 가야금이 있구먼."

관장이 능숙한 말솜씨로 구슬리자 결국 월매가 한 곡조 뽑기에 이르렀다. 노련한 선율에 가락이 정확한 고풍스러운 노래가 애조를 띠고 느리게 흘렀다. 노래와 술로 흥겨워진 관장이 불쑥 꺼낸 말은 예상했던 대로 고검에 대해서였다. 한 번 더 보여 주지 않겠냐는 부탁이었다. 욱은 울며 겨자 먹기로 종업원에게 지시하여 가게에서 특별히 검을 가져오도록 해야 했다.

포장 상자에서 거대한 고검을 꺼내들자 그 기백에 압도당해 방 안의 공기가 일변했다. 청록색 칼몸은 일종의 귀기(鬼氣)마저 감돌아서 취흥은 깨지고 좌중의 신경이 곤두섰다. 관장은 칼자루를 쥐고 간신히 한 손으로 치켜들더니 전등불로 가져갔다. 고구려의 대도(大刀)는 현대인의 섬세하고 하얀 손으로 들기에는 버거운 물건이었다. 위태로운 모습에 두려움을 느낀 월매는 저도 모르게 뒷걸음질했다.

"내가 이곳에 온 지 20년일세. 언젠가 뼈도 이 땅에 묻히겠지. 작은 박물관을 맡아서 밤낮 없이 최선을 다했는데도 생각만큼 성과를 내지는 못했어. 낙랑고분의 모형을 만들어 본 것이 작은 치적이라면 치적이랄까. 나머지는 보시다시피 초라해서 창피할 따름일세. 그래도 조선을 사랑하는 마음만은 남에게 뒤지지 않는다고 생각해. 이 땅에 대한 지극한 애정이 없었다면 이런 시시한 일도 이루지 못했을 걸세. 그런 점에서는 조금 자부하고 있네만. 여하튼 뭐니 뭐니 해도 박물관을 충실히 운영하고 싶은 바람뿐, 그 외엔 솔직히 아무것도 없다네."

고도를 보고 싶다던 말은 그것을 갖고 싶다는 뜻이었다. 관장의 거듭된 간청에 욱은 참으로 곤혹스러웠다. 거짓 하나 없는 관장의 심정을 이해하기에 더욱 괴로웠다. 유적지에 대한 애정이라면 욱만큼 강한 사람이 없었지만 이 자리에서 그런 애정의 경중을 서로 따져 봐야 무의미한 짓이었다.

"무지렁이 백성한테 이것을 넘겨받을 때 오래도록 몸에 지니겠다고 했었는데 그 체면도 있고, 지금 이것을 떠나보내는 건 순수한 마음을 배신하는 짓이기도 합니다."

"떠나보낸다고 해서 버리는 것도 아니고 박물관 유산은 자네 유산이기도 하지 않은가. 보존 장소가 다를 뿐이지. 게다가 그러는 편이 누구에게나 널리 사랑받는 일이기도 하고."

마침내 후쿠다가 관장을 거들고 나섰다.

"이 고도는 제가 가져야겠어요. 몸에서 떼놓지 않고 제가 지니고 싶습니다."

"나도 어렵게 꺼낸 말이고 서로 미술애호회 회원이라는 인연도 있으니 적당한 선에서 타협하지 않겠나? 이게 싫다면 이건 어때?"

관장은 손가락 하나를 세웠다가 바꿔서 두 개를 내보였다. 욱은 어쩔 줄 몰라 하며 금세 얼굴을 붉혔다. 입술에 약간 경련이 일었다.

"모욕을 해도 정도가 있지. 당신들, 내 진심을 잘못 짚었어."

손가락 두 개는 이천 원을 의미했다. 천 원에 넘겨주지 않겠냐고 내내 조르다가 지금 눈치를 보아 그것을 두 배로 올린 것이다. 욱은 점점 얼굴이 창백해졌다가 다시 평정을 되찾았다.

"내가 비록 변변찮은 장사는 하고 있지만 이 검에 대해서만은 이미 장사꾼이 아니라고. 말 잘했어. 당신이 그렇게 말하니 나도 거절하기가 편하군. 딱 잘라 거절하지. 절대로 못 넘겨."

"저기, 그렇게 화만 내지 말고 천천히 한 번 더 생각해 보시게."

"아니. 됐어. 두말하지 않겠어."

미션 중학교에 근무하는 백빙서(白憑西)가 어디서 들었는지 고도를 보러 와서 그날 밤 일을 듣더니 이렇게 말했다.

"자네다운 행동이군. 하지만 나한테 이런 건 한 푼의 값어치도 없네. 요즘 시대에 자네 같은 편집광은 그것만으로도 충분히 골동적 가치가 있기는 하지."

오히려 야유하는 말투였다. 욱은 후쿠다 노인에게 들은 대로 어떤 청년이 서양인의 집에서 조선 식기를 역수입했다는 이야기를 전하면서 자네야말로 그런 부류일거라고 힐난했다.

"그럴지도 모르지. 그게 창피한가? 우리의 장점을 발견해 준 건 솔직히 말해서 그들인지도 모르잖나. 최소한 남의 풍요로움이 우리를 반성하게끔 환기시켰다고는 말할 수 있겠지."

백빙서는 태연하게 지껄였다.

"파렴치한 소리 좀 작작하게. 우리의 장점은 원래 우리 안에 있던 거야. 남이 가르쳐 줘서 겨우 깨달은 거라면 그 따위는 없어도 돼. 치즈와 된장, 어느 쪽이 자네 입에 맞던가? 만주 일대를 일주일쯤 여행하고 집으로 돌아왔을 때 무엇이 가장 맛있었냐고. 조선 된장과 김치가 아니었나? 그런 걸 누구한테 배우겠어? 체질 문제야. 풍토의 문제라고. 그런데도 모른 척하는 자네들의 그 천박한 모방주의만큼 같잖고 경멸스러운 것도 없단 말일세."

욱의 말투가 생각보다 거칠었는지 백빙서는 슬그머니 말꼬리를 흐렸다.

"문제는 지금이야. 자네 기분을 이해 못하는 건 아니지만 옛날의 영광을 물고 늘어져 봐야 그게 무슨 소용인가? 현재의 가난을 자각하면서도 남의 풍요를 짐짓 외면하는 건 고의적인 반발이고 오기라고. 공연히 손해만 본다 이 말이야."

"손해라니 참 자네다운 말이군. 하지만 나는 좀 더 중요한 걸 이야기하는 걸세. 필요한 것은 영혼이야. 걸식 같은 썩은 근성으로 연명하기보다는 깨끗하게 죽는 편이 훨씬 낫지 않나?"

"아, 너무 흥분하지는 말게."

백빙서도 결국 더는 못 당하겠다는 듯이 인상 쓰고 있던 표정을 풀었다.

"나도 이 고도의 기품은 느낄 수 있어. 하지만 당장 나한테 필요한 물건도 아닌데 가치 있는 물건으로 보기는 어렵다는 뜻이야. 고도보다 차라리 이게 더 마음에 들지 모르겠군. 경성에 갔다가 자네가 좋아할 것 같아서 선물로 사 왔어. 마음에 들면 월매한테라도 줘."

백빙서가 그렇게 말한 다음 서류 가방에서 꺼낸 것은 여성용 꽃신 한 켤레였다. 평평한 가죽 밑창 위에 상침질로 화사한 테두리를 두르고 그 연두색 바탕 위에다 빨강, 파랑, 노랑의 꽃 모양을 수놓아서 흙을 묻히는 게 아까울 만큼 고아(古雅)하고 화려한 신발이었다. 꽃다발을 펼쳐 놓은 듯이 주위가 환해졌다.

"이거 귀한 물건일세! 이런 물건을 알아보다니, 자네한테도 그만한 안목은 있었나 보군. 전부터 갖고 싶었는데 아무튼 고맙게 받겠네."

욱의 웃는 얼굴을 보자 백빙서도 다행이라며 조금 으쓱해 하는 표정이었다.

"조선 된장보다 더 좋은 게 있지. 여인의 옷이야. 신여성의 짧은 치마도 좋지만 자락이 끌릴 정도로 긴 치마도 좋지. 여름의 얇은 옷도 좋지만 봄가을로 입는 색색의 겹옷도 좋고, 고동색 저고리와 파란 치마에 이런 꽃신을 신는 세련되고 아름다운 모습은 아마 천하일품이지 않을까? 어디다 내놔도 뒤지지 않아. 태평하고 우아한 느낌은 독창 바로 그것이지."

"묘한 데서 감동하는군. 여자는 무얼 입혀도 아름답게 보이는 법이야. 그렇게 좋으면 다음에 미국 갈 때 왕창 사가지그래? 역수입이 아니라 직수출이군. 거기서 대대적으로 선전하면서 조선 여성을 위해 기염을 토하고 오라고."

"그럴까? 큰돈 한 번 벌어 올까? 마네킹이라도 갖고 가면 잘 팔릴게 틀림없어."

백빙서는 머잖아 학교에서 안식년 휴가를 얻는다. 그때를 이용해서 일 년 정도 미국으로 외유를 떠날 예정이다. 실은 그 일로 미션스쿨 본부나 영사관 일을 매듭짓기 위해 최근 경성 나들이가 잦았다. 오랜 동경을 실현하는 여행인 만큼 서양 문화에 담긴 젊은 감각을 실컷 완미(玩味)하고 돌아와서 동서를 비교, 연구하겠다며 허세를 부렸다.

"실없는 소리 그만하고, 잠깐이라도 좋으니 월매가 신은 모습을 보여 주게. 아름다운 것을 혼자 욕심내면 안 되네."

"틀림없이 기뻐할 거야. 월매는 다른 남자도 많을 테고 꼭 내 뜻만 받아줄 여자도 아니지만 일간 한번 보여 주지."

약속은 했으나 욱이 이런저런 일로 바쁘게 쫓겨 월매에게 꽃신을 건네줄 틈도 없이 사오 일이 흐른 뒤였다. 다시 백빙서에게 이끌려 연극 춘향전을 보러 갔다가 거기서 우연히 그녀와 딱 마주쳤다.

경성에서 진가를 인정받은 극단인 만큼 즐거운 기대 속에 첫날 가설극장은 만원이었다. 욱은 딱히 공연 관람에 취미가 있는 것은 아니었으나 지금까지 어떤 극단도 크게 성공시키지 못한 그 고전극의 연출법과 고대 의상의 고색창연함 등을 보고 싶어서 백빙서가 이끄는 대로 동행한 길이었다. 뜻밖의 열연이었다. 제4막 만고(萬古)의 열녀 춘향의 수형(受刑) 장면에서 욱은 자기도 모르게 감동의 눈물을 흘렸다. 아마 똑같은 감회였으리라. 어느 새 난데없이 옆에 나타난 월매도 붉어진 눈에 손수건을 대고 있었다.

"당신한테 가야지 가야지 하면서 그만 게으름을 부렸군. 연극이라니 한가한가 봐."

"혼자 온 게 아니에요. 억지로 끌려온걸요."

넌지시 가리킨 앞쪽에는 정해두(丁海斗)가 혼자 우두커니 난간에 기대어 있었다. 그랬군, 하고 욱은 고개를 끄덕이면서 철공장을 소유한 덕에 최근 경기를 타고 한밑천 톡톡히 잡았다는 그 땅딸막한 남자의 둥근 옆얼굴을 쳐다보았다. 무대의 조명을 받아 코끝이며 볼록한 뺨이 반짝거렸다. 월매에게 홀딱 반해서 귀찮게 추근거리는 통에 월매도 꽤나 애를 먹는 모양이었다. 기적(妓籍)에 오른 몸이라지만 너무 들러붙어 괴롭다는 그녀의 요즘 고민에 욱도 은근히 신경이 쓰이던 참이었다.

"난처해 죽겠어요. 요새 매일 같이 스무 시간은 달라붙어 있어요. 산책을 가자느니 영화를 보러 가자느니. 달갑지 않은 호의예요. 잠깐 바깥으로 같이 나가지 않을래요? 할 이야기가 있어요. 아니면 공연이 더 중요한가요?"

월매의 갑작스러운 말에 욱이 당황해 하며 한번 더 정해두 쪽을 보자 괜찮아요, 혼자 내버려두세요, 라며 월매는 팔을 잡아끌다시피 했다. 욱은 정해두보다 백빙서에게 미안했으나 백빙서가 의미심장한 미소를 짓자 거리낌 없이 월매 뒤를 따라 나갔다.

가설극장 밖은 다방 거리였다. 근처에 있는 한 다방으로 들어가서 월매가 서둘러 꺼낸 말은 과연 한가한 이야기가 아니었다.

"어머니 잘못인지도 몰라요. 어머니한테 열심히 갖다 바치고 듣기 좋은 말만 하니까 완전히 정해두 말만 따르게 됐거든요. 저에게 적당히 은퇴해서 가정을 꾸리라고 입버릇처럼 말씀하셨던 어머니예요. 어느새 정해두와 혼약이라도 성사된 것처럼 요즘 대놓고 집에 들락거리고 저를 무턱대고 야단치고는 하세요."

"당신 어머니도 문제로군. 하다못해 춘향이 어미만큼의 배짱이라도 있으면 좋으련만."

"교외 언덕에다 집을 샀다면서 봄부터 야단이더니 어느 틈에 천 원 정도의 선금을 정해두가 지불하게 했더라고요. 최근에 그걸 알고 얼마나 놀랐는지 몰라요. 경솔한 짓을 했으니 어머니도 그것 때문에 옴짝달싹 못 하는 모양인데, 자업자득이라고 실컷 비웃어 주고 싶은 심정이에요. 그런데도 제 탓이라면서 못살게 구시니 괴로워요. 생지옥이 따로 없다니까요."

"천 원짜리 올가미인가. 큰일이군."

욱에게는 버거운 난제였다. 월매로서는 절박한 상황이었지만 아무에게나 털어놓을 이야기는 아니었고, 욱은 들어줄 만해서 들어주었으나 괴로울 뿐이었다. 믿고 의지하며 사정을 털어놓는 여자의 모습이란 애처로운 법이다. 시선을 조금 내리깐 월매의 모습이 유달리 아름다웠다.

"차라리 다 던져 버리고 집을 나오면 어떨까 하는 생각도 했어요. 이대로 있으면 죽도 밥도 안 될 것 같아서요. 몸뚱이 하나쯤 어디를 가든 받아 줄 곳 없겠어요?"

월매가 욱에게 은근히 무언가를 기대하기 시작한 것은 왕관 사건 후의 일이었다. 그녀의 표정이 의미하는 바를 다 알면서 끝까지 냉정을 유지해야 하는 입장이 욱은 수치스러웠다. 독립할 나이를 훌쩍 넘긴 오늘까지도 독립을 못한 채, 한 여자를 걸림돌로 여겨 거리를 두려는 자신의 처지가 서글펐다. 우유부단한 그를 채찍질하듯 지금 그녀는 암시를 갈망하고 있었다. 욱은 스스로가 한심해서 뼈를 깎는 듯 고통스러웠다.

"어찌하면 좋단 말인가. 나에게는 세상일이 점점 어려워지는구나."

이제는 월매보다 자신을 걱정하고 있었다. 씁쓸한 차를 앞에 두고 해결의 실마리가 보이지 않는 밤을 원망하는 것처럼도 보였다.

뜻밖의 고민을 떠안은 욱은 지혜도 없고 결단도 못한 채 며칠을 흘려보냈다. 가게에 있으면 이런저런 일로 아버지에게 꾸중을 듣고서 예민해진 신경만 자극받을 뿐이었다.

급기야 아버지와 심하게 말다툼을 벌인 날이었다. 욱은 표연(飄

然)히 시내에 있는 한증막으로 들어갔다. 백빙서 따위에게 걸리면 촌놈 취미라고 한마디로 무시당할 테지만 욱은 몇 년 전부터 그 원시적인 풍습을 즐겼다. 장작불로 달궈진 컴컴한 토굴 속에서 네다섯 명이 한데 모여 거적을 둘러쓰고 웅크리고 있으면 전신이 끈적거렸다. 거적의 탄내와 매캐한 연기에 목이 메고 눈은 보이지 않고 숨쉬기도 괴롭고 의식이 혼미해져 그대로 타 죽는 건 아닐까 불안해지기도 한다. 그 초열지옥(焦熱地獄)을 즐기면서 욱은 '망각의 동굴'이라고 불렀다. 살인적인 고행 속에서 속세의 일은 아득한 망각의 피안으로 진즉에 가라앉기 때문이었다.

오후 네 시는 첫 번째 가마가 가장 뜨거운 시간이다. 단련이 된 욱도 그날만큼은 삼백도 다 세기 전에 더 이상 못 버티고 한계를 느꼈다. 상대의 직업이나 사람 됨됨이 따위는 상관없이 벌거숭이로 모여 몸뚱어리를 밀착하고 서로 사이좋게 한 가마 속에 눕는 게 관례인데, 그 한증막에 모이는 이들은 대부분 노인들이다. 욱은 그들 사이에서 젊은이답지 않게 기특하다며 신기하게 여길 정도였지만 그날은 확실히 제정신이 아니었다. 열기가 콧구멍을 막아서 숨쉬기가 힘들었고 온몸이 뒤틀리듯 고통스러웠다. 옆자리의 남자는 아무렇지 않게 콧노래를 부르며 척척 수를 세어 나갔다. 그 소리가 영락없이 지옥의 염불처럼 들렸다. 오백까지 셌을 때 욱은 창피를 무릅쓰고 거적을 걷어치우고 가마를 뛰쳐나왔다. 오백까지 세는 데 걸리는 시간은 십 분 정도였다. 한증막을 즐기는 사람으로서는 창피한 숫자였다.

노천 바닥에 서자 햇살이 눈부셨다. 살구처럼 삶아진 피부는 만지면 벗겨질 듯했고 쓰라렸다. 눌어붙는 냄새가 주위에 맴돌았다. 욕실로 들어가서 욕탕 속 가장자리에 앉자 온몸이 노곤했다. 아버지와의 일을 떠올렸는지도 모른다. '망각의 동굴'도 그날만은 별 효능이 없었다.

"내년이 아버지 환갑이잖니. 평생 단 한 번뿐인 잔치인데 시끌벅적하게 치르지 않으면 주변 사람들한테 웃음거리가 될 거다. 그 준비도 지금부터 해야지, 안 그러면 어디 제 날짜에 대겠니?"

"그런 일에 눈치 빠른 아들을 뒀다면 내가 이 나이까지 고생도 안 했어. 옛날 칼 따위에 정신이 팔려서는. 세상 사람들이 어떻게 생각하는지 알아두는 게 좋을 거다. 그런 것쯤 팔아버리는 게 나아. 매사에 때가 있다고 하지 않느냐. 지금 파는 게 관장에게도 체면이 서는 일이야."

"제 거라고요. 제가 어떻게 하든 그냥 내버려 두시라고요."

결국 욱도 발끈해서 쓸데없는 참견 마시라며 목소리를 높였지만 아버지의 노여움을 사는 바람에 이 못난 놈, 불효자 같은 놈이라는 호통을 들으며 가게를 뛰쳐나왔다.

월매를 생각하던 끝이라 천 원이라는 선불이라든가 아버지의 회갑연 따위가 함께 뒤얽혀 마음이 답답했다. 막다른 길에 내몰린 것처럼 빠져나갈 길 없는 괴로움이 욱을 극도로 초조하게 만들었다. 하지만 한증막은 너무 뜨거워서 망각이고 자시고 할 계제가 아니었다.

거뜬히 천까지 세고 새빨갛게 달궈져 나온 무리들이 오늘은 웬일이야? 오백밖에 못 세고 뛰쳐나가다니 자네답지 않군, 하며 놀렸지만 욱은 멍하니 생각에 잠길 뿐이었다.

'모두가 나를 괴롭히기만 해. 아버지도 어머니도 월매도, 모두 합세해서 나 한 사람을 희롱할 작정이라고. 내가 질 것 같아? 나 죽었소, 하고 가만히 있을 것 같으냐고! 고도를 내줄 줄 알아!'

하늘을 찌를 듯이 격앙된 기분 속에는 자조의 뜻도 상당 부분 포함되어 있었다. 목욕탕을 나와서도 곧장 집으로 돌아가지 않고 한나절 동안 거리를 어슬렁거리려니 들개처럼 비참한 기분이 들었다.

해질녘이 되어서 가게 문으로 들어선 순간, 집안 공기가 휑했다. 머뭇머뭇 안으로 들어가자 밥을 짓던 어머니가 어쩐지 당황한 기색으로 묻지도 않은 말을 했다.

"어디 갔었니? 가게는 비워두고. 아버지는 급히 볼 일이 생겨서 방금 성천(成川) 시골에 가셨단다."

"성천이라니, 무슨 급한 일인데요?"

욱이 다급하게 추궁하자 어머니는 주저하며 아들의 안색을 살피면서 대답했다.

"땅을 본다면서 중개인과 함께 가셨어."

"땅을 봐서 뭐하려고요?"

"창평(蒼坪)에 있는 사흘갈이 보리밭 말이야. 아버지가 여태껏 그걸 얼마나 탐냈는지 모른다. 마침 매물로 나왔다는 소리를 듣고 또 한 번 손에 넣을 수 있지 않을까 하는 생각에 요 며칠 안절부절 못하신 모양이야. 보리밭 뒤에는 대대로 모셔온 산소도 있고, 아버지도 거기에다 뼈를 묻고 싶다 하시고."

욱 일가가 창평 시골에서 이 시내로 옮겨온 지도 벌써 10년 가까이 되었다. 그리 넓지는 않아도 대대로 경작했던 땅을 팔아치운 것을 아버지는 뼈에 사무치게 안타까워했다. 노인에게 도시 생활이란 권태롭기 마련이다. 그런 탓에 가능하면 다시 시골로 내려가 여생을 흙이나 풀과 가까이하며 보내고 싶다는 게 아버지의 숙원이었고, 욱도 잘 알고 있었다.

“하지만 손에 넣겠다고 해서 삼천 평이나 되는 밭이 우리 같은 가난뱅이 손에 호락호락 넘어온대요? 뭐 하려고 그런 쓸데없는 짓을 해요?”

욱의 가시 돋힌 말에 어머니는 쩔쩔매는 눈치더니 금세 침착한 목소리로 이야기했다.

“어차피 할 이야기지만, 화는 내지 말거라. 그 고검을 아버지가 오늘 관장에게 가져갔단다. 사례는 아직 받지 않은 모양이더라.”

“뭐, 뭐라고요? 다시 말해 보세요.”

욱은 등이 뻣뻣해지고 코언저리부터 창백해졌다. 입술이 가늘게 떨렸다.

“사례는 아직 못 받았다고요? 그걸 팔아서 밭을 살 생각이었단 말씀이세요? 마, 말도 안 돼!”

욱은 말만으로는 성질이 풀리지 않아 참고 있기가 힘들었다. 부들부들 떨리는 손으로 책상 위의 벼루를 집어 들었다. 진열대 위에 있던 도자기에 맞아서 와장창 부서지고 커다란 파편이 흩어졌다. 무슨 짓이냐며 어머니가 바들바들 떨며 나왔을 때는 시가 수십 원이나 하는 조선 시대 골동품이 흉측한 몰골로 변해 있었다. 욱의 눈은 시뻘겋게 변해서 살기를 띠고 있었다.

"멋대로 하게 그냥 둘 줄 알아! 그건 내가 발굴한 거라고! 손가락 하나라도 까딱해 봐!"

흐트러진 모습으로 드르륵 유리문을 여는 욱을 보자 어머니는 크게 놀라 물었다.

"어딜 가니? 그렇게 화가 나서 어쩔 셈이야!"

욱은 뒤도 돌아보지 않고 앞으로 고꾸라질 듯한 자세로 가게를 나섰다.

거의 한 시간쯤 지났을까, 박물관 뒤편 모란대의 어슴푸레한 어둠 속에서 시내 쪽으로 표표히 내려오는 그림자가 있었다. 오른손에는 거의 사람 키만 한 고도를 치켜들었다. 욱이었다. 관장에게 달려가서 고구려의 고검을 되찾아 오는 길이었다.

청류정(淸流亭)에 이르자 단청이 벗겨진 처마 밑으로 들어가서 난간에 기대어 섰다. 발밑에는 대동강이 머물렀다 흘러가고, 능라도의 버드나무 가로수에는 가을 색이 쓸쓸히 깊어갔다. 강 저편에 펼쳐진 들판 끝에 낮은 산의 윤곽이 검푸르게 보였다. 보름이 가까운 때라 조금 이지러진 달이었다. 엷고 희끄무레한 달 속에 수천 년 변함없는 산하가 잠자코 있었다. 어쩌면 이천 년 전 옛날 어떤 저녁에도 고구려 사람이 여기 똑같은 벼랑에 서서 지금과 다르지 않은 강을 바라보고 있지 않았을까 하는 감상마저 솟구쳤다. 그러한 감상에 젖어 내려다보는 오른편 저 먼 곳의 창망(蒼茫)한 거리 풍경이 한층 더 감개무량하게 느껴졌다.

정자를 나와서 오솔길로 접어들자 바로 정면에 펼쳐진 시가지가 끝없이 이어졌다. 그 안에서 꾸물거리는 수십만 창생(蒼生)의 삶이 자기 손에 쥐어져 있다는 터무니없는 환각에 사로잡혀 대담해지는 기분이었다. 혼신의 힘을 다해 고도를 휘둘렀다. 칼몸은 간신히 어깨쯤을 지나 허공으로 떠올랐나 싶었는데 무게를 이기지 못하고 제풀에 스르륵 떨어졌다. 반동을 이용해서 길가의 풀을 베고 다시 휘두르고 휘둘렀다. 그 어린애 장난 같은 행동을 수도 없이 되풀이하며 기뻐하는 욱이었다.

"월매도 아버지도 관장도 이걸 갖고 싶어서 나를 농락했어. 내가 질 것 같아! 누가 와도 굽힐 것 같으냐고!"

중얼거리는 욱의 모습을 그때 지나가다 본 사람이 있었다면 그를 미쳤다고 생각하지 않았을까.

"이걸 내놓을 바에야 내 목숨을 내주는 게 낫지. 밭이나 여자 따위는 필요없다고."

녹슨 청록의 고색(古色)은 저녁 어스름과 혼연히 하나가 되고 금빛 칼자루가 달빛을 받아 은은하게 빛났다. 사실 욱은 미쳤는지도 몰랐다. 연신 칼을 휘두르는 팔에는 점점 힘이 들어갔고 얼굴은 뜨거워졌으며 눈은 형형히 빛났다.

《문예(文藝)》, 1940. 7.

가을(秋)

이상한 일이에요. 꿈결에 음악을 들었어요. 모차르트도 아니고 쇼팽도 아닌 고향의 아악(雅樂)을 똑똑히 들었어요. 생시인가 하고 두근거리는 가슴으로 귀를 기울였더니 춘향전 공연에서 들은 적이 있는 '취태평지곡(醉太平之曲)'의 유려한 음률이 가야금의 구슬픈 가락을 타고 하염없이 흐르더군요. 우아한 선율 속에서 춘향과 몽룡의 모습이 두둥실 떠올라서는 옛이야기의 세계로 이끄는 게 아니겠어요? 돌연 가락이 사라지고 눈을 떴을 때의 맨숭맨숭함이란. 꿈이었어요. 고향에 있지도 않았고 정겨운 음악에 감싸인 것도 아니었어요. 육신은 여전히 이국 하늘 아래에 있었어요. 대륙의 한복판 싸늘한 단간방 침대 위에 누워 있었답니다. 창문으로 흘러드는 공기는 어느덧 싸늘해져 계절의 스산함이 온몸을 파고듭니다. 책상 위에 놓인 옛날 항아리는 오후의 햇빛을 받아 희미하게 빛나고, 거기에 꽂아 둔 지 며칠이 지난 국화와 참억새, 낙상홍(落霜紅) 다발은 벌써 시들었어요. 같은 사무실의 동향 친구들이 준 이 기품 있는 조선 시대 항아리도 지금은 위로 대신 향수를 자극하는 구실이 되어 마음을 옥조입니다. 여자가 지니기에는 너무 비싸고 고풍스러운 항아리지요. 백자 몸체에 진사(辰砂)의 붉은 선으로 당초 문양이 그려져 있는데 마치 은은한 과일 냄새 같은 향내를 풍깁니다. 정체 모를 그 향내가 공연히 고향 생각을 자드락거리는 듯도 합니다.

진정 가을인가요? 남쪽 창으로는 저 멀리 서공원(西公園)의 단풍 든 우듬지가 내다보입니다. 오늘은 하늘도 파랗게 개었습니다. 파도 소리 같은 거리의 소음도 어느새 잦아들어 아주 먼 곳에서 들리는 것 같습니다. 뒷골목에서 줄지어 천천히 행진하는 징과 호궁(胡弓)과 큰북의 저 기묘한 고른음은 수년째 들어서 익숙해졌는데도 이상한 소리임에 틀림없습니다. 가락은 없고 시끄러운 단음이 반복되는 소리를 들을 때만큼 타국에 있음을 절감할 때도 없습니다. 어디를 가든 파랑 일색의 색채와 어두침침함과 떠들썩함—이 지역의 이런 특색은 아직도 익숙지 않아 괴로울 정도입니다. 대마로(大馬路)를 달리는 마차 안은 이맘때쯤 벌써 선뜩해져 무릎이 오들오들 떨리겠지요. 말은 털도 뻣뻣해지고 내쉬는 숨도 하얗게 보일 거고요.

서공원의 우듬지 너머 멀리 남쪽을 향해 밤낮으로 고향을 그리워한 지 여러 해가 지났습니다. 하늘에서 목소리가 들려와 누가 부르기라도 한 듯 저는 무심코 그쪽으로 눈길을 돌립니다. 그리움에 눈시울이 뜨거워짐을 느꼈습니다. 10년 가까이 저 하늘을 바라보며 지내고 있지만 하늘 저편의 일은 무엇 하나 깨끗이 잊히지를 않으니 무슨 까닭일까요. 타향의 별과 친숙해진다는 것은 끝내 불가능한 일일까요? 혈연으로 맺어진 고향을 저버린다는 것은 아예 불가능한 일일까요?

한번은 아파서 몸져누웠는데 생각은 더 뒤숭숭했습니다. 문득 잠에서 깬 오후쯤엔 복장이 타는 듯했습니다. 복장이 탄다는 말이 나온 김에 이야기하자면, 급성 맹장염으로 수술을 받고 병원을 나온 때가 여름이 끝나갈 무렵이었는데 그로부터 한 달을 이 침상에서 자리보전했답니다. 무료함과 괴로움의 한가운데에서 생각은 단 하나로 집중될 뿐이었지요. 입원해 있을 동안에는 사무실 사람들이 여러 모로 시중을 들어주었지만 아파트의 방으로 돌아온 후로는 찾아오는 사람이 동향 친구들 정도여서 말상대는 대개 저 남쪽 하늘입니다. 이토록 쓸쓸하여 주체하지 못할 바에는 차라리 그 수술대 위에서 숨을 거두었더라면 하는 생각도 듭니다. 수명을 연장해서 애태우고 혼란스러워 하기보다 그 편이 훨씬 홀가분했겠지요.

여하튼 그렇게까지 미워하고 원망하며 정나미 다 떨어져 결국 등지고 나온 고향이건만 이제 와서 왜 이렇게까지 연정(戀情)을 금치 못하는 것일까요. 저에게는 무엇 하나 좋은 고향이 아니었습니다. 가난과 비참함 속에서 시달리고 짓밟혀 두 번 다시 돌아오지 않겠노라고 분노와 결의에 차서 등졌던 고향이 아니던가요. 그때의 굳은 마음이 어찌 이제 와 맥없이 배반당하는 것일까요. 또 한 번 이렇게 애태우지 않으면 안 되는 노릇일까요. 저의 여린 마음을 탓해야 하나요, 고향을 향한 끈질긴 집착을 원망해야 하나요. 어쨌든 남쪽 하늘은 낮이나 밤이나 이 가련하고 고독한 영혼을 부릅니다. 한 번 끊어진 핏줄이 이 불민한 반역자를 부단히 끌어당깁니다. 지금은 그 부르는 소리에 응하려고 여의치 않은 몸에 채찍질을 하며 있는 힘껏 추억과 향수에 빠져드는 게 그나마 진심이자 위안입니다.

이 무렵 고향의 가을은 얼마나 아름다울까 마음속에 그려 봅니다. 이 추운 북방의 가을은 싱거우리만치 짧아서 여름이 끝났나 싶으면 금방 쌀쌀한 바람에 지저분한 낙엽이 휘날립니다. 이런 날씨와는 전혀 다르지요. 영원토록 길고 따사로운 봄날 같은 가을이에요. 하늘은 파란 유리처럼 투명하게 개어서 두들기면 와장창 부서져 내릴 듯이 맑습니다. 그 하늘 끝에 하얀 비늘구름이 가늘게 떠 있는 형상은 영락없이 바닷가에 흩어져 있는 조개무지 같지요. 언제까지나 영원한 화단의 청국화, 맨드라미와 엉겅퀴 등이 온갖 가을 풀에 섞여 맑은 대기 속에서 하늘거리는 모습과 파란 하늘과의 대조는 비할 데 없이 사랑스럽고 아름답습니다. 조선 반도의 화창한 가을 날씨는 세계에서 가장 아름답다고들 말합니다.

사무실 친구들이 요 며칠 전 고향에서 온 편지라면서 기뻐하며 돌려 읽기에 낚아채다시피 해서 꼭 제가 받은 편지인 양 한 글자 한 구절 탐닉하듯 읽었답니다.

고향의 가을이 자세하게 적혀 있었어요. 음력 8월 15일 중추절이 막 지난 때라 시내 상점가에는 햇과일이 넘쳐나고 전원에는 오곡의 냄새가 충만하다는 이야기였어요. 근교의 역 플랫폼은 당일치기 소풍을 즐기려는 사람들의 무리로 가득하고 산에서 꺾은 가을 풀이나 시골에서 주운 밤송이가 달린 가지를 손에 들고 자랑스럽게 시내로 돌아온다고 합니다. 밤송이라고 하니 생각납니다. 저도 경성(京城)에 있을 때는 일요일 같은 때 친구들과 교외로 놀러갔다가 돌아오는 길이면 꼭 밤송이 가지나 단풍 든 나뭇가지를 들고 기차에 올라 혼잡한 좌석에 피로한 몸을 의탁하고는 했지요. 밤송이 가지를 도시에서는 아주 신기하게 여겨서 뒷골목의 아이들은 누구나 내가 가졌으면 하는 눈길로 쳐다봅니다. 가지 하나쯤은 꺾어 주는 것으로 그날의 유쾌함은 한층 고조되지요. 남은 밤송이 가지를 꽃병에 꽂아두고 이삼일 지나면 밤송이는 두 쪽으로 딱 벌어지는데 며칠이 더 지나면 흑갈색의 열매가 들여다보입니다. 그 별것 아닌 밤송이가 몹시 소중하게 느껴집니다. 가을의 산물은 사람의 마음을 온전히 순수한 동심으로 돌아가게 합니다.

동심으로 돌아가게 하는 것 중 또 하나는 꽈리입니다. 가을 화초의 열매인데 이만큼 사랑스러운 것도 없습니다. 얇은 주머니를 벌리면 속에서 주황빛의 반들반들하고 동그란 알맹이가 빠끔히 드러납니다. 계집애들은 이 알맹이를 손끝으로 조물거리다가 속을 빨아내고 바람을 불어넣어 공을 만들어요. 이것을 이에 물고 뽀드득뽀드득 씹는 소리를 냅니다. 탄력을 띤 부드러운 그 음색도 좋지만 하얀 잇새에 꽈리를 물고 있는 계집아이들의 모습은 더없이 어여쁩니다. 동양화를 그리는 화가가 왜 이런 계집아이들의 그림을 그리지 않았는지 저는 이상하기까지 합니다. 아름다운 계집아이의 입술 사이로 진주처럼 빛나는 이가 드러나고 그 잇새에 주홍빛 동그란 꽈리가 물려 있습니다. 이런 풍경을 제쳐두고 더 어여쁜 가을 그림이 있을는지요. 이는 모두 내 고향의 그림입니다. 저도, 제 여동생들도, 친구들도 모두 이 꽈리로 소리를 내던 계집아이 시절을 보냈답니다.

중추절을 떠올리면 역시 토란국을 잊을 수 없어요. 그날은 어느 집이나 토란국을 끓이는 게 관례이지요. 푸짐한 진수성찬으로 설날에 버금가는 훌륭한 요리들이 나옵니다. 제주(祭酒)나 과일에 약식을 만들어도 좋고 떡에는 꿀을 바릅니다. 그 밖에 수정과에 식혜에 다식, 약과, 정과, 조청 등 단 음식만 해도 이렇게나 풍성하지요. 산에서 나는 먹거리로서 머루와 다래도 버리기 아깝습니다. 시골에서는 선물로 검은 갱엿을 보내옵니다.

제가 어느새 먹보가 되었군요. 십 년이나 타향살이를 했더니 굶주린 미각은 고향 음식이라면 사실 치사하리만치 민감해져요. 제철의 맛을 떠올리기만 해도 즐거워집니다. 봄에는 앵두화채, 여름에는 보리수단자, 겨울에는 차가운 감주나 잣죽 등 어느 것 하나 잊지 못할 풍미입니다. 아니지요. 이런 호사스러운 음식이 아니더라도 그저 된장과 김치만 있었으면 하고 아쉬워합니다. 얼마나 오랫동안 이런 음식들을 상상만 했던가요. 지금 병에 걸려 보니 감각은 한층 더 예민해집니다.

한번은 아파트에서 남몰래 김치를 담근 적이 있었어요. 이삼일이 지나 제맛이 들었을 때 뚜껑을 열자 냄새가 진동을 했습니다. 옆집 눈치가 보여서 도리 없이 항아리째 버렸습니다. 바보 같은 짓이었어요. 이방인끼리 모여 사는 집이라 별수 없었거든요. 고향이었다면 누구나 좋아했을 음식이지만 이곳은 타국입니다. 제 한 사람의 취향을 모두에게 강요해서는 안 되겠지요. 하지만 전 세계 사람들의 취향이 일치하고 조화되어야 한다는 것은 슬픈 일임에 틀림없습니다. 허나 그래야만 하는 탓에 저는 지금 오로지 고향 생각뿐입니다.

이는 극히 사소한 일례에 불과해요. 김치뿐만 아니라 타향에 있으면 모든 일이 갑갑합니다. 언제쯤이나 다시 한 번 그 따뜻한 온돌에서 자고 낙낙한 조선 옷을 입을 수 있을까요. 양장은 운치가 없고 침대는 지긋지긋합니다. 세상에서 조선 옷만큼 아름다운 옷은 드물어요. 여름이었던가요. 거리를 걷다가 문득 가슴이 설레어 발길을 멈춘 적이 있습니다. 광장을 가로질러 가는데 얇은 여름 한복을 입고 지나가는 여인과 마주쳤어요. 짙은 옥색 저고리에 파란 치마를 입은 그 모습은 눈이 번쩍 뜨일 정도로 아름다웠습니다. 지극히 자연스러운 기품과 다소곳하고 균형 잡힌 모습에 단정하고 아름다운 정취—넋이 나갈 정도로 사람을 매혹시키더군요. 그때 처음 깨달은 사실은 아니지만 내 나라 옷의 아름다움에 새삼 눈이 휘둥그레져서 멍하니 쳐다보았답니다. 얼른 집에 돌아와 흉내를 내보았으나 슬프게도 그토록 아름다운 옷을 이곳에서는 별로 달가워하지 않아요. 그날 그 여인은 정녕 용감했습니다. 모두가 조심스러워 하며 참고 있는데 그 여인만은 주변을 의식하지 않고 당당하게 대중의 눈앞을 활보했습니다. 저도 그렇게 용감해져야겠다고 생각하지만 선뜻 남들 앞에 나서기가 꺼려집니다. 어디를 가든 열등감을 느낍니다. 이것이 우리의 큰 슬픔이지요. 예컨대 우리 옷을 걸치면 길에서 마차를 세워도 서지 않습니다. 그 더러운 마차꾼조차 우리 옷을 입고 부르면 경멸하여 아예 상대도 해 주지 않습니다. 저도 한번 그런 일을 당하고 창피해서 얼굴을 붉힌 적이 있습니다. 그 뒤로는 본의 아니게 쭉 양장만 입습니다. 마차꾼뿐만 아니라 어느 사회라도 마찬가지여서 눈으로 보지 않아도 짐작할 수 있습니다. 언젠가는 이런 현상이 개선된다고는 하지만 이보다 더 슬프고 치욕스러운 일이 생기지나 않을지.

무슨 이유로든 경멸하는 쪽이 나쁩니다. 애정을 거부한 쪽이 나쁜 게 당연하지요. 사려 깊지 못한 탓입니다. 생각으로는 이런 결론에 이른다 해도 이곳은 결코 살 만한 땅이 아닙니다. 뜻대로 되지 않는 사람들이 앞으로도 계속해서 떠나오겠지만 모두 저와 같은 일을 겪게 되겠지요.

하루라도 빨리 고향에 돌아가고 싶어요. 이국의 하늘은 이제 신물이 납니다. 누구나 거리낌 없이 내키는 대로 옷을 입고, 좋아하는 음식을 먹고, 자연을 가까이 하고, 온돌에 눕고, 익숙한 말로 애정을 나누는…… 커다란 품속으로 돌아갈 날을 고대하고 있습니다. 남쪽 하늘을 바라보며 늘 염원하는 것은 오로지 그것입니다. 그뿐입니다. 어서 빨리 자리를 털고 일어나서 드넓은 하늘, 당신을 높이 날고 싶다고…….

아, 눈이 침침해졌어요. 머릿속이 지끈지끈 아파요. 아무래도 오늘도 너무 많은 말을 했나 봐요. 필경 또 열이 오르겠지요. 심장이 이렇게 뛰고 있으니 말이에요.

(완결)

《만선일보(滿鮮日報)》, 1940. 12. 10.~12.

봄 의상[1]

안으로 통하는 장지틀 밑이 환히 밝아오면서 화사스런 기운이 연연히 어지러뜨렸다. 분홍 치마가 꽃다발처럼 한들거리고 그 아래로 연한 살빛으로 두 다리가 날씬하게 길다. 강한 향기에 역한 듯이 도재욱은 커다랗게 뜬 눈을 연신 번쩍거렸다.

(주연이 년이 남의 혼을 빼놓으려는 모양이군!)

정말 혼을 빼놓을 듯이 불현듯 가슴이 내려앉을 만큼이나 그런 자극을 주는 색채였다. 그 바람에 어슴푸레한 가게 안이 별안간 환히 밝아진 것처럼 느껴질 만큼.

분홍 치마 뒤꼬리에 따라 나온 여느때의 난황색(卵黃色) 양장은 미호코일 것이다. 이것도 오늘은 평소보다는 돋보인다. 모두들 장지틀에 가려서 얼굴은 안 보이는 채 하반신만의 여느 때의 없던 화려한 옷차림이다. 도재욱은 거의 침을 삼킬 듯한 굳어버린 자세로 있

---

1 이 작품의 일어 원본을 구할 수 없어서 『李孝石全集』(春潮社, 1960) 제2권에 수록된 구자운의 번역본을 전재한다.

었다.

"조바심치게 하지 말고 빨리 나와요. 핑크 양!"

"선생님, 참 좋잖아요, 오늘 치마는?"

간드러진 연의 목소리다.

"그러니까 이렇게 까딱 않고 기다리는 것 아니야. 그 멋있는 모양을 빨랑 눈앞에 가져와 보라니깐—대체 누가 고른 거야 그 색깔은?"

"물론 저죠."

"응, 늘 탄복하지만 참말 뛰어난 심미안(審美眼)인걸."

"그래요, 성공 성공!"

연이 말하는 등 뒤에서 미호코는 킬킬 웃음을 죽이더니 드디어 여자들 둘은 못 참겠다는 듯 깔깔대고 웃어 젖히는 것이었다.

"끝끝내 거기서 우물쭈물할 참이면 그 주렴을 걷어 젖힐 테야."

도가 엉거주춤하며 소리를 버럭 지르자 여자들은 까르르 자지러지면서 장지틀 그늘에서 떠나 털썩 작은 탁자 위로 쏠려 나왔다.

무너져 내리는 것처럼 다가드는 색채에 압도된 양으로 도는 거기서 두 번째 눈을 벌리지 않을 수 없었다.

순백색 저고리에 핑크빛 치마의 배합은 단순하고 정결한 가운데 일종의 화려한 기운을 떠돌게 하여 계절의 감각을 또 한 번 눈앞에 되살아나게 하는 듯한 아취가 있었는데—그 신선한 감각의 임자가 주연이라고 본 것은 착각이었고 뜻밖에도 미호코인 것이었다. 방끗이 둥그런 눈방울을 반짝이면서도 어색한 듯이 부끄럼을 머금은 모습은 도가 전혀 예기하지 않은 것이었다. 여느 때의 미호코의 난황색 드레스는 대신 주연이 입고 있다.

"대체 어쩔 셈이야? 들까불기들만 하구."

"옷을 바꿔 입어 봤어요. 오늘은 선생님의 전람회에 가 볼 약속이 었지요. 그 풍속화에 나오는 색깔의 옷을 입고 싶다고 미호코는 전부터 소망이었어요. 마침 새로 지은 봄옷이므로 빌려주기로 한 거예요. 어때요, 놀라셨죠?"

"놀랄 만큼이나 몸에 꼭 맞지만—아무렴 장난이 좀 지나친걸. 노상 색시 애들처럼."

"놀라셨으면 한턱하세요. 전람회에서 돌아오는 길에라도—선생님을 놀라게 한다는 건 쉬운 일이 아닌걸요."

"연에겐 정말 못 당하겠군. 자, 그럼 톡톡히 한턱하기로 하구—이건 확실히 걸작인걸."

주연이 즐겨 날뛰면서 시원한 마실 것을 가지러 안으로 들어간 동안 도는 아까 순간에 받은 감동이 사라지지 않아 흥분된 얼굴로 노트를 꺼내어 스케치하기 시작했다. 핑크의 색채감을 옮길 참이지만 당장에는 색채가 없는 미호코의 데생이 종이를 가득히 채워 갔다. 이 부드러운 연한 감각을 놓칠까 봐서 예술가의 눈은 빛나고 붓끝에서 흐르는 선은 나란히 굽이쳤다.

주연은 항용 애틋하게 향토의 옷차림을 사랑하고 주장하는데, 반대로 미호코는 미호코대로 늘 몸에 맞는 옷이라든가 드레스 쪽이 맘에도 들고 알맞는 것으로 알고 있었다. 때로는 주연의 사치스런 모양에 멍하니 반해 버려서 커다란 유혹을 느끼면서도 흉내 내고 싶은 용기는 남몰래 가슴속에서 덮어 두는 것이었다. 그러므로 도로서도 오늘따라 이런 계획은 꿈에도 생각지 않은 일이었고, 그만큼 받은 격동은 큰 것이었다. 당연한 꽃의 위치에 과실을 바꾸어 놓은 듯한 어떤 이상한 섞바뀐 감각을 일으키어 더욱이나 얼떨떨할 만큼 불가사의한 아름다움이 꽉꽉 밀려들어 온다. 미호코를 이렇듯 아름답다고는 미처 생각지 않았었다.

—치마가 이렇듯 아름답게 보인 일은 없다—미호코는 치마의 아름다움 때문에 있었던 것이다 하고 대견스런 발견이라도 한 것처럼 기뻐서 설레이었다. 정말 그렇다. 주연이 사랑한 옷의 아름다움은 이렇게도 지극한 것이었던가라고 중얼거리며 대상을 응시하는 도였다. 연이 큼직한 유리그릇에 시원한 음료수를 날라 왔을 때에는, 미호코의 신선한 인상은 화면 가득히 생기 있게 스케치되어 있었다.

"꼭 좋은 그림을 만들어 볼 테다. 썩 훌륭한 풍속화의 작품이 한 점 느는 것이다. 그렇더라도 좀 더 일찍 그리게 해 줬으면 좋았을 텐데."

"그 미호코의 그림 속에 이 석류빛 음료수의 그림도 함께 넣어 주세요, 예. 예쁘죠. 이것!"

"……뭐라구. 화채 아냐. 이 가게가 오늘은 어찌된 셈판이야. 치마에다 화채에다."

"그러믄요. 소다수도 레몬 스카치도 아니고 화채예요. 앵도 남은 게 있기에 만들어 보았어요."

오미자로 물들인 연분홍빛 물에 꿀을 진하게 타서 굵다란 앵도를 점점이 띄운 음료수를 도는 큼직한 스푼으로 뜨면서 소다수보다야 맛있어 맛있어, 연신 지껄이며 순식간에 후룩후룩 들이켰다.

"뜻밖의 것에만 맞닥뜨려서 유쾌한 날이다. 감동이 지워지기 전에 전람회로 출발하기로 할까. 내 그림을 실컷 보아 달라구."

오정 지나서까지는 비번인 두 사람을 도는 즐거운 기분으로 끌고 나섰다.

거리를 거닐면서 이상스런 착각이 일어났다. 도대체 이 도시는 종로건 진고개이건 이 고장의 옷차림이야 말할 나위도 없지만 양복이랑 일본 옷이랑 잡다한 복장들이 얼버무려져 별스런 경관을 이루고 있는 터이지만, 그 혼잡한 가운데에 미호코의 옷을 보고 있노라면 어쩐지 눈이 부셨다. 오늘은 미호코가 주연이고 주연이 미호코인 것이다. 이 약속을 꼭 다짐하여 머릿속에 집어넣은 것이 틀림 없대도. "이봐 주연이!" 하고 어느새 말이 헛 나와서 미호코의 어깨를 쳐 놓고서는 어색한 생각으로 끝내 고소를 지을 수밖엔 없었다. 종래의 관념이라는 놈은 어찌하여 이렇듯 꼬리를 끌고 마음에 감도는 것일까? 변장한 미호코와 걷고 있다는 의식으로 쑥스런 생각을 품는 건 나뿐이고, 남들은 다만 주연이와 나란히 걷고 있다고밖엔 생각지 않을 거 아닌가라고 햇빛 속에서 너무 지나치게 환한 미호코를 바라보면서 도는 곰곰이 생각하였다. 하지만 이 쑥스런 생각도 말끔히 버리지 않으면 안 될 때가 왔다. 오늘은 당하는 일이 모조리 뜻밖의 일들뿐이었다.

백화점 갤러리의 전람회장에서 미호코는 한 폭의 동자상 앞에 우두커니 떠나지 않고 오랫동안 서 있었다. 백 점 남짓한 그림 폭 중에서 그건 이를테면 가장 다채로운 단려한 한 폭이었을 것이다. 소복한 모친의 손을 잡은 동자는 색동저고리의 화려한 옷차림이었다.

오색이 영롱한 무지갯빛 소매에 연분홍 두루마기며 그 위에 소매가 없는 푸른 전복을 걸치고 금박을 놓은 회색 복건은 등 뒤까지 늘어뜨리고 거기에다 녹색 갓신을 신은 의젓한 동자의 모양은 눈이 부신 색채의 조화를 보여 주어 미호코의 마음을 강하게 흔드는 듯하였다.

"명작이다. 어쩜 이렇게 좋을까? 선생님 전 이 한 장만으로도 감동에 넘쳐 있어요."

"기껏 바란다면 가져도 좋아요. 전람회가 지난 다음엔 아무렇게나 아틀리에서 먼지에 쌓여 버릴걸."

"아이, 이걸 가져도 괜찮으세요? 이런 훌륭한 그림을!"

회장을 친구에게 부탁하고 도는 미호코들과 더불어 점심시간을 어슬렁어슬렁 거리로 되돌아 나왔다. 명월관의 널찍한 온돌방에서 신선로 상을 둘러앉았을 때 미호코는 기꺼운 얼굴빛으로 어느 만큼 수선을 피는 듯이 보였다.

"귀한 그림을 받은 표시로 전 오늘 신상의 비밀을 터놓겠어요. 모두들 이렇게 잘해 주시는데 언제까지나 싸고 숨기는 것은 마음 아픈 일이고요."

"비밀이란 뭐야. 그처럼 야단스레 시작하는 건?"

"저 동자상이 그렇듯 마음에 든 이유가 있는 거예요—저건 그대로 고스란히 저의 어렸을 때의 그림인걸요."

"색동옷을 입은 일이 있단 말이야?"

"그럼, 그걸 입고 자랐댔어—동경서 출생한 것으로 하는 건 거짓말이고, 정말 고향은 서울. 아버지는 호조(北條) 씨지만 어머니 친정은 이곳. 그래서 조그만 땐 나도 이 옷을 입는 습관이었어. 이것 봐, 여기 늘 갖고 있는 옛날 사진이 있어요.”

핸드백에서 내놓은 벌써 빛이 바랜 낡은 사진은 전람회 그림을 빼놓은 것 같은 모자상이었다. 어머니도 어린아이도 정말 미호코의 모습을 뚜렷이 나타내고 있다.

“부모님을 여의고 벌써 스무 해가 되지만 옛날을 그리워하면 금방 눈물겨워져.”

“수수께기 같은 얘긴걸. 자 자 어설픈 옛날 얘기는 그만두구 빨리 이 뜨거운 걸 좀 들어요.”

역시 여우에게 홀린 듯이 어리둥절해 있는 주연을 재촉하여 도재욱은 침울해진 좌석을 바로잡으려는 듯이 저를 들어 정신없이 신선로를 들쑤시었다.

구자운 옮김

《주간조일(週刊朝日)》, 1941. 5. 18.

엉겅퀴의 장(薊の章)[1]

백화점 지하층에서 꽃묶음을 보며 현(顯)은 잠시 당황한 적이 있다. 새빨간 서양 엉겅퀴의 노기를 품은 듯한 강렬한 모습에 아내의 얼굴이 겹쳐졌기 때문이다. 장식 단추처럼 작게 피어올라 의젓하고 차분하게 자리 잡고 있었는데 그러면서도 어쩐지 화려하고 자유분방하게 생긴 꽃송이는 아사미(阿佐美)의 인상이 거기 그대로 깃들어 있는 듯 보였다. 서둘러 집으로 돌아와 다다미 바닥에서 뒹굴고 있는 그녀의 모습을 보자 안도와도 비슷한 감정이 느껴졌다.

"아직 있었어? 벌써 나갔나 하고 서둘러 왔지."

"어디 도망갈까 봐 당신은 늘 노심초사죠. 호주머니가 이렇게 가벼워서야 어디 시내에나 나가겠어요?"

"지친 얼굴을 하고 기회만 노리는 눈빛이잖아. 그래도 상관없어.

1 여주인공 '아사미(阿佐美)'를 '엉겅퀴꽃(아자미, あざみ)'에 견주어 그린 작품이고 '章'은 글 또는 이야기라는 뜻이기도 하니 '아자미에 관한 글', '아자미 이야기' 정도가 어떨까 생각했으나 따로 표기는 하지 않았다. 이미 여러 논문에서 '엉겅퀴의 장'으로 인용하여 혼란을 줄지 모른다는 생각이 들어서였다.

그때는 그때고. 꽃을 사왔어. 당신이 좋아하는 엉겅퀴야."

"당신답지 않게 웬일이에요? 귀엽고 예뻐요."

아사미는 일어나서 꽃다발째로 단지에 꽂더니 바닥에 엎어 놓은 책 옆으로 돌아갔다.

"하루 종일 독서삼매경이에요. 요 한 달 동안 꽤 많이 읽었어요. 책장의 소설도 거의 다 읽었어요."

"요즘 같을 때 공부 열심히 해 둬. 머지않아 나도 집 안에 들어앉을지 모르니까. 신문사도 어째 다 틀린 모양이야."

"결국 폐간인가요?"

어렴풋이 사정을 눈치 채고 있던 만큼 그녀의 목소리는 의외로 침착했다.

"우리 회사만 아니라 요즘 두세 곳이 한꺼번에 문을 닫는 모양인데 시국에 따른 조치라면 별 도리가 없지. 아마 이달 말까지일 거야. 별일 아니야. 다시 실업자로 돌아가는 거지 뭐."

"당분간 쉴 수 있을 테니 당신에게는 어쩌면 잘 됐는지도 몰라요. 그렇지 않아도 힘든 때가 많은데. 편집 일이라는 게 여러 모로 고되잖아요."

"이제 와서 투덜거려 봐야 소용없지. 당신에게는 정말 미안하게 생각해."

"어떻게든 되겠죠. 사람이 하는 일인데요 뭐."

그녀의 여느 때와 같은 낙관적인 말투가 이번 경우에는 꽤 기운을 북돋아 주기는 했지만 현의 우울한 기분은 떨쳐지지 않았다. 어디랄 것도 없이 약해서 늘 잔병치레가 잦은 아사미에게 가정에서 여자가 누림직한 안위를 맛보게 해 준 것도 고작 반년 정도에 불과했다. 남자로서 한심하다는 생각에 가슴이 아팠다. 풍로에 알코올을 붓고 얼마 남지 않은 커피를 끓이는 부지런한 손놀림을 바라보았다. 이 여자는 정말로 무언가에 홀려 있다. 그렇지 않다면 이런 불안한 생활을 하루인들 견뎌내지 못할 거라고 진지하게 생각했다. 정열이라고 하기에는 굉장히 저돌적이다. 광적인 발작과도 비슷한 그 격정이 용케 지금까지 지속되었다고 생각하니 현은 그저 신기할 따름이었다.

첫 기억부터가 그러했다. 아직 날씨가 쌀쌀하고 비가 내리는 밤이었다. 아사미가 일하는 가게에서 현은 회사 동료 네댓 명과 탁자에 둘러앉아 있었다. 안개인지 빗방울인지 분간할 수 없는 축축한 것이 창틈으로 흘러들어 다른 손님은 없는 휑한 실내에 냉기가 가득했다. 모두가 추위에서 벗어날 요량으로 연거푸 잔을 드는 사이에 흉금을 죄다 털어놓고 말았다. 목욕탕에서 막 돌아온 아사미도 평소와 달리 손님들의 기분에 맞춰 대부분의 술잔을 사양하지도 않고 자진해서 잔을 흔쾌히 비웠다. 잠깐 동안에 화장하기 전의 맨 얼굴은 빛을 띠었고 동그란 눈동자가 반짝반짝 빛나기 시작했다. 흡사 무대에 서서 각광을 받을 때처럼 요염하리만치 촉촉하게 젖어서 빛나던 그 눈부신 눈동자를 현은 그날 밤만큼 아름답다고 생각한 적이 없었다. 슈트 밑에 포개져 있는 맨다리는 수액을 머금은 어린 나무의 껍질처럼 싱그러웠고 우윳빛의 작은 발은 향기로웠다. 아사미는 그 일대에서 뭇 남성들에게 관심의 대상이었다.

물론 장난이었겠지만 이성을 잃을 정도로 폭음을 한 탓임에 틀림없었다. 종종 취기를 빌려 얼토당토않게 어리석은 짓을 벌이기 마련 아닌가.

"아사미를 얻은 자는 무슨 복을 타고난 거냐? 시중의 멋쟁이들이 우글우글 몰려들어서 서로 차지하겠다고 난리인데 줄곧 점잔만 빼고 있으니, 그 인간이 대체 누구야?"

"그걸 알고 싶어요? 당신이 아니라서 안 됐군요."

아사미가 당돌하게 응수하자, 말을 꺼낸 친구는 당황해서 한 방 먹었다는 듯이 고개를 숙이고 뒤통수를 한 손으로 탁 치며 인상을 찌푸리더니 금방 새빨갛게 물든 얼굴을 슬며시 쳐들었다.

"그렇게 딱 잘라 말하면 남자의 체면이 뭐가 되나. 내가 아니라니 안심이지만. 그럼 여기 우리 중에는 없다는 말인가?"

"아니요. 이 가운데에 있어요."

"있다고? 누, 누구? 누군데?"

"아직 말 못해요."

"비겁하군. 겁쟁이같이. 왜 말을 못해? 계속 애만 태우지 말고 어서 털어놔 봐. 그래야 나머지 놈들이 단념을 하지. 미호코(美保子)도 빨리 해결을 보는 셈이잖아?"

"천천히 해도 돼요. 우리 두 사람 일인걸요. 걱정 마세요."

아사미가 눈웃음을 치며 가슴께에 팔짱을 끼고 침착하게 대꾸하는 모습을 보자 친구는 "좋아, 반드시 털어놓게 만들겠어. 한번 말을 꺼낸 이상 미호코의 화살에 맞은 자가 누구인지 이 눈으로 똑똑히 지켜보겠어."라고 허세를 부리며 비틀비틀 일어섰다.

"좋은 생각이 있어. 새로운 발명 같은 방법이야. 이렇게 할 테니 사양은 하지 말라고. 아사미가 좋아한다는 그 놈의 목덜미를 물고 늘어지는 거야. 이보다 간결하고 직접적인 표현은 없다니까. 자고로 사랑은 어둠을 택한다고 하잖아."

무슨 속셈일까 하고 모두가 망연히 바라보는 사이에 스르륵 벽 쪽으로 다가가나 했더니 순식간에 실내가 깜깜해졌다. 스위치를 건드린 모양이었다.

"꺼릴 것 없어. 자, 상대를 골라 보라고. 대담함과 솔직함이야말로 신세대다운 성격 아닌가?"

"좋아요. 골라 보죠."

남자들만 취한 게 아니었다. 아사미의 한껏 들떠 있는 말투도 결코 정상이라고 보기는 어려웠다. 위험한 순간이었다.

모두 마찬가지였으리라. 현은 도대체 어찌 될 노릇인가 하고 마른침을 삼켰다. 제법 떨리기도 했는데 분명히 무언가를 기대하는 기분이었다. 그리하여 어둠 속에서 쓱 움직이는 아사미의 그림자를 확인한 순간 갑자기 얼굴에 뜨거운 숨결이 느껴져 깜짝 놀랐다.

"오해하지 말아요. 나 안 취했어요. 이건 오래전부터 간직해 온 내 마음이에요."

간지러운 속삭임에 현은 쾌감이 온몸을 핥고 지나가는 기분이었다. 진지한 고백치고는 당돌하고 대담하기 그지없었다.

"반생을 걸려 찾아낸 사람은 오직 당신 한 사람뿐이에요. 조롱하지 마세요. 전 지금 눈물이 나지만 그래도 상관없어요."

"고마워. 나중에 천천히 이야기하자고."

말이 끝나자마자 전등이 확 켜지고 방 안은 원래대로 밝아졌다.

두 사람의 묘한 모습에 눈이 부신 듯 깜빡거리면서도 원망하는 기색 없이 친구는 쾌활한 목소리로 웃음을 터뜨렸다.

"그랬군. 그랬어. 이거 내가 잘못했는걸."

다음 날부터 현과 아사미는 서둘러 아파트 한 간을 빌려 동거 생활을 시작했다. 얼마 안 가 현이 회사에서 응분의 대우를 받았으므로 아사미는 가게 일을 그만두고 지금의 작은 집을 빌려 둘만의 오붓하고 단란한 생활에 들어갔다. 아사미의 격정은 기복이 심했지만 반년 동안의 화목한 생활이 현에게는 진귀하게만 여겨졌다. 회사에서 돌아오는 길에 거리를 돌아다니다가도 문득 아사미의 마음에 무슨 변화가 일어나지 않았을까 싶어 자신도 모르게 안절부절못하는 일이 일상다반사였다. 그것은 마치 언젠가는 반드시 닥칠 일처럼 여기면서 그러기를 은근히 기대하는 마음과도 비슷했다.

그다음 달에 결국 현이 직장에서 쫓겨나고 보니 길은 하나밖에 없었다.

"나 다시 가게에 나갈래요."

아사미가 허리띠를 졸라매며 나직하게 말하는 것을 들으면서 현은 아무 말 없이 입을 꾹 다물었다. 이제 와서 새삼 미안하다거나 용서해 달라는 말도 하지 못했다.

독채 살림이 분에 넘치는 듯하여 아파트로 돌아가자는 뜻을 비치자 아사미는 바로 찬성했다. 어느 틈에 조금씩 수가 늘어난 잡동사니를 끌고 다시 좁은 방으로 돌아왔다. 아사미가 바로 찬성한 데는 다른 까닭이 있었다. 그 골목 안의 단독주택에서는 즐거운 기억

뿐만 아니라 온갖 치욕스러운 기억마저도 고스란히 얹혀졌다. 저녁 무렵 북적이는 골목 입구에 들어서면 근처에 몰려 있던 여편네들의 시선이 늘 그렇듯 집요하게 아사미 쪽으로 쏟아지기 마련이었다. 억지웃음을 짓거나 가벼운 인사를 건넬 때도 어딘지 께름칙하면서 심통 맞은 눈초리가 아사미의 신경을 건드렸다. 남의 일은 왜 모르는 체하거나 내버려 두지를 않는지, 이웃들의 거리낌 없는 무례에 화가 났던 것이다.

아파트는 좁은 대신 함께 사는 사람들이 남을 잘 이해해 주어 그런 마음고생이 덜해서 아사미는 속이 후련할 정도였다. 이삼일쯤 지났을 때 자기처럼 어느 바에라도 나가는 듯한 옆방의 젊은 여자와 친해졌다. 저녁에 가게로 나가는 시간이 같을 때면 나란히 포장도로를 걸으면서 허심탄회하게 자기 신상에 관한 이야기를 들려주기도 했다.

"난 혼자라 마음은 편한데 그 대신 굉장히 쓸쓸할 때가 있어요."

이름이 미도리라는 그녀의 이야기는 아사미가 가련하게 느낄 정도로 실감 나는 울림을 주었다.

"나는 그 반대예요. 쓸쓸하지는 않지만 별로 편하지 않아요."

아사미는 시원하게 웃어보였다. 그러면서 물었다.

"그럼 집에 자주 오는 남자는 아직 아무 관계도 아닌가요?"

"예. 그래요. 저 이래 봬도 보수적이거든요. 그 사람에게는 아직 아무것도 허락하지 않았어요. 정식으로 부부가 될 때까지는 순결을 지키고 싶어서요."

그 말에 아사미는 한 대 얻어맞는 기분이었다. "좋겠어요."라고 응수하면서 일종의 감동마저 느꼈다.

"일하기도 힘들고, 정식으로 결혼해서 가정을 꾸리고 싶어요. 적당히 동거하면서 질질 끌기도 싫고요. 하지만 그 사람 부모님이 우리 결혼을 쉽게 허락할 리가 없으니 고민이에요."

아사미는 자신들의 처지와 비슷하다고 생각하면서 미도리의 당당한 기백에 압도당하는 모양이었다. 아사미 역시 현의 부모가 허락도 하지 않은 상태에서 질질 끌다가 간단히 지금에 이른 것이 두고두고 원망스러웠다. 헌데 지금 미도리의 이야기를 듣고 나니 쉽사리 격정에 몸을 맡겼던 자신의 무모함이 새삼 후회막급이었다. 어엿하게 결혼식도 올리고 싶었고 호적에도 올려 주길 바랐다. 여자에게 그것은 생애 최대의 표식이었다.

"저 벌써 스물넷이에요. 계속 어물거리며 살 수는 없잖아요."

"힘내요. 틀림없이 잘 될 거예요. 당신처럼 야무지게 산다면야."

스물넷이면 아사미보다 두 살 아래였다. 그 젊은 친구의 견실한 마음가짐에 아사미는 절로 고개가 숙여졌다. 그런 심정에다 가게 일을 마치고 밤늦게 아파트로 돌아오면 하루의 피로도 한몫 거들어 아직 자지 않고 있는 현에게 무의식중에 불평을 늘어놓고 싶어졌다.

"난 정말 경솔했어요. 언제까지고 이 지경이니 짜증난다고요."

"뭐야. 피곤해서 그래?"

"옆집 미도리 있잖아요, 굉장히 당찬 아이더라고요. 결혼식을 올리기 전까지는 무슨 일이 있어도 몸을 허락하지 않겠다는 거예요."

"아, 그래?"

"아 그래가 뭐예요? 그렇게 간단히 말하지 말아요."

"내 잘못이 아니잖아. 나도 부모님께는 오만 정이 다 떨어졌다고. 내가 두 번 다시 그 집 문턱을 넘나 봐라."

"누구 잘못이든 결국 마찬가지예요. 당신, 그런 점에서 얼마나 노력했죠?"

"그렇게 심각한 일이라고는 생각하지 않았으니까."

"당신은 늘 그런 식이라 안 되는 거예요. 남의 인생을 망칠 작정이에요?"

아사미의 거친 말투에서 그녀의 고민이 의외로 큰 문제임을 알아차린 현은 날이 밝자 오랫동안 발길을 끊었던 본가를 향해 내키지 않는 걸음을 옮겨야 했다.

애초에 집을 등지고 불안한 독립을 시작한 것도 아사미와의 일로 강력한 반대에 부딪힌 탓이었다. 그런 만큼 지금 다시 그 반대를 누르고 뜻을 뒤집는다는 것은 상상도 못할 일이었다. 이십 년 가까이 관직에 몸을 담았던 아버지는 고루한 기질이 단단히 굳어져서 현의 자유분방한 행동을 방종으로밖에 여기지 않았다. 오륜(五倫)의 도리를 장황하게 늘어놓으면서 혈연이 크게 차이 나는 혼인이 왜 정상이 아닌지 이유를 논하며 타일렀다.

현이 정식 결혼을 할 때까지는 장유유서의 도리로서 적령기의 남동생이나 여동생도 혼인이 불가하다는 것을 아버지는 큰 방패로 삼아 모든 책임을 현의 탓으로 돌리며 공격했다. 물론 그 속에 숨겨진 하나의 꼼수를 현도 알고는 있었다. 명문이자 굉장한 문벌이라는 가문의 한 아가씨 이름을 아버지가 항시 들먹이는 것을 현은 여동생을 통해 간간이 듣고 있었다. "쓸데없는 짓 하지 마, 요즘 그런 걸 파고드는 게 얼마나 시시한 짓인지 생각해 본 적 없니?"라며 한 마디로 단호하게 꾸짖었다. 그러면 여동생은 "난 몰라, 아버지와 어머니가 열심인 것뿐이야."라며 뒤로 빠졌다. 그런 뒤숭숭한 분위기에 역겨움을 느껴 분연히 집을 나온 것이 일의 발단이었다. 그 후에는 웬만하면 들르지 않기로 하고 지냈다.

그날 밤 아사미가 퇴근해서 귀가한 시각까지 현은 아파트에 나타나지 않았다. 방 열쇠는 현이 갖고 있었으므로 아사미는 부득불 미도리의 집에 들어가 잠시 기다리기로 했다. 한 시께나 되어서 조용히 잠든 복도에 발소리가 나고 그제야 현이 돌아왔다. 초조하게 기다리던 아사미가 뛰어나가 맞이하자 술 냄새가 확 끼치고 눈빛도 몽롱하니 비틀거리는 꼬락서니였다. 방에 들어가자마자 문을 쾅 닫아 봤지만 그것만으로는 화가 가라앉을 것 같지 않았다.

"이렇게 늦게까지 어디에 있었어요?"

"좋은 데서 한잔 마셨지."

"능글맞게 굴면 용서 안 해요."

"나도 가끔 술이라도 마셔야지 안 그럼 견딜 수가 없다고. 집에 갔다가 말다툼을 했거든. 그러기에 내가 처음부터 가고 싶지 않다고 했잖아."

"당신은 늘 그렇게 말하잖아요. 그 말을 하려고 집에 다녀오는 사람 같아요. 아니면 양갓집 색시를 떡하니 대령해 놔서 그게 좋아서 마셨나요?"

"함부로 말하면 나도 화낼 거야. 남의 기분도 모르면서 아무 말이나 지껄이지 마."

"아유 냄새! 저쪽으로 가요. 또 마늘을 먹었군요."

"좀 봐줘. 마늘이 나오면 무심코 손이 간단 말이야. 어쩌겠어."

마늘 소동은 그게 처음은 아니었다. 현은 이따금 몸에 이상이 생기면 향토 음식을 먹고 싶어 했고, 그때마다 역한 냄새를 풍기며 돌아왔다. 그것이 아사미에게 혐오감을 일으킨다는 사실을 알았지만 그것도 기호라서 뾰족한 방법이 없었다. 몰래 먹고 와서 아사미의 코를 용케 피했던 적도 있지만 대개는 민감하게 냄새를 맡아 난감해지고는 했다. 피할 수 없는 숙명과도 같은 것이었다.

"아아 정말 슬퍼요. 울고 싶다고요."

신음하듯 중얼거리며 아사미는 현에게서 고개를 돌리고 괴로운 듯 몸부림을 치더니 방에서 나가 버렸다. 멍해 있는 사이에 복도 계단을 내려가는 소리가 멀어져가고 주위가 조용해졌을 때 현은 비로소 정신을 차렸다. 이런 밤중에 어디를 간 거야 하며 조금 당황한 기색으로 뛰어나갔다. 하지만 아사미는 이미 아파트를 나가 어디론가 사라진 뒤였다.

다음 날 하루 종일 거리를 찾아 헤맸지만 행방이 묘연하여 애를 먹던 현은 저녁 무렵 영업 시작 시간을 헤아려 바에 가서 아사미를 찾아냈다.

다른 여자들이 둘 사이를 알고 있는 터라 현은 멋쩍기도 해서 그 가게와는 거리를 두고 지냈는데 그것을 아는지 아사미는 아무 말도 하지 않고 핸드백을 건네주면서 아파트로 돌아가라는 듯 눈짓을 했다. 무언중에 간단히 화해가 이루어진 것이다.

방으로 돌아와서 무심코 핸드백 속을 들여다보았다. 깨끗한 종이 쪽지 한 장이 나왔다. 호텔 계산서였다. 고급스러운 용지에 일금 칠 원 정이라는 하룻밤 숙박비가 적혀 있었다. 현은 피식 쓴웃음을 지으며 아사미의 화려한 기질을 가슴속으로 돌이켜 보았다.

"뭐야. 호텔에서 묵은 거야? 사치스럽기 짝이 없는 여자라니까."

밤에 아사미가 돌아올 때까지 자지 않고 있었는데 그녀는 문으로 들어오자마자 껴안으며 미친 듯이 정열적으로 굴었다.

"화났구나. 화내지 말아요. 나 어제 온종일 신경이 예민해져서 그럴 수밖에 없었다고요."

"내가 취했었잖아. 친구들과 홧김에 술을 좀 마셨거든."

"새삼 결혼식 따위 아무래도 상관없어요. 당신 부모님이 틀렸다고는 생각하지 않아요. 이제부터 마늘도 먹어요. 괜찮으니까. 딱히 방법이 없잖아요. 나도 적응하도록 노력해 볼게요."

차분한 말투에 웬일인가 싶어 현은 그녀의 부드러운 눈매를 물끄러미 바라보았다.

"헌데 나 슬퍼요. 주위 사람들이 작당을 하고 우리를 괴롭히는 느낌이에요. 그게 서글퍼요. 각오한 일이기는 했지만 세상은 참 고약하고 냉정해요. 계속 이런 식이라면 싸워야 할지 말아야 할지. 자신감도 다 사라졌어요."

"정신 바짝 차려야 해. 그러려니 하고 상대하면 돼. 세상은 우리 좋으라고 호락호락하게 생겨 먹지는 않았으니까."

"당신이 좋아요. 정말 좋아요. 그러니 화도 내고 싶고 슬프기도 한 거라고요. 어쩐지 슬픈 결말이 날 것 같아 견딜 수가 없어요."

난폭한 격정의 불꽃이 타올랐다. 현이 주춤거릴 정도로 마치 폭풍이 치듯 격렬했다. 그럴 때만은 슬픔과 근심도 망각 속으로 가라앉았다.

화창한 일요일이 마침 가게 휴일이기도 해서 현은 아침부터 아사미를 데리고 산책을 나갔다. 둘이서 느긋하게 걷는 것도 오랜만이었다. 가을 햇살이 반짝거렸고 하늘은 바다와 같은 빛깔이었다. 아사미의 짙은 옥색 차림에도 하늘빛이 비쳐 묻어나는 듯했다. 아사미는 한복을 차려입어 본 것이다.

현이 원해서라기보다 아사미 자신의 취향이기도 했고 유달리 한복을 사랑했다. 가게나 아파트에서는 기모노나 양장을 입지만 현과 둘이서 다닐 때에는 한복을 입는 경우가 많았다. 저고리 밑으로 가늘게 잡힌 치맛자락과 그 치맛자락 아래로 곧게 뻗은 각선미는 양장보다 화려했다.

"세 가지 옷차림 중에서 전 역시 한복이 가장 좋아요. 멋진 몸매가 세세한 곳까지 예쁘게 드러나거든요."

아사미는 몸매에 자신이 있었던 만큼 그날의 복장이 무척 자랑스러웠다. 그 즐거워하는 목소리를 들으면서 어깨를 나란히 하고 걷고 있자니 현은 문득 묘한 착각이 일었다. 아사미가 기모노를 입었을 때와는 전혀 다른 사람 같았는데, 주변에 오가는 똑같이 한복을 입은 여자들과 혈연이 같은 사람처럼 생각되었다.

지금 자기와 걷고 있는 사람은 평소의 아사미가 아니라 새롭게 다시 태어난 다른 사람이라고 느껴져 무심결에 고개를 돌려 뚫어져라 쳐다보았다. 그녀의 한복 맵시는 한 점 어색함이 없이 잘 어울렸고 몸에 익어 보였다.

조용한 거리를 지나 두 사람은 슬슬 사람들이 몰리는 덕수궁 뜰 안으로 들어갔다. 하얀 길 양쪽에는 물들기 시작한 나뭇잎이 산뜻했고 넓은 잔디밭에는 아직 남은 초록빛이 싱그럽게 젖어 있었다. 햇빛을 받아 차갑게 빛나는 연못의 분수가 그 뒤에 배경처럼 서 있는 흰 벽의 박물관 때문에도 스산하고 적막해 보였다. 아사미의 소쇄(瀟灑)한 모습은 그 정원 안에서 더욱 돋보여 현은 자못 어깨가 으쓱했으며, 한 점 꺼릴 것 없는 마음으로 사랑의 만족감에 잠겨 있었다.

"이렇게 옛날부터 내려오는 고풍스러운 건물 사이에 있으니 저도 이런 옷차림 그대로 이 땅에서 태어나고 자란 사람 같아요. 이런 행복감 속에서 이대로 조용히 사라지고 싶을 정도예요."

"그런 기분을 짓밟고 박해하는 것은 언제나 외부에서 닥쳐오지."

"또 언제 비원(秘苑)에 데려가 줘요. 옛날 궁인들이 거닐었던 그 우아한 전원 속을 조용히 걸어 보고 싶어요."

"좋지. 어디를 가든 당신은 틀림없이 아름다울 거야. 옛날 왕비처럼 기품 있어 보일 게 분명해."

박물관 안을 함께 돌아보고 후원으로 들어가자 아이들의 놀이터에는 엄마들 손에 이끌려 온 어린 아이들이 잔뜩 몰려 있고 황금빛으로 물들기 시작한 등나무시렁 아래에도 사람 그림자가 드문드문 움직이고 있었다. 조류를 사육하는 철망 앞의 사람들 속에 섞여 구관조의 뭉뚱그려진 발음에 귀를 기울이고 있을 때였다.

"누군가 했더니 미호코잖아?"

큰 목소리에 깜짝 놀라 돌아보니 양복 차림의 중년 남자가 싱글싱글 웃음을 머금고 서 있었다.

"뒷모습이 아주 근사하기에 따라왔다가 당신인 줄 알고 깜짝 놀랐어. 한복이 참 잘 어울리는걸. 걸작이야!"

미호코는 가게에서 통하는 아사미의 별칭이었기에 남자는 아무래도 가게에 오는 손님 중 한 사람임에 틀림없었다. 그 무람없고 어딘지 상스러운 목소리가 사람들의 주의를 끌었다. 뭇사람들 속에서 아사미는 난처할 따름이었다.

"그렇게 예의 없게 떠들지 말아요. 창피하지도 않아요?"

"아니야. 진짜 보기 좋아서 감탄을 금치 못하겠어. 왜 가게에서는 안 입지? 굉장한 인기를 얻을 텐데. 내 보증하지. 당장 내일 밤부터라도 시도해 봐."

아사미는 기가 차서 한마디 대꾸도 못하고 그 자리를 뜨려는데 남자는 아직 할 말이 더 남았는지 뒤쫓아 왔다.

"미호코, 이거 실례인지 모르겠지만 말이야, 당신 여기서 태어난 거 맞지? 그게 아니면 한복이 이렇게 잘 어울릴 리가 없잖아."

"어휴 기분 나빠. 언제까지 치근댈 셈이죠?"

아사미가 도끼눈을 뜨며 화를 냈을 때 현도 더 이상 참지 못하고 고함을 질렀다.

"이봐! 그만 하지. 왜 그렇게 귀찮게 굴어?"

"넌 뭐야?"

남자도 낯빛이 달라졌다.

"아사미는 내 아내라고."

그러자 남자는 이내 히죽거리며 대꾸했다.

"그래? 미안하군. 그런 줄은 몰랐지."

사과한 데까지는 좋았다. 그는 아사미 쪽을 보면서 덧붙였다.

"미호코도 사람이 그럼 쓰나. 이렇게 버젓이 서방님이 계시는데 가게에서는 시치미를 떼고 남자들을 경쟁하게 만들다니."

현은 욱 하고 화가 치밀어 손을 불끈 쥐고는 덤빌 듯이 앞으로 나섰다.

"됐어요. 내버려 둬요."

아사미가 말리는 통에 잡아먹을 듯한 눈초리로 상대를 노려보기만 하고 아사미와 함께 재빨리 자리를 떴다.

"또 한잔 하러 갈게. 그 한복 입은 모습도 다시 한 번 보여 줘."

뒤에 남은 남자도 물러서지 않고 짐짓 오기를 부리듯 한마디 지껄이더니 반대 방향으로 걸어가 버렸다.

모처럼 한가로웠던 기분을 망치고 불쾌함도 풀지 못한 채 서둘러 아파트로 돌아오자 아사미는 울고 싶은 심정으로 방바닥에 엎어지듯 쓰러졌다. 다음 날도 자리에서 일어나기조차 힘겨워 그대로 이삼일을 누워 지냈는데 그 사이 정말로 병이 나고 말았다.

"가게 따위 관둬도 돼. 아직 퇴직 수당도 조금은 남아 있고 그걸로 버티는 동안 나도 자리가 생길 것 같으니 말이야."

"그런 푼돈쯤 금방 바닥나고 말 거예요. 가난처럼 무서운 건 없다고요."

"계속 고생만 시켜서 미안해. 정말 큰일 날지 모르니 관두고 쉬는 게 좋겠어.”

현의 감정은 아사미의 몸을 위하는 마음으로 가득했다. 정신을 똑바로 차리지 않으면 안 된다고 칠칠치 못한 자신을 한껏 질책했다.

아주 가벼운 감기 기운이어서 일주일쯤 지나자 아사미는 씻은 듯이 나아 자리를 털고 일어났다. 하루 종일 방안에 틀어박혀 있기도 지루하다며 다시 가게에 나가기 시작했다. 타성이라고 해야 할지, 현이 굳이 말려도 듣지 않고 출근 시간이 되면 태연하게 치장을 했다.

“쓰러질 때까지 일할 거예요. 세상 사람들과 싸워야 하니까.”

“싸우는 건 좋은데 당하는 쪽은 늘 우리잖아. 불쾌한 꼴을 당하고 또 초주검이 되어도 난 몰라.”

“그때는 그때고요. 어떻게든 되겠죠.”

아사미는 큰소리를 쳤지만 며칠씩이나 결근을 하고 출근한 어느 날 밤 가게에서 돌아오는 길에 느닷없이 취객에게 쫓겨 헐레벌떡 집으로 뛰어 돌아왔다. 그때는 정말이지 온몸이 떨리고 울음이 터질 지경으로 당황해 했고, 현은 현대로 그것 보라며 내가 말하지 않았냐고 나무라면서도 그녀에게 연민을 느꼈다.

“지난번 그놈이에요. 덕수궁 후원에서 치근대고 시비를 걸던 작자요.”

“아직도 가게에서 얼쩡거린단 말이야? 다리를 분질러 버릴 테다.”

현은 서둘러 밖으로 나가 보았으나 취객의 모습은 이미 온데간데없었다. 한참 동안 길 여기저기를 두리번거리며 돌아봤지만 조용히 잠든 거리 어디에도 그 자로 보이는 인적은 없었다. 방으로 돌아와 보니 아사미는 아직도 놀란 가슴이 진정되지 않는지 옷도 갈아입지 않고 책상 앞에 기대어 있었다.

"그 인간, 오늘 밤에도 일찍부터 가게에서 술을 마시고 있더라고요. 이것저것 트집을 잡기에 코를 납작하게 해 줬더니 끝까지 주정을 부려서 아주 혼났어요."

"대체 어쩌자는 거야. 역겨운 자식!"

"나보고 지금 행복하냐는 둥, 일본에 돌아가고 싶지 않느냐는 둥, 당신한테는 차마 말할 수 없이 괘씸한 말들을 지껄이는 거예요. 아예 상대도 안 하고 무시했더니 앙갚음하려고 길모퉁이에 숨어 기다린 모양이에요. 어디서부터였는지 끈질기게 뒤쫓아 와서 자칫 붙잡힐 뻔했어요."

"당신한테 인생의 선택을 잘못했다고 충고할 작정이었겠지. 우리를 불행하게 만드는 건 그런 패들이야."

"너무 분해요. 그놈의……."

"한 사람한테 복수해 봐야 소용없어. 그런 놈들은 앞으로도 계속해서 나올 테니까. 어때? 이젠 지긋지긋하지? 일 나가겠다는 말은 두 번 다시 입에 담지 않겠군."

한탄한들 해결될 리 없으니 현은 오히려 대범하게 웃음을 터뜨렸다. 아사미는 웃을 일이 아니라는 듯 따가운 눈초리로 노려보고는 그대로 다다미 위에 구르듯 쓰러졌다.

이번만큼은 아사미도 결심이 서서 그 길로 가게를 관두었다. 온종일 현과 얼굴을 마주하게 되어 여러 가지로 말다툼이나 옥신각신

할 일이 끊이지 않았지만 빈둥빈둥 뒹굴거나 느긋하게 거리를 거닐면서 단독주택에서 살림하던 때의 평온함으로 돌아가 기분도 여유로웠다. 초조한 쪽은 현이었다. 하루하루 줄어드는 예금 통장의 잔고를 보면 마음이 불안해서 일자리를 찾아 열심히 거리를 헤매고 다녔다. 현이 없는 낮 시간에 아사미는 미도리와 함께 산책을 하거나 이야기를 주고받으며 그 연하의 친구가 가진 활기찬 희망 속에서 가슴이 뿌듯해지는 훈훈한 감정을 느끼기도 했다.

어느 날 무심코 미도리의 방 안을 들여다보니 마침 늘 찾아오는 남자가 와 있었다. 소곤소곤 속삭이는 모습을 보고 황급히 돌아서려는데 미도리 손에 억지로 끌려들어가 처음으로 그 연인이라는 사람을 소개받았다.

"우리가 오랫동안 바라던 소원이 이루어졌어요. 정식으로 결혼식을 올릴 수 있게 됐거든요."

문학을 한다는 얼굴이 희고 키가 껑충한 그 남자는 도수가 높은 근시 안경 속에서 가느다란 눈을 깜박이며 미소를 지었다.

"어머! 축하드려요."

"이 사람이 애를 많이 썼거든요."

미도리 역시 미소를 지으며 아사미 앞인데도 개의치 않고 연인을 사랑스러운 눈빛으로 지그시 바라보았다.

"부모님 앞에서 칼을 뽑아들고 허락해 주지 않으면 죽을 거라고 협박했대요. 눈에는 눈물이 가득 맺혀 갖고요. 외아들을 아끼느라 그 완고하신 부모님들이 항복하고 두말없이 승낙하셨죠. 어때요? 약해 보여도 꽤 능력 있죠?"

이 익살스러운 말에 아사미는 웃음을 터뜨릴 뻔했다. 그만큼 순수한 미도리는 크게 기뻐하는 눈치였다. 그 한결같은 진실함에 아사미는 차마 웃을 수 없었고, 가슴 저리게 와 닿는 것이 있었다.

"목숨을 걸고 곡예를 한 거죠. 부모란 의외로 무른 법이거든요. 오히려 저에게 절이라도 하실 판이었어요. 가장 바라던 소원이 이루어졌으니 앞으로는 문학 공부에도 매진할 생각입니다."

"교외에 작은 집을 짓는대요. 그 사이에 저도 가게에서 아예 발을 빼고 다음 달쯤 식을 올릴 거예요."

"잘 됐군요. 차근차근 결혼 준비 잘 하세요."

두 사람의 순수한 열정이 부럽기도 하고 눈물겹기도 하여 아사미는 그 이상 듣고 있기가 괴로웠다. 방으로 돌아와서 아직 현이 돌아오지 않은 가운데 혼자 이런저런 고민에 빠졌다. 진즉에 깨끗이 지워버린 슬픔이 가슴속에서 다시 차올랐다. 부질없는 미련 따위는 전부 잊었으면 하고 바라지만, 한번 좌절됐던 소원에 대한 집착은 계속 꼬리를 끌며 마음속에서 떠오르고 가라앉기를 반복하며 사라지지 않았다. 그들의 활기찬 꿈 앞에서는 자신들의 현실이 빛바래고 헝클어진 것처럼 보여 가슴이 아렸다. 어쩐지 인생도 벌써 거의 절반은 지난 듯 느껴졌고 이제부터 대체 어떻게 해야 할지 앞날이 걱정스러웠다. 그럼에도 요즘 현의 노고를 생각하면 지쳐서 돌아오는 그를 붙들고 자신의 복잡한 속내를 털어놓을 계제도 아니었다. 다만 그의 애정을 믿고 거기에 의지하여 그 밖의 모든 것에서 해탈하려고 노력할 뿐이었다. 참으로 한결같은 현의 애정을 생각할 때만 그녀의 마음은 기쁨으로 빛났고 그럴 때 비로소 사는 보람을 느꼈다.

그런 탓에 일단 현의 마음을 의심하기 시작했을 때 아사미가 느낀 고통은 실로 자살적인 것이어서 무언가에 흠씬 두드려 맞은 사람처럼 신음하고 번민하며 모든 것이 끝장난 듯 미친 사람처럼 이성을 잃고 말았다.

현이 외출한 사이에 배달된 한 통의 편지를 무심히 열어 본 것이 화근이었다. 여동생이 현에게 보낸 편지였다. 부모의 여전한 노여움을 알리는 한편 예전부터 진행되던 혼담을 양가 부모들끼리 벌써 마무리 지었으니 하루 속히 지금의 생활을 청산하고 본가로 돌아오라는 글이 세세하게 적혀 있었다. 지금까지 전혀 모르고 있던 뜻밖의 내용에 아사미는 경악했고, 편지 속에 등장하는 한 여자의 이름으로 일순간에 분노의 불길이 타올랐다.

현이 돌아왔을 때 아사미는 화가 나서 꽉 움켜쥐었던 편지를 내던졌다.

"배신자!"

현은 구깃구깃해진 편지의 내용을 읽고 겨우 납득했다. 뭐야? 겨우 이거였어? 하고 가볍게 웃어넘기려 했지만 아사미는 점점 더 흥분해서 부들부들 떨었다.

"비겁자. 나 몰래 이런 일을 꾸미고 있었다니. 사람을 망쳐 놓고 누구 맘대로 결혼을 해? 악당! 아니, 악마야!"

"터무니없는 오해야. 다들 무슨 짓을 하건 내 알 바 아니라고. 진행되고 있는 혼담이라니, 나한테는 전혀 뜬금없는 얘기라니까."

"거짓말. 거짓말쟁이. 여희(麗姬)가 누구예요? 모른다는 말은 하지도 말아요. 비밀이 있으면서 아무렇지 않은 얼굴을 하다니. 정말 뻔뻔해."

"진정하고, 나를 믿어 줘. 내 뜻과 상관없이 아무리 작당들을 해도 결국 허사라니까."

"그래도 구구한 변명만 늘어놓는군요. 어휴, 분해!"

책상 위의 꽃병을 집어던져서 경대에 맞아 거울에 커다란 금이 가고 파편이 흩어졌다. 깨진 단지에서는 꽃이 튀어나오고 물이 쏟아져 다다미 방 바닥과 책들이 젖었다. 깨진 거울에 비춰진 아사미의 얼굴은 분노와 절망으로 심하게 일그러져 있었다.

"좋아요. 당신 뜻대로 해 줄게요. 헤어지는 게 대수겠어요? 나도 예전부터 그러는 편이 낫다고 생각하고 있었어요."

"흥분하지 마. 보기 흉해."

"아뇨. 난 조용하게 말하는 거예요. 아무리 해도 잘 되지가 않아요. 우선 주변 사람들부터가 끔찍해요. 악의와 모멸로 가득 차 있다고요. 당신마저 그럴 줄은 꿈에도 생각 못 했어요. 감쪽같이 속았어. 아, 이제 어떡하지."

"당신이야말로 이상하게 트집을 잡는데 그거야말로 아주 수상해. 뭐라고 말 좀 해봐. 슬픈 건 나라고."

항변할 말이 없음을 알자 현은 오히려 마음이 싸늘하게 가라앉았다. 시간의 힘을 빌려서 나중에 설명하는 방법 말고는 없었다. 그러는 동안 아사미가 틀림없이 이해해 주리라 생각하면서 무슨 말을 퍼부어도 묵묵부답하기로 했다. 완강하게 침묵으로 일관하니 아사미는 점점 더 초조해져 도저히 몸을 가누지 못하고 거칠게 이불을 뒤집어썼다. 어깨가 가늘게 떨렸다.

한 방에서 며칠씩 서로 말도 걸지 않고 지내려니 괴로웠지만 두 사람 모두 차마 자기 고집을 꺾을 수는 없는 상황이었다. 둘 다 무표정한 얼굴을 하고서 식당에 갈 때든 책을 읽을 때든 잠자리에 들 때든 각자 따로 움직였다. 현이 아침 식사를 마치고 뚱한 표정으로 집을 나서면 아사미도 질세라 치장을 하고 정처 없이 거리로 나갔다. 사흘이고 나흘이고 두 사람은 모질게도 끝까지 그렇게 버텼다.

하루는 현이 드디어 어떤 출판사 편집부에서 일하기로 정해져 그 기쁨을 전하기 위해서라면 아사미와 말을 터도 좋다고 생각하면서 기쁨에 들떠 달려와 보니 그녀는 집에 없었다. 어떻게든 그날 안으로 소식을 알리고 싶은 충동에 사로잡혀 시내에서 그녀가 있을 만한 곳을 찾아 돌아다니던 끝에 단골 다방에 들렀을 때였다. 거기에 아사미가 앉아 있었다. 뜻밖에도 그녀 옆에 자신의 친구인 아오키의 모습이 보여 현은 얼굴이 확 달아오름을 느꼈다. 계면쩍고 창피했으며 느닷없이 따귀를 얻어맞은 기분이었다. 아무렇지 않은 듯이 뚜벅뚜벅 걸어가서 두 사람 앞에 앉았다. 두세 마디 말을 걸었지만 아사미는 입을 꾹 다문 채 대답도 하지 않았고 아오키는 아오키대로 그 또한 별말 없이 희죽거리기만 했다. 잠시 후 아사미는 벌떡 일어서서 아오키를 재촉하여 서둘러 다방을 나가 버렸다. 현은 욱하고 화가 치밀어 냅다 쫓아가서는 두 사람을 그 자리에 때려눕히고 싶었지만 꾹 참고 씁쓸한 담배에 불을 붙인 뒤 손목시계의 초침의 움직임을 바라보았다.

아사미의 기질을 잘 알기에 이것 보라는 식의 허세이자 본때를 보이려는 의도인 줄은 알았지만 아파트로 돌아와서도 현은 좀처럼 분이 삭여지지 않았다. 가슴에서는 오만 가지 생각이 오가고 신경이 싹둑싹둑 난도질당하는 고통을 맛보았다. 아사미가 돌아올 때까지의 그 몇 시간이 지옥의 업고(業苦)와도 같았다. 태연자약한 그녀의 얼굴을 보자 현은 완전히 자제력을 잃고 말았다.

"사람을 망신시켜도 유분수지! 그렇게 해서 네 기분이 풀렸나? 매춘부하고 뭐가 달라?"

아사미는 느닷없이 뺨을 얻어맞고 비틀거리며 잠시 아무 말도 하지 못했다. 고개를 들자 속눈썹에 커다란 눈물방울이 맺혀 있었다.

"대단한 오지랖이군요. 무슨 짓을 하든 내 자유거든요. 이제 그만 헤어져요. 남의 몸에 함부로 손대지 말고."

"헤어지자니. 기껏 생각해서 한다는 말이 그거야? 그런 말로 협박하면 누가 눈썹 하나 까딱한데?"

"언제 협박한데요? 정말로 이제 헤어질 때가 왔어요. 언젠가는 이런 날이 올 거라고 생각은 했지만 결국 오늘이군요. 망신당한 사람은 오히려 나라고요. 큰소리만 치지 말고 아래층에 내려가 봐요. 무엇이 당신을 기다리는지 알 거예요."

서두르지 않고 초조한 기색도 없이 한 마디 한 마디 차분하게 이야기한 뒤 아사미는 흐흑 하며 쓰러져 흐느껴 울었다.

"무슨 말이야? 좀 더 알아듣게 얘기해 봐."

"오늘이 마지막이에요. 이젠 아무것도 묻지 마세요."

도대체 무슨 일인가 하고 현이 거칠게 문을 열고 복도로 나갔을 때였다. 계단을 내려가는 현의 앞쪽에서 올라오는 발소리가 들리더니 두 여자가 나타났다. 여동생이었는데도 현은 흠칫 놀라며 씁쓸한 예감이 등줄기를 훑고 지나가는 것을 느꼈다.

"지난번 편지 읽었지? 하도 집에 들르지를 않으니까 편지를 쓰라고 하시잖아. 모두들 오빠 걱정을 얼마나 하는지 몰라. 오늘은 여희 씨와 함께 왔어. 어떻게 생각할까 하고 망설였는데, 괜찮지? 소개할게."

여동생은 조금 떨어져서 부끄러운 듯 비켜서 있는 일행을 눈짓으로 가리키며 현에게 미소를 지어 보였지만 현은 여자 쪽에는 눈도 돌리지 않고 소리를 질렀다.

"바보야! 쓸데없는 짓을 왜 해? 남의 생활을 망칠 셈이야? 제멋대로 굴다니."

"아니 오빠! 너무하잖아. 여희 씨 앞에서 이게 무슨 실례야? 오빠야말로 제멋대로 아닌가? 이런 너절한 생활에 언제까지 집착할 건데? 부모님이나 우리 생각도 좀 하라고."

"입에서 나오면 다 말인 줄 알아? 너희 모두 한패가 돼서 무턱대고 트집을 잡는 거잖아. 내 상관 말고 너희 하고픈 대로 해!"

"정말 너무해! 머리가 어떻게 된 게 틀림없어."

"시끄러워! 돌아가! 돌아가라고!"

더 이상 말 붙일 틈도 주지 않고 거칠게 퍼부은 뒤 현은 두 사람을 그 자리에 버려둔 채 다시 방으로 돌아왔다.

"어이없는 것들. 뻔뻔해도 정도가 있지."

혼잣말로 중얼거리면서 아사미의 눈치를 살피며 가증스럽다는 듯이 혀를 찼다.

"용서해 줘 아사미. 내가 잘못했어. 손찌검까지 하다니. 당신 기분 잘 알아. 나를 믿어 주기만 하면 돼. 누가 무슨 짓을 하든 상관없어."

물론 아사미는 입을 다문 채 한마디도 하지 않았다. 대답을 하려 해도 목이 메이고 어깨가 떨려서 어쩔 도리가 없었는지도 모른다. 현은 그런 아사미의 태도를 이제는 이해하겠다는 표현으로 받아들였다. 폭풍은 흔적도 남기지 않고 지나갔다고 착각했다.

그날 밤 너무 마음을 놓고 방을 비운 게 탈이었던지 밤늦게 얼큰히 취해서 돌아와 보니 문의 열쇠 구멍에는 열쇠가 꽂힌 채였고 방에는 아사미의 모습이 보이지 않았다. 아사미가 없을 뿐만 아니라 여행용 트렁크며 옷장 속의 옷들이며 화장 도구들까지 모조리 사라져 방 안은 썰렁하고 휑뎅그렁했다. 메모 한 장 없는 안타까움에 옆방의 미도리를 찾아갔다.

"어디론가 잠깐 여행을 간다고 했어요. 그냥 그 말뿐이었어요."

간단하고 무덤덤하게 대답했다. 현이 난처해 하자 그럼 서로 합의한 일이 아니었냐며 미도리는 오히려 의아한 표정을 지을 정도였다.

'헤어지자는 말이 이거였나. 이게 이별하는 방식이었나?'

아무리 생각해도 현은 아사미의 심정이 분명하게 이해되지 않았다. 그런 기질을 가진 여자였으므로 반드시 한번은 파탄이 올 게 틀림없다고 진즉부터 생각은 했지만 그것이 이처럼 어이없게 닥칠 줄은 전혀 예상하지 못했다. 현은 거리를 걷다가 문득 아사미가 혹시 괴로워하고 있지는 않을까 하는 생각에 자주 서둘러 집으로 돌아가던 때를 회상했다.

언젠가 호텔에서 묵었던 밤처럼 자기 모르게 시내 어딘가에 잠깐 숨어 있다가 불쑥 돌아올지도 몰라 목이 빠지게 기다렸지만 사흘이 가고 닷새가 지나도 끝내 감감무소식이었다. 일주일째를 맞이했을 때 현은 점점 더 당황하여 허둥댔고 애가 탔으며 이런저런 고민들로 힘들었지만 달리 손쓸 방법이 없었다.

두 주가 훨씬 지났을 즈음 그제야 엽서 한 장이 날아들었다. 아사미가 고향인 구마모토(熊本)로 돌아갔다는 내용이었다. 짧고 간단한 글 속에는 아무런 감정도 표정도 들어 있지 않았다. 짜장 그녀의 처지에 어울리는 결말이라고 생각했다. 하지만 어머니 곁으로 돌아가자마자 병이 나서 일주일이나 입원해 있다는 소식에는 현도 놀랐고 마음이 아팠다.

> 그렇지만 대단치는 않으니 여기까지 쫓아온다거나 하는 짓은 하지 마세요. 곧 일어나게 될 테고 꼴불견이기도 하니 말이에요. 당신을 언제나 잊지 않겠어요. 다만 난 너무 지쳤어요. 피로가 풀릴 때까지 당신을 만나지 않을 작정이에요.

영락없이 지기 싫어하는 성미의 그녀였다. 현은 천만다행이라고 가슴을 쓸어내리며 미소를 금치 못했다. 서양 엉겅퀴처럼 작고 새빨갛게 피어올라 귀엽게 노기를 품은 듯한 그녀의 얼굴이 눈앞에 어른거렸다.

"남의 혼을 다 빼놓고는. 정말 못 말리는 요물이야."

눈앞에 떠오른 환상을 향해 중얼거리며 그녀와의 이런 저런 추억으로 빠져들었다.

언젠가는 반드시 돌아온다고 믿고서 그날을 고대하며 현은 직장에서도 열심히 일했다. 며칠 후 단골 다방에서 아오키를 만났을 때였다. 아오키는 여전히 희죽거리며 그날의 일을 털어놓았다.

"물론 오해할 리는 없겠지만 그날 하루 시간을 내달라고 해서 아사미와 단단히 약속을 했거든. 너한테는 미안하면서도 기분이 묘하더라고."

"아주 큰 역할을 하셨어. 이젠 그럴 일도 없겠지만 말이야."

이제 와서는 현도 호탕한 웃음으로 응할 수 있을 만큼 마음이 여유로웠다.

"아사미도 여간 당찬 게 아니야. 사내 이상으로 기질이 강해. 그만큼 믿음직하지."

"너무 강해서 곤란할 지경이었어. 정말 까다롭기도 했고."

"아사미를 혼자 차지했을 때 너는 거리에서 제일가는 행운아였어. 그만한 고생은 각오한 바 아니었나?"

"아무튼 대가가 너무 커. 사랑은 참 이기적인 건가 봐."

현은 그렇게 대답하면서 앞으로 아사미와의 운명은 과연 어떻게 될 것인지, 아직도 몇 차례나 고비를 더 넘겨야 할지, 막막한 미래를 헤아리며 다시 한 번 그녀의 얼굴을 떠올렸다.

1941. 9. 11.

《국민문학(國民文學)》, 1941. 11.

소복과 청자[1]

아파트에서나 다방에서나 늘 은실(銀實)이라고 불리고 있었다. 사람들은 뭐 딱히 일이 있대서가 아니라 그 이름이 그저 부르기 좋대서 그렇게 부르곤 했었고, 그 여자도 싫기는커녕 도리어 즐거워하는 듯싶었다. 은실, 은실 이렇게 수없이 되뇌어 보면 은(銀)실 꾸러미를 무한정 풀어내는 듯한 감미로운 어감이 느껴진다. 은실—어떻소? '실비아' 같은 것보다도 훨씬 더 여운이 있고 맑은 기운이 일지 않소? 실비아라고 하니 생각나지만 은실은 실비아 시드니와 퍽 닮았었다. 큼직하지 않은 날씬한 몸집에 겁겁한 듯하면서도 기실 착 가라앉은 눈매, 어디나 없이 애처로운 몸짓…… 정말 흡사…….
그러나 구태여 그러한 외국 여배우를 은실과 겨누기 위해서 끄집어 내잘 것 없이, 그 미목이 수려한 실비아 시드니의 아름다움을 꼭 두 배로 했다고 상상하면 충분하다.

---

1 이 작품의 일어 원본을 구할 수 없어서 『李孝石全集』(春潮社, 1960) 제2권에 수록된 이호철의 번역본을 전재한다.

새하얀 순백색 옷을 차려입고 시원스럽게 나서는 그 여자의 모습은 그 누구의 눈에라도 대뜸 황홀하게 하지 않고는 못 배겼었다.

동정이 긴 저고리에 주름을 바투 잡은 짧은 치마, 그 밑으로 살빛 양말을 신은 휘친한 다리, 게다가 까만 에나멜의 구두는 간지럽도록 자그마하고 귀여웠다. 배경이야 어떤들 괜찮았다. 거리에 세우거나 카운터에 다소곳이 서 있게 하거나 의자에 앉히거나 어느 곳에 어떤 모습으로 있거나 그 매력에는 추호도 변함이 없었다.

하기야 색깔이라는 것은 아름다운 것이고 변화가 많은 다채로운 옷을 주로 입는 외국 여자의 모습도 그것대로 충분한 아름다움이 있는 것이고, 저 진홍빛 잠옷 차림의 창녀의 모습에조차 때로는 야드러운 아름다움이 깃들여 있는 것이지만, 그러나 그것들과 마찬가지로 아니 그 이상으로 은실의 소복 차림이라는 것은 한번 힐끗 본 사람들의 가슴에 한평생 잊을 수 없을 만큼 사무친 것을 새기게 할 것이다. 그 여자는 소복 차림을 하기 위해서만 태어난 것일까, 암, 무엇보다도 그 차림이 알맞고, 이 세상의 것이 아닌 듯한 그 해맑은 모습에서 높은 기품과 부드러운 기운이 흘러 사람들의 마음속에 젖어드는 것이었다.

이런 그 여자의 소복 차림도 그 여자의 목소리와 말소리의 아름다움에 비하면 아무것도 아니다. 부드러운 말소리를 문득 듣고, 이 세상의 것이 아닌 어느 하늘 나라에서 내려오는 속삭임 소리가 아닌가 하고 돌아다보면 그것이 바로 은실의 말소리인 것이다. 이를테면 혀끝에 착착 달라붙는 무슨 음식물처럼 짤깃짤깃 입속에서 뛰놀아 싱싱한 탄력을 지니고 있으면서도 또 한편 사르르 녹아버리듯 야드러운 목소리이다. 흔히 세상 사람들에게 있어 말이란 다만 일을 치르기 위한 부호에 지나지 않는 경우가 예사이다. 황급히 의사를 소통하기 위해서 툭 툭 퉁명하게 한마디 한마디의 발음을 뱉어 버리는—그러한 말이란 마치 배가 고플 때 미친 듯이 밥을 처넣는 것과 같은 격이어서—입이나 혀의 혹사요 소리에 대한 모독이다. 은실의 말소리를 듣고 있자면 사람의 목소리나 말이란 단순히 일을 치르기 위해서뿐만 아니라, 다른 중대한 이유로서 있다는 것을 깨닫게 될 것이다. 목소리는 그것이 그냥 노래이어야 하는 것이고, 말이란 가사이어야 한다. 그렇지 않다면 짐승의 울부짖음이나 기계의 잡음 소리와 하등 다를 것이 없을 것이기 때문이다. 간단한 "예." 대답 소리조차가 은실의 경우에선 그때그때의 악센트와 억양에 따라서 여러 가지로 아름다운 뉘앙스와 의미를 지니는 것이다. 더더구나 서울에서 태어나 서울에서 자라난 그 여자의 또렷또렷한 서울 말씨는 지방 사람들에게 이국적인 것으로조차 느껴지며 일종의 그리움조차 곁들게 하는 것이다. 일상시 거칠고 어색한 말소리만을 들어온 사람으로서 그 여자의 낭랑하고 탁 트인 세련된 말소리는 화려한 대접과 같은 것이었다. 훌륭한 어학 교사를 따르는 생도들처럼 거리의 젊은 패들은 차를 마시기 위해서라기보다 그저 그 부드러운 말소리에 황홀하기 위해서만 모여드는 격이었다. 참 어쩔 수 없이 우둔한 패들일밖에. 바보처럼 멍청히 그 여자의 입언저리만 뚫어져라 쳐다보고, 삼키듯이 그 여자의 말소리에 귀를 기울일 뿐, 자, 이번엔 정작 흉내를 내보자고 하면 전혀 혀가 말을 들어먹지 않는 것이었다. 공작새를 흉내 내는 참새라고나 할까. 어처구니없는 자기들의 짓들을 돌이켜 보곤 비로소 안타까운 대로 허허허 웃어 버리는 사람도 더러는 없지 않아 있었다.

"저 여자를 이런 좁다란 다방에 두기는 아까운걸. 아예 어학 학교라도 설립해서 전임 선생으로 모셔야겠는데."

농담이 아니라 제법 진지하게 지껄이는 작자조차 있었다.

"허지만 말야. 은실은 이러구 있는 것을 좋아한다는 거거든. 스스로 일해서 살아가자는 주의인 모양이야. 서울 집에는 양친뿐 아니구 형제두 있는 눈치구. 이 근처에서두 말야, 모두 그 여자를 도우려고 굉장히들 내대는 모양이던데—실상 저 백 씨 내외 같은 분들은 말야, 일생을 같이 지내자고 애걸애걸 하는가 분데, 사실상 그런 훌륭한 자리조차 거들떠보지도 않거든. 애처로운 여자 몸이면서 어찌 저토록 한결같을 수 있는 것인지 이상한 일이야."

"백 씨 같은 사람이 독점을 하다니 될 말이야. 우리 모두의 은실인데. 이런 데 있으니까 사실 우리도 늘 가까이 접할 수도 있고, 또 여러 가지로 아름다운 것을 보고 듣고 가르침을 받지 않는가. 아름다움의 표본이라는 것은 모든 사람을 위해서 있는 거지 어느 한 사람에게 독점되는 것이 아니야. 그 여자의 주장이 옳은 거야."

"네가 혼자 아득바득 해 봤자, 우린 이미 그 여자의 둘레를 도는 잡고기에 불과한 거야. 자칫 멍청해 있는 새에 이미 틈새 하나 없어. 음모의 그물이 우리가 생각했던 것보다는 감쪽같이 펴져 있었던 거야. 시인인 황 씨는 연성 시를 써서 그 여자에게 바치고 있지 않나, 화가인 윤 씨는 그 여자의 소복 차림을 벌써부터 그리기 시작하지 않나, 유한마담인 임부용(林芙蓉)은 말야, 그 여자와 같이 여행이나 떠나자고 아득바득 내대고 있는 거야. 남편이구 머구도 없구 이젠 그저 은실에게만 미친가 보거든. 자, 이러구 보니 남은 것은 결국 우리들뿐이란 말야. 태평하게 앉아 있을 수만 있는가 이 말이야."

들뜬 기색으로 꽤는 초조하게 지껄여 대는 건달패 천만조도 실은 즉 임부용이나 시인인 황 군에 못하지 않게 열을 올리고 있었고, 제법 거들어지게 내뱉는 그 얘기투와는 달리 뒷구석에선 저 혼자 속을 태우고 있었다. 은실에게 서양 춤을 가르쳐 주자는 것이 그의 속셈이어서 유학이랍시고 오 년 동안 동경에 가 있는 동안 속속들이 배워 둔 그 자랑거리인 서양 춤을 살살이 가르쳐 주고, 그 김에 마음까지를 제 것으로 독차지하자는 뱃심이다쯤은 누구나가 쉬 알 수 있는 것으로서, 그러나 그런 손에 호락호락 넘어갈 은실이 아니었다.

애초부터가 그 여자는 서양 춤 같은 것에 까닭도 없이 열중하는 축이 아니어서, 사교장도 그런 설비도 없는 바에 어쩌자는 서양 춤이냐고, 맞바로 내대면 할 말이 없는 천만조였다.

저 활달한 음악에 따라서 미끄러지는 몸체의 리듬의 쾌감을 입에 신물이 나도록 지껄여 봤자 전혀 거들떠보지도 않는 그 여자이다.

"그보다는 차라리 난 조선 춤이 배우고 싶어요. 고전적이구, 그 우아한 춤을 추면 얼마나 여유있구 편안한 기분이랴 싶어요. 그 고풍인 몸매의 움직임에야말로 탁 트인 부드러운 리듬이 있을 거야요. 이번에 서울에 돌아가면 옛 명인에게 가서 실컷 배울 테야."

고향을 생각하고 고향의 아름다움을 찾으려는 마음씨에 은실을 당해 낼 사람이 없을 것이다. 무엇보다도 차악 몸에 배일 수 있고 우리네 성미에 맞는 조상 적부터의 향토나 유물을 사무치게 사랑하지 않고서는 못 배기겠다는 투였다. 그 무엇에도 동하지 않고 더럽혀지지 않은 그 여자의 그 순결한 마음씨가 드디어는 부지불식간에 거리의 젊은 패들에게 끼친 영향도 지금에 와서 보면 굉장히 컸다는 것을 알게 된다. 그 훌륭한 몸매에 양장이 참 잘 어울릴 듯하다고 그 누가 실없는 소리를 지껄이면 그 여자는 어처구니없는 듯 어깨를 한번 추슬러 보이곤, 눈 한번 거들떠보지도 않고, 이 세상에서 이보다 더 알맞은 옷이 있는 줄 아세요? 치맛자락을 살짝 들어 보이는 데는 그만 더 할 말이 없는 것이다.

"댁에서들은 무엇이나 좋은 것은 덮어놓고 외국에만 있는 줄 생각하지만 어림도 없는 원시안이야요. 파랑새가 뜻밖에도 바로 가까이 있었던 것처럼 도리어 우리 발밑에 지극히 아름다운 보석이 마구 굴러 있는지도 모르는 거야요. 우선 자신을 좀 더 잘 알고 아끼지 않으면 거짓부리야."

"하지만 이 한 잔의 커피는—이건 틀림없이 외국 것인데."

"아이 못써요, 그런 억지. 이를테면 이 청자병인데—."

이렇게 은실은 작은 탁자에 놓여 있는 고대의 자기를 가리킨다. 그 여자가 가진 것 중에서 제일 값비싼 것인 할아버지 적부터 가보로서 이어 내려온다고 하는 그 고려 시대의 자기를 그 여자는 어디로 가나 소중히 가지고 다니는 것이었다. 상감(象嵌)을 박고 진사(辰砂)의 꽃무늬를 넣은 데다가 양편엔 작은 손잡이가 달려 있는 길쭉한 하늘색 병이었다. 일찍이 아버지 어머니 곁을 떠나 있어 어릴 적부터 애완해 오고 있는 그 병은 그 여자로서 집을 생각하고 옛날을 그리는 길잡이로서 된 격이었다.

"—이 병보다도 아름다운 형태, 우아한 기품이 대체 외국 어느 나라에 있나요? 과문이어서 못 들었는지 몰라도 알고 싶어요."

이러고는 그 풋내기 커피 패들에게는 말보다도 차라리 실물 교육을 택하는 것이었다. 다른 다방에서는 엄두도 못 낼 일이어서 그 여자는 마담에게 얘기하여 여러 가지의 그 지방 음료를 내놓도록 한 것이었다. 소다수 대신에 화채(花菜)를, 커피 대신으로는 수정과, 홍차에 필적할 음료로는 식혜, 보리수단 등등으로. 이건 참 그럴듯한 착안이어서 다방은 전보다도 더욱 번창하고 풋내기 커피통(通)을 자랑삼던 패들도 속속 수정과당으로 전향해 오는 격이었다. 건시의 단 물에 생강이나 육계의 향료로 풍미를 곁들인 음료는 커피보다 나으면 나았지 못하지 않았다. 화채만 해도 철따라 단 꿀물에 진달래 화판을 뜨게 하고 혹은 귤 씨를 갈아 넣고 배나 사과 쪽을 넣기도 해서, 유리잔에 그득 찬 그것은 소다수쯤의 풍류가 아니었다. 식혜나 보리수단도 마찬가지였다. 이것들은 주로 서울 지방의 음료였기 때문에 지방 사람들은 새삼 우리네가 독특하게 지녀오고 있는 그 진미에 찬사를 늘어놓고, 이리하여 이 특색으로 해서 이 집은 대뜸 온 거리의 화젯거리가 되었고, 은실도 손뼉을 칠 만큼 개가를 올렸었다. 이제는 다방이 아니라 화채 집이라고 거리 사람들은 불렀고, 꽤는 어깨가 으쓱해진 마담도 이 모두가 은실의 덕이라고 되풀이 되풀이 뇌이며 더욱더 그 여자를 소중히 여겼었다.

전아한 조선 춤을 배우고 싶다는 은실은 가야금을 타는 것이 여간 솜씨가 아니었었다. 유명한 여류 피아니스트인 백 씨의 아내 성남 여사의 말을 빌리자면 그 여자의 기교는 매우 훌륭하여 이미 상당한 경지에까지 다다라 있다는 것이었다. 성남 여사로서는 무슨 수를 써서라도 피아니스트로 길러내고 싶었고, 그리하여 백 씨는 당자의 의향만 있다면 후원회를 조직해서 그 여자로 하여금 구라파로 유학을 보내도 좋다고 기백을 세우고 있으나, 전혀 겨 가루에 못을 박는 격이어서 그 여자는 이제부터 피아노를 시작했댔자 될 리도 없겠고, 숫제 그런 것은 무의미한 짓이라고 진지하게 응하려고 하지 않는 것이었다. 그러나 실상 그 까맣게 반들반들한 피아노라는 악기는 마치 그 여자를 그 앞에 앉히기 위해서만 만들어진 것 같았다. 새까만 윤이 나는 육중한 입체와 연한 순백색 그 여자 모습의 대조—세상에 이보다 더한 것이 있을 것 같지 않은 까만 빛과 새하얀 색채의 조화！ 야들야들한 손끝이 건반에 닿자 그 크고 검은 입체는 마치 그 여자에게 아양을 떨듯이 부드러운 소리를 내었다. 손가락에 기름이 도는 데 따라 복잡한 음색은 종횡무진으로 얽히면서 그 여자를 위하여 드디어는 심장의 밑 속까지를 들추어 쏟아 버리는 것이었다. 우수한 천분을 지니고 있으면서도 추호도 아쉬운 기색조차 없이 피아노는 거들떠보지도 않고 애오라지 일념 가야금에만 전념하게 된 사려분별도 사려분별이려니와 여기서도 고향의 고전에 대한 그 여자의 애정에는 누구나 깊이 울려오는 것이 있었다. 푹 패인 온돌방에 긴 치맛자락을 펼치고 가야금 앞에 단좌한 모습은 피아노의 경우와는 또 정취가 다른 풍류였었다. 하여간 여러 말 필요 없이 그 여자처럼 아름다운 것은 어떤 환경에 갖다 놓건, 어떤 것을 안배하건 그 아름다움엔 추호도 변함이 없다고나 할까. 그렇게 말할밖에 도리가 없었다.

윤 씨는 가을 전람회에 낼 작품으로서 청자병을 안배한 은실의 소복 모습의 제작에 착수했으나, 시작하고 일주일이 넘어도 전혀 진척이 없어 몇 번씩이나 캔버스를 옮겨 보기도 하고 심지어 화필을 내던지곤 했는지 몰랐다. 지고지미한 영혼의 싱싱한 모습을 그냥 그 채로 화판에 옮기자니 여간한 곤란이 아니리라는 것은 상상되고도 남았다. 다방 일은 한낮부터였기 때문에 그 사이 아침 시간을 윤 씨는 아파트의 그 여자 방에 캔버스를 놓은 채 다니곤 했었다. 그 여자에게 애걸 애걸하다시피 해서 비로소 모델이 될 것을 허락받은 터여서, 어둑신할 때부터 다닐밖에 없었다. 이러던 어느 날 굉장한 일이 벌어졌었다.

층층대를 올라 그 여자의 방 앞에 섰을 때 문득 거칠은 소리가 새어나오질 않겠나? 노크를 하지 않고 잠시 그냥 귀를 기울였다. 은실의 목소리에 분명 사내의 소리가 섞여 있었다. 그 여자의 방으로 드나들 수 있는 사람이란 백 씨 내외 외에 임부용이 있고, 그다음은 윤 씨 자신인 줄만 알았었는데 대체 어떻게 된 사나이인가 하고 의아히 여기고 있자, 은실의 목소리는 점점 더 격해졌다.

"나가 주세요. 어서요, 나가 주세요!"

분명 백 씨의 목소리는 아니다. 멈칫거리고 있는 듯한, 그러나 뻣뻣하게 내대는 사나이의 목소리가 뒤를 이었다.

"안 나가면 어쩔 테야. 나두 끈기는 있으니까 언제까지라도 이러구 있을 수 있어."

"비겁해요. 노크도 없이 쥐도 모르는 새에 들어오다니. 안 나갈

테면 온통 아파트가 울리도록 소리를 지르겠어요."

"난 차라리 악마가 못 된 것이 원통할 지경이야. 악마만이 무엇할 것 없이 획획 낚아챌 수 있는 것이니까 말야."

"사내들이란 왜 저렇게 제멋대로인지 모르겠어. 무엇이나 생각만 하면 다 척척 되는 줄 아는가 봐. 악마는 이 세상 것이 아니구 지옥의 것이야요. 지옥에라도 가면 되겠죠?"

"정말이다, 그 목소리가 점점 더 나를 못 견디게 하누나. 난 참으로 악마가 되어야겠다. 눈을 감고 이를 악물기만 하면 되겠지. 자 이젠 악마다. 무슨 짓이라도 할 수 있어. 무슨 짓을 하건 내가 알 게 뭐야……."

"어마나아, 악마, 짐승. 저 좀 살려 주어……."

윤 씨는 더 참지를 못하고 자기도 모르게 와들와들 떨려 오는 것을 누르며 문을 박차고 뛰어들어갔다. 놀랍게도 사나이는 천만 뜻밖의 천만조였었다. 서양 춤을 잘 춘다는 저 건달패였었다. 그림이 잘 진척되지 않고 며칠째 짜증만 일어나던 터여서 머리를 곱게 빗어 올린 빤들빤들한 얼굴에 부딪치자 윤 씨는 가슴속이 이글이글해져 그의 앞에 막아선 채 있는 소리를 다해 소리를 질렀다.

"창피한 줄도 모르나. 이 자식아!"

은실은 겁에 질린 참새처럼 윤 씨의 등 뒤에 숨었고, 돌연히 불벼락을 맞은 천만조는 창피함을 억누르기 위해서 일부러 부리부리해서 역시 지지 않고 고함을 내질렀다.

"뭐야, 닷푼어치 화가. 웬 참견이야!"

"이 파렴치한 자식 보게, 세상을 어떻게 생각하는 거야!"

되게 뺨을 한 대 맞고 그대로 물러설 천만조가 아니어서 지지 않고 달려드는 것이었고, 이리하여 서로 한 덩어리가 되어 드디어는 큰 싸움판이 벌어졌었다.

"너나 내나 속을 송두리째 들쳐 보면 은실에 대한 마음은 마찬가지다. 다만 너희들은 그럴듯하게 의젓한 까풀을 뒤집어썼을 뿐이야. 이런 닷푼어치 그림이 뭐야. 이것으로 여자를 낚아채려고……."

천만조는 상소리를 있는 대로 내뱉으면서 엎치락뒤치락 방 안을 뒹굴다가 급기야 복도에까지 밀려 나아갔다. 은실은 아파트에 있는 사람들의 체면도 있어 손을 부르쥐고 덜덜 떠는 것이었지만 어느새 두 몸체는 복도는커녕 이리저리 미끄러져 드디어는 층층대를 그냥 굴러떨어지는 소동이었다.

천만조는 머리가 깨지고 윤 씨는 왼편 팔이 부러져 양편이 다 이 주일 이상의 치료를 요하는 상처를 입은 것은 말할 것도 없거니와 두 사람 다 붕대를 처감은 모습인 바엔 숨기려야 숨길 수도 없이, 이 사건은 아파트는 물론이려니와 온 거리에까지 소문이 자자하게 퍼졌었다. 은실은 더 말할 것도 없이 화제의 주인공이 되었고, 이로 해서 그 여자에 대한 존경의 열이 덜어지기는커녕 더한층 동경과 선망의 표적이 될 뿐이었다. 물론 그 여자로서는 이런 것조차 시끄러울 뿐이어서 찬찬히 생각해 보면 차라리 세상이 어처구니없어지는 것이었고, 그러나 그쯤은 아름다움의 특권을 향유하기 위해서의 당연한 의무라고 주위에서 얘기하고 위로하고 하는 사이 기분이 좀 후련해지긴 했었다.

윤 씨야말로 어이없는 재난에 부닥친 것이어서 귀중한 제작을 앞두고 그런 일이 벌어져 한동안은 꽤 풀이 죽어 있었으나 그러나 그냥 희망을 버리지 않고, 게다가 불행 중 다행이랄까 상처는 왼팔이었기 때문에 팔레트를 책상에 놓은 채 오른손으로 화필을 잡고 다시 그림의 완성에 열중했었다. 피어린 노력의 덕택으로, 그 후에도 몇 번이나 캔버스를 분지르고 혹은 화필을 내던지고 했지만 수주일의 애씀으로 놀라울 만한 걸작이 완성되었다. 오랫동안의 우울한 초조감에서도 해방되어 윤 씨는 꽤는 자신만만하게 신명이 나고 명랑한 모습이었고, 조금이라도 그림을 아는 사람들은 첫눈에 그 그림에 반하여, 고흐보다도 싱싱하다, 힘 있는 터치 도란을 능가한다, 칭찬의 소리를 아끼지 않았다. 오십 호쯤의 화폭에 은실의 소복 차림의 좌상과 청자병을 그린 것으로서 구도에는 별 기발한 점이 없으나, 힘 있는 선과 싱싱하게 다가오는 인상은 꽤는 압도적인 것이고 게다가 병의 색채는 파격적일 만큼 독창적인 것으로 하고 여기저기 초록색의 구사는 정말 마티스 이상이었다. 특선급 이상의 실력으로 이왕직상(李王職賞)쯤은 맡아놓은 작품이라는 소문을 듣고 한번 보기나 하자고 그의 화실에는 젊은 패들이 북적북적 들끓었다.

어차피 소문이 퍼진 바엔 아직 출품전이라고는 하나 모든 사람에게 전람시키는 것도 좋으리라는 생각이었고, 또 친구들의 청도 있어 반입을 이주일쯤 앞두고 십수 점의 다른 작품과 함께 은실이가 다니고 있는 다방 벽에 걸어 놓기로 하였다. 현실의 은실과 그림 속의 그 여자를 바로 앞에 두고 비교해 보는 것도 한 멋이라고, 그 작은 전람회는 뜻밖으로 호평이어서 다방은 낮이나 밤이나 꽉 차서 공석을 찾을 여유도 없었다. 소복 그림은 연성 모든 사람의 눈을 황홀하게 하고, 그 북적북적 들끓는 속에서 여전히 부지런하게 돌아가는 은실의 모습도 한층 더 돋보여 사람들은 대체 어느 편의 은실이가 더 아름다운가고 얘기가 벌어져, 예술 같은 것은 어림도 없다, 역시 실물인 그 여자 편이 백 배 더 아름답다고 누구나가 결론이 한결같았고 어느 한 사람 이의를 내는 사람이 없었다.

윤 씨도 물론 그것을 추호도 서운하게 생각하지는 않았고, 그 여자의 아름다움을 그리기 위하여서는 예술이라 할지라도 얼마나 무력한 것인가를 이미 느꼈던 터여서 도리어 사람들의 그런 얘기를 웃음으로 넘겼다. 여하튼 전람회는 이렇게 굉장한 평판이었는데 사흘도 못 가서 다시 뜻밖의 일이 일어났다. 아파트의 사건이나 이번의 이 일이나 불운한 해라고나 할까, 윤 씨에겐 가엾을 만큼 마음을 상하게 하는 일이 일어난 것이다—사흘째 되는 아침 다방 문을 여니 소복 차림의 그림이 벽에서 없어졌었다. 모나리자의 실종처럼 형적도 없이 묘연했다. 아마 전날 저녁의 야밤중을 이용해서 누군가가 훔쳐간 모양이었다.

윤 씨는 철렁 가슴이 내려앉으며 잠시는 그저 어안이 벙벙하였지만 전람회는 다가오겠다, 다시 제작을 한다는 것은 어림도 없는 일이겠다—무슨 일이 있어도 그림을 찾아낼밖에 없었다. 며칠 동안을 찾아 헤맨 연후엔 이상하게도 실망을 느끼면서도 마음은 착 가라앉아 있었다. 분명 천만조의 짓일 거라고 점을 찍었었으나 딱히 그렇지도 않은 눈치가 눈물을 흘리면서 자기의 결백을 얘기하는 데서 알 수 있었다. 그러면 임부용이냐, 시인인 황 군이냐, 아니면 다방을 거의 제집처럼 드나들며 낮이나 밤이나 할 것 없이 은실의 곁에서 떠나지 않는 젊은 패들 가운데 누구인가 하고 남몰래 순례를 시작하여 집집을 샅샅이 휘돌았는데도 그림은 나타나지 않았다. 그래도 그냥 용기를 내어 거리 안을 이 잡듯이 뒤진 연후, 사오일 지나서 다행히도 그림은 찾아냈지만 정말 그것은 뜻 않았던 곳에서였다. 이 일은 그러지 않아도 골치 아픈 것을 더욱더 골치 아프게 하는 것이었다. 윤 씨는 눈을 꾹 지레 감고 마음속으로 울고 싶은 느낌이었다, 누구였을까? 뜻밖에도 백 씨의 방에서 나왔다. 그것도 거의 감추듯이 피아노 뒤의 벽 틈에 놓여 있지를 않겠나? 백 씨 내외와는 참 친한 터여서 그토록이나 그림이 소망이라면 전람회가 끝난 후 선사할 수도 있었겠는데 어찌 그렇듯 서글픈 결과가 되었는가?

“전람회가 끝난다면 분명 이왕가에서 갖게 될 것이 틀림없겠고, 당신으로서도 그것이 명예라고 생각했지요. 부끄러운 얘기지만 우린 정말 이 그림이 좋았지요. 이것저것 가릴 것 없이 무작정 하고 좋았지요.”

백 씨의 솔직한 고백이 윤 씨로서는 도리어 흐뭇했고 그림을 찾아낸 기쁨도 곁들였겠지만, 일종의 뭐라고 말할 수 없는 엄숙한 감격이 느껴지는 것이었다. 한 폭의 그림이 그렇게까지 소동을 일으킬 수 있다는 것은 예술가로서 더한 자랑도 없을 것이었다.

“게다가 은실은 그만큼이나 이편에서 열을 올려도 끄떡도 않고 있겠다, 피아노를 하라고 해도 가야금에만 열중하고 후원회를 만들어서 외국에 보내자고 해도 그리 즐겨하는 기색도 없어—그러니 이젠 이대로 은실과 인연이 끊어지면 서운해서 어쩌랴 생각한 거야요. 훗날에 가서라도 추억거리라도 남기자고 결국 남편과 상의해서

이 그림을 실례하기루 한 거야요."

성남 여사의 솔직한 고백으로 그 쓸쓸한 내외의 심정이 새삼 실감으로 느껴지자 윤 씨도 꽤 있음직한 일이라고 감동과 함께 수긍이 되어 그림만은 일단 전람회가 끝날 때까지 도로 찾기로 하였다.

그러나 그림을 찾아내서 다행이긴 했으나 이번엔 윤 씨 한 사람뿐만 아니라 백 씨 내외와 임부용과 아니 온 거리의 사람들에게 불행한 일이 일어났다. 그것은 은실이가 드디어 다방을 그만두고 서울로 돌아가기로 작정한 것이었다. 이 세상의 그 무엇과도 바꿀 수 없는 그 언제라도 지리해질 수 없는 소복 차림의 아가씨를 잃는다는 것은 거리의 불행이 아니고 무엇이겠는가? 그러나 집안 사정으로 돌아가지 않으면 안 되었었다. 애초에 은실이처럼 재색이 겸비한 여자가 그렇게 시골 거리에만 처박혀 있을 리도 없겠고, 언젠가는 서울에 돌아가게 될 것이 틀림없을 것이라고 누구나가 생각은 하고 있었다. 가야금으로 세상에 나서건 그렇지 않으면 그 밖의 그 무엇으로라도 세상 사람들의 이목을 끌 일을 할 것이 틀림없다고 느끼고는 있었다.

그렇다고는 하더라도 그 여자가 남기고 간 크낙한 적적감을 다시 채운다는 것은 쉬운 일이 아니었다. 가슴속마다에 텅 빈 구멍이 패인 거나 진배없었다. 마치 무지개가 꺼진 직후의 멋쩍음처럼 사람들은 마음이 짓찢어지는 듯한 생각이었었다. 천만조는 며칠을 두고 금시 울음이라도 터질듯이 상을 찡그리고 있었지마는 그냥 슬퍼하고만 있을 그는 아니었다. 재빨리 그 여자의 뒤를 좇아 서울로 올라 달렸다. 임부용이나 황 군도 뒤를 좇기 위해서 만반의 준비가 돼 있다는 것이었고, 누구보다도 서글픔에 잠긴 사람은 백 씨 내외였었다. 서울에 가려도 세대를 가진 몸으로는 집을 비울 수도 없는 것이고, 그렇다고 한 사람만 훌쩍 떠날 수도 없는 것이었다. 은실에 대한 백 씨 내외의 사랑은 서로 백중할 만큼 양편이 다 지극했었다. 윤 씨는 혼자 몸이라 언제라도 그 여자를 만나러 갈 입장이긴 했지만, 그 서글픔은 누구에게도 못지않게 컸고, 지금에 와서는 백 씨 내외에게 약속했던 소복의 그림도 자기가 기념으로 오래오래 간직해 두어야겠다고 혼자 생각하는 터였다.

다방은 한동안 불이 꺼진 듯이 쓸쓸했고 손님들도 훨씬 줄어 들었지만, 다만 그 여자가 남기고 간 향토애의 선물, 화채나 수정과 같은 음료를 찾는 사람들은 의연히 매일 끊이지 않고 들려 은실의 여운은 마치 꽃향기나 음악의 선율처럼 여기저기에 아련히 떠도는 것이었다. 그리고 분명 사람들 마음속에서도 영원히 지워지지 않고 남을 것이다.

"은실이 같은 분을 이런데 그냥 처박아 두려는 게 우선 무리야요. 나도 꽤 뻗치긴 했지만 내 욕심이라는 걸 알았어. 정말 이제까지 있어 준 것만 해도 고맙게 생각해야 해요. 아마도 이 근처에선 겨눌 사람이 없을 만큼 훌륭한 사람이야요. 정말 어디엔들 그런 사람은 없을 거야요."

마담은 우물우물 지껄이며 머리를 갸웃이 하고 언제까지나 이것저것 술회가 끊이지 않았다. 그 여자도 누구 못지않게 가만히 은실을 사랑해 오고 있었던 것이다. 그리고 사랑하는 사람을 잃어버린 상처로 해서 누구 못지않게 괴로워하고 있었다.

"단념할밖에 없어요. 그리구 언제까지나 마음속으로 생각해야 해요. 그 밖에 어찌할 도리가 없잖아요."

그것이 다만 한 가지의 해결책이라는 듯이 모두 무언가 치바라듯 그 여자의 얘기에 귀를 기울였다. 지금은 소복 그림조차 없고 다방의 벽은 쓸쓸하게 퇴색되어 있었다.

출처 미상, 이호철 옮김

녹색의 탑(綠の塔)

목차[1]

1 원문에는 없으나 번역문에는 목차를 추가하였다.

제1회 물 위

1.

"마을이 보이기 시작한다."

"저기 봐, 철교야!"

강폭이 넓어지는 수면에 간질이듯 모터 소리를 새기며 바디 모양의 새하얀 배가 물의 정령처럼 날쌔다. 물길이 길게 꼬리를 끈다. 경쾌한 감각이 뱃전을 타고 전해져 온다. 물 위에 짙은 그림자를 드리운 강변의 백양나무 숲을 바라보며 모두가 상쾌한 기분이었다. 보트 안의 세 남자, 거기에 홍일점을 더한 네 사람은 유쾌한 하루 행락으로 상류를 수 마일 우회하고서 황혼녘에야 돌아오는 길이었다.

"이렇게 우리의 나들이도 끝났단 말인가?"

"그리하여 여름도 끝났다, 일세."

한껏 들떠 지껄이는 하나이(花井)와 달리 안영민(安榮民)은 비교적 말수가 적은 편이었다. 그런 성격적인 대각(對角)을 연결해서 어색한 공기를 조화시키려고 애쓰는 듯 보이는 쪽이 마키(牧) 남매였다. 여동생 요코(洋子)[2]를 보면서 마키는 짐짓 목소리를 높였다.

"올해 뱃놀이도 이걸로 끝이구나."

"유쾌한 하루였어요. 호사스러웠고요."

---

2 마키의 여동생을 '소노코(園子)'와 '요코(洋子)'로 혼용해 부르는데 전체적으로는 '요코'의 빈도수가 많으므로 이후부터는 '요코'로 통일한다.

“끝이라고 생각하니 영 섭섭한데.”

“내일부터 열심히 공부해야지. 특히 안 군은 중요한 일이 있으니 말이야.”

요코를 사이에 두고 양쪽 뱃전에 영민과 하나이가 기대어 있다. 마키의 말에 영민이 수면에서 시선을 돌리는 것을 요코는 재빨리 알아챘다.

“그렇군요. 중요한 논문이니 잘 진척되길 바랄게요.”

“고마워요. 앞으로 한 고비만 넘기면 되니까 괜찮아요.”

“제가 할 수 있는 일이라면 무엇이든 도와드리고 싶은데요.”

“그럴 것까지는 없어요.”

“타자기 치는 일이라면 조금 할 줄 알아요.”

“고맙지만 괜찮습니다.”

영민의 말꼬리를 낚아채듯 하나이가 얼른 웃는 얼굴로 돌아보며 말했다.

“그럼 요코 씨, 내일부터 안 군의 타자수가 되는 겁니까?”

“어설픈 타자수겠군.”

“아니 왜? 그럴 리가 있나. 타다닥 타다닥 치기만 하면 되는데.”

“그럼 하나이 씨가 하시지그래요?”

“남자 타자수도 있답니까? 이봐, 안 군. 너도 요코 씨가 해 주는 게 낫지?”

“놀리시기예요?”

요코가 팔로 떠밀자 하나이는 일부러 과장된 목소리로 껄껄거리며 웃어 젖혔다.

"전공과를 거쳤으니 영어는 자신 있겠고, 하루 종일 집에서 놀고 먹기도 지겹잖아요. 당신의 아름다운 조력은 안 군의 성공에 그야말로 금상첨화일 텐데, 어때요?"

"이봐, 적당히 하지."

영민이 무뚝뚝하게 말을 가로막았으므로 하나이는 조금 계면쩍게 대꾸했다.

"화낼 필요는 없잖아."

"화내고 자시고 할 일도 아니야."

"요코 씨가 도와주는 게 좋으면 그냥 고맙다고 해."

"하나이 씨는 농담도 잘하셔."

또 한 번 요코가 팔로 떠밀자 하나이는 "어허허허!" 하고 호들갑을 떨며 익살스럽게 비틀거렸다. 그 여파로 폭이 좁고 긴 선체가 좌우로 크게 요동쳤다.

"위험해!"

누군가가 소리친 순간이었다.

"결국 사람을 강물에 빠트리는군."

하나이는 크게 소리치더니 곧장 몸을 날려 물속에 텀벙 뛰어들었다. 남이 빠뜨린 게 아니라 자신이 좋아서 뛰어든 것이다.

"저런!"

요코와 다른 남자들이 눈이 휘둥그레져서 깜짝 놀라 있을 때 하나이는 저만치 앞에서 머리를 내민 채 유유히 헤엄을 치고 있었다.

물에 빠진 사람은 오히려 영민이었다. 하나이가 뛰어내릴 때 생긴 반동으로 보트가 거의 뒤집힐 듯 크게 흔들려서 영민은 낮은 뱃전에 필사적으로 매달렸는데 그러다 어느 순간 영민의 몸이 물속으로 가볍게 내동댕이쳐졌다. 요코가 깜짝 놀랐을 때는 이미 보트의 속력 탓에 한참 멀어진 뒤였다. 달리 손쓸 여지가 없었다.

"어떡해!"

하나이 때문에 놀랐던 마음이 이번에는 영민에게로 향했다. 수영복 위에 셔츠를 입어서인지 헤엄치기가 힘든 듯 어푸어푸 물을 먹으며 버둥거리는 모습을 보자 요코는 가슴이 조마조마해서 견딜 수가 없었다.

2.

"잠깐 배 좀 세워 주세요."

운전대에 대고 외치자 조타수는 히죽 웃더니 모터를 끄고 핸들을 돌렸다. 텅 하고 기관(機關) 꺼지는 소리가 나고 보트는 뱃전을 때리는 강물을 가로지르며 완만하게 커다란 호를 그리면서 미끄러졌다. 매끄럽게 미끄러지듯 정지한 보트는 백조처럼 하얗고 여인의 신발처럼 날씬했다. 물에 내동댕이쳐진 두 남자가 그 백조 같은 배를 향해 열심히 헤엄치는 모습이 그리 우스웠는지 조타수는 재미있어 죽겠다는 듯 인상을 써 가며 큰 소리로 웃어 젖혔다.

"두 분 다 용감하십니다그려. 하하하하."

"참 걸작들이야. 아마 오늘 하루 중 유머로는 최고일 거야."

마키가 맞장구를 치자 조타수는 이를 드러내며 더 크게 웃었다.

"걸작이다 걸작!"

"빨리 가서 좀 도와주게, 부탁하네."

꽤 멀리 떨어져 있어서 얼굴만 수면 위로 내밀고 첨벙거리며 헤엄치는 모습이 아주 작게 보였다. 저 멀리 작은 두 점에서 단 한 점인 배를 향해 눈에는 보이지 않는 노력이라는 선이 각각 한 줄씩 연결되어 있었다. 그 선을 따라 두 사람은 온 힘을 다해 헤엄쳤다.

"요코."

갑자기 요코를 부르더니 마키는 부드러운 목소리로 이야기했다.

"오늘 벌어진 이 걸작은 모두 네 소행이렷다."

요코는 놀란 눈으로 오빠를 쳐다보았다.

"그런가요?"

"그런가요라니. 저렇게 기를 쓰는 두 남자의 마음을 정말 모르겠니?"

"글쎄요. 난 아무것도 모르겠는데요."

"처음에 타자기 얘기를 꺼낸 게 잘못이었어. 하나이가 금방 걸고 넘어지지 않던?"

"고작 그런 일로 뭘요."

"여자가 가운데 끼면 고작 그런 일이 심각한 문제로 변하는 법이야."

"그럼 난 기필코 타자수가 될래요."

"이제는 네가 먼저 달려들 셈이야? 아무튼 제멋대로라니까."

"오빠는 괜히 그러셔."

"오늘 나들이는 다 망쳤어. 저 두 사람과 함께 오는 게 아니었는데. 마음만 헤집어 놓았잖아. 하나이는 일부러 호들갑이고, 안 군은 점점 더 굳게 입을 다물고. 너는 너대로 새침이나 떨고 말이지. 너희를 상대하기가 아주 벅차구나. 오늘 하루 동안 내가 얼마나 힘들었는지 아냐?"

"미안해요."

"미안하다는 말로 끝날 일이 아니야."

"그럼 어떡하라고요?"

"어떡하긴 뭘 어떡해. 빨리 결정해야지. 네 마음이든 태도든. 두 사람 사이에서 계속 갈팡질팡하는 건 죄야. 네게도 독이 되지만 누구보다 저 두 녀석이 불쌍하잖아."

"그렇다고 그런 일을 당장 어떻게 결정해요?"

"그런 일이니까 당장 결정하라는 거야. 이런 일만큼 처음부터 마음속으로 분명히 정해지는 일이 또 어디 있겠니. 네 마음속에서는 이미 결론이 났을걸. 그저 아직까지 깨닫지 못했거나 아니면 모르는 척하고 있을 뿐이지. 네 마음속을 들여다보고 진지하게 한번 생각해 봐."

"숫제 명령조네."

"맞아. 이렇게 된 마당에 명령이라도 해야지. 사랑의 제비뽑기는 손이 아니라 마음으로 하는 거야. 처음 본 순간부터 마음이 끌렸을걸."

"오빠는 첫눈에 반해 버리는 연애지상주의자군요. 대단한 연애전도사예요."

"내가 야만스럽다는 뜻이지? 사랑은 언제나 야만적이야. 사랑에는 문명도 없어. 한눈에 반해서 약탈을 저지르지. 아무리 사회가 문명화되고 개화해도 형식만 다를 뿐 그 원칙은 변함이 없어. 하지만 현대인은 마음을 숨기는 위장술이 아주 능해졌지. 마치 너희처럼 말이야."

"이제 그만해요."

"그래서 명령하는 거라고."

"제발 그만요."

"어느 쪽인지 빨리 말해. 벌써 교제한 지 반년이나 지났잖아. 나만 알고 있을 테니 B인지 A인지를 콕 집어 말해 봐."

"그건 아무리 오빠라도 말 못해요."

요코는 가만히 고개를 숙였다.

"됐어. 말 안 해도 안다. 사실 처음부터 손바닥 보듯 훤했어. 나를 속일 생각은 마라. 정 못하겠으면 내가 대신 하지."

"……."

3.

오누이가 이야기를 나누는 동안에도 물에 빠진 두 사람은 아직도 지지부진 거리를 좁히지 못하고 멀리 있었다. 조타수는 결국 더 이상 버티기는 힘들다고 보고 "이제 배를 가까이 댈까요?"라고 물었으나 마키가 그것을 말렸다.

"저대로 두고 봅시다."

"오빠는 잔인해요."

요코가 불만스럽게 말했지만 마키는 노골적으로 통쾌해 했다.

"물속의 저 두 사람 다 수재들이다. 어느 쪽이 이기나 지켜볼 거야. 안 군은 이제 학부에서 강사로 나설 몸이고 하나이도 장차 대학자로 약속된 몸이니, 학문의 두 강자가 벌이는 진검승부거든. 오늘 나들이의 하이라이트지."

"남의 이야기는 그만해요. 대체 오빠는 어쩔 셈이죠? 만년 조교로 늙을 작정이에요? 정신 좀 차리세요."

"그야 안 군 같은 사람하고 겨루면 당해 낼 재간이 있어야 말이지. 저 녀석은 학문을 위해 태어난 놈이야. 흔히 보는 수재가 아니라고. 고개가 숙어질 정도를 넘어서 아주 무서운 놈이야. 우리 셋 모두 같은 해에 조교 생활을 시작했는데 저 녀석만 두각을 나타내고 있어. 아마 문과 출신 중에서는 가장 크게 출세할 거야."

"그럼 귀하신 몸이네요?"

"그러니 물속에서 된통 당해 봐라 이거지. 심신도 단련될 테고."

"지독하게 못됐어요."

"육지의 강자도 물속에서는 힘이 달리나 봅니다. 저렇게 기진맥진하니 원."

조타수의 말을 듣자 요코의 걱정은 점점 더해 갔다.

"불쌍해서 어떡해."

"그것 봐라. 네 말 속에서 진심이 고스란히 드러나잖아. 내 눈은 못 속인다."

"몰라요!"

조타수가 눈치 빠르게 제동을 걸고 핸들을 잡자 모터 소리가 울리기 시작하여 오누이의 말과 표정이 소음 속에 파묻혔다. 뱃머리가 천천히 반원을 그렸다. 보트는 조용히 미끄러져 나아갔다.

"어이, 겁쟁이들! 정신 바짝 차리라고! 도와주러 갈 테니까!"

두 사람 사이로 보트가 내달리는데 엉뚱하게도 하나이는 배가 다가오는 것을 보자 일부러 배를 피하기라도 하듯 반대 방향으로 헤엄치기 시작했다. 평영에서 자유형으로 바꾸더니 물이 깊은 쪽으로 쭉쭉 헤엄쳐 갔다.

"하나이 씨! 이쪽이에요."

"힘도 다 빠진 주제에 어딜 도망가!"

소리를 질러도 돌아보지 않고 하나이는 멀어져 갔다. 수영에 자신이 있어서인지 느긋하고 여유로운 모습이었다.

"심술을 부리는군."

마키가 중얼거리면서 동생을 또 한 번 쳐다보았다.

"저것 봐라. 사내들 황소고집이 어떤 건지. 저 두 사람, 네가 없었을 때는 결코 저렇지 않았어. 부드럽고 순진했다고."

"전부 내 탓으로 돌리지 마세요."

"너를 가운데 두고 두 남자 사이가 점점 더 벌어지잖아. 알겠니? 네가 그 원심력의 중심이라고."

"무슨 말을 해도 상관없어요."

"여자 때문에 사이가 멀어진다는 건 역시 슬픈 일임에 틀림없어."

"심리학 조교라고 저런 쓸데없는 일까지 걱정되나 보죠?"

"바보야. 학문 얘기는 이제 그만하자."

보트가 영민을 향해 다가갔다. 그를 태우러 배가 다가가자 기운을 소진한 영민은 허둥지둥 뱃전을 붙잡았다. 요코가 반대쪽 뱃전에서 균형을 잡는 사이에 마키가 손을 내밀어 주어 수월하게 배 위로 올라왔다. 젖은 셔츠가 몸에 착 달라붙어서 비참한 몰골이었다. 물걸레질이라도 한 것처럼 배 안이 흥건했다.

“괜찮아? 많이 지쳤지? 아주 볼만했어.”

“오늘처럼 이렇게 먼 거리를 수영하기는 처음이야.”

“육지의 강자도 물속에서는 힘이 달리나 보다고 한참 떠들던 참이었어.”

“저 자식. 수영 좀 한다고 나까지 물에 빠뜨리다니.”

“아니! 벌써 저기까지 가버렸잖아.”

“이봐, 하나이!”

“점점 더 멀리 가는데.”

“잘난 척하는 놈 잡으러 가자. 자, 가자!”

보트가 미끄러지듯 움직여 순식간에 거리를 좁혔다. 그래도 하나이는 멈추지 않고 배 반대쪽을 향해 필사적으로 팔을 뻗었다.

4.

하나이를 간신히 배에 태워 강가로 향했을 때는 날이 저물고 있었다. 저물어 가는 창망한 강 위에서 물에 젖은 두 남자는 한기가 드는지 새파랗게 질려 몸을 움츠렸다. 낮에 있었던 일을 물고 늘어지는 건 비겁하다고 생각한 마키가 일부러 쉴 새 없이 떠들었으므로 보트 안은 오히려 아까보다 더 활기찼다.

“이야! 유쾌하다, 유쾌해. 기억에 남을 만한 사건이야. 꼭 일기에 적어 두자고."

"오빠도 참 짓궂기는."

"국문학자[3] 하나이, 시 한 수 읊어 보는 게 어때?"

"시라. 이렇게 추운데 시는 무슨 시. 그래도 한 수 읊어 볼까……. 이런 건 어때?"

하나이는 이가 딱딱 부딪치는데도 이렇게 말하며 하늘을 한참 올려다보고는 천천히 운을 뗐다.

"우리는 오늘 젖어 돌아가노라 물 위에서."

하나이는 한 구절 읊고 물 위를 지그시 바라보았다.

"'우리는 오늘 젖어 돌아가노라 물 위에서'라. 그래, 제법 괜찮은데! 실감도 나고. 아주 좋아. '우리는 오늘 젖어 돌아가노라 물 위에서.'…… 같이 물에 젖은 짝꿍 안 군은 어떠신가? 4행시 정도로 영시 한 수 안 되겠나?"

"추워서 덜덜 떠는 사람한테 시 좋아하네. 난 그런 풍류는 몰라."

"워즈워스의 시 중에 「나들이」라는 제목의 긴 시가 있었던 것 같은데."

"「나들이」란 시에 물에 젖는 장면이 있었는지 묻는 건가?"

"정 내키지 않으면 관둬. 대신 몸 좀 녹이라고. 나중에 다시 한 번 부탁할게."

보트가 강가에 다다랐다. 고요한 물 한복판에서 하얀 보트는 더욱 두드러져 보였다. 묶여 있는 소형 보트들 사이로 헤집고 들어가

3 일제 강점기라는 시대적 배경을 고려할 때 여기서 말하는 국문학은 일본문학이다.

서 놀잇배 옆에 정박했다. 드넓은 강 위에 다른 보트는 그림자도 보이지 않았다. 마키 일행의 모터보트가 여름의 끝자락을 장식하기라도 한 듯 보트의 엔진 소리가 사라지자, 사방이 쥐 죽은 듯 조용해져 적막에 휩싸였다. 놀잇배 갑판에 뛰어올랐다가 칠한 지 얼마 안 된 하얀 페인트가 맨발바닥에 선뜩하게 느껴져 계절의 끝자락을 실감했다. 각자 자기 소지품을 배에서 내렸다. 요코는 한쪽 구석 의자에 앉아 양말을 신고 머리카락을 정돈했다. 마키가 카메라를 살피는 동안 하나이도 셔츠를 갈아입었다. 여벌 옷을 챙기지 못해서 입고 있는 옷이 전부였던 영민은 젖은 셔츠의 물기를 꼭 짜서 다시 입어야 했다.

"내 옷 빌려 줄까?"

마키가 물었으나 영민은 거절하고 젖은 옷을 열심히 매만졌다.

"곧장 시내로 나가자."

"젖은 옷을 입고 어떻게 시내로 나가요?"

여동생이 반대하고 나서자 마키는 이내 다른 제안을 했다.

"그럼 다 같이 우리 집으로 갈까? 안 군도 하나이 군도 괜찮지?"

"나는 집으로 가겠어."

"옷은 말리고 가야지. 그런 차림으로 집에 가는 건 좀 이상하지 않아?"

"남의 집에 가는 게 더 이상하지."

"우리 집이 제일 가까운걸요. 그러니 들렀다 가세요. 다 같이 가면 괜찮잖아요."

"안 군, 들렀다 가자. 옷을 갈아입었더니 역시 상쾌해."

"자, 다 같이 가는 거야. 가자!"

마키는 다짜고짜 접수대에 부탁해서 택시를 불렀다. 전화 한 통으로 택시는 금방 도착했다. 일하는 할멈이 내준 차도 마시는 둥 마는 둥 하고 하나이와 영민을 택시 안으로 밀어 넣었다.

'목욕물을 데워야겠어. 오늘 하루의 기억을 훌훌 털어버리게.'

택시를 탄 요코는 하루가 꽤 길게 느껴졌다. 근교의 넓은 도로를 달려서 용산을 지나 구 시가지까지는 금방이었지만 그 경로가 아주 길다는 기분이 들었다. 이제 막 끝나 버린 기나긴 여름의 기억과도 같은 느낌이었다. 하나이는 결국 도중에 도망쳐서 재빨리 전차로 갈아탔고, 영민 혼자만 남매에게 붙잡혔다. 비교적 한적한 언덕 중턱에 자리 잡은 마키의 집에 도착했을 때 영민은 멋쩍은 기분을 감출 길이 없었다.

"어서 와요."

현관에서 마키의 어머니 히사코(久子)가 손을 바닥에 대고 절을 하며 영민을 맞이했다. 이미 잘 아는 사이였지만 영민은 자신의 후줄근한 몰골이 못내 신경 쓰여 말없이 웃기만 했다.

5.

몇 년 전 아버지를 여읜 마키 일가는 마키 남매와 어머니까지 해서 세 식구가 전부인 단출한 가족이다. 다행히 아버지가 생전에 근무했던 남만주철도주식회사에서는 수당도 풍족하게 나왔고 연금도 있어서 일가는 새집을 마련해 별다른 불편 없이 검소하게 살았다.

그러나 아버지가 돌아가시면서 생각지도 않게 큰 타격을 입은 사람은 다름 아닌 요코였다. 여학교를 졸업하고 도쿄에서 상급 학교로 진학할 예정이었으나, 돌연 아버지를 여의고 보니 홀로 된 어머니를 방치하면서까지 애초의 의지를 관철시킬 용기는 어느새 사라지고 없었다.

무뚝뚝한 오빠에게 어머니를 맡기기도 마땅치 않았고, 남보다 갑절은 더 외로움을 타는 어머니에 대한 깊은 사랑 때문에도 일신상의 야심과 욕망을 포기하는 일이 한결 수월했다. 도쿄로 가는 대신 2년제 전공과를 마친 뒤 집에 들어앉아 어머니를 도우면서 좋아하는 학문에 전념하는 것이 어느새 즐거운 일로 느껴졌다. 영어에 흥미가 있어서 문학서를 읽기 시작했는데 저도 모르게 빠져들었고 틈이 날 때는 음악도 공부했다. 심리학 교실에 조교로 남은 오빠 마키를 통해 대학 도서관에서 마음껏 책을 빌려 보았는데 그러면서 영민과 하나이를 알게 되었다. 처음에 마키는 영문학 연구실에 속한 영민에게 영문학 책을 추천해 달라거나 대출을 부탁했는데 이를 재차 반복하려니 귀찮았다. 결국에는 어차피 크게 될 재목은 아니지만 여동생을 지도해 달라고 하면서 그럼 부탁한다고 말하고는 아예 떠넘겨 버렸다. 요코는 학문에 조예가 깊은 영민에게 감탄을 했고, 한편으로 자신이 한 걸음씩 발전하는 듯해서 기뻤다. 일주일째쯤에는 빌린 책을 들고 오빠의 연구실로 찾아갔다. 거기서 영민과 하나이를 만난 것이 계기가 되어 영민은 하나이와 함께 요코의 집까지 드나들었다. 어머니 히사코는 언제나 반가운 얼굴로 맞이해 주었는데 영민은 마키 일가의 화목한 분위기에 완전히 익숙해졌다.

"오늘은 또 이런 몰골로 왔습니다."

영민이 싱글거리며 인사하자 히사코는 우아한 미소로 답했다.

"가는 계절에 대한 작별 인사였어요. 이번 여름을 잊지 않으려고 시원한 강을 만끽했거든요."

"어머니, 사실 요코의 소행이었어요."

마키가 일러바치자 히사코는 조금 놀라며 물었다.

"저런! 요코가 어쨌는데?"

"거짓말이에요! 내 소행이라니. 오빤 거짓말쟁이!"

"얘가 또 무슨 짓을 했기에?"

"하나이 군도 같이 갔었는데 영민 씨랑 둘이서 죽어라고 헤엄치는 모습이 아주 가관이었어요."

"요코 너!"

히사코는 가볍게 나무라고는 식사 준비를 하러 조용히 자리를 떴다. 요코도 허리띠에 손을 대며 뒤쫓아 나갔다.

영민이 마키와 함께 뜨거운 물에 목욕을 하고 나오자 젖은 셔츠는 말끔하게 다려져 있었다. 의도치 않게 저녁 식사까지 함께했다.

식사를 마친 뒤 마키의 방에서 차를 마셨다. 열린 창가로 의자를 가져다 앉자 언덕 아래 불 켜진 거리 일대가 한눈에 내려다 보였다. 불빛은 점차 드문드문 사라져가서 그 끝에는 한강이 띠를 두른 듯 가로놓여 흘렀고, 낮은 산들의 어슴푸레한 윤곽이 강물 위에 어른거렸다. 모든 것이 차분하고 고요에 잠겨 한낮의 떠들썩했던 기억도 먼 옛날 일 같았다. 지금은 바라다 보이는 강물의 풍경마저 영민에게는 아득하게 오래되고 멀어 보였다. 아침에 예상하는 하루와 저녁에 회상하는 하루는 크게 차이가 나고 거리가 먼 법이다. 지금 영민이 회상하는 하루는 전혀 예상하지 못한 일들로 가득한 이상한 하루였다. 그만큼 감정의 기복도 컸고 가슴에 스며들어 새겨져 있는 게 사실이었다.

요코가 레코드를 틀었는지 바로 옆 요코의 방에서 바이올린 연주곡이 들렸다. 베토벤의《바이올린과 관현악을 위한 로맨스 제2번 바장조 작품 50》이었다.

애조를 띤 느린 선율이 온 집안에 차분히 울려 퍼졌다. 요코가 들어오더니 자신의 찻잔을 들고 창가로 다가갔다. 모두가 동일한 분위기와 감정 속에서 각자 묵상에 빠진 듯 보였다.

"저 곡을 들으면 슬퍼진단 말이야."

오빠의 말에 요코가 맞장구를 쳤다.

"그러게요. 로맨스는 슬픈 곡이에요."

"어째서 로맨스는 슬퍼야 하는 걸까?"

"글쎄요. 베토벤에게 물어보시죠."

요코가 자리에서 일어나 방을 나가더니 음반을 뒤집어 같은 곡을 두 번이나 틀었다. 두 번째로 뒷면이 다 돌았을 때 현관에서 인기척이 들리고 하나이가 나타났다.

"미안해서 다시 왔어. 이제 다 같이 시내로 나가는 게 어때?"

"아니, 오늘 밤은 이대로 있는 게 좋겠어. 느긋하게 음악이나 듣자."

방 안의 분위기가 일변하더니 레코드의 음악도 어느새 활기찬 곡으로 바뀌어 있었다.

제2회 방문객

1.

교내 플라타너스 잎의 엽록소에도 어느덧 변화가 찾아와 여름이 끝났음을 알렸다. 영민은 연구실 창가에서 물들기 시작한 나뭇잎을 바라보며 일에 매진하고 있었다. 강에서 보낸 하루를 끝으로 껍질 속의 애벌레처럼 다시 연구실로 돌아와 틀어박혔다. 일단 일을 시작하면 집요하게 책상에 달라붙는 것이 그의 성정이었다.

가을까지 주임 교수에게 소논문을 제출할 예정이었고 전형이 끝나면 곧장 문학부 강사직에 임용하기로 약속된 상태였다. 그 약속의 실현을 결정하는 것이 논문이었지만 이미 기정사실이었고, 논문은 그러기 위한 일종의 성의 표시에 지나지 않았다. 그럼에도 성격이 철두철미한 영민은 형식적인 논문일지라도 쉽고 안이하게 해치우지 못했다. 최선을 다했고 노력을 아끼지 않았으며 그 과정을 즐기기도 했다. 「디어드리 전설[4]에 관하여」라는 연구였다. 그는 이 아일랜드의 슬픈 전설이 담긴 문헌을 발굴하면서 걸핏하면 연구보다 감동과 영탄 쪽으로 흐르기 일쑤였다. 치밀한 연대적 고증과

4 디어드리(Deirdre)는 아일랜드 전설에 나오는 비련의 여주인공으로, 얼스터의 왕 콘코바가 디어드리를 장차 아내로 삼으려고 키웠지만 그녀가 왕의 조카인 니시와 결혼하자 콘코바가 니시와 그 형제들을 모살한다. 이에 디어드리는 자살하고 콘코바는 신하들과 반목하여 옛날부터 전해져 오는 예언대로 아일랜드는 멸망한다. 이 전설을 소재로 한 작품에 예이츠의 시 「디어드리」와 존 밀링턴 싱의 시 「비운의 디어드리」가 있다.

조사를 하다가 어느새 예이츠나 싱의 작품에 매료되었다. 얼스터(Ulster)[5]의 왕 콘코바와 우스나의 아들 들인 니시 형제와의 싸움, 니시를 사랑하여 비운에 휩싸인 디어드리의 탄식에 깊은 감동을 느끼면서 슬프고도 아름다운 문학적 글귀에 거의 빨려 들어가다시피 했다. 특히 스코틀랜드의 가을을 묘사한 대목은 문장 중에서도 절창이었다. 때마침 현실에서 가을을 맞이하는 실감 탓도 있으리라. 마음의 오열 없이는 끝까지 읽지 못할 정도였다.

"어찌 이리도 슬픈 사랑일까?"

더 이상 학문의 차원이 아니었다. 문학이 주는 감동에 침잠한 것이다. 전설은 연구하지 않고 디어드리의 비련에 울고 있었다.

지금도 어김없이 창밖의 플라타너스 잎을 시시때때로 바라보며 니시와 디어드리가 주고받는 가을의 대화를 곰곰이 되새기느라 감정의 현은 건드리면 소리가 날 듯 팽팽하게 당겨져 있었다. 문을 두드리는 노크 소리조차 듣지 못할 정도로 열중해서 한 행 한 행 음미하는 중이었다.

"실례합니다."

허락도 없이 연구실에 들어온 사람은 아래층의 서무실 사환이었다.

"손님이 오셨습니다."

---

5 북아일랜드의 옛 지명. 원래 켈트인이 나라를 세웠던 곳이지만 17세기 초엽 영국에 정복당한 뒤로 영국과 스코틀랜드의 식민지였다. 1920년 자치권을 획득했으나 오늘날에도 영국 연방에 속해 있다.

"누군데?"

갑자기 흥을 깨뜨리니 노엽기도 하여 본의 아니게 말투가 퉁명스러웠다.

"누구신지 교정까지 자동차를 타고 오셨습니다."

"자동차라니 사치스럽기도 하군. 누구라고 하던가?"

"성함은 묻지 못했습니다."

"다시 물어보고 와."

말은 그렇게 했지만 가만히 있기도 답답하고 어쩐지 초조하기도 해서 영민은 책상에서 일어섰다.

"남자 한 분과 여자 한 분이 함께 오셨습니다."

"남자와 여자라."

설마 요코가 그처럼 요란하게 등장할 리는 없다고 의아해 하며 사환을 따라 층계를 내려가자 현관에 학생 한 명이 서 있었다. 친한 사이는 아니고 그저 이름만 기억하는 사람으로 중국철학을 전공하는 최철(崔哲)이었다. 손님이 왔다더니 너였냐고 묻는 듯한 영민의 표정을 최철은 민감하게 알아차리고 이렇게 말하며 교정 쪽을 보았다.

"제가 아닙니다. 당신을 보자고 했던 사람은 저분들입니다."

그는 미소까지 지어 보였다.

"누구지?"

영민이 수상쩍게 쳐다본 곳에는 물론 요코가 서 있을 리 만무했다. 잔디밭 보호책 옆에 정차한 자동차 앞에는 귀부인처럼 차려입은 중년 부인과 한눈에도 시중꾼으로 보이는 양복 차림의 남자가

서 있었다. 먼발치에서 봐도 아는 사람들은 아니었다. 미지의 방문객들을 영민은 잠시 의아하게 바라보았다. 상대방도 영민의 모습을 확인하자 뭐라고 소곤거리며 조용히 영민 쪽으로 걸음을 옮겼다.

"본 적도 없는 사람들인데."

"그럴 겁니다. 저분들도 당신과는 초면이니까요."

최철은 빙긋이 미소를 지으며 현관 돌계단에서 내려섰다.

"들어보셨겠지만 그 유명한 민 자작(子爵) 님 댁 분들입니다. 자작 부인과 집사인 김성준 씨지요. 오늘 당신을 만나고 싶다고 하셔서 제가 모시고 왔습니다."

2.

"자작 부인께서 내게 무슨 용무랍니까?"

"일단 만나 보시죠."

잡아끌다시피 하며 앞으로 나가는 통에 영민은 그대로 있지 못하고 결국 발을 뗐다.

"자작 부인이시기는 한데 본가 쪽이 아니고 원동(苑洞)[6]에 계신 분입니다."

민 자작이 원동에 첩을 두고 있다는 사실은 영민도 익히 들어 아는 바였다.

"그러니까 그 원동 부인이 나를 왜 찾아왔냐는 거요."

---

6 서울특별시 종로구 원서동과 원남동의 옛 이름.

"저는 최근 몇 년 동안 그 댁에서 가정교사 일을 하며 학비를 벌고 있습니다. 그러다 보니 그 댁 분들은 저를 통해서 당신에 대해 훤히 알고 계십니다. 당신의 뛰어난 재능과 촉망받는 장래는 부인이 가장 좋아하시는 점이지요."

"그게 도대체 무슨 뜻이요?"

"오늘은 꼭 만나야겠다며 일부러 집사까지 대동하고 직접 귀한 걸음을 하신 겁니다."

"무슨 일로 만나겠다는 건지."

정작 중요한 말은 들을 사이도 없었다. 어느새 자작 부인 일행이 자신의 앞으로 다가와서 영민은 더 이상 대놓고 묻기가 어려웠다.

가까이서 보니 과연 자작 부인에 어울리는 풍모였다. 조각 같은 얼굴에 곱게 빗질을 해서 매만진 단정한 머리, 투명한 피부, 바닥에 조금 끌릴 정도로 길고 새하얀 치맛자락하며 청초하고 기품이 넘치는 자태에 영민은 조금 주춤했다. 왠지 품위가 없고 모나 보이는 집사의 인상과 대조를 이루어 한층 돋보이는 부인의 자태에 영민은 시선을 빼앗긴 듯 보였다.

"이쪽이 안영민 씨입니다."

최철이 나서서 한차례 소개를 마치자 부인은 표정을 부드럽게 풀었다.

"오늘 실례를 무릅쓰고 갑자기 찾아와서 곤란하신 줄 압니다만 달리 만나 뵐 길이 없어서요. 죄송합니다."

"아닙니다. 오히려 이런 누추한 곳까지 오시게 해서 죄송합니다."

"남들 눈도 있으니 안으로 들어가시죠."

최철의 안내에 따라 아래층 접대실로 귀빈을 모셨다. 영민은 두 사람이 찾아온 목적도 모른 채 그 뒤를 따라 들어갔다. 어둑한 방에서 네 사람이 탁자에 둘러앉았지만 방문 목적을 바로 알기는 어려웠다.

"명성은 최철 씨에게서 예전부터 들어 알고 있습니다. 학문에 정진하고 계신다니 마음속으로나마 늘 기쁘게 여기고 있었습니다."

부인은 재치 있게 대화가 끊어지지 않도록 애를 썼지만 결국은 쓸데없는 말만 되풀이할 뿐 영민의 관심사인 방문 목적에 대해서는 언급하려고 하지 않았다.

어학 공부는 많이 힘들지 않은지, 고향이 평양이라 불편하지는 않은지 물으며 여러모로 걱정을 해 주었지만 지금 상황에서 그런 친절이 영민에게는 아무런 의미가 없었다. 무의미한 대화가 10분이나 이어졌을까, 사환이 아직 차도 내오지 않았는데 부인은 자리에서 일어섰다. 여우에게 홀린 듯 영민은 어안이 벙벙했다.

"일부러 뵙자고 해서 죄송했어요. 앞으로도 저희와 만나 주신다면 영광이겠습니다. 오늘은 잠시 인사만 드리려고 왔답니다."

자작 부인은 방긋 웃으며 침착하게 이야기하고 응접실을 나서다가 갑자기 떠올랐다는 듯이 물었다.

"숙소는 어디인가요?"

갑작스러운 질문에 영민은 대답을 피할 길이 없었다.

"정동에 있는 아파트에서 지냅니다."

"일간 다시 찾아뵐게요."

부인은 미소를 남기고 서둘러서 복도를 지나 현관을 나섰다. 저런 조급한 태도는 경우가 아니지 않은가, 너무 무례한 태도가 아닌가 하고 어이없어 하며 그 자리에 우두커니 서 있었다.

"참 묘한 방문객이군."

경직되어 서 있는데 부인은 엷은 미소를 지으며 고개를 숙여 인사하고 집사와 함께 차에 올라탔다. 검은색 자가용이 천천히 교정을 빠져나가 거리로 사라질 때까지 배웅하던 최철은 마치 조금 전 부인의 미소를 그대로 이어받은 듯 빙긋 웃으며 영민을 돌아보았다.

"어쨌든 당신은 오늘 부인의 눈에 든 모양입니다. 저렇게 흡족해하는 표정은 처음 봅니다. 맹세컨대 부인은 당신이 마음에 든 게 틀림없어요."

3.

"도대체 뭡니까? 별로 유쾌하지 않은 이 방문의 목적 말이오."

어쩐지 희롱당한 기분이 들기도 해서 영민은 이만저만 불쾌한 게 아니었다.

"당신은 행운아요. 마지막으로 선택받은 한 사람이란 말입니다."

"무엇으로 선택받았다는 말입니까? 사윗감이라도 뽑는답니까?"

"맞습니다! 사윗감."

최철은 정곡을 찔렀다는 듯 반색을 했다.

"부인께는 결혼 적령기인 따님이 계십니다. 눈에 넣어도 아프지 않을 만큼 애지중지하는 따님이지요. 그러니 따님의 혼담이라고 하면 자작 님도 만사를 제쳐 놓고 친히 열성을 보이실 정도고요. 따님은 기품으로 보나 교양으로 보나 부인 못지않게 근사한 분이세요."

"그런 귀하신 분께서 왜 나를……."

"다 말씀 드릴 테니 들어 보세요. 어머니 입장에서 생각하면 수긍할 만한 일이긴 하지요. 부인께서는 요 일 년 동안 온 시내를 샅샅이 뒤지며 사윗감을 물색하고 계십니다. 어여쁜 딸의 행복을 위해서라면 물불을 가리지 않을 만큼 자식 사랑이 극진한 분이세요. 따님은 인품부터가 그야말로 보기 드물게 출중하고 고운 분이시고요. 우여곡절 끝에 마지막으로 당신이 낙점됐다 이겁니다."

"나 참 어이가 없어서."

"화낼 것 없어요. 아직 아무런 의사 표시도 안 하셨으니 결정된 건 아니지만 오늘 부인의 분위기가 평소와는 사뭇 다르군요. 저렇게까지 기뻐하시는 모습은 여태껏 본 적이 없어요."

"꼭 물건 고르듯 하잖습니까. 인생 중대사가 한쪽의 뜻만으로 그리 간단히 정해진답니까? 무엇보다도 그런 자기 편의적인 방식이 무례하다고요. 따님이 아무리 미인이든 명문가 출신이든 그런 조건만 갖고 납득할 사람은 아무도 없을 겁니다."

영민의 분노가 의외로 격렬해서 최철은 무색할 지경이었다.

"무례인지는 모르겠지만 생각하기에 따라서는 일부러 허리를 숙이면서까지 찾아와 주었으니 고맙기도 하잖아요. 저 정도 집안이면 딸 한 사람 앞에 얼마나 많은 사위 후보자들이 줄을 섰겠습니까. 그 무리들을 과감히 뿌리치고 상아탑으로 눈길을 돌리신 부인의 높은 식견도 존경할 만하거니와 학문에 몸담은 우리로서는 기뻐할 일이라고 보는데요."

"당신 지금 사람을 깔보는 거요? 정 그러시면 당신이 사위가 되시든지."

"천만에요. 너무 그렇게 화내지 마시죠."

"도대체가 불쾌하다고요."

"곧 후회하실 겁니다. 그 분은 아무튼 천하제일의 신붓감입니다. 당신도 마음만 먹으면 천하에 둘도 없는 사위가 될 텐데요."

"시끄러워요."

지분지분 지껄이는 최철을 뿌리치듯 영민은 현관으로 휙 들어가 버렸다. 최철도 더 이상 치근대며 따라오지 않고 포기한 듯 도서관으로 발길을 돌렸다. 그 사이 영민은 투덜거리며 연구실로 돌아갔다.

"별 이상한 인간을 다 보겠네."

책상 앞에 앉아서도 마음은 좀처럼 가라앉지 않았다. 괜히 흥분되고 심란했다. 디어드리의 원화며 공책 따위도 아무렇게나 펼쳐진 채였고, 처음과 같은 마음 상태로 되돌리기가 쉽지 않았다. 한나절이나 허비한 것이 아까웠다. 일찌감치 퇴근하는 게 상책이었다. 아파트로 돌아와서 저녁 식사를 한 뒤 거리에라도 나가볼까 하고 방으로 올라갈 때였다.

접수대 소녀가 뛰어오더니 열린 문 앞을 막아섰다.

"손님이 오셨어요."

영민은 움찔했다. 소녀의 말투가 낮에 학교에서 사환이 쓰던 말투와 똑같아서였는지도 모른다. 공연히 화를 내며 "누구?" 하고 따져 물었다. 소녀는 기가 질려서 대답했다.

"뉘신지는 모르지만 자동차로 오신 걸 봤어요."

하필 그 말투까지 학교의 사환 말투와 꼭 같았다. 영민은 반사적으로 상의를 대충 걸치고 소녀를 앞질러 뛰어 내려갔다.

예상대로 자작 부인이었다. 접수대 앞 소파에 앉아 있다가 영민을 보자 조용히 일어섰다.

'무슨 일이지?'

중얼거리며 다가가는 영민에게 부인은 상냥하게 미소를 지었다.

"낮에는 갑자기 찾아가서 실례가 많았습니다. 사과도 드릴 겸해서 다시 찾아왔는데 방해가 안 될는지요."

4.

"별로 방해될 일은 없지만……."

영민은 얼굴을 마주하고 보니 눈앞에서 매정하게 굴기도 어려워 응접실로 안내하려고 했다.

"아니요. 여기도 괜찮습니다."

부인은 가볍게 거절하며 현관 미닫이 밖으로 슬쩍 눈길을 주었다.

"차가 대기하고 있어서요."

"그래도 이런 곳에 모셔서야 실례가 아니겠습니까?"

"실은 일행이 있어요."

빙긋 미소 지으며 이제 그만 돌아가겠다는 듯이 미닫이를 열었다.

영민은 끌려가듯 부인을 뒤따라 나갔다. 현관 돌계단 위에 서자 눈에 익은 자동차가 바로 계단 밑에 있었다.

'항상 실없이 찾아오는군.'

영민의 이런 생각은 피상적인 관찰이었는지도 모른다. 자작 부인은 계단에 조용히 발을 디디며 꾀어내는 듯한 말투로 이야기했다.

"괜찮으시면 여기서 잠깐 시간 좀 내주시겠어요? 여름에는 응접실보다 차 안이 낫지요."

"이런 차림으로는."

"상관없어요."

부인의 말보다 더 뜻밖의 상황을 발견하고 영민은 계단 아래에 우뚝 멈춰 섰다. 차 안에는 한 여자가 뒷자리에 등을 깊숙이 기대고 앉아 있었다. 액자 속의 그림인 양 자동차의 검은 창틀 속에서 백장미처럼 향기로웠다. 눈이 부시게 환하여 영민은 주춤거렸다.

"잠깐이라도 좋으니 만나 보시지요."

"이래서야……."

"저 아이도 괜찮다고 했어요."

백장미의 향기에 이끌려서가 아니라 부인이 등을 떠밀다시피 하며 권하는 데는 지지대처럼 버틸 일도 아니어서 결국 운전수가 열어주는 문 안으로 스르륵 미끄러져 들어갔다. 부인이 따라 올라타고 문이 딸깍 하고 닫히자 영민을 납치하듯이 차가 재빨리 출발했다.

'내가 지금 뭐하는 거지?'

조금 후회가 들었지만 돌아볼 여유도 주지 않고 부인이 이야기했다.

"우리 딸 소희예요. 잘 부탁드려요."

모녀 사이에 끼어 갑갑한 상태에서 돌아보자 백장미는 생긋 미소를 지었다.

"잘 부탁드려요."

"안영민입니다. 저야말로 잘 부탁드립니다."

가만히 있을 때와는 전혀 다르게 입을 여니 꽃처럼 화려했다. 모친의 청초한 기품을 그대로 이어받은 데다 화사함과 발랄함을 겸비하고 있었다. 영민은 소희의 시선과 마주치자 쏟아져 내리는 빛을 받을 때처럼 온몸이 움츠러드는 기분이었다.

"오늘은 마침 쇼핑하러 나온 김에 함께 아파트로 찾아온 길이었어요."

영민은 부인이 말을 할 때마다 쳐다봐야 했는데 두 사람의 향기로운 몸 사이에서 자기도 모르게 온몸이 달아올라 숨이 막혔다.

"낮에 최 군에게서 대강 듣기는 했습니다."

"그 사람이 뭐라고 하던가요?"

"오늘 저를 찾아오신 목적이 혹시 최 군이 말한 대로라면……."

"제가 좀 더 차근차근 말씀 드리죠."

"더 말씀하셔 봐야 그런 이유 때문이라면 사양하겠습니다."

"여기서 말씀 드리기는 적당치가 않군요. 어디 조용한 곳에서 말씀하시죠."

부인은 거의 입을 막아 버리다시피 하는 태도를 취해서 영민이 많은 말을 못하게 했다. 차가 흔들려서 말꼬리가 끊기기도 했지만 두 사람의 말이 서로 명확하게 이해되지 못한 채 겉돌아서 영민은 답답할 지경이었다.

"제 신분으로는 이런 방식이 전혀 이해가 가지 않는군요."

"조용한 곳에서 다 말씀하시죠."

영민의 입을 막으려는 듯이 부인은 몸이 떨릴 정도로 과장되게 웃으며 고개를 흔들었다.

차는 정처 없이 저 가고픈 대로 달렸다. 처음부터 그럴 셈이었으리라. 번화가의 큰길로 대충 달리다가 다시 원점으로 돌아오는 식이었다. 태평로에서 남대문으로, 다시 종로에서 태평로로 보트처럼 거리를 떠돌며 자가용 차의 안락한 승차감을 뽐내는 듯도 하였다. 대화도 이렇다 할 핵심은 건드리지도 못한 채 자가용 차와 마찬가지로 답답하리만큼 제자리에서만 맴돌았다.

5.

쇼핑하러 나왔다는 말도 했던 터라 백화점을 두세 바퀴 돌았으나 영민에게는 아무리 생각해도 무의미한 일이었다. 부인 입장에서 보면 딸과 영민에게 서로를 관찰할 기회를 주기 위한 배려였음에 틀림없었다.

소희는 적당한 자긍심으로 여유롭고 자유롭게 행동했다. 그녀의 유연한 자신감이 영민에게는 일종의 압박감으로 다가와 몹시 거북하고 불편한 기분을 참기 힘들었다.

'내가 뭐하러 따라왔을까.'

경솔했음을 후회했지만 이제 와서 다 뿌리치고 돌아갈 수도 없는 노릇이었다.

'모녀 사이에 끼어 있는 나는 대체 뭐지? 다른 사람들이 어떻게

볼까?'

그날 자신의 묘한 위치라든가 운명을 생각하면서 영민은 부인과 소희의 그런 당돌한 수법이 어쩐지 두렵기까지 했다.

"지루하지 않으세요? 우리 일만 보고 있으니."

부인은 구입한 물건 꾸러미를 건네받고도 별로 미안한 기색 없이 명랑한 얼굴로 영민을 돌아보았다.

"차라도 마시러 갈까요?"

대기하고 있던 차에 다시 올라타고 시내를 우회해서 도착한 곳은 호텔이었다. 성문으로 들어가 현관 앞에 부드럽게 정차하자 부인과 소희는 아주 익숙한 태도로 차에서 내려 회전문으로 들어갔다. 어차피 기괴한 착오로 시작된 하루가 그런 곳에서 풀릴 리 없다고 각오하고 영민은 복도를 지나 안쪽의 일광실(日光室)까지 두 사람을 뒤따라갔다. 호텔 사환에게 홍차를 주문하고서야 부인은 겨우 한숨 돌린다는 듯이 의자에 깊숙이 등을 기댔다.

"종일 실례만 끼쳤군요. 그래도 품격 높으신 분을 뵈서 더없이 기쁩니다. 저희까지 조금 고상해지는 기분이에요."

샹들리에의 빛을 받아서 천장 유리는 흐린 유백색을 띠었고 화분의 파초는 잎사귀가 연녹색으로 은은하게 빛났다. 식당에서인지 로비에서인지 웅성거리는 소리가 작게 들려올 뿐 일광실에는 다른 손님이 없었다. 해가 저물어 가는 조용한 한때였다.

"물론 이런 일은 즉석에서 결정할 일이 아니라는 걸 저희도 잘 압니다. 그저 앞으로도 오늘처럼 만나 주신다면 큰 영광일 거예요."

실내 분위기에 어울리게 부인의 말투도 차분하고 조용했다.

"게다가 저 아이에게는 큰 바람이 하나 더 있답니다."

부인의 시선에 이끌려 영민도 소희를 바라보았다.

"유럽행이에요. 유럽에 가고 싶다는 꿈을 수년 전부터 가져왔지요."

"젊은 사람이면 누구나 한번은 품어 보는 소원 같은 거겠지요."

그때 영민과 소희의 시선이 잠깐 마주쳤다.

"도쿄에서 학교를 마치고 벌써 2년째 집에서 놀고 있는데, 이렇다 할 공부라도 하지 않으면 필경 쓸데없는 일만 생각할 것 같아요. 이번 가을에는 여하튼 떠나겠다고 저는 저대로 애를 쓰고 있답니다."

"뭐 공부만 능사는 아니에요. 대충이라도 외국을 보고 오면 그걸로 하나의 인생 공부가 되지 않겠어요?"

"요즘 같은 때에 사치스럽고 이기적인 소망이라는 거지."

"어머, 어머니! 이제 와서 그렇게 말씀하시면 어떡해요. 누가 뭐래도 반드시 갈 거예요."

귀엽게 반항하는 딸을 못 본 체하며 부인은 영민에게 도움을 구하듯 이야기했다.

"미안합니다. 늘 저런 식이에요. 놓아먹인 망아지처럼 제멋대로여서 큰일이에요. 언젠가는 유럽에 가겠지만 당분간 저 아이를 잡아 두려면 큰 힘이 필요하거든요. 혹시라도 지금 영민 씨가 그 힘이 되어 주시면 더할 나위 없을 텐데요."

"당치 않습니다. 제게 무슨 힘이 있다고요."

"그 먼 곳에 저 아이 혼자만 방치할 수는 없는 노릇이에요. 언제가 됐든 함께 할 친구가 필요하니까요……."

부인의 말이 갑자기 끊겼다. 영민은 도대체 저 두 사람은 자신을 무엇으로 보는 걸까 하는 생각에 문득 반성을 하기도 했지만, 자신도 그 화목한 가족의 일원인 듯도 하고 아닌 듯도 한 묘한 착각이 일었다.

제3회 다가오는 계절

1.

영민은 옆방의 영문학 주임 시마(島) 교수가 불러 가 보았다. 늙수레한 교수는 보고 있던 책에서 눈을 떼고 부드럽게 물었다.

"어때? 논문은 잘 되어 가나?"

"조금씩 만들어 가고 있습니다."

"조금씩 해선 안 되지. 냉큼 끝내 버려."

성급한 교수의 말투에 영민은 자기도 모르게 긴장했다.

"월말까지는 제출해 주게. 서두는 감이 없지는 않지만 여기서 한 번 더 분발하자고. 부탁함세."

"예……."

갑자기 무슨 일일까 의아해 하며 꼼짝 않고 그대로 서 있자, 교수는 그제야 자리를 권하며 천천히 이야기했다.

"실은 강사 결정이 생각보다 무난하게 끝났어. 그러니 다음 달부터 어서 시작해 주었으면 하는 거야. 조만간 학부장이 정식으로 통보하겠지만 그런 줄 알고 강사 준비도 시작하라고."

강사 임용 건임을 알자 영민은 갑자기 가슴속이 무언가로 가득 차오르고 몸이 굳어지는 느낌이었다. 말은 하지 않았지만 오랫동안 신중하게 기다려 온 일이었다. 드디어 오늘 교수의 입으로 똑똑히 전해 들은 것이다. 충격 탓에 가벼운 현기증마저 일었다.

"야베(矢部) 군이 드디어 11월쯤에는 유럽에 간다는군. 준비도 해야 해서 이달 말로 교단을 떠나기로 했어. 그 뒤를 이어받는 거니까 10월부터는 강의를 시작해야 해. 텍스트 선정이니 뭐니 해서 일이 많겠지만 바쁜 만큼 보람도 있을 걸세."

"감사합니다."

겨우 감사하다는 말 한마디가 목으로 나왔을 뿐, 기분과는 반대로 입은 더욱 무거워지기만 했다.

"어학만 가르치는 일반 강의라 별반 흥은 나지 않겠지만 한동안 참고 견디는 게 중요해. 그러는 동안 반드시 야베 군 수준까지 올라갔으면 하는 게 내 바람일세. 내년에는 문학부 강의도 한 과목쯤 맡을 수 있을 거야."

"뭐라고 감사드려야 할지 모르겠습니다."

콧등이 시큰하고 가슴이 떨리는 것을 간신히 참았다.

"학부 안에 여러 미묘한 공기가 있다는 걸 잘 아는 만큼 이번에 선생님께서 애써 주신 마음을 생각하면 뼈에 사무쳐서 감사하다는 말씀도 못 드리겠습니다."

평신저두(平身低頭)해서 은사의 노고에 감사해도 여전히 부족한 기분이었다.

"그래. 그 일은 걱정하지 말게. 내가 붙어 있는 이상 자네 능력을 잘못 평가하는 일은 없을 테니까."

확언하는 교수의 온화한 눈에 한 줄기 감개의 빛이 어리는 게 역력했다.

"다른 의견도 있기는 했어. 하지만 나도 고군분투할 각오로 할 말은 다 했어. 좋은 의미로든 나쁜 의미로든 신성한 상아탑에서 실력 이외에 무엇이 있겠나? 있어서는 안 되지. 특수 사정이니 뭐니 그런 건 아무래도 좋다 이거야. 모두 이차적인 문제라고. 학문의 세계는 피도 눈물도 없는 법일세. 그런 것에 연연하면 진정한 학문은 불가능해. 어떤 경우건 편견은 금물이야. 나는 절대로 실력 제일주의거든."

회의할 때의 일이 떠올라서인지 교수의 얼굴은 희미하게 흥분한 기색을 띠었다.

"역사가 짧은 탓인지 이 학교 안에는 아직 전반적으로 학문적 기풍이 서질 않았어. 대부분 안이하고 태만하게 빈둥빈둥 허송세월들만 하고 있거든. 그 속에서 자네같이 우수한 학생을 얻었으니 학부의 자랑이고말고. 특히 우리 영문학부로서는 이런 명예를 그르쳐선 안 될 일이지. 자네의 빛나는 미래를 오랫동안 지켜보고 키워 보고 싶은 게 내 바람이야. 부디 공부에 정진해 주게."

"감사합니다. 믿고 도와주신 은혜에 보답하도록 분골쇄신 최선을 다하겠습니다."

영민은 온몸이 송두리째 뜨거운 도가니 속에 던져진 느낌이었다. 감사와 기쁨이 뒤섞인 크나큰 감격이 공연히 열정을 자극했다. 교수님께 무슨 말로 보답하면 좋을지 모른 채 그저 붉어진 눈시울을 누르며 가만히 머리를 숙이고 있었다.

2.

연구실로 돌아와서도 안절부절못하고 마음이 가라앉지 않았다. 책의 활자는 아지랑이처럼 어른거려 노트 정리도 하기 어려웠다. 담배를 피워 봤지만 떨리는 마음으로는 숨만 막혔다.

'이런 기쁨을 가슴속에 간직하고만 있어도 될까? 그럼 누구와 나누어야 하지?'

고민할 필요 없이 가장 먼저 떠오른 사람은 역시 마키였다.

'그래, 마키 군에게 이야기하자.'

별관에 있는 심리학 연구실을 찾아가니 마침 옆에 있는 암실에서 실험을 하는 모양이었다. 문을 열고 들어갔다. 어둠 속에 파란 불빛 하나가 켜져 있고 맞은편 벽에는 스크린에 흰 영상이 떠올라 있었다. 환등기를 조작하며 사진을 분석하는 모양이었다. 영민 쪽을 바라보는 눈이 반짝 빛났다.

"안 군인가?"

"마치 지옥 같군. 지옥의 파우스트가 따로 없잖아."

"좋게 말해 줘도 하나도 반갑지 않아."

"뭐야? 또 물고기야?"

움직이고 있는 물고기를 찍은 사진을 스크린에 영사하고 있었다. 움직임을 찍은 다양한 모습의 사진이 차례차례 바뀌었다. 평소 하던 연구의 연속이리라.

"물고기의 심리를 연구하는 중이야."

"물고기도 심리가 있나?"

"물론 있지. 심리도 없이 어떻게 움직인다고 생각하나? 모두 심리의 부작용이야. 디어드리에게 심리가 있듯이 물고기에게도 심리가 있다고. 그 심리 때문에 물고기도 비극을 겪지."

"심리의 부작용이라."

"그런 작용 때문에 물고기처럼 자네도 지금 여기 온 거고."

"나 참."

"뭐 좋은 일이라도 전하러 왔나?"

"어? 어떻게 알았지?"

"물고기를 관찰하다 보면 저절로 알게 돼. 물고기도 사람이나 마찬가지니까."

"이봐, 그만하지."

"자, 무슨 얘기야?"

어이없어 하며 서 있는 영민의 뒤에서 돌연 검은 그림자가 움직이더니 따뜻한 손으로 갑자기 영민의 눈을 가리는 것이었다. 부드러운 감촉과 냄새가 기분 좋게 훅 끼쳤다.

"이거야말로 무시무시한 지옥이로군. 뭐가 나타날지 전혀 모르겠어."

영민이 중얼거리자 마키는 옆에서 응원이라도 하듯이 말했다.

"맞춰 보게. 그것도 심리야."

"어차피 지옥이잖나. 도깨비 말고 또 뭐가 있겠어?"

"맞아요. 제가 그 도깨비예요."

손을 풀고 앞으로 슥 나타난 사람은 사랑스런 도깨비 요코였다. 물론 화를 내지도 않았고 어둠 속에서 살짝 미소를 짓고 있었다.

"이런! 실례했습니다. 요코 씨였군요."

"괜찮아요. 오빠 손에 걸리면 뭐든지 도깨비로 변하니까요."

"그래도 뜻밖인데요."

"잘 오셨어요. 반가워요. 전 도서관에서 빌린 책을 반납하러 왔어요."

"저런. 일부러 나오시다니."

"요전에 강에서는 실례가 많았어요."

"저야말로 신세를 많이 졌지요."

"지옥에서 나가요. 벌써 반 시간이나 물고기 사진만 보고 있어요. 이렇게 지저분한 데도 없을 거예요."

요코가 영민을 재촉하자 이번에는 마키가 당황해 하며 말했다.

"자, 잠깐만 기다려. 나도 끼워 줘."

"이것 봐요. 잘난 척 떠들더니 금방 아쉬운 소리라니."

"그게 아니라 다 같이 안 군의 물고기 심리를 듣고 싶어서라고."

"아! 그랬지."

영민도 애초의 목적이 겨우 떠올라 발을 돌려서 요코와 함께 손을 더듬어 의자를 찾아 앉았다.

"조금 전 시마 교수님이 불러서 갔더니 그 일을 말씀하시더라고."

"그래? 그럼 확실히 결정된 건가?"

영민의 사정을 잘 아는 만큼 마키는 답답한 듯 조급해 했다.

"응, 다음 달부터 강의를 할 수 있게 준비하라고 하셨어."

"그거 잘됐군! 축하해."

"우와! 축하해요."

마키는 환등기 앞에서 일어나고 요코도 벌떡 일어서서 열광적으로 영민을 둘러싸고 자기들 일처럼 기뻐해 주었다.

"두 사람 덕분이야."

"노, 농담은. 자네 혼자 힘으로 얻은 거야."

"반대도 있었고 의견 충돌도 있었나 봐. 시마 교수님이 마지막까지 힘써 주신 것 같아."

"당연히 그렇게 되어야지. 교수들 중에는 버려야 할 편견을 가진 사람들이 있다는 것쯤 나도 대강은 알고 있었어. 하지만 모든 일은 옳게 돌아가기 마련이야. 그렇게 해야만 하고."

"이렇게 기쁠 데가."

눈물을 글썽이는 요코를 보자 영민도 잠시 콧등이 시큰했다. 시마 교수 앞에서 느꼈던 감정과 똑같은 감사의 마음이 오누이의 진심 어린 우정 앞에서 솟아올랐다.

3.

그날 밤이었다. 영민이 자신의 아파트에서 기다리고 있을 때 요코가 혼자 찾아왔다.

"오빠는 무슨 일 있어요?"

"갑자기 손님이 와서 오지 못해요. 모처럼 약속했는데 미안하다고 전해달래요."

"김새는걸."

"대신 제가 두 사람 몫으로 축하해 드리면 되죠."

요코의 말을 듣자 문득 깨달았다. 종잡을 수 없는 마키의 성격으로 볼 때 갑자기 찾아온 손님을 핑계 삼아 일부러 여동생만 혼자 보내지 않았을까. 그렇게 생각하니 요코와 단둘뿐이라면 차분하게 이야기할 수 있겠다는 기분도 들었다.

"낮에 있었던 얘기 말이에요, 오빠가 집에 가서 큰소리로 얼마나 자랑을 하던지. 어머니도 굉장히 기뻐하시고, 갑자기 온 집안이 들썩들썩했다니까요."

"그렇게 말씀하시니 제가 몸 둘 바를 모르겠습니다."

"조만간 천천히 축하하러 오시겠대요."

"고맙습니다."

"기쁘기는 한데 논문은 어떻게 하실 거죠? 월말까지는 두 주밖에 안 남았어요."

"노트 정리는 대강 마무리했고 타자기로 치기 시작은 했지만."

"그럼 어디 봐요."

요코는 책상 앞으로 다가가서 난장판 속에 놓인 타자기를 들여다보았다.

"잘 돼가요?"

"학교와 집 양쪽에서 하고는 있는데 손가락이 뻣뻣해서 영 속도가 나지 않는군요. 펜으로 써도 되는 걸 괜한 욕심인가 하는 생각도 들고."

"타자기 만져 봐도 돼요?"

그러면서 요코는 벌써 노트를 훑어보며 능숙하게 손가락을 움직여 논문의 다음 부분을 타닥타닥 쳐 내려갔다.

책장과 옷장, 침대와 의자밖에 없는 소박한 방 안에서 타자기는 영민이 소유한 유일한 사치품이었다. 그런 만큼 무엇과도 바꿀 수 없는 소중한 그 작은 기계가 요코의 손에 어루만져지는 광경을 보자 마치 자신의 피부가 가까이서 만져지는 듯한 기분이 들어 무어라 표현할 수 없는 친밀함을 느꼈다. 요코의 친절에 사로잡혀 한동안 그 모습에 시선을 빼앗겼다.

"손님으로 와서 일까지 하다니 좀 그렇군요."

영민은 미안한 생각이 들었다.

"아니에요. 재미있어요."

"이제 그만두고 시내에 나갑시다."

"오늘은 이렇게 노는 게 좋겠어요. 축하는 다음에 하고 그냥 아파트에 있어요, 네? 저도 그러려고 맨손으로 왔어요."

"마키 군도 없고 어색하니 나갑시다. 아시겠죠?"

"정말 괜찮다니까요."

완강히 거절하는 요코를 억지로 끌어낼 수도 없었다. 영민은 알코올 램프에 불을 붙이고 커피 주전자를 올렸다. 영민 역시 요코와 둘이서 자기 방에 있는 편이 훨씬 좋았지만 왠지 거북하기도 하고 이야깃거리도 별로 없었다.

타자기 소리가 기분 좋게 울리고 커피 물 끓는 소리가 향기롭게 어우러졌다. 떨어져 있는 작은 창가에 가만히 앉아 그 조화로운 소리에 귀를 기울이고 있던 영민은 갑자기 생각난 듯 중얼거렸다.

"참, 자작의 딸이 아파트에 왔었지."

문득 떠오른 공상이 아니었다. 공상처럼 갑자기 생각난 기억이었다.

"뭐예요? 옛날이야기예요?"

"실물이 나타났었어요. 민 자작 댁 부인이 딸을 데리고 이 집 현관까지 나를 찾아왔더라고요."

요코에게는 말해야겠다고 생각했던 터라 마침 기억난 김에 그간의 일들을 남김없이 이야기했다.

"중국철학을 전공하는 최 군이 주선해서 두 모녀가 자동차를 타고 학교에 왔어요. 같은 날 아파트까지 찾아왔고, 마지못해 불려나가서 드라이브를 하고 백화점을 돌고 밤에는 호텔에서 결국 차까지 마셨어요. 초면인 나를 아주 후하게 대접하더군요."

"책을 읽고 계실 거라고 생각했는데, 그게 정말이에요?"

요코는 타자기 치던 손을 멈추고 눈이 부신지 고개를 돌렸다.

"자작의 딸이라니. 멋진데요. 책에나 나오는 얘기인 줄 알았는데 그런 사람들이 정말로 여기에 왔었군요."

"멋지고 자시고 할 것도 없어요. 무조건적으로 호의를 보이기에 반나절 상대해 준 것뿐입니다."

"그 딸이라는 사람은 틀림없이 예뻤겠죠?"

"백장미처럼 밝고 환했어요. 하지만 그게 전부던데요. 전 아무 느낌이 없더라고요. 겸사겸사 말해 두지만 오해를 사려고 이야기한 게 아닙니다. 잘 아시겠죠?"

"오해 같은 걸 왜 해요?"

"그럼 안심!"

영민은 그답지 않게 새새거리며 커피 주전자를 들고 책상 옆으로 다가갔다.

4.

2, 3일 뒤 마키와 친구들의 주선으로 영민의 강사 취임을 축하하는 조촐한 축하연이 열렸다. 아주 가까운 지인들만 모인 축하연이었다. 양식당 야치요(八千代)의 대기실에 손님 십수 명이 모였다. 영민에게는 참으로 흐뭇한 모임이었다.

마키 남매와 하나이를 비롯하여 학교에서는 시마 교수 외에도 영문학과 교수와 학생 네다섯 명, 거기에 조교들과 도서관에서 알게 된 사람들 두세 명이 참석했다. 그 소소한 모임은 어떤 성대한 회합보다도 훨씬 즐거웠다.

식당의 칸막이로 나뉜 특별석에서 새하얀 식탁을 사이에 두고 양쪽으로 나란히 앉아 있어 엄숙한 분위기를 자아냈다. 식사를 시작하기 전에 시마 교수가 격려사를 했다. 이어서 마키와 동창 들의 의례적이 아닌 진심 어린 축사가 다 끝날 때까지 영민은 긴장을 늦추지 못해 무릎이 조금 떨렸다. 답사할 차례가 오자 배에 힘을 꽉 주고 일어섰다. 한 마디 한 마디 띄엄띄엄 씹듯이 말할 때는 온몸에 나무를 박은 것처럼 뻣뻣했고 감격에 겨워 경직되고 말았다. 요리가 나오고 허심탄회한 이야기들이 오고갈 때서야 뭉쳤던 온몸의 근육이 겨우 풀리는 듯했다. 그때 뜻하지 않았던 손님의 모습을 보고 영민뿐만 아니라 참석자 일동은 저도 모르게 눈이 휘둥그레졌다.

칸막이 뒤에서 조심스럽게 나타난 사람은 요코의 어머니 히사코였다. 시간에 늦은 것을 사과하며 말석에 외따로 앉았다. 생각지도 못한 귀한 손님의 모습은 다시 한 번 영민을 감격시키기에 충분했다.

연회가 끝나고 모든 손님이 식당을 나갈 때 영민은 누구보다도 먼저 요코의 어머니 앞으로 다가가 감사 인사를 했다.

"별말씀을요. 선생님들이나 여러분들 계신 자리에 저 같은 사람이 끼면 오히려 실례인 줄은 압니다. 하지만 요코가 권하기도 해서 염치 불구하고 끼어 앉았어요."

"무엇보다도 영광입니다. 오늘 제일 감사드리고 싶은 분이세요. 되레 저희 집에서는 아무도 오지 않았는데 어머니께서 이렇게 와 주시니 마치 저희 가족을 대표해서 대신 오신 것 같습니다."

"그렇게까지 생각해 주니 송구스러워요. 댁이 멀어서 가족들이 오시기는 힘들겠죠."

"마키 군, 요코 씨. 고마워요. 오늘의 기쁨은 모두 두 사람 덕택입니다."

시마 교수 일행을 전송하고 나자 마키 가족과 영민만 남았다. 식당을 나와 전차가 다니는 길까지 걸었을 때였다.

"이만 실례할게요."

히사코가 걸음을 멈추며 인사했다.

"가장 늦게 오셨으니 좀 더 같이 계셔 주세요"

영민이 붙잡았지만 듣지 않았다.

"늙은이는 성가시기만 하지요. 젊은 사람들끼리 편하게 놀아요."

말이 끝나기 무섭게 영민에게 깊이 허리를 숙여 인사를 했다.

마키 역시 히사코를 뒤따라가고 영민과 요코만 남겨진 꼴이었다.

"이렇게 두고 가 버리다니. 두고 보자!"

두 사람은 선로를 건너서 조용한 곳을 찾아 천천히 하세가와 초(長谷川町)[7] 쪽으로 발길을 옮겼다. 물들어 가는 플라타너스 가로수가 아름다웠다. 낙엽은 밟기조차 아까울 정도였다.

말을 맞춘 듯 덕수궁 안으로 향했다. 수목이 우거진 궐 안의 풍경은 한층 신선해서 한동안 못 본 사이에 여름과는 전혀 다른 정취를 띠고 있었다. 잔디와 풀숲은 무언가 새집의 살림살이처럼 새로워 보였고 수풀 여기저기 진홍으로 물든 단풍의 경치는 무지개처럼 마음을 설레게 했다. 어느 잎사귀든 그 나뭇잎 한 장에서 다가오는 계절의 숨소리가 또렷이 읽혀졌다.

"요코 씨. 정말 여러모로 고마워요."

"미력하지만 밝은 미래를 기원할게요."

연못 옆을 지나서 후원으로 들어가 벤치에 앉았을 때였다. 아무도 없는 정적 가운데 맞은편 등나무 덩굴의 그늘 속에서 돌연 인기척을 느낀 요코와 영민은 흠칫 놀랐다. 어느 사이엔가 두 사람보다 먼저 들어와 있던 사람은 하나이였다.

"왜? 놀랐나?"

어딘지 모르게 자포자기한 듯한 걸음걸이로 다가왔다.

---

7 현재의 서울특별시 중구 소공동.

"일부러 놀라게 한 것 같아 미안하군. 사실 나도 산책하러 나왔을 뿐이야."

제4회 정열

1.

타자기와 씨름하느라 영민에게는 정신없이 바쁜 나날이었지만 더러는 머리를 식히러 훌쩍 도서관에 나타나기도 했다. 영문 신간서나 잡지를 뒤적이는 것이 낙이었다. 도서관 직원의 호의로 특별히 서고 출입이 자유로웠던 덕에 수십만 권의 책과 문서가 빼곡히 들어찬 어스름 속에서 종이나 활자, 곰팡이 냄새를 맡고 있으면 신기하게도 머릿속의 피로가 가셨다. 서가 이쪽저쪽으로 사다리를 옮겨 가고 오르락내리락하며 묻혀 있던 진기한 책을 발견하는 일은 그것만으로도 아이처럼 순수한 감격을 불러일으켰다.

서가의 마지막 줄에서 런던의 서점으로부터 최근에 도착한 문예잡지 과월호를 뒤적일 때였다. 프랑스어를 전공하는 강사 아오키(青木)가 등 뒤에서 같은 책장을 돌아 나왔다. 수업을 마치고 돌아가는 길에 들렀는지 옆구리에는 교과서를 끼고 있었다.

"오랜만입니다. 선생 평판은 들었습니다."

초장부터 평판은 무슨 평판인가 하고 영민의 표정이 굳었지만 척하며 물었다.

"신간 서적을 찾고 계십니까?"

"네. 신간 코너에 보들레르의 책이 도착했다기에."

"프랑스어라면 이 책장 맞은편에 있습니다."

"그랬던가?"

아오키 강사는 책장 뒤로 돌아가서 영민과 마주 보고 섰다. 진열된 책 사이로 상대방의 상반신 일부가 보이다 말다 했다.

"하나이가 그러더군요. '요코 씨도 보기와 달리 야무진 사람이라서 사람을 잘못 고르지는 않았어. 나도 그렇게 생각하니까'라고요."

"그게 무슨 뜻입니까?"

"실은 저도 다 압니다."

책 사이로 슬쩍 미소를 보이는 강사의 태도가 영 불쾌했다. 어딘지 기생오라비 같은 꼬락서니가 영민은 처음부터 마음에 들지 않았다.

"하나이 군이 딱해서 문제지만."

영민은 그 말을 듣자 화가 치밀었다. 다행히도 둘 사이에는 책장이 가로막고 있었다.

"요코 씨 얘기라면 아직 정해진 건 아무것도 없습니다."

"정해진 거나 마찬가지지요. 벌써 그 정도 사이면."

"내가 왜 당신한테 이런 쓸데없는 얘기를 들어야 하죠?"

"말하자니 하나이 군에게 미안하지만, 실은 나한테 하나이 군이 전부 털어놓더군요. 울고불고하며 이야기합디다."

"울고불고했다고요? 울면서 하소연하고 동정을 구했군요."

'울고불고'라는 말이 왜 그리 낯간지러운지. 영민은 불쾌하기는

커녕 오히려 웃음이 터질 지경이었다. 그러면서 가슴에서 무언가가 울컥 치밀어 올랐다. 하나이가 비겁하다거나 아니라거나 하는 비판보다 더욱 절실한 무엇이었다.

"어쨌든 하나이 군에게 전하세요. 정해진 건 아무것도 없으니까 다른 사람한테까지 울며불며 하소연하지 말라고."

영민은 그런 상황에서 아오키 같은 인간과 더 이상 상대할 수 없었다. 책은 대충 놔두고 서고를 뛰쳐나왔다.

2.

머리를 식히려다 오히려 기분만 망치고 연구실로 돌아오니 자신의 의자에 하나이가 앉아 있는 게 아닌가.

"웬일이야?"

"주인도 없는데 마음대로 들어와서 미안해. 기다리고 있었어."

"뭔데? 할 말 있으면 어서 해."

"알았어. 거 되게 서두네. 화났나? 화내고 싶은 사람은 나야."

"그럼 어디 화내 보게. 뭐 때문에 화가 난다는 거야?"

"지난번 덕수궁에서 그 행동은 뭔가? 난 일부러 뒤를 밟은 게 아니었다고. 그렇게 비아냥거릴 것까진 없었잖아?"

"무슨 말이야? 자네야말로 있는 대로 빈정대고 트집까지 잡았으면서."

"뭐 아무래도 좋아. 하루라도 빨리 파투 났다는 소리나 들렸으면 좋겠군. 대체 자네는 요코 씨를 얼마나 좋아하나?"

"뭐야? 그런 무례한 말이 어디 있어? 지금 싸우자는 건가?"

영민은 노기를 띠었지만 금세 감정을 억누르고는 되레 쓴웃음을 지으며 이야기했다.

"그렇군. 그것이 자네를 아오키한테까지 가서 울며 하소연하게 만든 동기였나? 하지만 요코 씨는 자네도 알고 지내는 사이잖아. 특별히 내 개인적인 감정을 자네한테까지 고백할 의무는 없다고 생각하는데."

"의무라고 하지는 않았어. 그저 내가 신경 쓰이는 건 자네가 정말로 요코 씨를 행복하게 해줄 만한 능력을 가졌는지 그것뿐이야. 그걸 묻고 싶었어."

"능력이라니, 무슨 능력?"

"자네와 요코 씨는 서로 차원이 다른 사람들이야. 사는 방식도 환경도 모든 게 달라. 그런 차이에도 불구하고 끝까지 순조로울지, 그게 마음에 걸려."

"그걸 왜 자네가 신경 쓰나? 남의 일이야. 잠자코 있는 게 어때? 정작 자네가 이야기하고 싶은 상대는 내가 아니라 요코 아닌가? 지금 오기로 했으니 실컷 떠들어 보라고."

"아니, 잠자코 있어선 안 되지. 자네 요즘 아주 거만해졌어. 눈앞에 놓인 지위를 이용해서 방약무인(傍若無人)하고 있다고. 자네 같은 무뢰한의 유혹에서 요코 씨를 반드시 지켜내겠어."

"무, 무뢰한이라니. 자네야말로 무뢰한이야. 유혹은 또 뭔가? 우스갯소리도 정도가 있어!"

얼굴이 화끈거리고 손이 근질거려 영민은 더 이상 참을 수 없었다. 무의식적으로 의자를 밀치고 달려들려다가 책상 모서리에서 비틀했다.

"잠깐만요!"

그 순간 칸막이 뒤에서 뜻밖에도 요코가 나타나 두 사람 사이를 가로막았다. 요코가 아니었더라면 원시적인 추태는 피하기 어려웠을지도 모른다.

"하나이 씨, 당신 정말 비겁하군요. 칸막이 뒤에서 다 들었어요. 그런 분인 줄 몰랐어요. 무슨 근거로 남의 개인적인 감정까지 간섭하죠? 누가 당신보고 지켜 달래요? 말씀도 좀 삼가시죠."

면전에서 화를 내자 하나이도 아니나 다를까 움찔하며 아무 말도 하지 못했다.

"영민 씨, 미안해요. 저 때문에 이런 일이 벌어졌어요."

"아닙니다. 우린 차원이 다르긴 하지요. 양식도 환경도 모든 게 달라요. 걱정하는 게 당연하죠."

"그런 쓸데없는 간섭은 그냥 흘려들어요. 당신이 그러면 제가 속상하잖아요."

다시 생각해도 하나이가 원망스럽다는 듯이 요코는 눈을 흘기며 발을 동동 굴렀다.

"좀 창피한 줄 아세요. 아오키가 누구죠? 그런 사람이랑 한통속이 되어서는 도대체 어쩔 셈이었죠? 우리가 뭘 하든, 어떻게 되든 쓸데없는 참견이에요. 당신은 야만인이에요."

3.

요코는 그날 하루 종일 영민의 곁을 떠나지 않았다.

좀 더 이야기해야 했다. 이대로는 큰일이라도 날 것 같은 예감이 들어서 도무지 엄두가 나지 않았다.

시내로 나가서 식사를 하고 차를 마실 때까지 줄곧 같이 있었지만 그게 전부일 뿐 이상하게도 대화는 활기를 띠지 못했다. 영민도 낮에 하나이와 싸워서인지 사람이 변한 것처럼 입을 꾹 다문 채 말이 없었다.

"너무 슬퍼요. 나중엔 지금보다 더 슬퍼질 것 같아요."

찻잔에서 피어오르는 김을 바라보는 요코의 긴 속눈썹 밑으로 그림자가 드리워졌다.

"아니 왜요?"

"주위에서 그렇게 만들잖아요. 그런 악의가 사방에 도사리고 있잖아요."

"그런 건 용감하게 떨쳐 버립시다. 모른 척하고 앞으로 나아가야죠."

"지금 살고 있는 공간이 외딴섬이 아닌 이상, 그리고 우리 둘만 있는 게 아닌 이상 어떻게 그럴 수 있죠?"

두 사람은 아직 한 번도 서로 사랑을 고백한 적이 없다. 하지만 오늘 두 사람은 그런 과정 따위는 아득한 옛날에 이미 다 거쳐 온 듯한 어엿한 연인 사이였다. 연인 말고는 그 무엇도 아니었다. 하나이를 비롯한 주변 사람들이 영민과 요코에게 슬픔을 주기도 하고 사랑을 부추기기도 했다. 슬픔이 사랑을 앞당겼다. 이런 예상 밖의 결과는 사실 하나이가 가져다 준 것이다. 그리고 지금 둘은 슬픔을 겪으며 좀 더 빨리 사랑하는 관계로 발전한 연인으로서 차분하게 대화하고 있다.

"실은 요코 씨를 행복하게 할 수 있을지 심각하게 고민하기 시작했습니다. 하나이에게 그런 말을 들었을 때는 그저 화만 났는데 종일 생각해 보니 이게 결코 사소한 문제가 아니더군요."

"한 사람이 흥분해서 지껄인 말이에요. 왜 그렇게 신경 쓰세요?"

"말은 하나이의 입을 통해 나왔지만 양식이나 환경이라는 문제는 일반적인 문제로 보고 심사숙고해야 합니다."

"일반적인 문제라면 거기에 지지 말고 적극적으로 이겨내야죠?"

"이겨내면 좋겠지만 당신의 행복이 짓밟힌다면 그게 다 무슨 소용이겠습니까."

"다 부질없어요. 행복, 행복 따위. 그런 시시한 마술에 걸려서 더 중요한 걸 놓친다고요. 주위를 둘러싼 언어의 덫에 맥없이 걸려들지 마세요."

"중요한 것이란 게 뭡니까?"

"강한 것이라고 해도 되겠죠."

"정열이군요?"

영민은 반문하며 조용히 찻잔을 입에 갖다 댔다. 차갑게 식은 커피는 쓰디썼다.

요코는 애가 타는 듯 각설탕을 여러 개 찻잔에 던져 넣고 될 대로 되라는 심정으로 티스푼을 저으며 진열창을 바라보았다.

창밖은 바로 좁은 길이어서 사람들의 빈번한 왕래가 코앞에서 보였다. 남자, 여자, 남자, 여자. 무수한 사람들이 무표정한 얼굴로 길거리를 바쁘게 지나간다. 저 담담한 얼굴 속에 다들 무언가 숨기고 있겠지 — 공연한 생각을 하며 낯모르는 무수한 얼굴을 멍청히 바라보고 있으려니 요코는 가슴속에서 깊은 슬픔이 느껴졌다.

"정열이라." 영민은 한 마디 중얼거리고는 다시 입을 다물었다.

'정열이 솟을 만한 겨를이 없었다. 모든 일이 너무도 갑자기 찾아왔다. 사랑에 대해 고민하려 할 때 하나이가 반성을 요구하며 덤벼들었다.'

그가 가장 하고 싶었던 말이었으리라.

"그래요. 정열이에요."

요코가 눈을 반짝이며 영민에게 대답하듯 말했다. 그 말 속에 '사귄 시간은 짧지만 나는 그 정열을 갖고 있어요. 그래요. 이 가슴속에 분명히 갖고 있답니다.'라는 의미가 들어있었던 것일까. 들척지근한 커피를 단숨에 마셔 버리고 찻잔을 내려놓으며 요코는 물었다.

"영민 씨는 왜 그렇게 생각이 많죠? 어째서 갈피를 못 잡는 거냐고요!"

누가 봐도 불만을 토로하는 소리로 들려서 영민은 괴로웠다.

"갑자기 큰 문제에 부딪힌 탓일까요. 애들 장난처럼 무모하게 굴면 안 될 것 같고. 모든 일에 화가 납니다. 세상이나 사람들에게 마구 화내고 싶은 심정입니다. 하나이에게도. 당신에게조차……."

4.

요코가 정열을 가졌다면 영민도 똑같이 그녀만큼의 정열을 갖고 있었다. 그랬기에 번민도 컸다.

그날 밤은 고민에 빠져 뜬눈으로 밤을 새웠다.

일도 손에 잡히지 않는 날들이 이삼일씩 계속되던 터라서 큰맘 먹고 요코의 집을 찾아갔다. 둘만 있는 편이 좋을 듯해서 마키가 아직 귀가하기 전의 시간을 엿보았다. 어머니 히사코가 안에서 설거지를 하고 있었고 집 안은 조용했다.

차를 끓여 내온 다음 요코는 뜨개질을 계속했다. 바닥에 뒹구는 진갈색 털실 뭉치를 보자 영민은 짙은 계절감을 느꼈다. 요코의 조용한 손놀림을 바라보노라니 찾아온 목적까지 흐려지는 듯했다.

"조끼를 뜨고 있는데 이 색 마음에 드세요?"

"고마워요. 그리고 걱정 끼쳐서 미안해요."

"책을 읽어도 머리에 들어오지 않기에 소일거리로 시작했어요. 이러고 있으면 그나마 마음이 차분해져요."

마음 탓인지 가꾸지 않은 얼굴이 조금은 핼쑥했고 가녀린 손은 정맥이 파랗게 비칠 정도였다.

불현듯 전설 속의 여인 페넬로페[8]의 모습이 떠올랐다. 쓸쓸한 요코의 모습이 오늘따라 유독 아름답다고 생각했다. 그런 만큼 그날 자신의 역할이 괴롭게 느껴졌다.

8 그리스 신화에 등장하는 영웅 오디세우스의 아내.

"내가 마구 화내고 싶다고 했죠? 요즘 더욱더 그런 기분이 듭니다."

"화내면서 닥치는 대로 부수려고요?"

"다 때려 부수고 다시 시작할 겁니다."

"부순 만큼 무익하지 않나요?"

요코가 이해하는 것과 영민이 의도하는 뜻이 어긋나는 듯했다. 그는 어떻게 해야 좀 더 이해하기 쉽게 의미를 전달할 수 있을까 하는 생각에 조바심이 났다.

"이게 마지막 방문이에요. 당분간 마음을 추슬러 볼 생각입니다."

"마지막이라니 무슨 뜻이죠?"

요코는 애써 침착하려 했지만 마음과는 반대로 목소리가 높아졌다.

"하나이 일당이 앞으로 어떤 수작을 부릴지 지켜보면서 조용히 대책을 세워 보려고요."

"그것 때문에 마지막이라는 말을 하는 거예요?"

"잠시 그러는 편이 현명하지 않을까요?"

"현명! 그래요. 그러는 게 현명하겠어요."

"화만 낸다고 해결될 일이 아니잖아요. 좀 더 차분히 생각해 봅시다."

"현명이니 반성이니, 당신에게는 가장 중요한 말이죠. 신사나 냉철한 지식인의 말이니까요. 미안하게 됐군요."

"무턱대고 달려들 일이 아니잖아요?"

"아무렴요. 현명이 제일이죠."

"아직도 흥분하고 있군요. 좀 더 침착하게 생각해 봐요. 어떤 상황이건 분명히 최상의 방법이 있을 테고 그걸 찾아내는 게 현대인의 예지(叡智) 아닐까요?"

"그래요. 일부러 져 주는 게 현대인의 예지라는 얘기군요. 사려와 예지라, 어쩜 그렇게 멋진 표현이 다 있죠?"

"왜 그렇게 몰라주는 겁니까? 이만큼 애를 쓰는데."

"알고도 남을 만큼 다 알거든요. 당신 마음이 어떤지 분명히 안다고요."

"아, 답답해 죽겠네. 이기죽거릴 사람은 오히려 나라고요!"

"그럼 그러시든지. 제발 그러세요."

요코는 들고 있던 뜨개질거리를 내던지고는 벌떡 일어서서 발작적으로 창가로 다가갔다. 되돌아와 책상 위에 엎드렸고 어깨가 가볍게 떨리고 있었다.

"요코 씨."

영민은 불러 놓고도 어찌할 바를 몰라서 몸부림치고 싶을 정도였다.

"요코 씨."

"됐어요. 이제 괜찮아요. 전부 이해해요."

고개를 든 요코의 얼굴은 젖어 있었다. 흐트러진 머리칼과 눈물로 얼룩진 뺨이 앳돼 보여 아름다웠지만 목소리만은 단호하고 호기로웠다.

"미안하지만 기탄없이 말씀드리죠. 당신에게는 달리 좀 더 소중한 게 있어요. 저 같은 것보다 훨씬 더 중요한 뭔가가 말이죠."

"무슨 뜻입니까?"

"제 말이 맞을걸요. 눈앞에 걸려 있는 그 중요한 사냥감 때문에 저 같은 건 아무래도 좋은 거예요. 지금 제 말이 사려이고 예지 아니겠어요?"

"오, 오해를 해도 정도가 있습니다!"

요코가 취임이 예정된 지위에 대해 언급했을 때는 영민은 화가 치밀어 온몸을 떨었다.

"오해 정도가 아니라 모, 모욕적이군요. 그런 식이라면 더 이상 할 말이 없습니다. 저는 이만 가 보겠습니다. 어머니께는 잘 말씀드려 주세요."

5.

아파트에 돌아와서도 머리가 아프고 몸서리가 쳐져 잠시도 가만히 있기가 힘들었다.

책장에서 포도주 병을 찾아내어 커다란 유리잔에 따라 마셔 보았다. 괴로움과 시간을 말살할 수 있는 좀 더 강력한 마약은 없을까 하는 마음에 다시 한 번 훌쩍 거리로 나갔다. 방해할 사람이 없는 곳에 가서 독한 술을 마구 들이켜고 돌아왔다. 비틀거리며 침대에 쓰러지는 순간 책상 위에 있는 속달 편지가 눈에 띄었다. 떨리는 손끝으로 끌어당기자 요코의 흐트러진 필적이 여러 개로 겹쳐 보였다.

아까 했던 말은 엄청난 실례였는지도 모르겠습니다. 하지만 저는 그런 마음이 들지 않아요. 만일 정말로 그것이 오해라면 얼마나 행복할까요. 지금 눈앞이 캄캄합니다. 제 괴로움이 이렇게 크다는 것을 저도 처음으로 깨닫고 몹시 놀랐습니다. 이렇게 괴로울 바에는 차라리 눈앞의 어둠 속으로 가라앉고 싶은 심정입니다. 제 힘으로는 기껏해야 그뿐입니다. 요코.

무슨 심산으로 보낸 편지일까. 기쁘기는커녕 도리어 괴로움만 더하는 우울한 편지였다. 영민은 일어나서 책상에 기대어 답장을 썼다.

요코 씨한테서까지 오해를 받다니요. 나는 더 이상 아무런 할 말이 없습니다. 예지라고 한 말이 옳지 않았다면 어설픈 유럽식 교양 탓으로 돌려 주세요. 어쨌든 조만간에 서로 모든 것을 분명히 이해할 날이 오겠죠. 저도 이제 몹시 지쳤습니다. 영민.

초저녁이었기에 아파트 사무실 사환에게 속달 편지를 부탁하고 돌아와 옷을 입은 채로 침대 위에 쓰러졌다.

다음 날 아침 요란하게 울려대는 전화벨 소리에 잠을 깼다. 사무실로 뛰어가 수화기를 들자 마키의 목소리였다.

"나야. 어젯밤 요코 녀석이 사고를 쳤어."

"뭐, 뭐라고?"

"약을 많이 먹었나 봐. 지금 근처 병원에 입원했어. 아직 인사불성이야."

"무, 무, 무슨 말이야?"

영민의 입술이 파르르 떨렸다.

제5회 백과 흑

1.

영민은 그 길로 언덕 위의 병원을 향해 달려갔다.

오전의 작은 병실은 냉랭하게 느껴질 정도로 하얬다.

침대 위의 새하얀 시트를 덮고 있는 요코는 아직 혼수상태였고 한쪽 의자에 앉은 히사코와 마키 모자가 걱정스러운 얼굴로 침묵을 지키고 있었다. 크게 놀란 두 사람에게 영민도 더 이상은 놀라운 손님이 아닌지 모자는 무표정한 얼굴로 맞이했다.

"어쩌다 이런 경솔한 짓을 저지른 겁니까?"

침대로 다가갔으나 무의식 속에서 고투하고 있을 요코에게 말이 통할 리 없었다.

"우리도 뭐가 뭔지 영문을 모르겠어요. 이 어미한테까지 어떤 말 한마디도 안 했거든요."

"새벽 세 시쯤이었어. 이상한 신음 소리가 들리기에 일어났는데 옆방에서 벌써 약을 먹었더라고. 늦은 시간까지 놀면서도 그런 낌새는 전혀 비치지 않았거든. 모두가 잘 때까지 기다렸겠지."

마키는 잠을 설쳐서 핏발 선 눈을 껌벅이지도 않고 이야기했다.

"베갯머리에는 자네가 보낸 속달하고 앨범 사진들이 흩어져 있더군. 우리도 그 속달을 보고서야 사정을 알아차렸어. 본인은 일언반구도 하지 않았거든. 지금도 왜 그랬는지 모르겠어."

영민에게는 질책으로밖에 들리지 않았다. 특히 히사코 앞에서는 몸이 움츠러드는 듯했다.

"나도 뜻밖이야. 이런 일이 생길 줄은 꿈에도 몰랐어. 말다툼도 하지 않았거든. 자네 집에서 돌아온 뒤로 나도 답답해서 술에 취해 돌아다녔어. 집에 가 보니 요코한테서 속달이 왔더군. 다시 답장을 하고나서 깜박 잠들었는데. 정말 괴로운 하룻밤이었어. 사환이 깨우기에 일어나서 자네 전화를 받은 거야."

영민의 이야기를 듣자 마키는 미안한 마음이 들었다.

"요코는 평소엔 침착한데 간혹 흥분하는 기질이 있어. 지난번 하나이와의 일을 들었을 때도 이거 귀찮아지겠구나 하고 생각은 했지. 하지만 그것도 하나의 시련이겠거니 여기고 너그럽게 동생을 격려했건만. 자네와도 한번 의논해야겠다는 생각은 하고 있었는데 흘러가는 대로 지켜보면서 아무 말 안 했던 거야. 그게 예상 밖의 심각한 결과를 초래하고 말았군."

"하나이가 한 말 때문에 내가 자책하니까 요코가 그걸 오해했어. 생각이 조금 다를 뿐이었는데."

"아이가 올곧아서 그래요. 자기가 옳다고 확신한 일은 한번도 굽힌 적이 없었거든요."

사랑하는 피붙이를 감싸려는 어머니의 자애로움이 영민의 가슴에 큰 울림을 주었다.

마키가 어머니의 말을 받아 이야기했다.

"하나이가 했던 말은 아무리 생각해도 분해서 못 견디겠어. 맞붙어 싸우다 졌으면 당당하게 물러서야지. 몰래 잔꾀를 부리다니 비겁하기 짝이 없어. 원래 그런 녀석이 아니었는데…… 나도 잘 모르겠어."

회진을 온 의사가 간호사를 데리고 들어왔다.

"어떻습니까? 아직 정신이 들지 않았나요?"

히사코는 달려가서 시트를 젖히며 되레 자신이 더 궁금하다는 듯 물었다.

"선생님, 정신이 들기는 할까요?"

한 차례 환자의 안색을 살피고 맥을 짚은 뒤 한 번 더 해독 주사를 놓았다.

"아무튼 약을 너무 많이 드셨나 봅니다. 대개는 지금쯤이면 눈을 뜰 때가 됐는데 말입니다."

"가, 가망이 없다는 말씀인가요?"

"조금 더 기다려 보죠."

"생명에만 지장이 없으면 좋겠는데요."

"걱정하실 필요 없습니다. 대부분 괜찮습니다."

젊은 의사는 마키를 돌아보며 말했다.

"언젠가 한번 같은 일로 들어오신 분이 계셨어요. 반나절 만에 간신히 의식을 회복했지요. 왜 그런지 봄과 가을에 이런 일들이 가장 많다고 합니다."

사건의 동기에 대해서 떠보려는 듯한 말투였다. 간호사도 맞장구를 치며 가볍게 미소를 지었다.

의사는 도구를 챙겨서 나가는 길에 영민도 슬쩍 쳐다보았다. 물론 마키와 어머니는 영민을 상대할 마음의 여유가 없었지만 의사의 그런 여유 있는 태도가 요코의 상태에 대해 안심시켜 주었다. 그것이 무엇보다도 세 사람의 근심을 덜어 주었다.

2.

의사가 나간 뒤였다.

"잠깐만."

마키가 영민에게 귓속말을 했다. 두 사람은 병실을 나왔다.

병원 구내를 벗어나자 길게 뻗은 벚나무 가로수 길이 나왔다. 투명한 단풍은 아침 공기 속에서 시리도록 선명했고 나무 사이로 언뜻언뜻 내려다보이는 거리 풍경도 산뜻했다.

마키는 어딘지 모르게 초조해 보였는데 발걸음은 침착하고 태연했다.

"운 좋게 목숨을 건졌으니 불행 중 다행이지만 한밤중에 소동도 그런 소동이 없었지 뭐냐. 그 바람에 한숨도 못 잤더니 온몸이 천근만근이야."

"안됐군그래."

나란히 걸으면서도 영민은 한 발짝 뒤처졌는데 마음의 짐을 주체하기가 힘들었던 것이다.

"부끄러워서 얼굴도 못 들겠어."

"자네가 아무리 사과해도 내 마음은 오히려 더 괴로워."

"내 탓만 같아서 못 견디겠어."

"피차일반이야."

"내가 한심하게 느껴져. 왜 좀 더 신뢰할 수 있는 인간으로 보이지 않았을까 하는 생각도 들고."

"신뢰하지 않은 쪽이 잘못이야. 분명히."

산꼭대기에서 아침 해가 비추자 거리는 갑자기 하얗게 빛나기 시작하고 단풍은 다시 피어난 듯 해맑았다. 두 사람은 눈이 부셔 태양을 마주 보지 못한 채 해를 등지고 쏟아지는 햇살을 받으며 걸었다. 영민과 마키 주변에 일어난 문제들과는 아무 상관없다는 듯 가을 해는 오늘 하루도 아름답게 빛날 터였다.

"저기, 안 군. 부탁이 있어."

마키는 얼굴도 들지 않고 발에 밟히는 낙엽만 쳐다보았다.

"새삼 이러는 게 이상하겠지만."

"괜찮아. 뭔데?"

마키는 발에 걸리는 자갈을 주워 우듬지를 향해 던져 보았다. 나뭇잎이 팔랑이며 앞길에 떨어졌다.

"요코와 결혼해 주지 않겠나?"

잎사귀가 떨어진 뒤에는 기다렸다는 듯이 다시 조용해졌고, 고요함 속에 발자국 소리만 났다.

"……."

마키는 침묵을 깨고 싶은 마음에 이번에는 발끝으로 낙엽을 있는 힘껏 걷어찼다. 울긋불긋한 낙엽이 세차게 펄럭이며 날아올랐다가 우수수 떨어졌다.

"내가 이런 말 하는 게 이상하지만. 요코는 자네를 죽도록 사랑하고 있어."

"알고 있어."

"이런 경우 반드시 주위의 편견이 따라붙기 마련이야. 그런 건 아무래도 상관없어. 일일이 거론할 가치도 없지. 당사자들의 마음이 중요해. 그걸 밀어붙이기만 하면 된다고 생각하네."

"그 정도는 알아. 요코는 정열이라는 말을 성급하다는 뜻으로 해석한 모양이야. 나는 그럴 의도가 전혀 아니었어."

"맞아. 이번 일은 너무 서두른 감이 있어."

"나도 특별히 감정에 치우쳐서 갈팡질팡한 건 아니야. 물론 결혼도 생각하고 있었어. 다만 장애물이 사라질 때까지 잠시 자중하려 했을 뿐이야."

"결혼해 준다는 말이지? 고마워."

"요코 씨가 일어나면 좀 더 새로운 감정으로 목적을 이룰 수 있을 것 같아. 이번 일은 오히려 힘을 실어 준 결과가 됐어. 이젠 앞만 보고 달려야지."

"고맙다."

가로수 길이 끝나는 곳에서 발길을 돌려 거꾸로 거슬러 올라가는 두 사람에게 이번에는 아침 해가 정면에서 비추고 있었다. 이제는 눈이 부셔도 끄떡하지 않은 채 둘의 얼굴은 환하게 빛났다.

"내 이런 애매한 역할을 비웃지는 말아 줘. 너무 앞서가는 게 아닐까 하고 고민도 했지만 딱 하나 있는 오빠가 여동생을 위해서 하는 일이니 말이야. 측은하게도 작은 진심을 내보이는데 그냥 두고 보지는 못하겠더군."

저편 위 나무 사이로 하얀 병원 건물이 산뜻하게 내비치는데 그 또한 아침 햇살을 받아 밝게 빛났다.

3.

그 후 몇 시간이 지나고 정오 조금 전쯤 요코는 겨우 의식을 되찾았다.

눈을 뜨고 병실을 둘러보다가 영민의 모습을 발견하자 요코의 표정이 부끄러운 듯, 안도한 듯 차분하게 바뀌었다.

"쓸데없는 짓을 하는 바람에 다들 얼마나 걱정했는지 모르지?"

히사코와 마키가 급히 달려와 동생을 들여다보고 말했다.

"이제 안심해. 안 군한테서도 약속을 받았어. 두 번 다시 이런 못난 짓 하면 안 된다."

그러자 요코는 벽 쪽으로 얼굴을 돌렸다. 눈물이 흘러넘쳐 귀를 적셨지만 물론 아무에게도 보이지 않았다.

요코의 상태가 나아졌음을 확인하고 영민은 병실을 나왔다. 문병객들이 몰릴 게 예상되었고 그들을 일일이 만나려니 내키지 않았다.

학교를 쉬고 아파트에 가만히 있기도 무료해서 오랜만에 거리를 배회하며 하루를 보내기로 했다. 수시로 마키에게 전화를 걸어 요코의 상태에 변화가 있는지도 확인했다. 막연하게 흘려보내는 하루는 태평하기만 했다. 식사를 하거나 책방에 들르거나 차를 마시거나 하면서 아무도 만나지 않고 빈둥거리는 하루가 의외로 길게 느껴졌다.

영민은 제임스 조이스의 소설 『율리시스』에 나오는 방대한 하루의 기록을 떠올려 보았다. 그 작품에서는 심리와 의식을 좇느라 기나긴 하루였는데 영민의 길었던 하루도 심리 탓이라고 한다면 그렇기도 했다.

영민은 요코에 대한 생각으로 가득했다. 예전과는 또 다른 감각으로 그녀의 모든 자태와 말들이 떠올랐다. 그것은 이를테면 음악처럼 잘 조화된 하나의 실체로서 그의 마음을 사로잡았다. '새로워진 애정'이란 말을 생각해 보았다. 완전히 새로워진 애정을 느끼지 않고서는 이제 요코를 생각할 수 없었다. 갑자기 다시 태어난 듯한 신선함으로 생생하게 다가와서는 새로운 애정을 불러일으켰다. 신기한 기분마저 들었다. 애정과 동경과 상상과 상념으로 방랑했던 하루는 길기만 했다. 날이 저물어 아파트에 돌아왔을 때는 정신적 피로로 녹초가 돼 있었다.

방으로 올라가기 전에 잠깐 쉬려고 응접실 소파에 누우려고 할 때였다. 테이블 위에서 금방 배달된 그날의 석간을 집어 들고 페이지를 넘기려던 순간, 영민은 자기도 모르게 벌떡 일어나 큰 활자를 눈앞으로 끌어당겼다. 애정을 고민했던 하루의 방랑에 이어 또 하나의 예상치 못한 놀라움과 치욕을 맛보아야 했다. 신문 보도가 신의 조화인지 요코의 사건이 검은 활자로 대문짝만하게 보도되어 있지 않은가. 초호활자(初號活字)[9]로 쓰인 표제는 물론이거니와 불가사의한 것은 요코와 자신의 사진이었다. 어떻게 그런 사진까지 입수했을까. 신의 조화인가, 악마의 소행인가? 잔인하다는 생각밖에 들지 않았다.

> 쓸쓸한 가을, 사랑에 이상 징후
> 젊은 학도에게 배신당해
> 정열의 처녀 자해를 기도하다.

여러 행으로 나뉜 헤드라인에다 영민을 '명민(明民)'으로, 요코는 한자만 바꾸어 '요코(用子)'로 가명을 써서 어제부터의 일을 상세하게 보도하고 있었다. 한 단어 한 구절이 눈을 찌르는 듯한 자극적인 기사였다.

> 덧붙여 명민은 근간 학부의 강사로 임용될 몸으로서 그 준비를 위해 매우 바빴고, 지위와 사랑 사이에서 번민하는 그의 태도에 요코는 배신당했다고 오해하여 이번 일을 저지른 듯…….

자기 일 같기도 하고 남의 일 같기도 한 묘한 착각이 들고 활자가 눈앞에서 어른어른 춤을 추었다.

사실대로만 쓰인 게 아니었다. 멋대로 갖다 붙인 추측과 왜곡도

---

9 출판에 쓰이는 가장 큰 활자. 42포인트 정도 크기로 이호 활자의 두 배 크기이다.

보였다. 적잖은 조작이 행간 속에서 드러났다.

'무엇을 위한 악의일까?'

대중의 눈앞에서 강제로 벌거벗겨진 듯한 수치심이 온몸을 엄습했다. 눈앞이 캄캄했다.

조용히 간단하게 해결할 수 있다고, 그리고 이미 해결했다고 여겼다. 이런 식으로 사소한 개인사가 파헤쳐지자 생각보다 큰 문제인 양 과장되었다. 속수무책으로 그 소용돌이에 휘말려 놀란 눈이 더 크게 휘둥그레졌다.

영민은 자기 방으로 걸음을 옮기면서 비틀거렸다. 당장이라도 쓰러질 듯이 계단에서도 휘청거렸다.

4.

비슷한 시간에 병실에서 석간신문의 동일한 기사를 다 읽은 마키는 분노에 휩싸여 순식간에 입술이 파랗게 질렸다.

"밖으로 좀 나가지."

마키는 마침 문병하러 온 하나이를 데리고 정원으로 나갔다.

거리에서 불어 올라오는 미풍에 포플러 가지가 흔들렸다. 마키는 어깨를 쭉 폈다.

"솔직히 말해 봐."

하나이는 자기도 모르게 당황했다.

"뭐야? 내, 내가 제보자라는 거야?"

"그게 아니면 뭔가?"

“아는 기자가 있는 건 맞지만 내가 나서서 떠벌리지는 않았어. 그냥 질문에 대답만 했을 뿐이지.”

“처음부터 기자가 냄새를 맡았을 리는 없잖아.”

“몰라. 기자에게 일러 준 기억은 없어. 아오키와의 소문을 얘기한 게 전부야.”

“자네가 일러 주지는 않았는데 사진까지 완벽하게 제공됐다는 말인가?”

“제, 제공한 게 아니야. 기자가 맘대로 앨범에서 떼어간 거라고.”

“낭황할 필요 없어.”

포플러 밑에 이르자 마키는 다른 사람이라도 된 듯 갑자기 돌아보았다.

“계속 잠자코 있을 수만은 없지. 내 오늘은 이러지 않으면 정말 못 배기겠다.”

하나이는 갑자기 빰을 세게 얻어맞고 엉겁결에 비틀거리며 뒷걸음질 쳤다.

“뭐, 뭐하는 거야? 너한테 얻어맞다니, 뜻밖인데.”

“나도 뜻밖이라 이러는 거야. 힘은 이럴 때 쓰라고 있는 거라고.”

마키가 다시 한 번 가볍게 주먹을 휘두르는 통에 하나이는 포플러 줄기에 몸을 세게 부딪쳤다. 우듬지가 흔들리고 잎이 팔랑팔랑 떨어졌다.

“너, 너 지금 실수하는 거야. 내가 무슨 짓을 저질렀던들 그럴 때 내 심정이 어땠는지 알아야 해. 너, 너도 요코 씨도 지금 주객이 전도된 꼴이라고. 내가 너희와 원수지간도 아니잖아. 억지를 부리려는 것도 아니야. 옳은 선택을 했을 뿐이라고. 말도 안 되는 비약이라니, 정말 꼴불견이야. 결코 용서 못 해."

"그런 잘못된 생각부터가 글러 먹었어. 무엇을 선택하든 더 이상 네가 참견해서는 안 되는 일이야. 그런 편협한 똥고집은 개나 줘 버려. 너야말로 꼴사나운 웃음거리라고."

신음하는 하나이를 본체만체했다. 가로등이 켜진 거리에서 불어오는 미풍을 맞으며 마키는 호통을 쳤다.

5.

그날 밤 영민은 왜성대(倭城臺)[10] 사택의 시마 교수 방에 가 있었다.

가족을 도쿄에 두고 소탈하게 홀아비 생활을 하는 시마 교수는 여러 명이 공동으로 사용하는 넓은 저택 이층의 방 한 간을 거실로 쓰고 있었다.

삼면의 벽에 높이 쌓여 있는 책 더미 속에서 거의 파묻히다시피 하며 의자에 깊숙이 기댄 교수는 도무지 입을 열려고 하지 않았다. 수심 가득한 은사 앞에서 영민도 긴장한 채 아까부터 말이 없었다.

"뭐라고 변명해도 이제 틀렸어. 늦었다고."

탄식하는 교수 앞에서 영민은 고개를 들지 못했다.

"신문에 나지만 않았어도 문제는 없었을 텐데. 기사화돼서 피할

10 서울특별시 중구 예장동과 회현 1동에 걸친 지역. 임진왜란 때 왜군이 주둔한 데서 유래한 이름이다.

방법이 없단 말일세. 이런 경우 사회의 반응은 생각보다 아주 단순하거든."

"……."

"흠. 정말 아까워. 교수회의에서 문제가 될 텐데 이런 증거를 내놓으면 아무리 나라 해도 변호할 여지가 없어. 지난번 회의 때도 다른 의미에서 크게 난색을 표하더군. 이번 일로 빼도 박도 못할 약점을 잡힌 셈이야. 모두 똘똘 뭉쳐서 나를 반격하겠지."

"일생일대의 실수를 저질렀습니다. 죄송합니다."

"아무리 그래도 다툼이 있었으면 나한테는 미리 말했어야지. 달리 무슨 방책이 있었을 것을. 이미 주사위는 던져졌으니 어쩌겠나."

"교수님!"

교수의 낙담한 말투를 참다못해 영민이 말을 잘랐다.

"고향으로 돌아가서 잠시 쉬다 오겠습니다."

교수는 잠시 생각하더니 대답했다.

"그것도 좋겠군. 당분간 남의 눈에 띄지 않는 편이 나을지도 몰라. 그러는 동안 모두가 명백한 사정을 알아주겠지."

"알아주지 않아도 좋습니다. 이번 일로 죄다 허사가 된다 해도 상관없습니다. 사랑을 위해서라면 후회하지 않습니다. 저는 끝까지 사랑을 키워갈 겁니다."

"그렇게 모든 걸 포기하지는 말게. 인생은 길어. 나도 천천히 좀 더 생각해 봄세."

제6회 작은 오솔길

1.

원동 민 자작의 저택에서는 식사가 끝난 뒤 자작 부인이 언덕 위의 신관(新館)으로 올라가는 것이 일과였다.

구관(舊館)만 해도 넓은 부지 안에 고풍스러운 건물이 여러 채 서 있는 넉넉한 공간이었지만 부인이 원하여 작년 가을 뒤편 언덕 위에 작고 산뜻한 양관을 신축했다. 자작의 가족은 부인과 딸 소희까지 해서 겨우 세 명이었는데 어느새 가깝고 먼 친인척이 모여들어 북적거리는 대가족을 이루었다. 양관은 그 번잡함에서 벗어나기 위한 부인의 묘책이었다. 하인들은 물론 모든 가족은 구관에서 지냈다. 한 달에 두서너 번 본가에서 자작이 와도 구관에서 지냈다. 양관은 오직 부인과 소희의 거처로만 정해진 느낌이었다. 집사인 김성준과 가정교사인 최철의 출입만 허락되고 때때로 여성 방문객을 응대할 때 말고는 대개 모녀 두 사람이 양관을 근거로 삼아 긴 시간을 쓸쓸히 보냈다. 젊은 모녀는 사이좋은 자매처럼 보였다. 소곤소곤 이야기를 주고받거나 달그락거리며 암사슴처럼 화목했다.

잔디로 덮인 언덕 여기저기에는 풀이 무성하고 단풍나무와 백양나무의 껍질은 희었다. 양관으로 가는 작은 오솔길에는 흰 모래가 깔려 있고 그 양쪽에는 들장미 덩굴이 뻗어 있어서 산장의 정원을 연상케 했다. 이제 막 늦은 저녁을 마친 자작 부인은 지금 이 작은 오솔길을 오르면서 소희의 방에서 흘러나오는 피아노 소리를 듣고는 전에 없이 훌륭한 연주라고 생각하며 기뻐했다. 진홍빛의 수많은 꽃송이를 뽐내던 들장미도 어느새 거무죽죽한 잎사귀만 무성한 풍경으로 바뀌고 말았다. 부인은 가느다란 가시가 있는 장미 가지를 한 줄기 꺾어서 손끝으로 만지작거리며 총총히 현관으로 들어갔다. 널찍한 거실을 잠깐 둘러보고 딸의 방을 노크하자 피아노 소리가 멈추고 소희가 달려와 어머니를 맞이했다.

"실력이 좋아졌구나! 방금 그 에튀드, 아주 훌륭했어."

"제가 친 줄 아셨어요?"

"레코드였니?"

"네. 바흐만의 연주 앨범이요. 제가 친 쇼팽이 아니었어요."

"그런 거였어?"

"죄송해요. 바흐만과 경쟁하고 있었어요. 이번에는 제 차례예요. 어머니가 심사 위원이 되어 주세요, 네?"

소희는 자신 있다는 듯 피아노 앞에 앉아서 아까와 같은 쇼팽의 에튀드를 치기 시작했다. 화사한 가락이 폭풍처럼 질주하자 흑백의 건반은 생명체인 양 영혼을 갈구하기 시작했다. 인간의 숨결이 더해지자 신기하게도 기계가 아우성치는 영혼으로 변했다. 딸의 피아노 소리에 익숙한 부인도 딸과 거장의 연주를 구별하지 못했다.

연주가 끝나자 유일한 청중의 박수소리가 평소보다 더 크게 울려 퍼졌다. 돌아보는 딸의 미소에 화답한 것이다.

"바흐만보다 잘 치는 거 아니니?"

"에이, 어머니도. 편협한 심사 위원이세요. 그러시면 안 돼요. 쇼팽이란 음악가는 아무래도 후배들을 골탕 먹이려고 살았던 사람인가 봐요."

"그 정도 실력이면 어느 누구 앞에서도 부끄럽지 않겠어."

"아니, 안 돼요. 아직 멀었어요."

다시 피아노로 향한 소희는 파데레프스키[11]의 미뉴에트를 치기 시작한다. 경쾌하면서도 애수를 띤 삼박자가 아직 불을 켜지 않은 어두운 방 안 어딘가 먼 곳에서 들려오는 듯 울려 퍼졌다. 이 정도 기량이면 훌륭한 편이 아닌가 하고 부인은 마음 깊이 감동하여 사랑하는 딸의 뒷모습을 넋을 잃고 바라보았다.

소희가 영어 회화를 배우러 다니는 미국 영사관의 스미스 부인 집에서는 주말에 파티가 열릴 예정이었다. 소희는 초대를 받았을 뿐만 아니라 여흥을 돋우기 위해 피아노 독주를 한 곡 연주하기로 되어 있었다. 평소에 좋아하는 곡 중에서 마음대로 고른 곡이 에튀드와 미뉴에트였다. 자신 있는 곡이었지만 외국인들의 영애(令愛)들과 어깨를 나란히 하고 사람들 앞에서 연주한다고 생각하니 그것만으로도 가슴이 떨렸다. 거장과 겨루며 매일 같은 곡을 반복해 연습했지만 어머니가 심사 위원이어서는 아무래도 불안했고, 칭찬밖에 모르는 어머니 앞에서는 날이 저물 때까지 쳐 봐야 의욕이 붙지 않고 초조하기만 했다. 가차 없이 꾸짖어 줄 당돌한 방청자가 한 사람 정도 있었으면 하고 바랐다.

11 이그나치 얀 파데레프스키(Ignacy Jan Paderewski, 1860~1941): 폴란드의 피아니스트이자 작곡가.

2.

자작 부인과 소희는 응접실로 가서 불을 켰다.

모녀가 마주 앉아 홍차를 마시고 있으려니 주위가 쥐 죽은 듯 조용했다. 그날만의 일이 아니었는데도 갑자기 쓸쓸했다.

“최 군이나 김 집사를 불러서 잡담이라도 나누시는 게 어때요?”

소희의 말에 어머니도 찬성하여 별실에 있는 여급 소녀에게 일러 구관에서 두 사람을 불러오게 했다.

소희가 창에서 땅거미 내린 정원과 거리의 불빛을 바라보는 사이에 최철과 김 집사가 들어왔다. 부름을 받아 싱글벙글 신이 난 모양이었다.

“방해한 건 아니죠? 쓸쓸해서 와달라고 했어요.”

“저희도 지루해서 시내에 나갈까 하던 참입니다.”

“앉으세요. 시내에 뭐 좀 재미있는 뉴스는 없나요?”

영민에게서는 냉대만 받은 모녀였지만 저택에서는 영주였으므로 주종의 관계를 명확히 하자는 것이 전통 깊은 가풍을 자랑하는 부인의 방침이었다. 그런 모녀 앞인지라 두 사람은 집 밖에서와 달리 더욱 자세를 낮추었다. 거리의 사정을 전하는 정보원으로서 한결같은 충성을 표하고 있었다.

“최철 씨.”

소희는 차를 마시면서 부탁하듯 이야기했다.

“이번 파티에는 파트너를 꼭 데려오라는데 어떻게 할까 생각 중이에요. 모두가 짝을 지어 오겠죠? 난 얼마나 주눅 들까 걱정이에요.”

“짝 잃은 원앙새 같겠군요.”

최철이 말장난을 하며 웃자 소희는 더욱더 심각해졌다.

“그러게요. 영어가 능숙하고 춤도 잘 추는 그런 사람은 없을까 몰라.”

은연중에 영민에 대해 알고 싶어 하는 속마음이 소희에게 있음을 최철이 모르고 넘어갈 리가 없었다. 최철은 아직 혼자만 알고 있는 영민의 어제 소동을 모녀에게 알리는 게 나을지 고민하던 중이었다.

이제는 더 이상 영민에 관한 이야기를 미룰 수 없었다.

“이건 말씀드리지 않을 생각이었는데…… 안 군에게는 복잡한 사연이 있습니다. 일신상의 중대한 문제입니다만.”

“무슨 일인데요?”

영민의 일이라고 하니 소희는 물론이고 자작 부인도 걱정스러운 듯 최철에게 가까이 의자를 당겨 앉았다.

“굉장한 빅 뉴스예요.”

“애 태우지 말고 어서 말해 보세요.”

“마음에 걸리기도 해서 좀 더 있다가 말씀드리려고 했습니다.”

“자꾸 그러지 말고요.”

“동창의 여동생이고 서로 사모하는 중인데 여자가 안 군에게 정열적일 것을 요구했다가 자해하기에 이르렀다는 겁니다. 여자의 목숨만은 겨우 구했는데 그 일 때문에 안 군은 눈앞의 지위를 내던졌다는군요. 아마 되돌리기는 어려울 겁니다. 참 아깝게 됐어요.”

최철은 요코와 영민의 일을 아주 자세히 이야기했다.

"놀라운데요. 그런 일이 있었군요."

그런 일이라 함은 요코와 영민의 연애 사건인지 아니면 요코의 자해 사건인지. 아마도 그 둘을 통틀어 말하는 것이겠지만 어쨌든 모녀는 크게 놀라는 눈치였다.

"단순한 사람은 없지요. 대부분 마음속 어딘가에 복잡한 그림자를 드리우고 있어요."

"딱하게 됐군요."

말은 그러해도 영민에 대한 동정보다 실망의 빛이 얼굴에 역력했다.

"그 요코라는 여성, 굉장히 예쁘겠죠?"

아쉬운 대로 그런 것에 기대를 거는지도 몰랐다. 여자들끼리는 외모에 대한 탐색이 가장 중요한 관심사임에 틀림없다.

"지적인 타입이고 발랄한 현대 여성입니다."

"그래요. 잘 됐군요."

소희는 영민에게 크게 실망했는지 자포자기하듯 의자에서 일어섰다.

3.

그 자리에 더 있지 못하고 소희는 응접실에서 서둘러 뛰쳐나갔다. 무엇에 홀린 사람처럼 어두운 정원으로 내려갔다.

넓은 실내에 어색한 공기가 흐르고 아무도 말이 없었다.

"쓸데없는 얘기를 한 게 아닐까."

김 집사가 걱정스럽게 말했다.

"조만간 알려질 일이었어요. 내가 이래서 말하기를 꺼렸던 건데."

최철도 미안해 하는 얼굴이었다.

"괜찮아요. 어차피 알아 둬야 할 일이었어요. 오늘 밤은 유쾌하게 지내려고 했는데 아쉽게 됐군요."

부인이 끼어들어 상황을 정리했다.

소희는 장미가 만발한 오솔길을 지나서 구관 쪽 숲속으로 들어갔다.

밤의 미풍에 나풀거리는 나뭇잎들의 스치는 소리가 쓸쓸하게 들렸다. 거리의 소음에서 멀리 떨어진 고요함 속에서 외로움이 스산하게 몸속을 파고들었다.

'내 뜻대로 되는 일은 아무것도 없구나.'

그렇게 생각한 순간 가슴이 시렸다. 영민의 환영이 떠오르고 그 속의 영민은 더욱 멋진 사람처럼 보였다.

어느 사이엔가 소희의 마음속 깊은 곳에 영민이 자리 잡고 있었다. 그리고 지금 증오의 대상이 아니라 애정의 발광체로서 소희의 가슴에 수를 놓았다.

저택의 창문에서 새어 나오는 불빛이 그녀의 얼굴을 비추었다. 그 불빛마저 피하려는 듯 종종걸음으로 환하게 밝혀진 곳에서 도망쳐 나와 나무 그늘로 들어갔다. 자연적으로 구부러진 나무줄기에 앉자 하얗고 까끌까끌한 모래가 발바닥에 묻었다. 진저리가 쳐지면서 그대로 모래 위에 자신의 몸뚱이를 내던지고 싶은 기분이

들었다.

"그렇게 괴로워할 일도 아니잖니?"

어둠 속에서 목소리가 들리고 어머니가 나타났다. 어느 틈에 뒤따라 왔는지 걱정이 가득한 얼굴이었다.

"실망하기는 일러. 오늘 뜻하지 않게 나쁜 소식을 들었다고 치렴. 그뿐이야. 사건이 어떤 식으로 결론이 날지 아직 모르잖니. 우리는 하는 데까지 최선을 다해 보는 거야. 그걸로 족해. 듣고, 실망하고, 포기하고. 그렇게 무기력해 하면 어떡하니. 성공할 때까지 최선을 다해 보자꾸나."

"소용없어요, 어머니. 이보다 더 분명한 일이 어디 있겠어요? 최선을 다하든 포기하든 이젠 그럴 여지도 없어요."

"성급한 판단이야. 저쪽에서는 아무것도 결정하지 않았나 보더구나. 세상일은 항상 갑자기 변하기 마련이야. 앞으로 바람이 어떤 방향으로 불지 누가 알겠니? 그러니 하는 데까지 해보는 게 현명해."

"어머니는 마치 시험공부처럼 말씀하세요. 노력 같은 건 못난 애들이나 하는 거라고요. 딴 것보다 창피해 죽겠어요."

"아니, 틀렸어. 사랑도 노력이야. 사랑도 노력으로 다져지는 거란다. 얕은 직감으로 뭐든지 가능하다면 진정한 깊이를 어찌 알겠니."

설득하려는 어머니와는 결론이 나지 않는다는 듯이 소희는 벌떡 일어나서 어머니 앞을 지나쳐 다시 걸었다. 어머니도 가만히 있지 않고 뒤를 따라왔다.

"저 외국에 나가기로 결심했어요. 이젠 아무것도 제 마음을 붙잡지 못해요. 아버지께 수속을 부탁드려서 올해가 다 가기 전에 출발할 생각이에요."

준비해 두었던 마지막 카드를 꺼내 놓듯 자기 생각을 술술 늘어놓는 젊은 딸이 어머니는 애처로워 보였다. 그럼에도 결심을 듣고 나자 가슴이 덜컥 내려앉았다.

"네 기분은 알지만 억지를 부려 봐야 지금은 어려운 일이잖니."

"질렸어요. 이런 곳에서 언제까지 어정거리고 싶지 않아요."

"유럽은 언젠가 가겠지. 그래도 지금처럼 자포자기하듯 떠나면 마음만 뒤숭숭하지 별다른 성과는 얻지 못할 거다."

"아니요, 지금이 적기예요. 큰맘 먹지 않는 한 출발은 점점 더 힘들어질 뿐이에요."

"모든 것을 내게 맡겨 주렴. 내가 하는 데까지 해볼 테니까. 외국행은 그때 가서 생각해도 충분해. 몇 번을 말해도 똑같아. 또 실패하지는 않을 거야. 의연해져야지. 걸핏하면 훌쩍거리니. 현대 여성이 그게 무슨 꼴이야."

떼쟁이를 어르듯 어머니는 딸의 어깨에 손을 얹고 안색을 살폈으나 소희는 아무리 달래도 말을 들으려 하지 않고 어루만지는 어머니에게서 냉큼 도망쳤다.

어둠 속의 나무 우듬지는 밤의 미풍을 타고 사르륵사르륵 소리를 내어 밤이 깊어 감을 알리는 듯했다.

4.

다음 날 아침 무슨 바람이 불었는지 소희는 어젯밤의 의기소침한 모습과는 전연 딴판으로 밝은 기색이었고 몸단장을 하는 손놀림도 경쾌했다. 어머니의 설득이 성공한 것일까. 생기와 결의에 찬 얼굴이었다.

연하게 화장을 한 후 조금 화사한 드레스로 바꿔 입었다.

“아주 딴사람 같아. 예쁘구나.”

여행을 떠나는 아이의 옷차림을 만져 주듯이 어머니는 옆에서 여자다운 자상함으로 주의를 주었다.

“씩씩하고 야무지게 하렴.”

운동 경기라도 응원하는 투였다. 사랑은 스포츠 정신과 닮았는지도 모른다. 어느 정도는 그렇게 여기는 부인이라 격려 차원에서 한 말이었다.

경쾌한 차림으로 장미로 꾸며진 좁다란 오솔길을 내려가는 딸의 모습을 창문에서 바라보며 부인은 아이처럼 손을 흔들었다.

이미 조심성 많은 어제의 소희가 아니었다. 오늘은 겁내지 않고 주눅 들지 않으며 대범하게 영민의 아파트를 방문할 수 있었다. 각오에 찬 처녀의 마음은 무엇도 겁나지 않는 모양이다.

공교롭게도 영민은 외출하고 없었다. 문을 열 수 있었다면 자기 마음대로 방에 들어가서 몇 시간이든 기다렸을지도 모른다. 아쉽게도 방 열쇠는 주인만 가지고 있었다. 반 시간이나 응접실에서 멍하니 기다리다가 밖으로 나왔다.

원망 가득한 심정으로 거리를 헤매다가 문득 깨달았다.

“그래. 병원으로 가 보자.”

영민을 만나고 싶은 마음 외에 또 하나 요코를 만나야겠다는 심술이 발동한 것도 사실이었다.

그리하여 언덕 위에 있는 병원으로 찾아갔다. 영민 대신 침대에 누워 깨어 있던 요코를 만났다. 상상 속에서 여러 가지 모습으로 그려 봤던 요코였다.

초면인 두 사람은 어리둥절해서 잠시 서로를 바라보았다. 둘 다 서로를 만만치 않은 상태로 느끼는 눈치였다.

"영민 씨를 만났으면 하는데요."

"안 계신데, 누구시죠?"

소희의 품위 있는 차림새를 보고 요코는 언젠가 영민이 말한 자작의 딸이 아닐까 하고 직감했다.

"민소희입니다."라는 소리에 요코는 깜짝 놀라 얼른 고쳐 앉았다.

"댁이 요코 씨죠. 소문으로 들었어요."

얼굴을 조금 붉히며 요코는 무람없이 구는 소희를 날카롭게 쏘아보았다.

"영민 씨를 만나서 뭐하려고요?"

"그냥 만나고 싶어서요. 못 본 지 오래됐거든요."

침착한 태도가 은근히 얄미울 정도였다.

"아파트로 찾아가시면 될 일을 어째서 여기까지 오셨나요?"

"아파트에 없더군요. 거리를 돌아다니다가 문득 여기에 있을 것 같았어요."

"내 이런 꼴을 보러 왔군요! 어휴, 복장 터져."

요코는 한마디 소리치고는 그대로 이불을 뒤집어썼다.

"그러려고 온 건 아니에요. 오해하지 마세요."

냉대를 당하자 소희는 어찌할 바를 모르고 망연히 서 있었다.

"나가세요."

옆에서 보고 있던 마키가 결국 소리를 지르고 말았다. 갑자기 찾아온 손님 때문에 위축된 동생이 가여워 견딜 수 없었다.

"환자가 안정해야 하니 나가 주십쇼."

호통치는 소리에 소희는 기가 꺾여 주춤거렸다.

제7회 고향의 가을

1.

소희가 아파트를 방문하던 날 영민은 아무도 모르게 인천 바다에 와 있었다. 고향으로 가기 위한 짐은 꾸려 놨으나 아직 결단을 내리지 못하고 훌쩍 바다로 왔다.

섬을 서성이거나 해수 온천욕을 하며 무언가에 몸을 맡기려 해도 누군가가 뒷머리를 당기는 듯한 불안이 잠시도 가시지 않았다. 하루 종일 몸부림치는 파도 소리의 단조로움도 신경을 거스를 뿐이었다. 이틀도 버티지 못하고 돌아와 보니 이제는 고향으로 돌아가는 길밖에 없었다. 드넓은 바다 한복판에서도 끓어오르는 상념을 떨치지 못했다.

병원에 있는 요코에게는 간단하게 편지를 써 보낸 뒤 아파트에서 곧장 역으로 향했다.

기차 안에서도 상념의 시간이 계속되어 바다에서와 마찬가지로 여행이 즐거울 리 만무했다.

창문으로 보이는 익숙한 풍경에 시선을 고정하고 있으려니 차례로 지나가는 한 폭 한 폭의 풍경들이 마치 흐르는 나날처럼 부산해 보인다.

'무엇을 위해 바쁘게 변해 왔을까.'

뒤로 물러나는 나무들처럼, 모든 것이 전원과 언덕처럼 단기간에 저돌적인 기복을 보였다가 싱겁게 사라졌다.

누구에게도 뒤지지 않는 야망을 품고 있었다. 목적을 향해서는 일사불란했고 피나는 노력을 기울였다. 그리하여 마침내 빛나는 순간을 맞이하려는 찰나였다. 사랑도 꿈도 함께 보상받는 듯했다. 이처럼 큰 행복이 한꺼번에 와도 되는 것인지 두려움마저 솟았다. 그런 위기감은 적중했다. 생각지 못한 곳에서 차질이 생기면서 모든 것이 일장춘몽으로 끝났다. 기쁨이 컸던 만큼 절망도 컸다. 흠씬 얻어맞은 것처럼 초주검이 됐다. 온갖 일을 겪은 그 짧은 시간이 긴 세월처럼 느껴졌다.

뒤로 물러나는 전원과 언덕처럼 모든 것이 아주 오래전의 일 같아서 가슴이 먹먹했다.

'아버지께서 얼마나 낙담하실까.'

고향이 가까워짐에 따라 생각은 자신 이외의 일로 범위가 넓어졌다. 연로하신 아버지의 절망이 얼마나 클 것인지.

대대로 학자 집안이었다. 아버지 대에 이르러 뜻한 바가 있어 잠시 업을 바꾸었고 기울기 시작한 유산을 만회하여 가운(家運)을 회복했다. 생활에 어려움이 없는 지금 아버지가 외동아들 영민에게 바라는 바는 학문이 전부였다. 학자로 대성하여 선조의 명예를 드날리는 것 말고 달리 없었다. 한번 발 디뎠던 실업계에서 발을 뺀 뒤에는 경서(經書)를 펴고 유유자적 한가롭게 세월을 보내며 오로지 자식의 성공을 지켜보았다. 영민도 그런 아버지의 뜻에 부응하려고 한층 더 노력을 아끼지 않았고 오랫동안 공부에 매진했다. 불행히도 뜻하지 않은 한 번의 실수로 비틀거릴 줄은 꿈에도 생각지 못했다.

아버지에게든 어머니에게든 면목이 없었다. 아버지와 마찬가지로 어머니의 실망도 클 것이다. 헤아리지도 못할 만큼 수많은 혼담을 준비했다가도 영민에게 모조리 퇴짜 맞은 어머니였다. 아들을 믿었기에, 진심으로 행복을 바랐기에 자신의 뜻을 굽히고 모든 것을 아들 뜻에 맡겼다. 영민은 아직 요코에 대해 말하지 않았으나 이야기하면 이해해 주시리라 믿었다. 망설이는 사이에 사건이 먼저 터졌다. 고지식한 부모님 앞에 채찍을 대령해 놓고 처분만 바라는 심정이었다.

지금은 부모님을 향한 애정이 가슴을 옥조였다. 절망으로 시달리는 몸을 의지할 곳은 고향밖에 없었다.

창밖으로 다가왔다가 멀어져 가는 풍경이 헛되고 무의미하지 않았다. 점차 친근한 하나의 의미를 띠기 시작했다.

2.

평양시 서쪽 끝자락, 푸른 산봉우리를 등에 업고 완만하게 경사진 곳에 주택가가 있었다. 누런 잡초와 물들어 가는 활엽수 속에 빨강과 초록의 슬레이트 지붕이 한눈에 들어왔다. 고풍스런 모란대의 누각이 산봉우리 끝에 올라 있고 저 멀리 서쪽 벌판에는 서장대의 백양나무 숲이 선명하게 바라다보인다. 하늘은 쪽빛으로 맑게 개어 경사지의 아침은 고요하고 상쾌했다.

숲속에서 산책하고 돌아온 영민의 손에는 벚나무와 상수리나무의 낙엽이 들려 있었다. 자기 집 지붕을 우러르며 낙엽을 입에 물자 온몸이 붉게 물들면서 가을의 정기가 몸에 스미는 기분이었다. 모든 상념에서 해방되어 몸은 맑은 계절의 냉기 속에 있었다. 돌아오길 잘했다는 생각에 새삼 고향의 품을 정답게 느끼며 마당의 잔디를 밟았다.

집에 들어서니 그곳에도 자애가 있고 평화가 있고, 방, 정다운 내 방이 있다. 책이 있고 서화가 있고 곰팡이 냄새가 있으며 어린 시절의 추억이 있다. 마음의 은신처이자 쉼터이다. 뭐니 뭐니 해도 집이 가장 좋구나 하고 절절히 느껴 본다.

그러나 이 모든 감정은 꾸며진 마음이 아닐까. 정녕 마음은 평화로워지고 우수는 개운하게 씻겼을까. 어젯밤에 도착하여 이제까지 하룻밤을 지새운 영민은 집안사람들에게 아직 아무것도 알리지 않았다. 괴로운 임무를 앞에 두고 진심으로 마음이 유쾌하지는 않았다.

창문을 열고 멍하니 책상 앞에 앉아 있으려니 여학교 상급생인 여동생 영옥(英玉)이 들어왔다. 교복을 입고 가방을 메고 등교하려는 모습이었다. 집에서는 여동생이 가장 빨리 일어났다.

"나보다 오빠가 먼저 일어났네. 어젯밤은 일찍 자서 미안해. 요즘 운동하느라 피곤했나 봐."

"벌써 학교 가니?"

"오늘 아침은 좀 늦은 편이야."

"그럼 빨리 가야지. 피아노 실력은 많이 늘었니?"

"응, 조금. 내년에는 음악 학교 시험을 볼 거야. 그러려고 열심히 준비하는 중이야."

"똑 부러지는구나. 할 수 있는 건 남김없이 착실하게 해 봐."

"저기 있잖아."

영옥은 장난기 어린 눈을 반짝였다.

"오빠가 갑자기 왜 돌아왔는지 다들 알고 있어."

"아, 그랬구나."

"신문이나 다른 경로로 알게 됐어. 아버지와 어머니가 처음에는 굉장히 걱정하셨는데 요즘은 생각보다 아무렇지 않게 지내셔."

"알고 있었구나. 다행이야……. 그래, 분위기는 어때?"

"평소대로야. 화를 내도 소용없으니까. 오빠도 이제 태연하게 굴어. 그래도 요코 씨에 대해서는 꼬치꼬치 물으셨는데 난들 아는 게 없으니 어쩌겠어. 답답해 하셨지."

"그랬구나. 알았다."

"나도 요코 씨 만나고 싶어. 어떤 사람일까 하고 마음대로 상상하곤 해."

"이런! 늦겠다. 어서 학교 가야지."

시간을 보면서 여동생을 내쫓듯 재촉했다.

정오가 되기 전에 손님방에서 아버지를 만났다. 어머니도 뒤따라 들어왔다. 자세한 사정을 듣고는 역시 크게 놀라셨다. 그래도 아버지는 고개를 주억거리며 담담해 하는 기색이었다.

"학교로 돌아가기가 영 힘들 것 같으면 말이다. 장소를 좀 바꿔서 공부하고 싶은 마음은 없니? 외국이든 어디든 상관없어. 네 의지만 있다면 어떻게든 될 거다. 내가 한때 악착같이 일했던 건 모두 너희의 행복을 위해서였어. 아직은 여력이 있다."

"고맙습니다. 좀 생각해 보겠습니다."

육친이라도 고마웠다.

깊은 상처에 내밀어 준 애정 어린 손, 그것은 육친 말고는 달리 없었다. 오늘 그것을 깨닫고 영민은 감격에 목이 멨다.

아버지가 나간 뒤 어머니는 조곤조곤 말수가 많아졌다.

"아버지 마음은 자나 깨나 학문밖에 없으시잖니. 감사해야 해. 걱정할 것 없다. 지금까지와 똑같은 마음가짐으로 앞으로도 열심히 하면 돼."

"꼭 바로잡을게요."

"그리고 말이야, 네가 놀랄지도 모르겠다만."

어머니는 아들의 안색을 살피며 말했다.

"민 자작 댁 말인데, 너도 알고 있겠지만 이렇게 좋은 혼처가 없거든. 이제 다 지나간 일이려니 생각해서 단념하고 그쪽으로만 마음을 정해면 안 되겠니?"

청천벽력 같은 이야기에 영민은 어안이 벙벙했다.

"그게 무슨 말씀이세요?"

"자작 부인이 따님을 데리고 어제 우리 집에 오셨어. 정말 훌륭한 아가씨더구나. 우리에겐 과분할 정도야."

"어머니!"

영민은 기가 막혀 외마디 소리를 질렀다.

3.

"자작 부인이 왜 오신 겁니까? 알아듣게 분명히 말씀드렸는데요."

"왜기는. 그렇게 무례하게 말하면 못쓴다. 감사하게 생각해야지. 그만한 신분에 일부러 굽히고 들어오신 거야."

"안 돼요. 어머니가 아무리 혹해 하셔도 저는 허락할 수 없습니다."

"네 생각대로만 되지는 않을 거다. 아버지도 호의적이시니 신중하게 생각해 봐."

"아버지가 그런 말로 저를 달래려 하신 겁니까? 외국에라도 가라고 하셨던 게 전부 저를 설득하려는 구실이었군요."

"아니, 무슨 소릴 하는 거니? 진정하렴. 아버지 말씀은 물론 그런 뜻이 아니야. 네가 외국에 나가는 것과 혼담은 별개야. 워낙 대단한 집안이잖니. 아버지도 그쪽을 마음에 들어 하시는 것 같다는 뜻이야."

"저는 그런 사고방식이 도대체가 달갑지 않다고요."

"흥분하지 말고 찬바람이라도 쐬고 오렴. 다시 천천히 이야기하자꾸나."

"제 마음은 언제가 됐든 변하지 않습니다."

"산책이나 가자. 오늘은 엄마도 함께 가마."

어머니도 기분 전환을 하자며 모처럼 뒤따라 나왔다.

경치가 좋은 곳에 살면서도 어머니와 함께 걸은 적은 거의 없었다. 근처 소나무 숲을 빠져나와 짙게 그늘진 오솔길을 걷다 보니 조금 전의 날선 기분과 달리 늙으신 어머니를 생각하는 마음이 절절히 솟구쳤다. 길을 내려다보며 백양나무 숲 한가운데로 걸어 들어가자 작고 둥근 무수한 잎사귀가 하얀 뒷면으로 뒤집혀 그늘진 곳 하나 없이 산들바람에 나부끼며 수런거렸다.

"기분이 좀 가라앉았니?"

오솔길을 빠져나와 길가에 내려섰을 때 어머니가 차를 잡았다.

"오늘은 엄마가 낼게. 익숙한 곳은 아니지만."

도착한 곳은 호텔이었다. 어머니는 어색하게 차에서 내려 문을 닫았다. 미닫이문을 열고 안으로 들어간 영민이 복도에서 맨 처음 맞닥뜨린 사람은 뜻밖에도 자작 부인이었다.

그제야 어머니의 의도를 알아차렸지만 거기서 주춤거릴 수는 없어서 가볍게 인사를 했다. 그때 부인의 등 뒤에서 소희가 방긋 웃으며 나타났다.

어머니가 부인과 지루하게 이야기하는 동안 영민은 로비로 들어갔다. 소희도 어머니들을 그곳에 남겨두고 영민의 뒤를 좇았다.

"놀라셨죠? 당신 눈이 그렇게 말하고 있어요."

"그 용감함에 정말이지 감복했습니다. 언제 그렇게 용감해지셨습니까? 지난번과는 사뭇 다른 인상입니다."

"어머니한테 배웠어요. 소문을 듣고 우울해 하고 있었는데 좀 더 용기를 내라고 격려해 주셨어요. 용감하게 부딪혀 보기로 했어요. 심기일전해서요."

"현대 여성들은 무시무시하군요."

"맞아요. 앙팡 테리블이지요."

수줍음을 머금은 백장미 같다고 생각했는데 어느새 과감하고 재빠르게 돌변해 있었다. 말투뿐 아니라 표정이랄까 거동까지도 다 재빨랐다. 영민에게는 권하지도 않고 마음대로 의자를 빼내어 털썩 앉는 모습이 통통 튀는 듯했다.

"용감해져서 대체 저를 어떻게 할 작정입니까?"

"싸울 거예요. 당신의 완고한 마음을 싸워서 얻을 거예요."

"글쎄요. 그러기는 힘들 겁니다. 이래 봬도 제가 황소고집이거든요."

"아뇨, 싸워서 이길 거예요. 마음을 얻을 수 없다면 실례지만 그 목을 받아야겠어요."

"마치 살로메 같군요. 으, 오싹한데요."

영민은 무심코 그녀의 농담에 맞장구치는 치는 자신을 발견하고는 깜짝 놀라 정신을 차리려 애썼다.

4.

소희는 그야말로 용감한 병사가 될 생각이었다.

호텔에서 영민을 만나고부터는 그림자처럼 따라붙어서 그와 떨어지지 않았다. 거리에 나오면 어느새 뒤를 따라왔고 집에 돌아가도 거리낌 없이 함께했다. 산책하러 나갈 때도 어느새 옆에 불쑥 나타나 영민을 깜짝 놀라게 했다. 언제 돌아가겠다는 말도 없이 호텔에서 생활하며 영민의 뒤를 따라다니는 것이 일과였다. 제멋대로인 일과였다. 영민도 참견하거나 의견을 이야기할 입장이 아니었으므로 한 폭의 풍경처럼 그냥 그녀의 모습을 바라볼 뿐이었다.

"저는 상관없어요. 어딜 가셔도 따라갈 거예요."

"마음대로 하시지요."

"놀라셨죠?"

"네, 다리가 튼튼하셔서요."

"학교 다닐 때 체육을 잘했거든요. 매일 소풍 가는 기분이라 아무렇지 않아요."

"아하! 그것 참 믿음직스럽군요."

이틀째에도 소희는 변함없이 활기찼다. 거리에서 빠른 걸음으로 걷는 영민을 뒤쫓다가 숨을 헐떡이며 말했다.

"그런데 말이에요. 믿음직하기만 한가요? 거짓말이죠? 실은 감탄하셨죠?"

"아뇨, 전혀 그렇지 않습니다."

"전 사랑은 노력하는 거라고 생각해요. 어머니한테서 그렇게 배웠어요. 신비한 느낌 같은 것인 줄 알았는데 중학생 수험공부 같은 거래요. 그래서 지금 그대로 하고 있는 거예요."

"열심히 해 보십시오. 실수하지 마시고."

"충고 고마워요. 저는 군인처럼 튼튼하거든요. 하나, 둘. 하나, 둘. 하나, 둘……."

그리하여 사흘째를 맞았다.

영민은 아침 일찍 집을 빠져나와 모란대 상수리나무 숲에 있었다. 그걸 어떻게 알고 뒤따라왔는지 걷고 있는 영민 앞에 소희가 불쑥 나타났다. 매일 반복하는 일이기는 해도 인적 없는 곳에 나타난 그녀의 모습에 영민은 깜짝 놀라 움찔했다.

오솔길을 돌아 언덕에 있는 찻집 앞까지 왔을 때였다. 그녀는 거의 닿을 만큼 영민 옆에 섰다.

저 아래에는 대동강물이 푸르게 고여 있고 그것을 배경으로 아침 단풍은 한층 너 산뜻해 보였다. 눈앞에는 땅의 이미지와는 거리가 먼 수목의 윗부분만으로 이루어진 풍경이 펼쳐졌다. 알록달록 수를 놓은 듯한 그 풍경은 눈이 번쩍 뜨일 만큼 또렷했다. 슬프도록 아름다웠다. 아름답기 위해 슬픈 것일까? 슬프기 위해 아름다운 것일까? 그 청정한 아름다움 앞에서 영민은 초연해져 아무 말도 하지 않았다. 소희도 같은 기분이었는지 지금까지와 다르게 엄숙한 모습이었다.

"왜 그러십니까? 감동했습니까?"

"……."

조용한 목소리가 반향도 없이 나무 사이로 사라졌다.

"지쳤어요."

어제까지 보았던 그 용감하고 강한 병사는 어디로 갔을까. 목소리도 몸도 모두 지쳐서 오늘 그녀는 연약하고 가녀린 한 여자였다.

"역시 어리석었어요. 강하다고 잘난 체해 봤지만 쉽지 않군요. 이렇게 패배했으니……."

영민도 조금은 같은 기분이었다. 완고하고 강하던 그도 연약한 소희의 모습을 보니 왠지 그의 마음도 속절없이 맥이 풀렸다. 더 이상 어제의 소희가 아니었다. 오늘은 다른 의미에서 조신하게 느껴졌다.

제8회 백장미의 탄식

1.

힘든 아침 산책에서 돌아온 영민은 소희의 환영이 자꾸 어른거려 하루 종일 집 안에 틀어박혀 있기로 했다.

어제까지 보았던 소희가 아니었다. 오늘은 새로운 힘으로 자신의 마음을 움켜쥐었다. 그 집요한 환영과 필사적으로 싸워야 했다.

'한 사람의 여인이 왜 이렇게까지 나에게 기대는 걸까. 대체 무슨 의미일까.'

분명히 연약한 사람이면서도 강한 병사인 척해 보지만 결국에는 약한 본래 모습으로 돌아간 소희였다. 자신 때문에 그렇게까지 해서 기진맥진 헐떡이는 그녀가 아니던가.

이 넓은 세상에서 무얼 바라고 나같이 하찮은 사람을 골라 고통을 자초하는 걸가. 아쉬울 것 하나 없는 그녀가 왜 좀 더 분별 있는 선택을 하지 않고 편협한 괴로움 속으로 빠져드는 걸까.

이런 그녀의 모습이 갸륵하기 그지없었다.

'그릇된 방황이다. 사치스런 희생이야.'

하지만 생각하면 할수록 고민은 깊어질 뿐이었다. 거기서 해방되기 위해서는 계속 요코를 생각하는 방법 말고는 없었다.

편지 다발을 꺼내어 되풀이해 읽는 사이에 하루가 저물었다.

반년 정도 주고받은 편지가 제법 많았다. 정겨운 편지를 집어 들고 읽는 사이에 새로운 기분이 솟아오르며 잊힌 듯했던 지금까지의 세계가 되살아났다. 요코의 세계는 무엇과도 바꿀 수 없는 그녀만의 독자적인 것이었다. 풍부한 정감과 높은 교양이 글자 사이에서 배어 나와 강한 유대감으로 마음을 세게 끌어당겼다. 마음과 마음이 통하는 것은 우연한 기회일지 모르지만 그것이 맺어지는 단계에 이르려면 하나의 필연적인 힘이 작용해야 한다. 의심이나 방황 없이 요코와는 어느새 운명의 짝으로 맺어진 느낌이었다. 협잡물은 그림자도 모습도 얼씬거리지 못했고 마음은 순화되었다.

팽팽했던 긴장이 느슨해지자 밤이면 피로가 몰려왔다. 피로한 틈을 타 숨어드는 것이 끈질긴 마음의 도적이다.

벽에 그려진 공허한 자신의 그림자를 바라보고 있을 때 여동생 영옥이 들어왔다.

"하루 종일 멍하니 있지 말고 내 방에 놀러 와."

밥 먹을 때 얼굴을 봤으면서도 새삼 까불거렸다.

"내 방에 와 봐. 내가 피아노 쳐 줄게."

"조용히 공부하지 않고 왜 꾀려고 들어?"

영민은 짐짓 화난 척했다.

"무섭게 왜 그래."

영옥이 눈을 동그랗게 떴다.

"좋아. 말해 줄게. 민소희 씨가 와서 기다리고 있어."

이번에는 심술 맞은 투로 빠르게 대답했다.

처음 듣는 소리도 아니었지만 영민은 이번에도 여동생을 뚫어지게 쳐다보았다.

"피아노 잘 치던데? 아까 피아노 소리는 내가 친 게 아니야. 민소희 씨가 친 거지. 들었어?"

"그럼 더 치라고 해. 나는 볼일 없다."

"실례 아냐? 손님을 기다리게 하고."

영옥은 정색을 하며 오빠를 나무라듯 말했다.

"오빠는 고집쟁이야."

"더 해 봐. 뭐라고 하든 상관없으니까."

"오빠 속을 도대체 모르겠어."

영옥의 말투가 다시 차분해졌다.

"민소희 씨는 오빠한테 과분하게 좋은 사람이라고 생각하는데 오빠는 왜 싫어? 요코 씨를 아직 만나 보지 못해서 잘은 모르지만 나는 역시 민소희 씨가 좋아. 피아노 선생님으로 모시고 싶어."

"그럼 얼마든지 친하게 지내 봐. 그런 건 네 마음대로 해."

"분명히 금방 좋아하게 될 거야. 내가 보증하지."

"시끄러워. 어서 네 방으로 돌아가."

그리고는 입을 꾹 다문 동생에게 말했다.

"됐어. 나갔다 올 테니까 어머니가 물어보시면 그렇게 전해 줘."

제 말만 하고서 영민은 훌쩍 방을 나가버렸다.

2.

만포선(滿浦線)[12]의 양덕행(陽德行) 야간열차를 놓치지 않고 제시간에 잡아탔다.

거리로 나와서야 단골 온천이 생각났다.

고향 집도 비좁았다. 더할 나위 없이 조용한 은신처가 필요했다.

아무것도 준비하지 않은 홀가분한 도피 행각은 홀가분하고 상쾌했다.

객차로 갈아타고 덜컹덜컹 산길을 지나 두메산골에 있는 여관에 도착했을 때는 한밤중이었다.

뜨거운 온천물로 피로를 씻어내고 푸른 다다미에 요를 깔고 눕자 사방이 조용한 가운데 졸졸졸 흐르는 계곡물 소리가 서늘하게 울려 퍼졌다. 속세에서 벗어난 온천 여관의 방은 그야말로 어디에서도 상상할 수 없는 멋진 은신처같이 느껴졌다. 산마루에서 별이 보일 정도랄까.

아침은 한층 더 맑고 차가웠으며 낮에는 더욱 조용했다.

청명한 햇빛을 받아 눈앞에 보이는 산주름의 단풍이 붉게 타고 있었다. 청결한 공기를 만끽하노라니 사람도 생물도 어항 속의 금붕어처럼 뻐끔거리며 아주 만족스러워 했다. 계곡을 따라 골짜기를

---

12 평안남도 순천과 평안북도 만포진 사이를 잇는 철도. 1939년 2월에 개통되었고 총장 212.6km에 이른다. 만주 침략을 목적으로 부설되었고, 현재는 평안북도 영변군에 있는 묘향산을 연결하여 관광 노선으로 활용되고 있다.

오르자 들장미와 산사나무의 마른 가지에 빨간 열매가 흐벅지게 달려 있었다. 을씨년스러운 빈 별장지를 둘러서 홀로 산책을 하고 돌아오는 길에 자연의 정기로 머릿속이 비어졌다고 느끼면서도 철심처럼 몸을 끝까지 관통하는 무언가가 있었다. 자연 속에 녹아든다는 것은 끝내 불가능한 일인지도 모른다.

해질녘 혼자서 욕조에 깊숙이 몸을 담그고 있자니 뭉게뭉게 더운 김이 피어오르는 욕탕에 창으로 비쳐든 석양이 관통해서 깊은 바닷속 같았다. 파란 타일이 해초처럼 젖어 반짝거렸고 물 위에 떠 있는 육체는 둥실거리며 신비한 물체처럼 향기를 냈다. 뜨거운 피가 난류처럼 몸속을 돌았다. 이 욕탕에 가장 고귀한 생명체가 조용히 헤엄치고 있는 것이다.

튕기듯 몸을 일으키자 욕조의 물결이 넘치고 발갛게 달아오른 팔다리와 몸뚱이가 가볍게 떠올랐다. 욕조 가장자리에 몸을 기대자 해변에 올라온 인어처럼 나른했다. 부드러운 몸통에 탄력 있는 팔다리, 날렵하게 뻗은 균형감, 유연하게 솟아오른 곡선. 태곳적부터 이어받은 원시의 몸뚱이를 영민은 오늘 새삼 아름답다고 느끼며 넋을 잃고 바라보았다.

세상에 몇억 개나 존재하는 똑같은 육체 중 하나에 불과하지만 내 몸만큼 아름다운 육체는 또 없으리라 생각했다. 안개 속에 홀연히 피어난 꽃 같은 흰색은 다른 어디에도 없고 오로지 여기에만 존재한다. 시간과 공간을 초월해서 그저 여기에만 존재한다. 그리고 유일하다. 어떤 대가를 치르더라도 도저히 바꿀 수 없는, 절대적인 하나이다. 살아 있다. 이 형태, 이 흰빛—세상 그 무엇보다도 지고

(至高)하고 지미(至美)하며 누구에게도 내줄 수 없는 훌륭한 몸이다.

몸 구석구석을 들여다보며 육체에 천착하는 일이야말로 더할 나위 없이 즐거웠다. 이 무시무시한 자기 본위의 사고방식을 대체 어디서 체득했는지 돌아볼 여유는 없었다. 그저 황홀하게 자신과 자신의 몸을 정신없이 바라볼 뿐이었다.

누구에게도 내줄 수 없는 멋진 몸이다. 이토록 멋진 하나의 절대를 요코나 소희가 바라고 있다.

그녀들 혼자만의 바람이다. 그에 대답하든 안 하든, 내주든 내주지 않든 영민 자신이 마음먹기에 달렸다. 신에게서 부여받은 단 하나의 특권이다. 그렇다. 사랑의 특권은 누구에게도 지배당하지 않는 것이다.

목욕탕 옆 칸에서 첨벙첨벙 물 튀기는 소리를 내며 거기에도 한 인간이 있음을 알렸다. 자기 몸에 취해 있던 영민은 문득 정신을 차리고 벽 하나 건너편에 똑같은 육체 하나가 있는 광경을 상상했다. 그것도 틀림없이 아름다우리라. 그 육체의 소유자도 자신과 마찬가지로 지고하고 지미하리라. 돌연 아름다운 육체는 자기 혼자만이 아니라는 데 생각이 미쳤다.

몸을 닦고 유카타(浴衣)로 갈아입은 후 천천히 유리문을 열었을 때였다.

옆 칸에서 동시에 문을 열고 나온 여자를 보고 영민은 그 자리에 얼어붙었다.

"아니, 당신은……!"

"맞아요, 저예요."

소희는 아무렇지 않게 대답했다.

3.

화려하게 핀 새하얀 꽃이었다.

생기 있는 얼굴이며 목덜미도 근사하고 유카타 자락 사이로 비치는 복사뼈도 어여쁘다. 온천물에 흐무러져 하얗게 부풀어 오른 꽃잎이었다. 피어오르는 수증기는 꽃잎의 숨결이자 향내였다. 그 유백색 가운데 눈에 띄는 붉게 물든 손톱은 산사나무의 열매이며 치렁치렁한 머리카락은 포도송이라 해도 좋지 않을까.

태연자약한 소희의 모습을 앞에 두고 영민은 뜻하지 않게 가장 아름다운 육체 하나를 그곳에서 보았다. 하나의 경이로움이었다. 그야말로 절대였다.

자신의 육체를 최상이자 지극한 아름다움이라고 여겼건만 눈앞에 보이는 육체는 훨씬 월등한 지고 지미임을 깨달았다. 좁은 욕조 안에서 단지 자신의 육체만 보았던 것이다. 지금 또 하나의 존재가 눈앞에 나타남으로써 꿈이 깨고 눈앞이 확 트인 것이었다. 아름다운 육체는 자신이 아니라 상대방이었다. 영민은 황홀하여 넋을 잃을 지경이었다.

"놀랐어요?"

소희의 목소리에 부끄럽고 창피하여 시선을 돌리고 복도 쪽 계단으로 올라갔다. 소희도 유카타 자락을 오므리며 뒤따라왔다.

"아마 온천에 갔을 거라고 영옥 씨가 얘기해 줬어요. 어림짐작으로 타 봤어요. 아침 기차였는데 이렇게 늦게 도착했어요."

"세계 제일의 탐정일세."

"그보다도, 당신은 정말 지독한 인간이에요. 사람을 마치 노예처럼 대하니 말이에요."

"난 아무 짓도 안 했습니다."

"아니요. 당신이 하는 모든 행동이 그렇거든요. 당신 탓이에요."

"그런가."

"나를 뭐로 보는 건지. 벌레처럼 어떻게 되든 상관없다고 여기는 게 분명해."

"천만에요."

"아뇨, 그럴 걸요. 그렇지 않다면 이렇게 홀대할 리가 없잖아요."

"나는 그저 내 마음대로……."

"결과적으로는 그런 행동이 다 저를 희롱하는 처사였다고요. 지금도 이렇게 희롱당하고 있잖아요. 곧 되새기게 해주겠어요."

영민은 그런 말까지 듣고 보니 "전부 당신 마음대로군!" 하며 윽박지르고 말 일이 아니었다.

소희의 태도는 자못 진지했다. 더욱이 그녀의 아름다움을 앞에 두니 조금 전 욕조 안에서 느꼈던 흥분과 자신감은 웬일인지 맥없이 무너져 내렸다. 그녀 멋대로 바라는 바에 부응할지 말지, 자신을 내줄지 말지는 영민 자신이 마음먹기에 달린 일이며 하나의 특권이라 해도 좋을 만큼 더없이 지고하다고만 생각했다. 자신의 아름다움은 그녀의 아름다움 앞에서 볼품없이 쭈그러들었다. 이러한 자유와 특권은 그녀 곁에 존재해야 마땅했다. 자유로운 선택을 해야 하는 쪽은 그녀였다. 그녀에게 선택을 당하는 쪽인 자신은 과연 어느 정도의 가치가 있는지 의심스럽기조차 했다.

'그녀의 정열에 부응할 만한 가치가 나에게 정말 있기는 할까?'

이미 기이하게 뒤바뀌기 시작한 가치 기준 앞에서 영민은 또 다른 커다란 고민에 부딪혔다.

4.

소희의 방은 영민의 바로 옆방이었다.

저녁 식사를 나를 때 여급은 무슨 착각을 했는지 방을 함께 쓰겠냐고 묻기에 영민은 단호히 거절했다. 여급은 히죽거렸다.

겨우 차분해지려던 영민의 기분은 다시 뒤숭숭해졌다. 식사 후 석간신문을 펼쳐 들었으나 신경이 곤두서서 라디오 스위치를 켰다. 동요 시간이었다. 도시 아이들의 목가(牧歌)는 산간벽지의 단칸방에서 듣기에는 너무 고급스러웠다. 앳된 합창 소리가 고요함과 어우러져 방 안을 가득 채웠다. 영민은 정숙(靜淑)을 원하면서도 한편으로는 소리가 필요했다.

"들어가도 되나요?"

장지문을 연 것은 소희였다. 옷차림을 단정히 하여 밤에 보니 더욱더 청초하게 느껴졌다.

"아까는 엉뚱하게 흉한 꼴을 보여서…… 죄송해요."

지금은 단정한 옷차림을 하고 있었지만 조금 전 유카타 차림의 요염한 모습일 때와 다름없이 아름다웠다. 게다가 영민은 편안한 한복의 아름다움을 처음 보는 기분이었다. 외부 세계의 모든 것에서 따로 떼어 간직한 액자 속의 주인공처럼 기품 있어 보였다.

영민의 괴로움은 거기에 있었다. 그녀의 아름다움에 저항하려는 부자연스러운 싸움이나 그녀와 떨어져서 보이지 않을 때는 느끼지 못했던 고민이 가까이 다가와 있는 지금 예상 밖의 강한 힘으로 그를 압도했다.

"당신은 정말 강한 사람이에요. 전 이제 투구를 벗을까 해요."

"당신답지 않군요. 용감한 병사였잖아요?"

"당신은 목석같아요. 그렇지 않았더라면……."

"숫제 목석이었으면 좋겠습니다."

"지금은 아니란 말인가요?"

"전혀요."

"거짓말. 그 무덤덤한 태도, 그 점이 바로 목석같다고요."

"그렇게 보였나."

영민은 쓴웃음이라도 짓고 싶은 심정이었다.

"어디서 쏴아 하는 소리가 나요."

동요는 아직도 계속되고 있었다. 단순한 피아노 화음이 소박하고 조화로웠다.

"저기……."

고백을 위한 반주로는 시끄러웠는지 소희는 결국 라디오를 꺼 버렸다. 텅 빈 침묵 속에서 그녀는 떨리는 목소리로 이야기했다.

"당신은 어쩌면 그렇게 아무렇지도 않은 거죠? 내가 이렇게까지 하는데 꿈쩍도 안 하다니. 비참할 지경이에요."

"그게 난……."

"요코 씨 때문이죠? 내가 요코 씨 입장이면 얼마나 행복할까요."

"나는 요코를 생각하지 않으면 안 됩니다. 운명이니까요."

"왜 그렇죠? 요코 씨가 저렇게 돼서인가요?"

"그건 아니에요. 처음부터 정해진 운명입니다."

"그런 정열, 나도 한번 표현해 볼까."

"당치도 않습니다."

"속상해 미치겠어요."

탁자 위에 엎드린 소희는 흐윽 하고 신음을 했다. 갑자기 왜 그러나 했더니 목 놓아 울고 있었다. 검은 머리는 헝클어지고 어깨가 떨렸다.

영민은 그녀를 바라보고 있는 동안에 애달픈 기분으로 바뀌어져 갔다. 산속의 온천 방에서 지금은 오로지 단둘뿐이다. 아름다운 장미가 눈앞에서 하소연하며 슬퍼하고 있다. 예삿일이 아니다.[13]

마치 아득한 꿈만 같았다.

"정신 차려요. 이제 그만 소희 씨 방으로 돌아가야죠."

소희는 머리가 흔들리도록 흐느껴 울었다. 사람을 달래기는커녕 자신의 감정도 제어하지 못하는 영민은 불현듯 큰일이 일어날 것만 같아 방을 뛰쳐나갔다.

---

13 이 부분의 원전(黑髮は亂れて□が搖れた。見詰めているうち、英民は□しくなってきた。山の中の 一と□に今ただ二人がある。美しさ薔薇が、眼の前で訴え、歎いて□る—なみなみのことではない、…)에는 탈자가 있으나 역자가 문맥이 통하게 적절히 번역했다.

다음 날 아침 무사히 지나간 어젯밤을 돌이켜 보고 안도하며 가슴을 쓸어내렸다.

옆방에는 여전히, 그것도 소희가 혼자 묵고 있었다.

아무 일도 없었지만 영민은 온몸이 노곤했다. 어떻게 해야 소희에게서 다시 도망칠 수 있을까를 궁리하다가 여관 뒤 낙엽이 쌓인 소나무 숲으로 걸어갔다. 숲속은 온통 눈처럼 쌓인 황금빛 낙엽 천지였다. 화사한 줄기를 흔들자 흩날리는 눈가루처럼 우수수 떨어졌다. 맨발로 지면을 밟자 융단처럼 부드러웠다. 누워 보았다. 복잡하게 얽힌 우듬지 틈새로 푸른 하늘이 조각조각 딱딱한 광석처럼 엿보였다.

제9회 외로움

1.

퇴원한 지 얼마 지나지 않은 요코는 집에서 요양하고 있었다.

다행히 합병증이 생기지 않아 거뜬히 일어나기는 했지만 이런저런 근심 탓에 몹시 쇠약했다. 방에서도 누워 있는 시간이 많았다. 누워 있으면서 뼈에 사무치게 외로웠다.

지독한 외로움이었다. 세상이 끝난 듯하고 온몸의 기가 빠져나가는 듯한 외로움이었다. 모든 것이 누렇게 보였다. 희미하게 울리는 환청 탓에 귀가 먹먹할 때도 많았다.

'고독은 사람을 마음의 귀족으로 만든다.'

누군가의 표현을 아무리 생각해 봐도 고독을 견디기는 힘들었고 마음의 귀족이 되어 봐도 그런 쓸쓸한 자랑은 아무런 보탬이 되지 않았다. 귀족이 아니어도 좋았고, 고독해지고만 싶은 것도 아니라는 결론을 내렸다.

책상 위에 어지럽게 흩어져 있는 문학서를 집어 들고 이리저리 들춰 보아도 공허한 마음을 적셔 주거나 풍요롭게 채워 주지는 않았다. '고독'이라는 제목의 번역서가 눈길을 끌어 책장을 넘겨봤지만 더 이상 읽지 못하고 도중에 던져버렸다. 고독과 끈질기게 싸웠던 사람들에게 경의를 표하기는 해도 고독과 친숙해지기는 도저히 불가능한 일이다. 인간은 누구나 고독하다고 말한다. 하지만 그 말은 여전히 고독을 즐긴다는 말로밖에 들리지 않는다. 고독의 바깥에 있으면 고독은 즐길 만하지만 한가운데에 있으면 거기에 압도당할 뿐 음미할 마음의 여유는 사라진다.

해질녘 방 안은 유달리 고요했다. 창에 비쳐 든 나무 우듬지의 엷은 그림자를 응시하고 있노라면 안타까운 느낌이 든다. 사방이 벽으로 둘러싸인 그 작고 어둑한 공간이 그대로 해저 어딘가에 가라앉아 있는 듯하다. 창문에서는 더 이상 맑은 공기가 들어오지 않는다. 방 안의 공기는 점점 희박해지고 탁해져 호흡하기가 힘들어지며 가슴이 답답해진다. 질식할 것 같은 환상에서 벗어나려고 요코는 발버둥 치다가 이불을 걷어차고 윗몸을 벌떡 일으켰다.

때마침 들어온 어머니가 다가와 걱정스럽게 요코를 어루만졌다.

"책 같은 걸 너무 많이 읽지 말거라. 피곤해서 병이 또 도지지 않니. 완전히 회복했다고 생각하면 착각이야. 아직 멀었어. 이제부터가 더 중요해."

"바닷속으로 가라앉는 기분이에요."

"너무 고민에 빠져서도 못 써. 아무것도 생각하지 말고 조용히 자렴. 넌 수척해진 네 얼굴을 아직 못 봤지? 건강이 제일이야. 생각은 나중에 천천히 해도 돼."

"엄마, 방에 같이 있어 줘요. 혼자 있으면 숨이 막혀요. 갑자기 정신이 아득해지고 가위에 눌리기도 해요."

"저런! 함께 있어 주마. 정신 똑바로 차리렴. 정신을 단단히 붙잡아."

히사코는 일어서서 책상 위의 책들을 정리하고 화로에서 쇠 주전자를 내려 차를 준비하기도 했다. 딸의 주위를 맴돌며 어미닭처럼 자애롭게 돌보았다.

"요코 넌 훌륭한 사람이야. 훌륭하고말고. 세상 누구보다도 훌륭하단다."

젖먹이를 어르는 듯한 말투였다. 아무리 성인이라도 어머니에게는 젖먹이일지도 모른다.

"아무나 할 수 있는 일이 아니었어. 너만이 할 수 있는 훌륭하고 멋진 일을 했어. 그러니 넌 누구보다도 대단해. 남들은 못하는 인생 공부를 한 거야. 이제부터 술술 풀릴 거야. 이미 큰 파도는 단숨에 뛰어넘었으니까."

"장밀 그럴까요? 뛰어넘은 걸까요?"

"그렇고말고! 벌써 저만큼 앞서 갔는걸. 모두 오래전 일처럼 느껴지지 않니? 그런 파도는 이제 다시 오지 않을 거다."

동화를 들려주는 듯한 어머니 앞에서 요코는 진심으로 젖먹이 어린아이가 되고 싶었다.

2.

학교에서 돌아온 마키는 요코의 방으로 들어갔다.

"어머니. 저와 교대해요."

어머니는 다른 일을 보도록 내보내고 자기가 대신 동생의 말상대를 해 주었다.

"연구실에서 혼자 일을 하다보면 이때쯤 쓸쓸해지더라."

"오빠도 쓸쓸해?"

"안 군이 고향에 내려가고부터 학교가 쥐 죽은 듯 조용해졌어. 집에 와서 기염을 토하며 떠들던 게 어제 일 같은데. 오늘도 이제 다 갔구나 하고 생각하면 뼛속까지 서늘해."

"누구나 쓸쓸하구나."

"모두 쓸쓸해. 너도, 나도…… 안 군도."

"누구나, 모두가."

"자작의 딸도 그럴걸. 틀림없어."

요코의 머릿속에 아직 소희의 일이 맴도는 것을 눈치 챈 마키는 그런 부분까지도 거론하며 위로했다.[14]

---

14 이 부분의 원전(そんなところまで□□□みた。)에는 탈자가 있으나 역자가 문맥이 통하게 적절히 번역했다.

"자작의 딸도 외로울까?"

"그럼. 누구나 다 똑같아."

마키는 우연히 정답을 맞혔는지 모른다.

소희의 일은 영민만이 알고 있다. 영민의 뒤를 쫓아 도시에서 산으로 찾아와 헛된 모험을 시도했지만 결국에는 서러움을 표출시키고 끝난 그녀의 외로움은 분명히 그녀 자신과 영민만이 아는 일이었다. 그런 사실을 마키가 알아맞힌 것이다. 입에서 나오는 대로 말했는지도 모르지만 진실을 꿰뚫어 본 것임에 틀림없다.

병실에 갑자기 나타나서 요코를 당혹케 한 소희였다. 꽃처럼 밝고 활기찬 그녀가 나중에 얼마나 대담하게 행동하고 자신의 길을 개척하기 위해 심기일전할지 상상하는 것은 요코를 괴롭히는 가장 큰 원인이었다. 뜻밖의 강적이 출현하여 괴로움이 또 하나 더해진 셈이다. 몸의 병보다 오히려 그쪽을 더 깊이 고민했다. 언제나 다정하게 위로해 준 사람은 마키였다. 오빠라기보다 좋은 벗으로서 충실했다.

"그렇게 흔들리면 안 돼. 확신을 가져. 중요한 건 확신이야."

신념으로 불타는 말이었다. 늘 큰 힘을 주었다.

"나는 안 군을 믿어. 언젠가 했던 약속을 믿는다. 그는 굳건한 남자야. 더 이상 실수는 안 할 거다."

"나도 믿어요."

"그럼 좀 더 기운을 내봐. 계속 쓸쓸해 하지 말고."

그러더니 오늘은 한 통의 편지를 내놓았다.

"안 군 편지다. 들어오는 길에 현관에서 집어 왔어."

"그래요?"

편지라는 말을 들으면 요코는 늘 설레었다. 조금 큼직한 봉투가 한 손 가득 믿음직스럽게 들려 있었다.

"잠깐 오빠 방에 가 있으세요."

오빠가 나가자 요코는 서둘러 봉투를 뜯었다. 언제나 그렇듯 행에서 행으로 그리움으로 가득한 눈이 빨려 들어가는 듯했다.

시골로 내려왔지만 조금도 진정되지 않고 뭣하러 왔는지 의미도 모르겠습니다. 무언가에 대한 분노였겠지요. 이제는 저 자신에 대한 분노로 바뀌어 갑니다. 학교나 친구나 성에 차지 않는 점들은 많지만 지금은 도리어 자기혐오에 사로잡혀 있습니다.

여전히 생각지 못한 장애가 눈앞에 어른거립니다. 혼자 고민하고 대책을 세우지만 평정을 잃고 마음은 뒤숭숭해집니다. 모두 제가 부족한 탓이지요. 무기력함을 절감하고 있습니다.

오랜 방랑을 끝내고 온 기분입니다. 무엇을 위함인지 이유도 없고 해결책도 없는 방랑을 하고 온 듯한 기분입니다. 축 늘어지는 마음의 피로를 느낍니다. 방랑 탓일까요? 아닙니다. 방랑을 해본 덕에 마음의 결정은 여전히 변함이 없습니다. 처음이나 지금이나 한결같습니다. 그렇기에 요코 씨에게 걱정을 끼친 일이 수도 없이 많을 거라고 생각합니다. 저를 믿어 주십시오.

상경하고 싶은 일념으로 가득합니다. 하루라도 빨리 만나서 모든 걸 제자리로 돌려놓아야 한다고 생각하면 새로운 힘이 솟구칩니다. 이제부터는 모든 것을 확고히 다질 뿐입니다. 그럼 만날 그날까지 건강하고 편안하시기를. 영민.

3.

영민의 연구실은 영민이 떠날 때 그대로였다.

마키가 문을 열자 주인 없는 휑뎅그렁한 방이 오싹하게 느껴져 자기도 모르게 움찔할 정도였다.

책상도 책꽂이도 타자기도 사용하던 당시 그대로였다. 말은 없지만 모두 제각각 어떤 표정을 시닌 듯했다.

그것들의 표정 속에서 주인의 부재는 한층 공허하게 느껴졌다.

책상 위에는 어느새 먼지가 쌓여 있었다. 마키는 손가락 끝으로 장난을 치며 그곳에 흐르는 시간의 층을 가늠했다.

"먼지는 쓸쓸한 것이구나."

빈 의자가 말을 거는 듯했다. 방 안 어딘가에 영혼이 숨어서 그것이 그런 집기류와 함께 호흡하는 듯했다.

창밖에는 잎이 떨어진 플라타너스의 우듬지가 쓸쓸하게 방을 들여다보고 있었다. 나무에 변화가 생기듯 방에도 변화가 일어나서 놀란 것일까.

연구실 안쪽의 중문을 열고 이웃한 시마 교수의 방을 들여다보니 노교수는 늘 변함없는 자세로 책을 펼쳐 놓고 있었다. 집기류같이 무표정하면서 집기류처럼 어떤 표정을 짓고 있는 듯했다.

"선생님, 적적하지는 않으십니까?"

"적적하지. 저기에 안 군이 있다가 금방이라도 들어올 것 같아."

엄격하기만 하던 교수는 조심스러운 눈빛으로 마키를 보았다. 마키는 교수의 그런 사근사근한 눈빛을 여태까지 한번도 본 적이 없었다.

"제일 아끼는 것을 손에서 놓친 기분이야. 그런 기분은 점점 분명해져."

"아끼던 것이 늘 있던 자리에 없다는 게 왜 이렇게 괴로울까요."

"이런 일은 평생에 단 한번으로 족해. 엄청난 감정의 낭비를 요구하거든."

교수의 그런 애정 어린 말을 그때까지 들은 적이 없었다.

"아 참! 그 후로 여동생은 어떤가?"

"염려해 주신 덕에 깨어났습니다. 심려를 끼쳐 드려 죄송합니다."

"신문 잘못이 크지. 쓰지 않아도 될 일을 그렇게 떠들썩하게 대서특필하다니. 사생활을 과장해서 여기저기 뿌리는 게 제일 나쁜 풍조라고 생각해."

"이미 벌어진 일을 이제 와 어쩌겠습니까마는 후속 조치에 관대해야 하고 사회적으로도 아량이 필요하다고 생각합니다. 전 이번에 크게 절감했습니다. 이렇게까지 냉정하게 내동댕이쳐지면 설 곳이 없지 않습니까? 특히 학문으로 출세하려는 사람이라면 조금은 동정의 눈으로 바라봐도 좋지 않을까요?"

영민에게 내려진 학교의 조치를 두고 마키가 분개해서 하는 말임을 알고 교수가 대답했다.

"나도 충분히 공감하네만 별수 없이 박정한 세상 아닌가."

사과의 뜻이라고 봐도 좋을 만큼 저자세였다.

"교수회의의 경위는 대체로 이해가 갑니다. 하지만 좀 더 좋은 방법은 없었을까요? 참작의 여지가 있었다면 학원의 체면을 생각해서라도 관대하게 재량을 베풀었어야 합니다. 교수들의 편협한 탁상공론의 희생자로 삼는 건 너무 억울하지 않습니까?"

"맞아. 의견이 분분했지. 게다가 각자 자기만 옳다고 생각하니 엄정한 판단은 영원히 불가능할 거야. 결국 당분간은 외부에서 안 군 대신 다른 사람을 보내준다고는 하는데, 물론 나도 불만이 많아."

"교수님께서 주장하셨듯이 실력 본위로 처리했다면 어땠을까요?"

"다들 들으려고도 하지 않아. 내 실력주의가 패배한 건지. 참으로 개탄스러운 일이야."

망연해 하는 교수의 태도에는 패장(敗將)의 느낌이 감돌았다.

"이제 학문의 전당은 사라졌어. 솔직하기는커녕 세상에서 가장 추악한 곳인지도 몰라."

"이번 조치는 적어도 저희 조교수 전체에 대한 하나의 위협처럼 보여 유감입니다. 고작 사소한 개인사 때문에 자신을 길러 준 모교가 나서서 앞날을 가로막다니 말이 됩니까? 저희에 대한 모욕이자 유린입니다."

"지당한 말일세. 자네 기분은 나도 잘 알아. 하지만 나한테 따져 봐야 어차피 무의미한 일일세. 전부를 상대하기에는 나도 이제 속수무책이야. 내 한 몸 던져 본들 꿈쩍도 안 할 걸세. 단일한 힘으로 뭉쳐 있거든. 불쾌한 일이지만 언제부턴가 그런 일이 만연해졌어."

"……."

"안 군은 내가 제일 잘 알지. 안 군만큼 실력 있는 사람은 근방에서 찾기 힘들어. 지금도 안 군의 논문을 읽고 있는데 참 훌륭해. 하지만 실력만 갖고는 더 이상 어렵게 됐어. 언제부터인지 모르지만 이런 풍조가 생겼단 말이야. 그야말로 한심하기 짝이 없어."

"……."

"실은 나도 아주 질려 버렸다네."

4.

하나이는 요코의 자살 소동이 있고부터는 학교도 게을리하고 우울한 얼굴로 집에서 뒹구는 일이 많았다.

그에게도 모든 일이 예상 밖이었다. 결과를 그 정도까지 기대하지는 않았다. 영민을 조롱한 것이 요코를 자극해서 극단적인 정열의 표현으로 이끌었고, 마키를 이렇게까지 격분시키리라고는 짐작도 못했다. 또 신문 보도가 화근이 되어 영민의 장래에까지 재앙을 불러올 줄은 예상하지 못했다. 생각보다 엄청난 결과를 초래했다.

요코에 대해서도 마찬가지였다. 그녀를 사모하는 마음에서 시작한 일이 결국 이 지경에 이르렀다. 그녀를 생각하는 마음이 컸던 만큼 결과는 전혀 의외였고, 결과가 엄청난 만큼 번민도 컸다. 무엇보다 격분하는 마키를 보기가 괴로웠다. 자신이 영민에게 어떤 속내를 품었는지는 개의치 않고 마키가 영민을 위해 그렇게까지 화를 낼 줄은 예상하지 못했다.

"그런 잘못된 생각부터가 글러 먹었어."

병원의 포플러 아래에서 마키가 호통치며 했던 말이 가슴에 새겨져 영영 지워지지 않았다. '이제는 피도 눈물도 없다고 했다. 순수한 애정이란 어떤 경우든, 어떤 장애물이든 극복하며 교류하는 것이고, 그런 애정이야말로 가장 바람직하고 존경할 만한 것이다.'라고 하면서 하나이를 강하게 비난했다. 마키가 영민을 그 정도로 감쌀 줄은 몰랐다. 맑고 순수한 인간 앞에서 하나이는 눈이 부셨다. 스스로를 진심으로 부끄러워했다.

마키와 요코를 생각하면 하나이는 괜스레 슬펐다. 크고 고통스런 진실을 깨닫는 기분이었다. 사무치는 외로움에 가슴이 저미는 듯했다. 진실은 슬펐다. 무자비하고 냉엄하기 때문이다.

"내가 그렇게 잘못했나?"

옆에 누가 있다면 붙들고 하소연하고픈 게 요즘 하나이의 심정이었다.

"좌우지간 다들 그렇게 생각해."

때마침 와 있던 아오키가 숨김없이 이야기했다.

"견딜 수가 없어. 이렇게 될 줄은 꿈에도 몰랐어. 이럴 줄 알았으면 당연히 안 했을 거야."

하나이는 몸부림칠 때처럼 괴로운 표정을 지었다.

"뭐야. 그렇게 나약한 소리만 해서 어쩌겠다는 거야?"

"약하고 강하고의 문제가 아니라고. 내가 나쁜 놈으로 여겨지는 게 괴로워서 못 참겠어."

"못나기는. 네가 메피스토펠레스라도 되냐. 한심하지도 않아?"

"나는 메피스토펠레스가 될 수 없는 인간이야. 악당 두목이 아니라고. 차라리 악당이라면 얼마나 좋을까. 하지만 도저히 불가능한 일이야."

"이제 와 새삼 징징대지 좀 마라. 꼴불견이야."

"아무리 그래도 앞으로는 악당이라고 부르지 말게."

"아무리 진심이라도 그렇게까지 주절거리면 망신거리야. 정신 차려."

"요코에게 미안해 죽겠어. 뭐라고 해야 할지 모를 만큼 미안해."

하나이가 했던 모든 말 중에서도 이 한마디가 어쩌면 가장 마음 깊은 곳에서 우러난 고백인지도 모른다. 승부가 갈리고 모든 것이 정해진 오늘도 여전히 요코를 향한 사모의 정은 사그라지지 않았다. 번민하며 방 안에서 뒹구는 하나이의 가슴속에서 결코 질릴 리 없는 이 감정이 쉴 새 없이 물밀 듯 밀어닥쳤다.

"요코를 만나 모든 것을 사죄하고 싶어."

한 치의 거짓도 없는 솔직한 마음이었다.

제10회 빛과 그림자

1.

영민에게 자리를 물려준 야베는 교단을 떠나자 유럽 여행을 떠날 준비로 여유로운 가운데 알뜰히 움직였다. 주변 정리도 했고, 여권도 나왔으므로 나머지는 출발할 날만 기다리는 일뿐이었다. 갑자기 신변에 활기가 생기고 밝고 화려한 분위기가 주위에 감돌았다. 학부 안팎의 유력자들이 뜻을 모아 후원회를 조직해서 격려와 준비, 송별 등 잡다한 일들을 처리했다. 활기찬 분위기 속에서 당사자인 야배도 한층 긴장감을 느꼈다. 송별 강연회에 불려나가 끊임없이 이어지는 격려사를 듣고 있으려니 빛을 올려다볼 때처럼 눈부신 기쁨을 감출 길이 없었다.

도서관의 대기실 같은 곳에서 교수들에게 붙잡히면 으레 서양 여행담이나 유학 경험담을 한바탕 들어야 했다. 이야기하는 쪽은 여행 선배로서 자랑스러워 했고 듣는 쪽은 더욱 희망에 부풀었다.

“여기는 지금 춥지만 배 안에서 곧 여름을 맞을 거요. 인도양을 건널 쯤에는 한여름 중에서도 한여름이죠. 우리나라에서는 좀처럼 겪기 힘든 더위예요. 며칠씩 찌는 더위에 시달리다 보면 문어처럼 흐느적거리게 됩니다.”

“런던의 겨울은 흐리고 우중충해서 아주 음산하기 짝이 없어요. 유럽의 겨울은 대체로 섬이든 대륙이든 우울하지요.”

야베는 런던 소재 대학에 한동안 적을 두기로 정해져 있었다.

“뭐니 뭐니 해도 로마지. 겨울부터 초봄에 걸친 남쪽의 풍물은 말로 표현하기 힘들 정도로 훌륭하거든. 로마의 봄을 본 다음 순서대로 보면서 북쪽으로 올라가 봐. 유럽은 아름답고 즐거운 곳이야.”

진지하게 말하는 이는 로마에 오랫동안 유학하며 로마법을 전공한 소장파 교수였다.

“여름은 스위스, 가을은 파리지요. 스위스 산간 지역에는 여름에도 빙하가 흐른답니다. 빙하 봉우리를 넘어가다 보면 골짜기에 사람의 모습이 비쳐서 무지개처럼 아름다워요. 초원의 양떼와 목동의 노랫소리까지 모든 것이 목가적입니다."

독일어 조교수의 이야기였다.

"3년이나 머물면서 가장 인상에 깊었던 나라는 역시 스위스지요. 두고두고 잊지 못하는 건 시골 우유의 맛입니다. 죽처럼 걸쭉해요. 갓 짜낸 끈적끈적한 우유가 목으로 넘어갈 때면 꿀꺽꿀꺽 소리가 날 정도지요. 고소한 풍미가 입안 가득히 퍼지고 옥수수 즙을 삼키는 느낌이 나요. 우유의 참맛이랄까요. 그걸 마셔 보지 않고 왔다면 유럽의 맛을 모르는 거나 마찬가지입니다. 저는 누구에게나 일단 스위스 우유부터 추천합니다. 야베 씨도 실컷 마시고 오겠군요. 필시 사고방식이 변할 겁니다. 진정한 서양 문명의 맛을 알게 될 테고요."

장황한 술회를 듣고 있자니 야베는 눈앞에 그려지는 동경으로 가슴이 벅차올랐다.

거리로 나오면 선배들의 충언이 있고, 집으로 돌아가면 어수선한 짐들을 보며 기쁨이 흘러넘쳤다. 큰 꿈이었건만, 게다가 한낱 꿈으로 그칠지도 몰랐건만 현실로 이루어지려 한다. 넓게 비추는 빛 한가운데에 있는 듯한 기쁨이었다.

여러 개의 커다란 트렁크에 책과 옷가지와 자질구레한 소지품을 채웠다. 그 가죽 트렁크가 돌연 불가사의하게 느껴졌다. 한 사람의 인생과 생활이 그 안에 간단히 채워진 것이다. 배가 불룩해질 만큼 즐거운 꿈을 품은 트렁크는 둘도 없는 동반자처럼 여겨졌다. 익숙지 않은 선실에서, 혹은 번번이 달라지는 타국의 숙소에서 그 정다운 가죽 상자는 생명체인 양 말을 걸어 주리라. 고국의 향기를 고이 간직한 채 가는 곳마다 추억의 라벨을 붙여 여러 장이 모이면 주인에게는 위로와 격려가 되리라.

이제 배편을 기다리기만 하면 되는 꿈의 트렁크 몇 개는 방 안에 쌓여 있어서 무한한 여정을 북돋았다. 관련 여행기와 기행 문집 등을 코앞에 두고 펼쳐보면서 여행의 주인공은 분망함 속에서도 유쾌한 환상에 빠져들었다.

2.

후원회에서는 조만간 송별회를 열기로 했다.

당일의 행사를 정하거나 안내장을 발행했는데 학내에서는 아오키가 간사 역할을 맡았다. 그도 똑같은 꿈의 실현을 가까운 장래에 앞두고 있어서 동료의 기쁨이 고스란히 자신의 기쁨인 듯하여 공연히 마음이 들떠서 밝고 유쾌한 분위기 속에 자신도 하나가 됐다.

마키도 물론 안내장을 받았는데 아오키가 직접 참석을 권하기도 했다. 아오키의 친구들처럼 기쁨에 동참하려 했지만 마음 한구석 걸리는 무언가가 있었다. 늘 영민의 심경을 헤아리는 그였기에 당연한 일인지도 모른다.

> 기쁨이여, 가만가만 춤추어라. 나의 우울, 나의 마음 아파한단다.

참석은 약속했으나 분망하고 화려한 송별회에 적극적으로 참여하지 않는 까닭은 그런 마음 때문이기도 했고 일신상의 변화도 한 원인이었다.

돌연 도쿄에 있는 외삼촌 다키카와 히로토(瀧川弘人)에게서 전보가 왔다. 조선에 방문할 예정임을 알리는 전보였다.

어머니의 친오빠인 다키카와는 작은 기업을 운영하여 지금은 아쉬울 것 없이 부유한 사람이었다. 하나뿐인 누이를 멀리 조선에 보내놓고 늘 가슴 아파했다. 게다가 매제가 세상을 떠난 뒤 지금에 와서는 기회만 닿으면 누이를 도쿄로 데려가서 단란하게 여생을 보냈으면 하는 게 염원이었다. 그런 연유로 최근 요코의 자살 소동을 전해 듣고 대경실색했음은 불 보듯 뻔했다. 방문 목적은 대강 짐작이 갔지만 사업체를 맡고 있는 몸으로 찾아온다니 아무래도 의외였다.

역으로 마중 나간 마키가 말했다.

"편지도 아니고 갑자기 전보를 받아서 조금 놀랐습니다."

외삼촌은 다짜고짜 채근하듯 물었다.

"요코의 상태는 어떠냐?"

아니나 다를까, 요코 때문에 일부러 조선까지 온 것이다.

"요코 때문이라면 지금 이렇게 부랴부랴 오실 필요는 없었어요. 편지만으로도 충분했는데요."

히사코가 그만 눈물을 글썽거렸다.

"답답해서 참을 수가 있나. 내 눈으로 직접 확인을 해야 마음이 놓이지."

외삼촌은 고개를 좌우로 흔들었다.

요코를 어렸을 때부터 누구보다 아꼈다. 조카임에도 자기 자식처럼 금이야 옥이야 애지중지했다. 아이를 갖지 못한 탓일지도 모른다. 다키카와는 아이가 없는 적적함을 가장 힘들어 했다.

"일부러 이렇게 오시게 해서 죄송합니다."

마키는 어머니보다도 더 외삼촌의 마음 씀씀이에서 혈육의 정을 느꼈다.

"고맙습니다, 외삼촌."

"쓸데없는 말은 그만하고, 요코의 상태는 대체 어떠냐니까."

외삼촌은 애가 타서 크게 소리쳤다.

"쌩쌩합니다. 다행히 목숨은 멀쩡합니다. 외삼촌을 만나면 굉장히 기뻐할 거예요. 지금 일어나서 기다리고 있습니다."

"한심한 짓을 했구나. 어째서 또 이런 일이 벌어진 거냐?"

"이유는 모르겠고, 금년에 무슨 마가 꼈는지 사고 한번 제대로 쳤죠."

"도쿄에 있는 식구들도 다들 걱정이 많다. 나를 떠밀다시피 하면서 보내더구나."

"괜한 걱정 끼쳐드렸습니다."

"쌩쌩하다니 안심이야."

"그 애는 어렸을 적부터 그런 기질이 있었잖아요. 남들보다 갑절은 심하지요."

"요코의 기질은 좋아한다만 이번 일은 용납 못한다. 절대로 안 돼! 어처구니없는 짓을 해서 사람을 놀라게 하다니."

"요코도 죄송해 하고 있어요. 이번 일을 계기로 좀 더 철이 든다면야 불행 중 다행이겠죠."

"그 남자 놈은 어떠냐? 인물이 어때?"

"순수하고 훌륭한 사람이랄까요."

영민에 대해서는 마키가 대답했다.

"사소한 오해 때문이었답니다. 서로 깊이 사랑해서 그런 일도 생겼을 테죠. 사랑하는 사이의 심리랄까, 그게 오히려 바늘처럼 예민해졌던가 봐요. 알고 보면 별것도 아니었습니다."

"대체 어떤 청년이기에 요코가 이성을 잃고 그런 한심한 짓을 저지른 거냐? 형편없는 놈 아니냐?"

"놀랄 만큼 훌륭한 사람입니다. 웬만한 사람이니 요코가 반했겠지요. 틀림없습니다."

"세상에 훌륭한 남자는 쌔고 쌨어. 요코의 마음이 어떻든 나는 찬성 못한다. 절대 반대야."

외삼촌의 말투에서 무언가 확신에 찬 굳은 심지가 느껴졌다.

거리를 달리는 자동차 안에서 마키 모자는 은연중에 긴장하고 있었다.

3.

이튿날이었다.

"요코를 데리고 가마."

외삼촌은 가당치 않은 말로 고집을 부렸다.

"기분 전환도 시키고 겸사겸사 몸조리도 하게 하마. 따뜻한 도쿄가 건강에도 좋을 게다."

아직 여위고 창백한 요코의 모습을 보고 걱정스러웠는지 당최 물러설 기미 없이 완강하게 버텼다.

어머니의 입장에서 보면 지당한 말이었지만 염려스러워서 뭐라고 대답하기가 곤란하여 이러지도 저러지도 못했다.

"건강을 위해서는 괜찮겠지만 한번도 나라 밖으로 나간 적이 없는 아이예요."

"그러니 데리고 가겠다는 말이야. 도쿄 구경도 실컷 시켜 주지."

"도쿄에서 학교에 다니겠다고 했는데도 떼놓기가 힘들 정도였어요. 본인은 그렇다 쳐도 집에 남는 식구는 겨우 둘뿐이잖아요. 이런 큰 집에서 쓸쓸하게 어떻게 살아요."

"평소부터 염두에 뒀던 문제다. 언젠가는 전부 도쿄로 옮겨야 해. 이렇게 먼 곳에 살아서는 안 된다. 뿔뿔이 흩어져서 살면 어느 쪽이든 쓸쓸하기는 마찬가지야."

"마키의 학교 사정도 있고 그리 간단치가 않아요."

"그러니 요코만이라도 데려간다는 거다."

"외삼촌. 지금은 좀 기다려 주세요. 아직 일이 복잡하게 꼬여 있기도 하고, 무작정 도쿄에 간다고 해서 요코의 마음이 안정되는 건 아닐 겁니다."

마키는 여러 생각이 교차하여 복잡한 심경이었다. 누이를 떼놓기가 쉽지 않다는 점을 잘 알고 있었다.

"아직도 일이 복잡하게 꼬여 있으니 요코만 깨끗이 빠져나가겠다는 거야."

“글쎄요. 그게 깨끗이 빠져나갈 수 있는 문제일까요? 가 버린다고 결말이 날 문제였으면 걱정을 안 합니다.”

“그럼 뭐냐? 남자 때문이냐?”

외삼촌은 마키를 똑바로 쳐다보았다.

영민을 정확히 짚어냈으므로 마키도 더 이상 언급을 피할 수는 없었다.

“네, 맞습니다. 그쪽을 해결하는 게 가장 큰 문제입니다. 나머지는 문제도 아니죠.”

“남자 문제 따위 아무렴 어때? 만나 봐야 더 헷갈리기만 하지.”

“아닙니다. 외삼촌도 만나 보세요. 지금 경성에 올라와 있을 겁니다. 요코도 외삼촌께서 그러기를 바라고 있으니 꼭 만나 주십쇼.”

“나는 안 만난다. 만날 필요도 없어. 나는 애초부터 반대야. 이런 상황에서 그런 중대사를 꼭 매듭지을 필요는 없다. 혼담이라면 도쿄에도 얼마든지 널렸어. 요코 일은 내가 다 책임지기로 하마.”

“외삼촌, 그런 이야기가 아니잖아요. 혼담이네 뭐네 그런 쓸데없는 일이 아니라고요.”

“됐다. 무슨 일이 있어도 내가 전부 떠맡으마. 나한테 생각이 있어.”

“외삼촌까지 생각하시는 게 똑같군요. 편견 말입니다.”

마키는 무심결에 언성을 높였다.

요코는 더 이상 참지 못하고 자리에서 일어나 자기 방으로 피했다. 괴로운 심정으로 책상 앞에 털썩 주저앉았다.

'나를 어쩌려는 걸까?'

외삼촌이 와주어 기뻤건만 도리어 쓸데없는 근심을 불러들인 셈이 되고 말았다. 갑자기 왜 저런 말을 꺼내실까.

'생각이 있다니, 대체 무슨 생각일까?'

뭔가 꿍꿍이가 있는 듯했다. 무작정 고집만 부리는 눈치는 아니었다.

어찌 됐든 영민을 빨리 보고 싶었다. 외로움도 외로움이지만 만나서 모든 것을 명확히 하고 싶었다. 이대로 있다가는 돌이킬 수 없는 상황에 빠질 듯한 예감이 들었다. 어떤 장애물이 기다리고 있다가 예상치 못한 부분에서 모든 일을 물거품으로 만들어 버릴 것만 같았다.

"영민 씨는 지금 어디 있을까. 언제 돌아오는 걸까."

초조해지면서 눈앞이 캄캄했다.

4.

그러나 외삼촌의 의지는 생각보다 강해서 결국 다음 날 밤 요코를 데리고 도쿄로 떠났다.

마키와 요코가 아무리 우겨도 귓등으로도 듣지 않았다. 본인 손으로 요코의 트렁크에 짐을 꾸리고는 우격다짐으로 요코를 데리고 밤기차를 타고 떠나버렸다. 어머니와 마키는 어안이 벙벙해서 그저 쳐다보기만 할 뿐이었다.

"걱정할 거 없다. 해롭게는 안 할 테니. 모든 건 나에게 맡겨."

아무도 대답을 하지 않자 덧붙여 말했다.

"당분간 쓸쓸하겠지만 그런 사치스런 말은 꺼내지도 말아. 요코 녀석 야윈 것 좀 봐라. 아직 환자가 아니냐. 따뜻한 곳에서 요양하지 않으면 정말 큰일 날 거다. 얘, 요코야, 너도 정신 똑바로 차려야 한다."

외삼촌은 혼자 쉴 새 없이 떠들더니 그대로 가 버렸다.

일진광풍이 지나간 다음 같았다. 사랑하는 피붙이를 떠나보낸 후의 집 안은 쓸쓸하기 그지없고 빈집처럼 고요했다.

특히 마키는 여동생을 보낸 뒤로 주변이 허전해서 일이 손에 잡히지 않았다. 사랑하는 가족과 한 사람, 두 사람 헤어지는 것은 견디기 힘든 슬픔이었다.

이렇게 요코를 떠나보낸 참이라 시끄러운 송별회 준비에도 동참하지 않았다. 화려하고 떠들썩한 분위기에서 자연스럽게 떨어져 나와 자기만의 세계에 틀어박혔다. 욱신거리는 머리로 그저 조용히 마음속의 기쁨의 춤사위를 바라볼 뿐이었다. 그러면서 송별회 당일을 맞이했다.

모임에는 참석하자라는 생각으로 아오키 일행과 함께 해저물녘 모임 장소로 향했다. '야베 강사 유럽행 송별회'라고 깔끔하게 쓰인 하얀 간판이 세워져 있고 조촐하게 차려입은 사람들이 이끌리듯 들어가는 곳은 양식당 야치요였다.

야치요는 언젠가 영민의 강사 승진을 앞두고 축하연이 열렸던 곳이어서 마키에게는 특별히 감회가 깊었다.

영민을 위한 사전 축하연은 헛된 기쁨으로 끝났다. 그리고 지금 야베는 좀 더 큰 영광을 차지하여 똑같은 장소로 향했다. 모임 장소에 발을 들여놓았을 때 마키는 가슴이 옥죄는 느낌이었다.

'오늘과 그날이 뭐가 다르지?'

줄지어 앉은 사람들과 떠도는 공기가 현격하게 달랐다. 새하얀 식탁에는 누가 정성을 들였는지 색색의 꽃을 장식했고 천장에는 일곱 색깔의 테이프가 무지개를 그리고 있었다. 색채는 그것만이 아니었다. 곱게 치장한 여자 손님들이 꽃보다도 밝게 검은 옷 사이사이에 섞여 있었다. 학교 관계자와 시내에서 온 친척과 지인들이 각자 자기가 지닌 색깔의 조합으로 전송받는 자의 영광에 꽃을 바쳤다. 행복하고 화려한 향기가 연회장 구석구석에서 흘러넘쳤다.

영민의 축하연에서는 요코 혼자였는데. 회상하는 것만으로도 쓸쓸했고 누이와 친구의 불행이 가슴을 더욱 아프게 했다.

연회가 시작되자 교수들이 축사를 하고 친구들의 격려사가 있었으며 본인이 답사를 발표했다. 만찬이 시작되어 탁상연설에 들어가자 저마다의 서양 경험담으로 이야기꽃을 피웠고 여자들의 즐거운 웃음소리로 떠들썩하여 연회는 유쾌하게 흘러갔다.

'영민이 때는 나도 일장 연설을 했었지.'

마키가 상념에 젖어 있을 때였다.

야치요 안의 모든 이목과 축하의 말이 연회장으로 집중되어 대기실은 불 꺼진 뒤처럼 조용했다. 그 고요 속에서 1인용 소파에 초연히 파고든 그림자가 있었다. 틀림없는 영민의 모습이었다.

제11회 젖은 포장도로

1.

영민이 양식당 야치요에 나타난 것은 안내장을 받아서가 아니었다. 경성에 올라오자마자 시내를 돌아다니다 우연히 들어간 곳이 공교롭게도 야베의 송별회장이었다. 밖에 서 있는 간판을 보기는 했으나 짓궂은 우연에 영민은 적잖이 놀라며 쓴웃음을 지었다.

모임은 이미 시작된 뒤라 식당의 생기와 빛이 연회장에 집중되어 대기실은 쥐 죽은 듯 조용해서 사람의 그림자조차 없었다.

카운터 쪽에서 키가 크고 흰 양복을 입은 사환이 나타나 안내했다.

"연회장은 저쪽입니다만."

영민은 행사 중간에 얼굴을 내밀기가 꺼려졌다.

"아닙니다. 고마워요."

소파에 몸을 기대자 자신의 그림자가 쓸쓸해 보였다.

"유럽에 가신다더군요. 굉장히 성대한 연회예요. 여성분들도 많이 오셨고요."

모임에 늦게 도착해서 망설이는 줄 알고 사환은 스스럼없이 말을 걸었다.

"그렇군."

"저희 양식당에서는 항상 높은 분들의 경사스러운 회합만 열려서 저희까지 어깨가 으쓱해집니다."

전에 있었던 영민의 축하연도 기억하는지 유독 친근하게 굴었다.

자기 얼굴도 기억하는 게 틀림없다고 생각하니 영민은 사환 앞에서 고개를 들지 못했다.

"성함을 써 주십시오."

사환이 모임 참석자의 이름을 기록하는 카드철과 펜을 내밀어 영민은 곤혹스러웠다.

"됐어. 난 따로 왔다고."

어색하게 언성을 높여서 웨이터를 물리쳐야 했다.

웨이터가 사라진 뒤에는 연회장의 웃음소리가 한층 명료하게 울려퍼져 화려한 분위기가 손에 잡힐 듯이 그려졌다. 여자들의 웃음소리는 그 자체가 한 번의 붓질로 그려진 색채처럼 아리땁게 보이는 듯했다.

'빛과 그림자.'

커다란 거리감을 느끼면서 빛의 피안(彼岸)을 바라보니 점점 그림자 속으로 빠져드는 기분이었다.

연회장에서 탁상연설 순서가 다가왔을 때였다. 마키는 그날 말을 잃어버린 사람처럼 뭐라고 해야 할지 아무런 준비도 못한 채 그 자리에 있기가 괴롭기만 했다. 결국 도중에 일어났다.

즐거워하는 친구들과 여성들 대열에 끼어서 공허한 말과 기분으로 고통스러운 조화를 계속 이어나가기가 힘들었다.

"실례 좀 할게."

옆자리 친구에게 넌지시 말하고 슬쩍 자리를 떴다.

칸막이 뒤로 돌아 나와서 대기실로 들어갔다. 소파의 인기척은 아랑곳하지 않은 채 작은 탁자에서 담배를 피웠다. 그때였다.

"마키."

목소리에 뒤돌아보니 그제야 거기에 있던 영민의 모습을 알아보았다.

"깜짝 놀랐잖아. 누군가 했어."

놀라움과 반가움으로 한걸음에 영민에게 다가갔다.

"하고 많은 중에 이런 곳에서 만난 줄이야."

마키뿐만 아니라 영민도 의외였다.

"송별회인 줄은 모르고 우연히 들어왔어. 엄청난 성황이군."

"더 있자니 죽을 맛이라 그냥 나왔어."

마키는 깊이 빨아들인 담배 연기를 천천히 뿜어냈다.

"나도 이젠 유순한 사람이 못 되는 가봐. 추억은 괴로워."

이번에는 담배를 빨아들이며 덤덤하게 말했다.

"요코는 어젯밤 도쿄로 떠나버렸어."

중요한 이야기일수록 심드렁하게 말하는 게 최선이라는 투였다.

영민도 의외로 태연했는데 "들었어."라고 대답했다.

"역에서 곧장 자네 집에 갔다가 다 들었어."

"그랬어?"

"유감이야."

"하루만 빨리 돌아왔어도."

"외삼촌이 왜 그렇게까지 강경하게 버티셨는지, 만나서 묻고 싶었네."

"고집을 부리신 거겠지. 달리 깊은 뜻이 있는 건 아니라고 생각해."

"내가 큰소리칠 입장은 아니지만 하루라도 빨리 돌아왔어야 했어. 무의미한 방랑만 하다 때를 놓치고 말았으니. 미안해."

2.

저녁 무렵.

갑자기 기온이 떨어져 거리는 으슬으슬 추웠다.

계절이 급격하게 변해 가는 기미가 느껴졌다.

포장도로에 면한 찻집에서 영민과 마키는 차를 마시고 있었다.

이렇다 할 중요한 용건은 없었지만 두 사람은 오후에 송별연에서 만났을 때와는 전혀 다른 분위기였다. 적어도 겉으로는 거센 폭풍 속을 뚫고 나온 다음처럼 평정을 되찾은 표정이었다. 서로 요구하는 바도 없었고 의견이 있는 것도 아닌 지극히 평온한 상태였다.

찻잔의 커피가 마약 같은 향기를 풍기고 음악이 간질이듯 흘렀다.

"《가나의 혼인 잔치》[15]군."

마키는 벽에 걸린 액자를 아까부터 바라보고 있었는데 영민도 그 그림에서 눈을 떼지 못했다.

마키의 목소리에서 혼인이라는 말이 선명하게 떠올랐고 영민은 그 그림 한 폭에서 일종의 동경과도 같은 환영을 불러일으켰다.

"붉은색과 파란색을 입고 수줍어하고 있구나."

---

15 《가나의 혼인 잔치(The Marriage Feast at Cana)》는 두초 디부오닌세냐(Duccio di Buoninsegna, 1255~1319)의 대작《마에스타(Maesta)》 뒷면에 그려진 성경 속 38개 이야기 중 하나이다. 예수가 물을 포도주로 바꾼 첫 번째 기적을 그린 작품이다.

고개를 숙이고 있다. 원색으로 칠해진 신부 모습이 고풍스러운 정감으로 다가왔다.

"예수는 저 혼인 잔치 때 처음으로 기적을 행했다지?"

마키도 옛날이야기의 분위기에 젖어 있었다.

"맞아. 일곱 개의 물동이에다 포도주를 가득 채웠다더군."

"아름답다고 생각하지 않나?"

"옛이야기는 모두 아름다워."

영민은 대답을 하고 바로 덧붙여 말했다.

"사실 혼인이 아름다운 거지."

그대로 침묵했다.

"혼인의 심리로군."

마키는 《가나의 혼인 잔치》에서 눈을 떼고 차를 호로록 한 모금 마셨다.

"또 물고기의 심리인가?"

영민이 미소를 지으며 대답했다.

"물고기는 벌써 때려치웠어."

찻잔을 내려놓고 말을 이었다.

"심리란 신비도 아무것도 아님을 알았네. 하나의 명백한 운동이야. 몸의 움직임이나 표정과 함께 달라지는 하나의 운동이라고. 물고기도 디어드리도 마찬가지지."

"물고기도 디어드리처럼 가슴 아파할까?"

"그럼! 슬퍼하고말고. 대낮에 맑고 깨끗한 물에 비친 그림자 속에 가만히 정지해 있거나 그림자가 흔들리는 것, 그게 가슴 아파하고 있는 거야. 암컷이나 수컷을 잃고 슬퍼하는 거라고. 인간도 다르지 않아."

"함부로 말하지 말게."

"연구 결과야. 물고기에게 슬픔이 없다는 사실은 무엇으로도 증명하지 못하거든. 그러니 물고기에게도 슬픔이 있다는 말이지."

"디어드리는, 사실……."

영민은 물고기의 슬픔보다 디어드리에 대한 생각으로 마음이 욱조였다.

"자살한 거야."

마치 목이 메는 듯한 목소리였다.

영민에게 디어드리는 이미 전설 속의 인물이 아니라 피가 통하는 현실의 피붙이였다.

영민의 마음 한곳을 차지한 영혼이 통하는 연인이기도 했다.

"그녀가 니시와 함께 스코틀랜드로 달아났다는 이유로 니시 형제는 콘코바 왕에게 살해당하고 그녀는 자살했지."

마키가 우는 거 아니냐며 영민의 얼굴을 유심히 들여다볼 정도로 가라앉은 목소리였다.

문득 창밖에서 웅성거리는 소리가 들려 돌아보자 포장도로에는 언제부턴가 빗방울이 떨어지고 있었다.

묵직한 눈발이 섞여 내리는 진눈깨비였다.

소복소복 내리는 눈 속에서 조심성 없는 사람들은 당황해 하며 발길을 재촉했다. 무수한 신발이 잇달아 달리고 여자의 다리가 물고기처럼 기운차게 통통 튀었다.

"결국 눈이 내리는구나."

마키는 방 안의 정취에서 깨어나 창밖을 멍하니 응시했다.

"첫눈이 진눈깨비라니, 음울한 얘기군."

"진눈깨비 내리는 밤인가."

영민도 뒤숭숭한 기분으로 포장도로를 바라보았다.

"드디어 계절이 본격적으로 시작되는구나."

포장도로 일대가 순식간에 젖어서 가로등 불빛을 받아 반들반들 빛났다. 불빛 속을 사람들의 발이 그림자처럼 지나갔다. 서두는 사람도 있고 천천히 보조를 맞추어 비를 밟는 사람도 있었다. 그렇게 어쩔 줄 몰라 하던 사람들이 어떻게 저리도 침착해졌을까 의아해하며 자세히 눈여겨보니 어느새 우비를 걸치고 장화를 신었다. 불과 몇 분 사이에 이런 준비를 하다니.

인간이란 느려 터진 주제에 주도면밀하다.

영민은 지켜보면서 점차 초조해지는 마음을 깨달았다.

사람들은 말없이 성큼성큼 포장도로를 지나갔다.

영민은 거칠게 재촉당하는 기분이 들었다.

"나 먼저 갈게."

영문을 몰라 멍하니 쳐다보는 마키를 남겨 두고 서둘러 의자에서 일어섰다.

"어쩌려고?"

"아파트로 가서 준비해야겠어. 이러고 있을 수만은 없어."

"무슨 준비?"

"떠날 거야. 나도 떠나려고."

서둘러 대답하고는 혼자 찻집을 나갔다.

마키가 어리둥절해 하는 사이에 영민은 젖은 포장도로를 바쁜 걸음으로 성큼성큼 걸어갔다.

옷이 젖고 신발에 빗물이 스며도 개의치 않고 정신없이 걸어갔다.

3.

진눈깨비가 내리는 밤에는 누구나 마찬가지로 애잔한 기분에 젖는 것일까?

병상에서 일어난 지 얼마 안 된 하나이도 그날 밤 왠지 모를 허전함에 타박타박 발소리를 내며 방 안을 서성거렸다.

창밖은 추적추적 비가 내리고 미닫이가 두텁게 밤을 감싸 안고 있었다.

자질구레한 소지품을 트렁크 안에 집어넣고는 가까이 있는 책장에서 읽다 만 책[16] 두세 권을 끌어당겼다. 별로 필요한 책은 아니었다. 그저 가방의 빈 구석을 채우려고 이것저것 잡히는 대로 골라낸 것이다.

낌새가 심상치 않다고 느꼈는지 여동생이 들어왔지만 하나이는 태연했다.

"오빠, 뭐하는 거야?"

16 원문에는 옷을 뜻하는 '기모노(着物)'로 쓰여 있으나 이는 읽을거리를 뜻하는 '요미모노(讀物)'의 오자로 여겨진다.

"여행 좀 다녀올게."

하나이는 아무렇지 않게 대답한 데 반해 여동생은 뜻밖이라는 듯이 물었다.

"여행? 그 몸으로 여행을 간다고?"

"따뜻한 곳이니까 걱정하지 마."

"온천에라도 가는 거야?"

"어. 딱히 온천은 아니고. 곧 알게 되겠지."

"뭐야? 행선지도 모르는 여행이라니. 걱정되잖아. 어머니가 들으시면 틀림없이 깜짝 놀라실 거야."

"네가 잘 말씀 드려. 금방 돌아올 거라고."

그리고는 혼자 낮은 소리로 중얼거렸다.

"꼭 가야만 해. 마음의 명령이야. 나중은 어찌돼든 지금은 거기에 따라야 해."

"몰라. 난 어머니께 말씀 드리고 올게."

"누가 뭐래도 이제 와서 변경할 수는 없어. 어떻게든 다녀와야 해."

여동생이 방을 나간 뒤에도 아랑곳하지 않고 가방을 싸던 손을 늦추지 않았다.

병에 지친 몸을 주체하지도 못하면서 무엇에 홀린 듯 비틀비틀 움직였다.

그는 요코의 도쿄행을 아침에 침상에서 듣고 알았다.

아오키가 야베를 위한 송별회에 참석할 것과 요코의 도쿄행이라는 새로운 소식을 들고 찾아와 하나이를 놀라게 했다.

"외삼촌이 억지로 끌고 갔다는데 아마 그쪽에 혼담이 있는 것도 같고 아닌 것도 같고. 영민에게 단단히 화가 났다나 봐."

무슨 재주로 그렇게 빨리 알아냈는지 전후 사정을 하나도 빠짐없이 전했다. 하나이는 자기도 모르게 다그쳐 물으며 눈빛을 반짝였다.

"그래? 그래서? 아, 그렇게 된 일이었군."

"점점 재미있어지고 있다니까. 자네 생각은 어때?"

'나도 가야겠어. 뒤쫓아 가야 해. 하는 데까지 해 봐야지. 이렇게 태평하게 있을 때가 아니야.'

하나이는 아오키의 물음에 대답은 하지 않고 속으로 이렇게 결심했다.

'오명을 쓰고 이렇게 병까지 얻은 것도 모두 그녀를 사모해서야. 이대로 순순히 물러설 순 없어.'

바로 그 순간 도쿄행을 결심한 것이었다.

"이런 얘기를 들으면 뭐하나. 소심한 메피스토펠레스는 이제 가만히 누워 있는 길밖에 없으니."

아오키는 악의 없는 말로 하나이를 놀리며 자리를 떴다. 하나이는 입 밖으로는 아무 말도 하지 않았다.

'뭐라고 지껄이는 거야? 내가 가만히 누워 있을 줄 알아? 반드시 가고 말 테다. 반드시 이겨야 하는 승부는 아직 멀었다고.'

생각에 생각을 거듭하며 밤이 오기를 기다렸다.

다음 날 하나이의 실종을 누구보다도 빨리 알아차린 이는 아오키였다.

하나이의 가족이 몹시 당혹해 하며 혹시나 하고 찾아왔던 것이다.

아오키도 적잖이 당황하여 되레 반문할 정도였다.

"무슨 낌새라도 있었습니까? 그 몸으로 무리나 하지 않으면 좋으련만."

"그게 제일 걱정이에요. 계속 누워만 있었거든요. 웬만한 고민이 아닌 이상 그런 짓은 하지 않을 거라고 생각해요."

"터무니없는 짓은 하지 않을 겁니다."

적당히 무마한 뒤 학교로 갔다. 아오키는 마키 말고는 그 수수께끼를 들고 찾아갈 곳이 마땅치 않았다.

"하나이도 사라졌어?"

마키는 잇따른 사건에 놀라움을 감추지 못했다.

"아마 도쿄에 갔을 거라는 추측이 들기는 해."

아오키의 추측이 마키는 뜻밖이었다.

"그건 또 왜?"

"어제 아침 내가 요코 씨 얘기를 했거든. 혼자 고민하는 모양이더라고. 그때 이미 결심이 섰는지도 모르지."

마키는 이제 자신이 수수께끼를 던질 순서라고 생각했다.

"실은 안 군도 어젯밤부터 자취를 감춰서 지금 걱정하던 참이야."

"안 군도?"

"고향에서 상경하자마자 어제 하루 종일 나와 함께 있었어. 밤에 출발한다면서 진눈깨비 속으로 나가 버렸지. 아파트에 가 봤더니 벌써 사라졌더군."

"그럼 도쿄야. 둘 다 도쿄로 간 거야. 불 보듯 뻔해."

아오키는 일언지하에 단언했다.

마키도 그렇게 추측하지 않은 건 아니었지만 아오키가 딱 부러지게 이야기하자 그 새로운 사실이 당혹스럽기만 했다.

"두 사람이 같은 장소에 모이면 이거 또 일이 꼬이겠는걸."

사실 아오키는 두 사람의 행선지에서 무슨 일이 벌어질지 자기 일처럼 염려스러웠다. 하나이 혼자만 가는 경우와는 차원이 다르다. 영민까지 사라졌다는 이야기를 듣고 아오키는 조금 당황하는 기색이었다.

"지금쯤 같은 기차 안에서 얼굴을 마주하고 있을지도 몰라. 설령 다른 기차를 탔더라도 같은 방향으로 달리고 있겠지. 생각해 보면 대단한 녀석들이야. 그런 기개라면 상도 줄 만해."

농담을 지껄이는 아오키와 달리 마키는 더욱 침묵했다.

남의 일도 아니었고 예삿일도 아니었다.

제12회 의연한 분노

1.

"어떻게 된 거니? 마치 다시 태어난 것 같구나!"

자작 부인이 어리둥절해 할 정도로 온천에서 돌아온 소희는 사람이 싹 달라져 있었다.

그토록 영민에게 빠져서 한탄하고 울부짖던 그녀가 지금은 아무렇지 않게 언제 그랬냐는 듯한 눈빛이었다.

"아무 일도 없었다는 얼굴이구나."

"그럼요. 아무 일도 없었어요. 슬퍼하면 못나 보이잖아요. 전 건망증 환자가 되기로 했어요. 전부 잊어버렸다고요."

"아무튼 잘 했어. 언제까지고 눈물만 짜면 어쩌나 했지. 깨끗이 단념하는 게 중요하단다."

"전 결코 울지 않아요. 슬프다 못해 화가 나요. 화가 나서 아예 오만해지기로 마음먹었어요. 그랬더니 화도 가라앉던데요."

"그랬구나. 오만해지는 것도 괜찮지. 무엇이든 경멸할 수 있으니까."

"천상에서 인간 세상을 실컷 경멸할래요. 뭐 이런 벌레 같은 것들이 다 있지? 하는 식으로요. 이 창문으로 저 길바닥을 내려다보는 것처럼 말이죠."

다부진 말투였지만 물론 오기이자 자포자기임에 틀림없었다.

산속에서도 영민은 소희에게 끝까지 냉정했다. 슬퍼하고 몸부림치며 어린아이처럼 흐느껴 울었다. 온천 여관에서 또 한 번 보기 좋게 버림받았을 때는 큰 모욕을 느꼈고 슬프다 못해 분노가 치밀었다.

비굴한 자신이 창피했지만 도리어 상대를 경멸함으로써 자신의 마음을 매섭게 책망했다. 그렇게 해야 마음에 남아 있는 분노를 깨끗이 청산하고 상대에게 복수하는 길이라고 생각했다. 억지였고 자포자기였다. 하지만 이상하게도 마음이 돌변해서 지금까지 줄곧 영민을 경멸하고 원수처럼 미워할 수 있었다.

"제까짓 게 뭐라고. 좀 봐줬더니 기어올라? 기고만장해서는. 주제를 몰라도 유분수지."

그렇게 저주하다 보면 자연히 마음의 평정을 되찾게 되고 아무 일도 없었던 원래의 마음 상태로 돌아갔다. 백장미처럼 온화했던 처녀의 마음은 기실 야차(夜叉)처럼 무시무시한 것이었다.

"안 군은 여자 뒤를 쫓아서 도쿄까지 갔다지?"

자작 부인이 소문을 전했다.

"전 아무렇지 않아요. 평민들이 무슨 짓을 하든 맘대로 하라고 해요. 우리와는 다른 족속들이잖아요."

실은 자작 부인도 이로써 겨우 마음을 놓았다. 딸이 상심한 끝에 자칫 몹쓸 짓이라도 저지르지 않을까 염려하고 있었다. 지금 이렇게 시원시원한 말투를 보니 이제까지 겪었던 마음고생이 단숨에 날아가 버리고 비로소 기분도 편안해졌다. 얌전한 딸의 마음 어느 구석에 그처럼 강인한 결단력이 숨어 있었는지 불가사의하기까지 했다.

"잔뜩 고개를 숙이고 우리 체면까지 버렸던 게 분해서 못 견디겠어. 그렇게까지 할 필요는 없었는데. 자존심 상해서 원."

"어머니 탓이에요. 어머니가 너무 열심이었다고요. 전 그 장단에 끌려다닌 꼴이었고. 그렇게 굽실거린 게 이렇게 분할 수가 없어요."

"어머! 전부 이 엄마 탓으로 돌리다니. 앙큼하기는."

말은 그랬지만 딸의 이야기가 사실이었고 또 옳은지도 몰랐다. 자신의 의지보다 다른 사람의 의지로 움직이고 부추겨진 애정이었던 탓에 지금의 분노와 증오가 이토록 격렬한 것임에 틀림없었다.

"한때의 악몽이었다고 생각하자. 이런 일은 두 번 다시 없을 거야."

"실컷 경멸하고 미워하고 본때를 보여 주자고요. 그냥 애교로 봐 줄까요? 잠깐 서민을 상대한 것뿐이니까요."

호기롭게 지껄이는 모녀의 마음은 후련했고 아주 통쾌했다.

경멸한다는 것은 얼마나 유쾌한 일인가 하고 느끼면서도 급격한 마음의 변화가 그저 놀랍기만 했다.

물론 속마음은 모녀 자신도 알지 못하는 신만이 아는 영역일지도 모른다.

2.

싹 달라진 소희의 태도를 가까이에서 보며 혼자 기뻐하는 이가 최철이었다.

"저도 이번에야말로 겨우 안심했습니다. 당치 않게 그런 곳까지 따라가신 아가씨의 만용을 보면서 아찔했거든요."

뒤에서 몹시 걱정했다는 듯 자못 아첨하는 말투로 지껄였다.

"딱하기도 하지. 영민이도 무례한 녀석이에요. 사람을 어떻게 보고. 그 건방진 태도를 생각하면 화가 치민다니까요. 잘난 체나 하고 말이야. 아니꼬운 놈 같으니라고."

최철은 소희의 무반응을 견디지 못하고 더욱 간사한 목소리로 이야기했다.

"당신 친구예요. 험담할 필요는 없잖아요?"

신이 나서 떠들었다가 소희가 따끔하게 일침을 놓자 최철은 쩔쩔맸다.

"아닙니다. 건방진 녀석이라고요. 아가씨가 얼마나 고통을 당했는지 스스로에게 물어보시면 잘 아실 겁니다."

"별나시네요. 내 일은 내가 알아서 해요. 내 앞에서까지 그렇게 당신 친구를 험담할 것 없어요."

"아가씨의 교제 상대 범위로 영민을 끌어들인 사람이 저였으니까요. 제가 책임을 느껴서 하는 말입니다."

"어쨌든 이제 됐어요. 지나친 참견이에요."

이 말을 듣고 최철은 얼굴을 붉히며 입을 꾹 다물었다. 잠시 후 다시 입을 열었다.

"저, 저는 아가씨를 위해서 한 말입니다. 아가씨에 비하면 영민이 따위는 하찮은 인간이에요. 험담해도 괜찮습니다."

"이제 그만!"

냉정하게 거부당하자 최철은 가슴을 쿡 찔린 듯한 기분이었다. 소희의 표정 하나, 말 한마디로 남몰래 기뻐하고 우울해 하던 사람이 요즘의 최철이었다.

마음 저 깊은 곳에는 누구에게도 밝히지 못할 비밀이 하나 숨어 있었다. 언제부터 시작됐는지 소희를 향한 짝사랑이 그것이었다. 부인의 부탁으로 마지못해 영민을 추천하기는 했지만 돌아가는 상황을 지켜보면서 어떤 결과가 나올지 몰라 한순간도 느긋하게 마음을 쉴 틈이 없었다. 다행히 사리사욕 없는 영민의 마음을 알고 내심 쾌재를 부르기도 했다. 허나 영민 대신 자신을 내세울 계제도 아니었기에 그저 괴로울 따름이었다. 영민에 대한 소희의 분노와 증오가 불 보듯 빤했지만 그렇다고 해서 당장 자신의 진심을 털어놓을 만한 상황도 아니었다. 소희의 마음에는 영민 대신 자신이 파고들 만한 구석이 한 군데도 없었다. 혼자 신이 나서 자기도 모르게 말이 많아졌고, 넌지시 의향을 떠보았으나 괜히 내쳐지기만 한 셈이었다.

그런 최철의 마음을 예민하게 감지한 사람은 김성준 혼자였다.

"어때? 잘될 것 같아? 분에 넘치는 야망이야. 어쨌든 정신 바짝 차리는 게 좋겠어."

빈정거리는 소리에 최철의 표정이 차갑고 씁쓸하게 변했다.

특히 영민에 대한 마음을 청산한 소희는 더욱 몸을 사려서 접근하기가 좀처럼 쉽지 않았다. 함께 시내에 가자고 청해도 응하지 않을 뿐더러 쌀쌀맞게 거절하기 일쑤였다.

어느 날 최철은 자포자기하는 심정으로 폭음을 하고 돌아왔다.

술김에는 무슨 말이든 대담하게 터뜨릴 수 있고 그리 해도 괜찮다고 여겼다.

언덕 위의 불빛을 보자 신관 쪽으로 올라가서 다짜고짜 현관으로 들어갔다.

부인은 구관에 있는 모양이었고 소희는 혼자서 악기를 만지고 있었다.

"영민이 녀석, 여자한테 눈이 멀어서 결국 도쿄 구석까지 가버렸다고. 파랑새는 먼 데만 있는 줄 알지. 바보 같은 자식."

최철이 불만스러운 투로 중얼거리자 그 경박한 태도에 소희가 정색을 하고 돌아보았다. 최철이 말했다.

"영민과 제가 뭐가 다릅니까? 눈곱만큼도 뒤지지 않는다고 생각하는데요. 그놈만 행운을 차지하라는 법은 없잖습니까? 나, 나도…….”

“무슨 말씀을 하시는 거예요? 이런 꼴불견을 하고서.”

매서운 호통 소리를 듣자 뜨끔했지만 용기를 내어 소희 옆으로 다가갔다.

“나, 나도 영민과 다르지 않다고. 영민이 먼 곳에서 방황하고 있는 것처럼 당신도 쓸데없이 먼 데서만 헤매는 거야. 좀 더 가까운 곳을 찾으라고. 바로 눈앞을 보란 말이야. 파랑새는 언제나…….”

“이게 무슨 방자한 태도죠? 무례하군요. 도대체 우리 집안을 어떻게 보고 그런 건방진 말을!”

“당신은 언제나 차가웠어. 사람을 깔보고 진지하게 바라보려고도 하지 않아. 영민에게는 그렇게 열을 올리더니 나에게만 고통을 주라는 법은 없잖아. 나도…….”

따지며 다가가려다 깜짝 놀라 뒤로 물러섰다. 호되게 뺨을 맞은 것이다. 소희는 격렬한 분노로 몸이 덜덜 떨렸다. 그녀는 등을 곧추세웠다.

“고용인 주제에 사람을 능멸하려 들다니. 나가요! 당장 나가라고요!”

“…….”

“더 이상 볼일 없어요. 이 집에서 나가요. 뭘 그렇게 멍청히 서 있죠? 일 없다니까.”

최철은 술이 확 깨는 기분이었다. 지금 자신이 무슨 짓을 하고 있는지를 깨닫자 갈피를 잡을 수 없었다. 무분별과 실수가 부끄러운 한편으로 의외로 완강한 소희의 분노에 놀라고 말았다. 그야말로 지금까지의 소희가 아니었다.

3.

최철 때문에도 소희는 집 안에 있기가 싫었고 주변 일들이 시시하게 느껴졌다.

숙원이던 외국 여행을 앞두고 생활 환경을 바꾸고 싶은 욕구가 날로 커졌다. 현재 상태로는 이미 아무런 매력도 느끼지 못했고 생활 속에도 신비가 사라졌다. 신비가 사라진 생활은 참는다고 참아지는 게 아니다. 메마르고 따분하며 지루하기 짝이 없다.

꿈은 미래에 있다. 신변과 무관한 곳에 존재한다. 그렇게 생각해야만 마음에도 희미하게나마 생기가 돈다.

즐거운 여행을 앞두고 회화 연습 겸 영사관을 방문하는 것이 거의 일과처럼 정해져 있었다. 외국인들의 가정에는 색다른 공기가 감돌았다. 그 데면데면한 분위기 속에서 되레 일종의 친근함을 느끼기 시작한 것은 꿈을 좇는 간절한 마음에서 비롯되었다. 따분하기 짝이 없는 자신의 집 안 분위기에서 도피하듯이 그 색다른 외국 가정의 분위기 속으로 빠르게 젖어들었다.

스미스 부인은 늘 방긋 웃는 얼굴로 맞이했고 아주 정중하게 환대해 주었다.

"지난번 파티 때는 아가씨가 오지 않아서 모두들 얼마나 섭섭해 했다고요."

하던 일을 미룬 채 다정하게 웃으면서 상대해 주는 것도 기뻤다.

"아가씨의 한복을 구경하지 못해서 다들 아쉬워했어요. 여인의 한복 차림은 참 근사하거든요."

"그러셨군요. 저도 봬 드리지 못해 유감이에요. 다음에 입고 올게요."

"꼭 입고 오세요. 우리 엘렌에게도 맞춰 줄 생각이에요. 미국에 입고 가서 모두를 놀래 주겠다며 신이 나 있어요. 당신 한복을 꼼꼼히 연구해서 만들 생각이에요."

부인에게는 소희와 동갑인 딸 엘렌이 있다. 사실 소희는 부인보다 엘렌과 친한 사이였다. 보통은 저택에 오면 먼저 엘렌의 방을 노크한다. 두 사람이 사이좋게 놀고 있으면 어느새 부인이 한몫 끼는 식으로 어울렸다. 엘렌은 돌아오는 봄에 상급 학교에 진학하기 위해서 본국으로 돌아갈 예정이었다. 미국을 들러서 유럽으로 갈 예정인 소희의 일정과 거의 같았으므로 마침 좋은 길동무가 되리라는 예상이 둘 사이를 더욱 돈독하게 만들었다. 같은 꿈, 같은 동경을 품은 이 두 사람은 아마도 이 세상에서 가장 절친한 사이일지 몰랐다. 자매처럼 소곤소곤 대화하며 계획도 세우고 의논도 했다.

"엘렌 양 옷이라면 제가 만들어 드릴게요. 색과 무늬만 말씀해 주세요. 딱 어울리게 만들어 드릴 테니."

"고마워요. 대신 소희 양 드레스는 제가 만들죠."

엘렌은 기뻐했다.

"실은 언젠가 당신이 준 사진 있잖아요, 그걸 본국의 오빠에게 보냈더니 아름다운 자태와 의복이라며 찬미하는 답장이 왔답니다. 나보고도 이번에 귀국할 때 한복을 입고 오래요. 그래서 한복을 지어야겠다고 마음먹었어요."

"그랬군요. 그런 사진을 보내셨다니 부끄러워요. 좀 더 예쁜 사진을 드렸으면 좋았을 텐데."

"욕심쟁이. 소희 양은 굉장한 미인이에요. 무얼 입어도 잘 어울려요. 한복을 입고 미국에 가면 얼마나 아름다울까. 차 모임에서든 저녁 연회에서든 틀림없이 인기가 대단할 거예요. 사교계로 진출해서 한국의 미를 크게 자랑하자고요."

"말씀도 잘 하세요. 너무 띄우지 마세요. 안 속아요."

"정말이에요. 나 조선에 온 지 꽤 오래됐지만 당신 같은 미인은 아직 한번도 본 적이 없어요. 뭐라고 해야 하나. 이를 테면 동양적인 아름다움이랄까. 아니 그보다는 한국적인 아름다움이에요. 부드럽고 품격 있는 아름다움. 그게 당신이에요. 계속 같은 배를 타고 여행한다니, 벌써부터 커다란 즐거움 중 하나예요."

칭찬을 듣고 겸손을 떨기는 했지만 소희 역시 기뻐해 마지않았다.

소희는 엘렌이야말로 미인이라고 생각했다. 예리하지만 엄격하지 않으며 적당히 이지적이기도 한 아름다움은 소희가 가장 부러워하는 점이었다. 그런 엘렌에게서 칭찬을 들었으니 그것만으로도 기쁨은 더했다. 엘렌과 함께 하는 여행길은 소희에게도 커다란 즐거움 중 하나였다.

4.

스미스 부인은 재야 식물학자였다. 한가할 때는 근교로 나가 걷거나 먼 산까지 표본을 수집하러 갔다. 수백 종의 초본과(草本科) 식물을 발견한 장본인으로서 그것을 표본으로 만들어 보유하고 있었다. 영사(領事)인 남편과는 다른 취향의 일에 몰두하면서 자긍심을 느꼈다. 표본이 모이면 본국의 학계에 보내어 스미스 부인의 이름을 붙인 여러 가지 신종 식물로 발표했다.

이따금 소희에게도 수집한 표본들을 자랑스럽게 내보이며 분류해서 설명하기도 했다.

"이번에 새로 발표한 신종이에요."

부인은 목본과(木本科) 식물의 표본을 한 장 골라내고는 아울러 뉴욕에서 최근에 막 도착했다는 종이쪽이 얇고 커다란 식물 잡지를 펼쳐 보였다.

"동백의 일종인데 보통 동백과는 달라요. 잎도 꽃도 크기가 작고 향기가 아주 진하죠. 유사한 품종도 많지만 그 어느 것과도 조금씩 달라요. 미국에 보내어 감정을 받았는데 결국 신종으로 밝혀졌어요. 여기, 이거예요."

부인이 손가락으로 가리킨 곳을 보자 목차에 '신종 스미스이아 슈도카멜리아'라는 글자가 영어로 선명하게 인쇄되어 있었다. '근사하죠?'라고 말하는 것처럼 부인은 미소를 지었다.

"오대산 산기슭에서 발견했어요. 수풀 일대에 피어 있었는데 얼마나 아름답던지 한참 동안 그저 멍하니 바라보기만 했어요. 채집상자 안에다 잔뜩 따 넣기는 했는데 긴 여행길에 말라비틀어지고 조심조심 다루었던 꽃도 거의 다 떨어졌어요. 얼마나 아깝던지요."

엘렌은 부인에게 훌륭한 조수였다. 산동백의 별종 표본을 여러

장 꺼내어 비교하고 대조하면서 차이점을 명확하게 지적해냈다.

"꽃은 작고 진홍색이고 아주 귀여워요. 가지가 휘어지게 꽃송이가 많이 달려서 주위를 그윽한 향기로 가득 채운답니다. 씨는 검고 윤기 나는 작은 알맹이에요. 손가락으로 으깨면 산의 냄새가 확 퍼져요."

엘렌의 설명을 들으면서 소희는 문득 산동백을 떠올렸다. 어릴 적에 자주 듣기도 했고 민요에 나오기도 해서 익숙했다. 물론 부인의 연구는 그런 상식선을 훨씬 뛰어넘는 것임에 틀림없었다.

"간단히 말하면 아가씨처럼 예쁜 꽃이에요."

부인은 마치 준비라도 한 듯 빠른 말투로 이렇게 말했다.

"우리 본국에 스미스이아 슈도카멜리아를 보내 놓고 이번에 또 당신을 보내면 조선의 가장 아름다운 자랑거리를 세계적으로 발표하는 셈이에요. 나에게는 엄청난 영광이죠."

웬 공치사인가 하고 생각하면서도 꾸밈없는 부인의 태도에 호감이 갔고 역시 기쁘기도 했다.

모녀가 자신에게 각별히 호의적이라는 점은 소희가 가끔씩 영화를 보러 가자고 할 때 엘렌이 기다렸다는 듯 흔쾌히 응하는 데서도 잘 알 수 있었다.

"주위에서 아가씨 얘기를 들었어요."

어느 날 밤 함께 시내로 가는 도중 엘렌이 말했다. 영민과의 일이라고 감지한 소희는 간단히 대답했다.

"아, 그거! 벌써 잊었어요."

"그러는 게 좋아요. 하찮은 일에 신경 써 봐야 무슨 소용이에요.

아가씨는 아름답잖아요. 앞으로는 훨씬 더 멋진 꿈이 기다리고 있을 거예요. 아가씨 인생은 지금부터예요.”

소희도 동감이란 듯이 고개를 끄덕이며 아주 먼 옛일처럼 영민과의 일을 회상했다. 이제는 미래를 꿈꾸는 것만이 큰 즐거움이었다.

제13회 산다화

1.

같은 계절이라도 도쿄가 경성보다 훨씬 따뜻했다. 날씨는 금방이라도 눈이 내릴 듯이 잔뜩 찌푸렸지만 온화하고 푸근했다. 산다화가 그런 따듯한 기온에 어울리게 거리의 꽃집마다 장식되기 시작했다.

산다화가 꽂혀 있는 방에서 꽃을 바라보며 요코는 누워 있었다.

외삼촌에게 이끌려 도쿄에 온 날부터 까닭 없이 피로가 몰려와 몸져눕고 말았다. 여독으로 인한 가벼운 감기 기운이라고 여겼다. 하지만 생각보다 심각하게 몸이 쇠약해져 편도선까지 부어올랐고 부실한 몸 상태로는 일어날 기력조차 없었다.

외숙모 지요코(千代子)는 걱정스러워 하며 남편에게 은근히 따져 물었다.

“괜한 일 한 거 아니에요?”

남편이 고집을 부려서 무리하게 요코를 데려온 일을 책하는 것이다.

"여기가 더 따뜻하니까 건강이 좋아질 것 같아서 그런 거야. 경성은 겨울에 몹시 춥거든."

다키카와도 아내의 말을 듣고 보니 내심 걱정이 되어 궁색하게 변명을 했다.

"괜찮을 거라고 생각했는데 저렇게 나빠지면 도리가 없어요. 그냥 피로나 감기는 아닌 듯해요. 요코를 아끼는 건 좋은데 무슨 일이라도 생겨 봐요. 큰일 나죠."

"뭐야. 당신. 그 소리에 요코가 깨겠어."[17]

"태평하게 여길 일이 아니에요. 어떻게든 빨리 손을 써야죠. 몸에 생긴 문제니까 우리가 알 수 있는 게 아니잖아요."

물론 지요코도 남편 못지않게 요코를 좋아하고 사랑했다. 그래서 누구보다 신경 쓰이고 염려스러웠다. 무엇보다 요코의 엄마 히사코에게 이 소식을 어떻게 전해야 할지 난감했다.

"의사를 부르자고 해도 괜찮다고만 하고 말을 안 들어요. 어떻게든 손을 쓰면 좋겠지만 지금으로서는 경과를 지켜보는 수밖에요."

그러면서도 안절부절못하고 하루에도 몇 번씩 혼자서 살며시 요코의 방을 들여다보았다.

"외숙모가 몹시 걱정하신단다. 빨리 일어나야지. 털고 일어나면 아타미(熱海)랑 하코네(箱根)에 데려가 주마. 우리 다 같이 놀러 가자."

---

17 이 부분의 원전(なに、おまえ。□□に、起き上るよ。)에는 탈자가 있으나 역자가 문맥이 통하게 적절히 번역했다.

"괜찮아요. 전 자는 게 좋아요. 집에서 이렇게 더 잘래요."

요코는 외삼촌 앞에서 괜히 심술을 부리고 싶었다. 화를 내거나 비아냥대는 것도 아니지만 상대의 기분을 은근히 건드렸다.

"넌 도쿄에 온 걸 후회하는 게로구나."

외삼촌이 미안해 하며 다정한 목소리로 말했다. 요코는 그렇다고도 아니라고도 대답하지 않고 멍하니 도코노마[18]에 놓인 산다화를 바라보았다. 그런 조용한 태도가 외삼촌에게 진심으로 깊이 후회하는 인상을 준 듯해서 요코는 속으로 고소해 했다. 외삼촌이 어머니와 오빠의 반대를 물리쳐 가며 그렇게 우격다짐으로 자신을 데리고 와서는 지금에야 겨우 그 죄를 깨달은 듯 부드러워진 표정을 보니 기뻤다. 위로받고 싶었는지도 모른다. 누구에게라도 좋으니 여한 없이 위로받고 싶을 정도로 마음의 실이 팽팽하게 당겨져 있었다.

"내 마음대로 해서 미안하구나. 이렇게 될 줄은 미처 몰랐단다."

"괜찮다니까요. 외삼촌도 참. 누워서 이런저런 생각하는 거 아주 좋아해요."

빨간 꽃잎과 진한 감색 잎사귀가 반짝거리는 산다화의 인상이 방 안에 가득 퍼져 있었다. 그 신선한 빛 속에서 요코는 감상에 젖어 그것을 즐기고 있다. 큰 병에라도 걸린 사람처럼 자신의 감정을 과장되게 꾸미는 놀이가 매우 즐거웠다.

"그러면 못 써. 그런 약한 소리를 하다니. 생각이 너무 많아도 몸

---

18 일본식 방의 상좌(上座)에 바닥을 한층 높게 만든 곳. 벽에는 족자를 걸고 바닥에는 꽃이나 장식물을 꾸며 놓는다.

에 좋지 않아. 마치 유리 같구나. 너무 약하고 야위어서 큰일이야."

외삼촌은 기운을 북돋으려는 듯했다. 문득 소매 밑에 엿보이는 요코의 가냘프고 하얀 팔을 보고는 깜짝 놀랐다.

"뭐냐! 이 가느라단 팔이. 유리가 아니라 아스파라거스구먼. 언제 그렇게 약해졌어? 아주 뼈만 남았잖니. 안 되겠다. 기운 내고 정신을 바짝 차려야 해."

외삼촌은 대경실색했다. '경성에 있을 때도 저렇게 말랐었나? 저렇게까지 말랐다면 데려오지 않았을 텐데. 심상치 않아.' 하며 두려움에 사로잡혔다. 그제야 비로소 자신의 경솔함을 깨닫고 책임을 느꼈다.

요코의 겨드랑이에 끼워 두었던 체온계를 빼서 붉은 선 위로 올라간 수은 기둥을 확인했다.

"8도 6부. 자꾸 올라가는구나. 이거 안 되겠다. 의사를 불러야겠어. 싫다고 하지 마라. 쓸데없는 짓을 하게 그냥 놔두지 않을 거니까."

체온계를 놓고는 서둘러 방을 뛰쳐나갔다.

외삼촌의 그런 모습을 보자 요코도 비로소 다시 병에 걸렸나 보다고 생각했다. 점점 몸이 뜨거워짐을 느꼈다.

2.

다키카와 저택이 위치한 교외로 가는 전차 안에서 영민은 오늘도 역시 하나이와 마주쳤다.

차를 갈아타서 구석 쪽 자리에 앉았을 때 앞에 와서 선 사람이 바로 하나이였다. 상대방은 알아차리지 못했는지 말쑥한 얼굴로 창밖을 바라보고 있었다. 영민이 문득 올려다보고는 "뭐야! 또 만났잖아?" 하고 중얼거리자 하나이도 그제야 알아보았다.

"앗! 깜짝이야." 하나이는 흠칫 놀라 어깨를 떨었다.

"또 같은 전차를 탔어."

이제는 우습지도 않다는 듯 시선을 피했다.

"자네가 내 뒤를 쫓는 건가, 내가 자네 뒤를 쫓는 건가? 대체 어느 쪽이야? 어이가 없어서."

하나이가 중얼대자 영민도 피차일반이라는 식으로 대답했다.

"누가 누구를 쫓아 다닌다는 건가? 우린 둘 다 각자 자신의 의지와 두 발로 자유롭게 움직였을 뿐이야. 희한하게도 그게 일치한 거지. 자네 시간이 내 시간이고, 내가 탄 전차 안에 기적처럼 번번이 자네가 함께 탔다 이 말씀이야. 아주 황당하군. 나도 이 우연이 증오스러워."

"지금 내 증오의 대상은 물론 자네가 아니야. 바로 이 우연이지. 날마다 그러더니 오늘도 내가 탄 이 전차 안에 자네가 떡하니 앉아 있다니. 이 무슨 아이러니인가? 사람을 기만하는 거지. 기막힌 운명에 아주 질려 버렸어."

"그럼 저쪽에 앉지그래."

마침 옆 좌석이 비어 있어서 영민이 서 있는 하나이에게 앉으라고 권했다.

"날마다 해야 할 일과라 자네도 피곤할 테니 앉아. 오래 가야 하잖아."

갑자기 웃음을 터뜨리고 싶을 만큼 뜬금없이 우스운 생각이 들어서 참을 수가 없었다. 요즘 며칠 동안 벌어진 우연의 연속이 비통함을 넘어서 이제는 하나의 유머처럼 여겨졌다.

무엇보다 이 우연의 일치는 이미 두 사람의 출발점에서부터 시작된 것이었다. 둘 다 그 사실을 알아채지 못한 채, 각자 다른 마음을 품고 진눈깨비가 내리는 밤에 따로 경성을 떠났고, 기차 안에서 의도치 않게 마주친 두 사람은 서로 놀랐다. 공공연한 비밀을 안고 기차에서 배로, 다시 기차를 타는 내내 언제나 같은 목적으로 함께 여행한 것이다. 도쿄에 도착한 다음 날 요코가 있는 곳을 찾아 헤매다가 교외로 가는 전차를 탔을 때도 그 전차에서 두 사람은 우연히 마주치지 않았던가.

서로 모른 척하며 수소문하는 대상이 다키카와 저택임을 더 이상 각자의 비밀로 숨기기가 어려워지자 누가 먼저랄 것도 없이 쓴웃음을 지었다. 그 뒤의 결과도 둘 다 똑같았다. 다키카와는 두 사람 중 그 누구도 집 안에 결코 들이지 않았다. 어떤 방법도 통하지 않자 어이없어 하며 슬슬 발길을 돌려야 했다. 이때도 같은 전차에서 두 사람은 끝까지 침묵을 지켰다.

그 뒤로 매일처럼 찾아갔고, 둘 다 날마다 계획을 조금씩 바꿨지만 이상하게도 같은 시각, 같은 전차에 타는 일이 반복되었다. 다키카와 저택에서도 같은 실패를 반복하며 지금까지 요코의 그림자조차 못 보고 실패의 고배를 마시고 있었다.

요코를 두 사람과 만나게 하면 도쿄까지 애써 데리고 나온 효과가 사라질 거라고 굳게 믿었으므로 다키카와는 절대로 두 사람이 문지방을 넘지 못하게 하리라 결심했다.

"요코는 여기에 없소."라고 하거나 "온천에 요양하러 갔소."라는 말로 물리치며 방어벽이 느슨해질까 싶어 철옹성을 쌓았다.

달리 방도가 없어 같은 일과를 되풀이하던 두 사람은 이제 거의 탈진 상태였다.

"백 번을 찾아가도 적의 성벽은 무너질 것 같지 않아."

이제 영민과 하나이는 서로 적이 아니었다. 다키카와야말로 공동의 깅적이었다. 이런 아이러니가 따로 없었다. 서로에 대한 증오는 사라진 지 오래였다. 지금은 그저 공동의 적을 대적하기 위한 작전을 협의하고 실패를 한탄하는 두 사람이었다.

"어떻게 해서든 함락시켜야 해. 그렇지 않으면 건장한 사내가 둘씩이나 덤비고도 지는 꼴이 될 거라고. 치욕스럽기 짝이 없군."

"그 양반 참 고집불통일세. 도무지 말이 먹혀야 말이지."

"언젠가는 만날 수 있어. 우리가 이 정도로 성의를 보이는데 통하겠지."

달리는 전차 안에서 적이자 동지인 두 사람은 아주 평화롭게 미소를 주고받았다. 적어도 그 자리에서는 사이좋은 아군으로 보였다.

3.

하지만 그날의 결과도 여느 때의 반복에 불과했다.

현관에 나온 다키카와는 두 사람의 성의에 움직이기는커녕 그 집요함이 오히려 화를 돋우고 말았다.

특히 그날은 요코의 병 때문에 속을 태운 참이라 초조한 기분으로 발끈 화를 냈다.

"자네들 왜 이리 끈질긴가? 요코를 만나서 뭐하려고?"

영민이 보기에 화를 낼 사람은 오히려 자신들이었다.

"요코를 만나려고 그 먼 곳에서 해협을 건너왔습니다. 만나는 게 무슨 잘못입니까? 어르신이 중간에 낄 필요는 없습니다. 그냥 요코에게 저희가 왔다고 전해 주십쇼."

"내가 모든 책임을 지기로 하고 데려온 요코일세. 방자한 짓을 허락할 수는 없지. 자네들과 만나면 또 고민에 빠져서 괴로워할 뿐이야. 그 정도로 병을 앓고 쇠약해져서 몸져누운 건 누구 탓이라고 생각하나? 끈질기게 찾아와서 또 괴롭힐 작정인가? 철면피들 같으니라고."

"어르신과는 이야기가 안 통하는군요. 괜한 짓을 해서 오히려 요코 씨를 괴롭히는 쪽은 당신입니다. 모든 일을 확실하게 매듭짓기 위해서는 누가 뭐래도 꼭 요코 씨를 만나야 합니다. 이대로는 죽도 밥도 안 된다고요."

"그래도 모르겠나? 지금 요코가 아파서 누워 있다고!"

다키카와는 급기야 마루에다 발을 쾅쾅 구르며 고래고래 고함을 질렀다.

"왜 병이 도졌다고 생각하나? 이 얼간이 같은 놈들아. 썩 꺼지지 못해! 냉큼 꺼져."

"병, 병이 났습니까?"

병이 났다는 말을 듣자 하나이와 영민은 깜짝 놀라 당황해서 반문했다.

"어쩐지 너무 조용하다 했더니. 언제부터 어디가 아픈 겁니까?"

"무슨 상관이야? 시끄러우니까 얼른 사라지라고."

"아닙니다. 가지 않겠습니다."

사정이 그렇다면 영민에게는 고집을 피울 또 다른 이유가 생긴 셈이다.

"병이 났다고 들은 이상 이대로 순순히 물러날 수 없지요. 병이 났으면 왜 사실대로 빨리 알려 주지 않았습니까? 요코는 당신에게만 소중한 사람이 아니라고요. 누구보다도 아끼는 사람이 여기 있단 말입니다."

"건방진 녀석이군."

"한 번만이라도 좋으니 만나게 해 주십시오."

하나이가 기회는 이때다 하고 끼어들어서 사정했다.

"이대로 돌아가면 저희 체면은 뭐가 됩니까. 저희는 언제고 또 찾아올 겁니다. 계속 이런 식으로 싸울 거라고요."

"좋아! 자네들과 끝까지 싸워 줌세. 나도 지고는 못 배기는 성미거든. 자, 이제 나가 주게."

다키카와는 여간 고집쟁이가 아니었다. 두 사람은 거의 쫓겨나다시피 하며 떠밀려 나왔다. 등 뒤에서 유리문이 드르륵 닫혔다.

"도대체 어떻게 된 양반이야? 우리 끈기가 부족했나?"

"염치없지만 다시 돌아가야겠네."

두 사람은 금방이라도 울 것처럼 괴로운 표정이었다.

어떻게 하면 좋을지 몰라 잠시 뜰 앞에 망연히 서 있었다.

4.

"골치 아픈 녀석들."

다키카와가 투덜대며 들어왔다. 침상에 있던 요코도 현관에서 옥신각신하는 소리를 대충 들었던 참이다.

"뭐가 그렇게 시끄럽대요? 거의 매일."

"시골에서 올라온 건방진 녀석들 때문이야. 아무리 타일러도 듣지를 않아."

"외삼촌." 요코가 조용히 불렀다.

"저도 다 알고 있어요. 외삼촌이 잘못하셨어요."

"뭐, 뭘 안다는 거냐?"

"느낌으로 다 알아요. 그 젊은 사람들이 누군지. 외삼촌, 그렇게 무턱대고 거절하시면 안 돼요. 몇 날 며칠이 걸려서 일부러 찾아왔는데 불쌍하지도 않으세요? 전 그들과 만나도 괜찮다고 생각해요."

"누구 말이냐?"

"두 젊은이들 말이에요. 누군지 다 알아요. 현관에서 이야기하는 소리가 또렷이 들렸거든요. 제가 몸만 괜찮았으면 뛰어나가서 두 사람을 들이고 싶을 정도였어요."

"그래. 다 들었구나."

외삼촌은 고개를 끄덕였다. 하지만 분명한 말투로 못 박았다.

“내 생각에는 안 된다. 누구 때문에 이러는데. 새삼 만나 봐야 점점 얽혀서 네 몸에 해로울 뿐이다.”

“아니에요. 만나지 않으면 오히려 제 병이 악화될 거예요.”

이것 또한 응석이자 귀여운 협박이었지만 외삼촌 입장에서는 그냥 흘려들을 말이 아니었다.

“떼쓰지 마라. 내가 옳았다는 걸 이제 알았으니까.”

달래 보려 했지만 요코는 어느 순간부터 들으려 하지 않았다.

“이젠 안 되겠어요. 너무 슬퍼서 눈물이 쏟아질 것 같아요.”

그러고는 이불을 푹 뒤집어썼다.

“얘, 요코야. 일어나 보렴.”

외삼촌은 곤란해 하며 머리를 긁적거리다가 갑자기 생각난 듯 말했다.

“아 참. 의사가 올 시간이구나. 준비하고 있어야지.”

일어서더니 웬일인지 그 자리에서 괜히 어슬렁거렸다.

잠시 후 의사가 왔다. 일단 진찰을 끝내고 자세를 고쳐 앉더니 말했다.

“단순한 감기 같지는 않습니다. 요즘 유행하는 증세입니다만.”

진찰 기구를 정리하면서 덧붙였다.

“편도선이 부었고 무엇보다 많이 쇠약해졌어요.”

“아무래도 심한 병을 앓고 난 뒤니까요.”

외삼촌은 엉겁결에 말실수를 하고 말았다.

“무슨 병 말입니까?”

질문을 받았으나 적당한 대답이 없었다.

"실은, 실수로 병에 든 독을 마셨습니다."

"그거 큰일 날 뻔했군요. 해독은 바로 했습니까?"

의사는 놀라면서도 침착하게 물었다.

"겨우 목숨은 건졌는데 몸이 축나고 말았지요. 아직도 다 회복되지 않은 상태인데 이번에 또 병이 걸린 겁니다."

"외삼촌, 그만 하세요. 부탁이에요."

요코는 듣기가 괴로웠는지 고개를 숙이고 작은 목소리로 이야기했다.

"하루 더 경과를 보기는 하겠지만 차도가 없으면 입원을 하시는 게 좋겠습니다."

"그렇게 심각한가요?"

"예. 지금은 뭐라고 말씀드리기가 어렵군요. 내일이면 확실한 증상이 나타날 겁니다. 오늘 밤 사이에 열이 또 오를 텐데, 너무 걱정은 안 하셔도 됩니다."

의사가 집을 나서면서 다키카와 부부에게 간호할 때 주의할 점을 자세히 일러 주었다.

제14회 피와 피

1.

다음 날 다시 한 번 진찰을 받고 요코는 결국 입원했다.

가을 이후로 줄곧 병을 앓고 있는 상황에서 요코는 마지못해 끌려오다시피 했다. 주위 사람들에게도 면목이 없었고 쓸쓸한 병실도 더는 지긋지긋했다.

"다른 사람들이라고 좋아서 입원하는 거 아니란다."

외삼촌은 요코를 위로하면서 자동차로 병원까지 동행했다.

집에서 꽤 멀리 떨어진 시내에 있는 병원이어서 외삼촌이 곁을 지키며 간호하기로 했다.

"괜히 입원을 권한 게 아닙니다."

의사는 다키카와가 혼자 있을 때 조용히 귓속말을 했다.

"가볍게 여길 병이 아닙니다."

"증상이 어떻습니까?"

"패혈증 같습니다."

"그, 그건 또……."

"2주 정도는 걸릴 겁니다. 너무 걱정하진 마십쇼. 열심히 치료해 보겠습니다."

듣지 않는 편이 나았다고 다키카와는 생각했다. 병명을 알고 나서는 앞으로의 일이 더 걱정스러웠고 무서워서 밤에도 편히 잠들지 못했다.

"저기, 요코야. 외롭지?"

"익숙해져서 괜찮아요."

"경성에 있는 오빠를 불러 줄까?"

요코를 위로할 마음이었지만 자신의 걱정을 얼마만이라도 덜고 싶은 속내도 있었다. 괜스레 조마조마한 기분이 들어서 어쩔 줄을 몰랐다.

"제 병이 그렇게 심각해요?"

요코가 외삼촌의 말 속에 숨은 뜻을 민감하게 알아차렸다.

"아니, 그렇지는 않아. 북적이는 편이 든든할 것 같아서."

"그런 거라면 차라리 그 두 사람을 부르지 그러세요?"

"뭐야? 아직도 그 일을 생각하고 있었어? 어휴 골치야."

"물론 오빠도 불러 주시고요."

"요코, 요 욕심쟁이!"

외삼촌은 곧장 완곡한 말로 마키에게 전보를 쳤다.

하지만 서툴렀던 모양인지 마키는 이틀 만에 날아왔다.

요코의 건강 상태가 심상치 않음을 눈치채고는 은근히 외삼촌을 추궁하려는 생각도 있었다.

마침 요코가 링거 주사를 맞고 있던 중에 방문을 밀고 들어와서 애처로울 만큼 야윈 동생의 몸을 눈으로 직접 확인했다. 가슴이 미어지는 듯한 심정이 드는 것도 당연했다. 정맥이 파랗게 비치는 나무줄기처럼 가느다란 팔을 보고 저도 모르게 눈물이 맺혔다.

"너 또 병이나 얻으려고 도쿄에 온 건 아니잖아."

마키의 말에 외삼촌은 책임을 느껴 말끝을 흐렸다.

"미안하구나. 그렇게 고집을 부리는 게 아니었는데."

"좀 더 조용히 집에서 쉬었으면 좋았잖아. 급하게 여행 따위를 하는 게 아니었어."

여동생에게 하는 말이 아니라 분명히 외삼촌에게 들으라고 하는 말이었다.

"오빠가 이해해 줘요. 곧 좋아지겠죠."

"어머니가 걱정하시면서 데리고 오라고 하셨어. 근데 이런 몸으로 어떻게 가니."

"금방 자리에서 일어날 거예요."

외삼촌에게 미안해진 요코가 이렇게 대답했다.

두 사람만 남았을 때 마키가 여동생에게 물었다.

"영민과 하나이는 만났니?"

"아니 아직요. 둘이서 매일 집으로 찾아오는데 외삼촌이 절대로 못 만나게 하세요. 그 두 사람 참 안됐어요."

"피한다고 끝날 일이 아닌데. 하나이까지 왔다니 다 모인 셈이라 잘됐구나. 이참에 모든 것을 확실히 해 두는 게 좋겠어."

영민과 하나이 입장에서는 문턱이 닳게 찾아간 효과를 드디어 보게 되어 병원에서 간신히 요코와 재회했다.

"마키 너까지 움직여야 겨우 만날 수 있다니, 그야말로 역설적이군. 너희 외삼촌은 천하제일의 고집쟁이이실 거다."

"자네들 정성에는 감복했어. 그만큼 미안하게 생각해. 헌데 요코는 또 병에 걸렸어. 도망만 다니는 인생이지 뭐. 이제야 좀 빛이 드나 했더니 아직도 암흑이다."

지금 마키는 영민에게나 하나이에게나 진심으로 미안해 하는 마음이 컸다. 두 사람에게 저절로 고개가 숙여졌다.

2.

요코의 상태는 악화일로여서 영민이나 하나이는 지금 정열의 대상으로 보기보다 병을 걱정하는 마음이 더했다.

어떤 대상에 대한 감정의 내용이 바뀌면 서로에 대한 마음가짐도 자연히 달라진다. 지금 두 사람은 언뜻 보기에는 사이좋은 친구 관계로만 보였다. 도쿄에 온 이후 뜻하지 않게 희한한 관계로 변했다. 다키카와에 대한 공동 전선을 펼쳐야 했기에 내키지는 않았지만 같은 편이 되었다. 지금 요코의 병실에서 서로가 원수임을 다시 드러낼 여유는 없었다. 병실에서 모인 마키와 세 사람의 관계는 참으로 평화롭고 우호적이었다.

영민과 하나이는 매일 꽃을 가져와서 요코의 머리맡을 장식했다. 요코는 두 사람이 계속 붙어 다녀서 누구에게 무슨 말을 해야 할지 몰라 그냥 침묵으로 일관했다. 두 사람이 날마다 다르게 가져오는 꽃의 색깔을 비교하거나 향기로 알아맞히거나 하는 일 말고는 달리 없었다. 꽃을 바라보는 요코의 눈이 붉어지거나 광채를 잃어 갔다. 꽃그늘에서 시시각각으로 악화되어 쇠약해질 뿐이었다. 그리고 마침내 그날이 왔다.

지독한 고열에 시달린 다음 날, 심각하게 쇠약해진 상태를 확인하고 의사도 더 이상은 방법이 없다고 판단하여 마키를 불렀다.

"링거나 강심제만으로는 안정시키기 어렵습니다."

"적당한 방법이 있으면 따르겠습니다."

"무엇보다 정신을 똑바로 차려야 병을 이길 수 있습니다."

"뭐든지 말씀하시는 대로 하겠습니다."

의사는 별로 주저하는 기색도 없이 이야기했다.

"수혈보다 좋은 방법은 없습니다."

"수혈이요?"

의학적 지식이 부족한 마키는 앵무새처럼 그대로 따라했다.

"그럼 협조 부탁드리겠습니다. 한시가 급합니다. 지금 바로 하시죠."

의사는 그 자리에서 수혈할 것을 간단히 결정했다.

영민 일행과 다키카와도 마침 함께 있었으므로 북적거리는 병실에서 즉시 수혈을 실시했다. 그것만이 모두 마음을 놓을 수 있다.

"피를 제공할 사람이 있어야 합니다."

의사의 말에 마키는 순간 당황했다.

"아무나 상관없습니까?"

영민이 앞으로 나서며 물었다.

"상관없기는 한데."

"그럼 제 피를 뽑으세요."

"저도 괜찮습니다."

이번에는 하나이가 영민을 밀어젖히고 말했다.

"남아돌아서 처치 곤란일 정도로 피는 많으니까 얼마든지 빼세요."

"혈액형이 맞을지가 문제지요."

"검사해 봅시다."

두 사람의 젊은이는 서로 자기가 먼저 하겠다고 경쟁하듯 나섰다.

"마음은 고맙지만 너희까지 수고할 필요는 없어. 나와 외삼촌이 있으니 괜찮아. 둘 중 하나는 맞겠지. 아닐 리가 없잖아."

그제야 수혈이 무엇인지 알아차린 마키가 둘을 막고 나섰다.

"그럼 네 분 모두 급혈에 동의하시는 거죠? 검사하도록 하겠습니다."

의사가 유쾌한 듯 싱긋 웃었다.

"400이나 500g 정도 피를 빼면 핏기가 싹 가시고 어질어질할 겁니다. 누가 가장 건강하고 혈액형도 맞으려나."

의사는 익살스럽게 말하고서 간호사를 불러 세세하게 준비시켰다.

3.

엄숙한 의식이라도 치르는 듯하여 모두는 의사의 손만 주시하며 긴장하고 있었다.

의사는 태연하고 냉정했으며 게다가 솜씨까지 훌륭했다. 생명의 신비를 다룬다는 긍지 때문일까, 엄숙한 미소 같은 것이 연신 입가에 맴돌았다.

슬라이드 글라스 위에 A형과 B형의 표준 혈청을 떨어뜨린 다음 요코의 귓불에서 채취한 적혈구를 두 혈청에 섞자 A형에서 응집 반응이 있어났으므로 B형이라고 쉽게 판정할 수 있었다.

"B형이군. 대충 예상은 했지만."

의사는 자신만만한 말투로 중얼거렸다.

"B형 수혈자는 O형과 B형인 사람에게서 피를 받을 수 있습니다. 그러니 A형이나 AB형인 사람은 안 됩니다. 그럼 여러분 중에서 O형이나 B형인 사람을 가려내면 끝나는군요."

B형인 요코의 혈관 속에 네 명 중 누군가에게서 같은 혈액형의

피를 받아 집어넣겠다는 말이었다.

도대체 누가 같은 혈액형의 소지자일까? 모두가 긴장과 흥미 속에서 그 작은 운명의 선언을 기다리며 과학적 방법을 응시했다.

따로따로 준비한 슬라이드 글라스 위에서 마키의 적혈구는 B혈청에서 응집했으므로 A형으로 판정났다.

다키카와는 A형과 B형 양쪽에서 응집했으므로 AB형이었다.

'어째서 이리 다른 것일까. 가족의 피야말로 같은 형질이고 잘 맞아야 할 터인데 이렇게 지리멸렬한 것은 무슨 연유란 말인가.'

마키는 실망해서 외삼촌과 얼굴을 마주 보았다.

같아야 할 피가 과학적인 분석 앞에서는 틈을 보이고 오차를 냈다. 아무리 오누이라도 타인인 것이다. 이게 대체 무엇인가. 무슨 의미란 말인가.

"미안하지만 자네들에게 부탁해야겠다."

마키는 영민을 돌아볼 뿐이었다.

하나이가 먼저 의사 앞으로 나섰지만 마키와 마찬가지로 A형이었다.

남은 이는 영민뿐이었다.

의사는 이 마지막 한 사람에게서 흥미와 긴장을 느꼈다. 나머지 사람들도 진지한 눈으로 지켜보았다. 물론 하나의 우연일 뿐 그 외에는 아무 일도 아니었다. 하지만 준비된 우연처럼 느껴져 병실 안의 사람들은 크게 놀라고 기뻐했다.

적혈구는 틀림없이 A형 혈청에서 몽글몽글 응집하기 시작했고 B형 혈청에서는 신선한 액상을 계속 유지한 채 섞여 있었다.

"누가 봐도 틀림없는 B형이야. A형도 O형도 아닌 요코와 같은 B형이라고."

의사가 쾌재를 불렀을 때 영민은 어리둥절해 하면서도 기뻐했다.

"요코의 핏속에 내 피가 섞이는 거야. 그렇게 해서 그녀의 몸을 구해 주는 거라고."

은밀한 승리의 기쁨이었다. 하나이를 비롯한 세 사람과 경쟁해서 최후의 일인으로 뽑혔다. 요코를 구하는 사람은 자신이다. 단순한 우연의 일치라고 하기에는 엄청난 기적이다. 이 결과의 배후에 무언가 신비한 의지가 있다고 생각하면 안 되는 걸까.

영민은 슬라이드 글라스 위의 신비를 바라보며 복잡한 생각에 잠겼다.

"다행입니다. 맞는 사람이 없으면 어쩌나 하고 걱정했거든요. 다른 사람을 찾아야 하니까요."

의사도 겨우 안심하고는 서둘러 주사기를 꺼내 곧 수혈을 실시했다.

"괜찮겠습니까? 별로 튼튼해 보이지는 않는데요."

강심제를 놓고 하얀 팔에 툭 불거진 파란 정맥에다 바늘을 꽂았다.

굵은 유리관 속으로 200g의 검붉은 피가 순식간에 빨려 들어갔다. 그것은 그대로 따뜻한 온기를 띤 채 요코의 정맥 속으로 흘러들었다.

영민은 핏기가 싹 가시면서 창백해지는 것을 느꼈다. 제 몸에서 빠져나간 생명력이 그만큼 똑같은 양으로 고스란히 요코의 몸에 들어갔다고 생각하자 신기하게도 힘이 솟았다.

"하는 김에 조금 더 뽑겠습니다."

한 번에 채취하는 양치고는 많은 편이라고 생각했으나 요코의 몸 상태를 생각해서 의사는 과감하게 수혈을 계속하기로 했다.

다른 주사기로 또 200g의 피를 뽑자 영민은 머리가 핑 돌면서 아찔한 현기증을 느꼈고 의자에 축 늘어졌다.

"고맙다."

마키는 누이동생보다 지금은 영민을 걱정하며 다가와서는 들고 있던 포도주를 권했다.

단숨에 들이키자 희미하게 핏기가 돌았다.

"나는 아무렇지도 않아."

요코 쪽을 돌아보니 그녀에게서는 포도주 이상의 효과가 보였다. 그녀의 눈빛이 생생하게 빛났다. 열은 조금 있었지만 한 사람의 생명을 나누어 받고 상기된 얼굴이었다.

"덕분에 살았어."

마키가 재차 고마움을 표시할 때 다키카와도 다가왔다.

"뭐라고 인사를 해야 할지. 아니, 사과를 해야겠군. 정말로 미안했네."

감사와 미안함이 섞인 감정에 다키카와는 몹시 당혹해 했다.

굳게 닫혔던 마음이 열리기 시작하면서 그제야 영민을 이해해 줄 수 있는 계기가 생긴 것이다.

4.

요코는 다음 날부터 몰라볼 정도로 빠르게 회복했다.

이제 위험한 고비 하나는 완전히 넘겼다는 소견이 나왔다.

의사도 자신의 공로처럼 여기며 기뻐했고 병실은 밝아지기 시작했다.

새로 꽂힌 꽃 옆에서 영민은 비로소 요코와의 조용한 시간을 가질 수 있었다.

"드디어 둘만의 시간이 왔군요."

오랫동안 그것을 기다려온 요코가 말했다.

마키는 자리를 뜨고 없었고 하나이는 수혈하던 날 이후로 무언가 꺼리는 눈치더니 얼굴을 비치는 일이 부쩍 줄어들었다.

지금은 온전히 둘만의 시간이었다.

"꿈만 같아요. 당신 덕분에 이렇게 건강해졌어요."

"하나의 우연이에요. 나는 한낱 우연을 허무한 자랑으로 여기고 싶지 않아요."

영민의 말 속에는 분명히 하나이에 대한 배려가 숨어 있었다. 자기만큼이나 정열을 품었던 하나이였고, 다키카와와 맞서기 위해 지금까지 공동 전선을 펴 온 그였다.

"우연 따위는 아무래도 좋아요. 나는 그걸 말하는 게 아니에요. 그 우연을 통해 지금 여기에 와 있는 것, 그게 마치 꿈만 같다고요."

묵묵부답인 영민을 보며 요코는 조금 답답해 했다.

"물론 우연 때문에 이렇게 되진 않았겠죠. 처음부터 이렇게 되기로 정해져 있었지만 우연이 그것을 더욱 명확하게 만들어 준 거죠. 하나의 계기였던 셈이에요."

"……."

"알아요. 하나이 씨에게 미안하다는 거죠? 그래도 내 입장은 처음이나 지금이나 마찬가지예요. 처음부터 정했던 대로 내 감정에는 조금의 흔들림도 없어요."

"나는 좀 더 욕심을 부려 볼 작정이었는데."

왜 이렇게 표현력이 없는 걸까 하며 영민은 자신의 부끄러움 많은 성격을 안타까워했다. 태양 아래에서는 완전히 표정을 잃고 마는 동양인의 비애를 남몰래 한탄하고 있던 바로 그때 다키카와가 불쑥 들어왔다. 기쁘기도 하고 화가 나기도 하는 묘한 감정으로 다키카와를 물끄러미 쳐다보았다.

"여러모로 신세가 많았네. 난 이제 애물단지가 된 것 같구먼."

다키카와가 부드럽게 미소 짓자 영민도 미소로 응답했다.

"천만에요. 저야말로 앞으로 이것저것 신세 질 일이 많을 겁니다."

"필시 고집불통 영감쟁이라고 생각했을 테지만 깊은 속셈이 있어서 그런 건 아니었네. 이상한 소리 같지만 자네의 그 지극한 정성을 시험해 본 거라고 하면 그것도 맞는 말일 걸세. 누구보다도 요코의 마음이 시종일관 확고하다면 나 같은 늙은이가 더 이상 추태를 부려서는 안 되겠지. 일전에 찬성하지 않는다는 둥, 반대라는 둥 떠들었던 건, 그건 나도 화가 나서 한 말이야. 내가 요코를 사랑하는 마음도 자네 못지않거든."

"저도 알고 있습니다. 아무튼 건방지게 굴어서 죄송합니다."

"이미 피로 결혼한 두 사람이 아닌가. 이제부터는 그저 백년해로하기만을 빌겠네. 사랑에는 관념도 구분도 없어. 그것들을 초월해서 두 사람 사이의 영감(靈感)이랄까, 신비랄까 하는 것들이 전부를 결정한다네. 사실 나도 지금 그걸 깨달았네."

"외삼촌, 다음에 또 경성에 오세요."

다키카와는 요코를 보며 고개를 크게 끄덕여 보였다.

완결—봄은 초록으로

1.

그로부터 며칠 뒤 도쿄를 출발한 시모노세키(下關)행 급행열차 안에 마키와 하나이가 타고 있었다.

같은 칸, 같은 좌석에 나란히 앉은 두 사람은 지금 다정한 일행이었다.

요코의 회복은 예상보다 빨라서 가까운 시일 안에 퇴원도 가능해 보였으므로 마키는 모든 일을 외삼촌과 영민에게 맡기고 예정됐던 용무를 일찌감치 마무리한 뒤 하나이와 일정을 맞추었다. 그를 위로해 주고 싶은 마음도 있었기 때문이다.

도쿄에서 거듭거듭 했던 말을 기차 안에서도 되풀이하며 마키는 마음을 썼다.

"자네에게는 여러모로 미안해. 이번만큼은 어쨌든 요코 뜻에 따라줘. 그 길밖에 달리 없잖아."

"이번만은 무슨. 처음이자 마지막이다."

"그래. 그 한 번을 부탁할게."

"부탁은 개나 주라지."

하나이는 역에서 산 위스키를 마시고 있었다. 몇 잔을 연거푸 기울인 탓에 관자놀이 부근이 벌써 불콰했다.

"한잔 마실 텐가?"

마키도 잔을 받아들고는 가만히 술맛을 음미하며 이야기했다.

"발자크인지 누군지가 망각의 필요성을 이야기했나 보던데 나는 단념의 필요성을 말하고 싶군. 과감하게 단념할 줄도 알아야 인생을 살아갈 수 있다고 말이야. 슬픈 말이지만 결국 그게 진리지."

"말해 뭐해, 촌스럽기는. 그런 긴 식은 죽 먹기야. 단념쯤."

하나이는 술잔을 놔두고 병나발을 불었다.

"어차피 인생은 회자정리야. 모두가 같은 길은 걷지는 못하니까. 어느 지점에서는 결국 헤어지기 마련이지. 나는 내 길을 갈 거야."

"그렇게 이해해 준다면 더 바랄 게 없지. 네 그 훌륭한 태도에는 그저 머리가 숙여질 뿐이야."

"그런 건 아무래도 상관없어. 답답한 건 너야. 내가 지금 무슨 생각을 하는 줄 아나?"

하나이는 술이 얼마 안 남은 위스키 병을 익살스럽게 치켜들더니 가만히 들여다보았다.

"위스키를 생각하고 있어. 이 위스키 말이야. 뭐 이렇게 형편없는 위스키가 다 있지? 트집을 잡고 싶을 정도야. 위스키는 훨씬 더 독해야 해. 독하지 않으면 위스키가 아니라고. 먼지 냄새가 목구멍 가득 훅 끼쳐야 해. 내가 위스키 맛은 잘 알거든. 아무렴. 내 눈은 못 속이지."

말을 마치자마자 병을 기울였다.

"그렇게 마셔도 괜찮겠어? 너, 무턱대고 마시지 마라."

마키는 재빨리 술병을 낚아챘지만 병 속에는 이미 한 방울의 위스키도 남아 있지 않았다.

같은 시각 병실에는 영민이 요코와 함께 있었다.

마키와 하나이가 짝을 이룬 것처럼 둘은 거의 달라붙다시피 하고 있었다.

요코는 침대에서 일어나 영민의 어깨에 기대어 걷는 연습을 했는데 어린 아이처럼 뒤뚝거렸다. 며칠 앞으로 다가온 퇴원 날짜만 기다리고 있었다.

영민은 시험 삼아 요코에게서 떨어져 벽 쪽에 서서는 이리 오라며 불렀다. 요코는 안간힘을 쓰며 불안한 걸음으로 다가가서 영민의 손을 붙잡았다. 작은 감격과 흥분의 목소리가 터져 나왔다.

"드디어 잡았다! 이제 떨어지기 없기예요."

영민도 요코의 손을 꽉 쥐고 그녀를 도와 침대 쪽으로 돌아가서 말했다.

"나도 더 이상 헤매지 않을 겁니다. 이렇게 이대로 당신 손을 굳게 잡고 있겠습니다."

그러자 요코는 손 위에 얼굴을 얹으며 말했다.

"섭섭한 게 하나 있어요."

"뭡니까?"

"어차피 이렇게 될 걸 왜 좀 더 빨리 이렇게 하지 않았을까 싶어요."

"그건 지나친 욕심이에요. 아무렴 어때요. 이렇게 된 것만으로도 좋아서 하늘을 날 것 같은데."

"그래도 처음부터 결론은 정해져 있었어요. 더 빨리 결론대로 됐으면 좋았을걸. 괜히 헤어지고 방황했잖아요. 속상해요."

"괜히 헤어지고 방황하는 게 인생 아니겠어요? 무슨 일이든 간단히 이루어지는 법은 없잖아요. 긴 방황 끝에 겨우 하나의 결과에 이르는 것이 세상사니까요."

"그럴지도 모르죠. 내가 너무 욕심쟁이인가 봐."

"맞아요. 엄청난 욕심쟁이!"

영민이 간지럼을 태우자 요코는 상체를 비틀며 시트 위에 푹 쓰러졌다.

2.

요코가 퇴원하는 날이었다. 다키카와가 포상이라고 하면서 "온천에 가자!"고 하여 오랜만에 가족끼리 나들이에 나섰다.

따뜻한 남쪽 공기 속에서 요코는 눈에 띄게 쾌활해졌다. 혈색도 몰라볼 정도로 환하게 돌아왔다.

"요코, 아프고 난 후로 오히려 살이 오른 것 같구나."

외숙모 지요코도 기쁨을 감추지 못했다.

"외숙모한테 신세가 많았어요. 너무 걱정 끼쳐드려서 죄송해요. 다음에 꼭 외삼촌과 함께 두 분이 경성에 오세요. 안 그럼 제가 보답할 길이 없어요."

"그럼 가고말고. 두 사람 결혼할 때 꼭 갈게."

온천지에서 돌아오자 요코는 쌩쌩해져서 시내를 누비고 다녔다. 동경하기만 하던 도쿄를 비로소 느긋하게 마음껏 구경할 수 있었다.

"웬만하면 설은 함께 보내자꾸나."

외삼촌의 말에 못 이기는 척 도쿄에서 새봄을 맞기로 했다.

영민도 아직 패배의 기억이 생생하게 남아 있는 전장으로 돌아가기보다 널찍한 대도시에서 좀 더 느긋한 나날을 보내고 싶었다. 요코 역시 원래부터 같은 마음이었기에 둘은 아이처럼 태평하게 싫증도 내지 않고 돌아다녔다. 경성에 돌아가서 정식으로 결혼식을 올리기 전까지는 가능한 한 오래, 은밀히 즐기자는 생각도 있었다.

짧은 2월도 끝나가는 어느 날이었다. 뜻하지 않게 시마 교수로부터 편지를 받지 않았다면 두 사람은 언제까지나 아이들처럼 천진난만하게 모든 고민을 잊은 채 지냈을 게 틀림없다.

'친전(親傳)'[19]이라고 적힌 두툼한 봉투를 조심스럽게 열고서 영민은 입가에 미소를 띠웠다.

"뭐예요?"

요코는 초조해 하며 옆으로 다가왔다.

"이거 뜻밖인데요."

"좋은 일에요, 나쁜 일이이에요?"

"나쁜 일은 아니군요."

"다행이다. 어서 말해 봐요. 뭐죠?"

---

19 수취인이 직접 개봉하라는 뜻.

요코는 벌써 얼굴을 들이밀고 펼쳐져 있는 편지를 읽고 있었다.

"자리를 주선해 주신다는군요."

"어머! 그런 고마울 데가."

"새삼 자리는 무슨. 별로 생각 없었는데."

"S 전문(專門)대학이군요? 생각이 있네 없네 하는 건 사치예요. 아무튼 기쁜 일이에요."

요코는 편지를 거의 독차지하고서 큰소리로 읽어 내려갔다.

자네에게는 여러 가지로 미안했네. 최선을 다했지만 역부족이었어. 그렇게 수모를 당하다니 지금 생각해도 한심하기 짝이 없군. 하지만 언젠가 말했듯이 인생은 길지. 이걸로 모두 끝난 건 아닐세. 아직 앞날이 창창하지 않은가. 기회는 몇 번이고 찾아올 거야. 나는 마지막까지 자네를 포기하지 않을 걸세. 학문을 향한 내 신념과 사상은 자네가 익히 아는 그대로라네. 학부에 복귀할 수 있는 적당한 기회를 찾을 때까지 무료함도 달랠 겸 당분간 다른 곳에 취직을 하면 어떻겠나? 다행히 S전문대학 문과 교실에 교수 자리가 비었다더군. 내가 직접 찾아가서 자네를 추천했고, 승낙도 받았지. 쉽게 이루어진 일은 아니었어. 곤란한 절충을 거듭한 끝에 겨우 뜻을 얻었거든. 보잘것없지만 내 노고를 생각해서 마음에 들든 안 들든 당분간 수고해 주게. 하루라도 빨리 경성으로 돌아오길 바라네. 그곳에서 요코 씨와의 일도 성공하기를 기도함세.

이런 내용의 편지였다.

"어쩜 이렇게까지 배려해 주시다니요. 이런 교수님이 계시니 당신 참 행복하겠어요."

편지에서 고개를 든 요코는 눈물을 글썽였다.

"네 맞아요. 말씀만으로도 고마울 따름이에요. 공부에 더욱 매진해서 은혜에 보답해야겠죠."

"당신, 경성에 갈 거죠?"

"그럼요. 하지만 무턱대고 공부만 해선 의욕이 안 생기는데."

"너무 기뻐서 못 참겠어요."

요코는 편지를 들고 외삼촌의 방으로 뛰어갔다.

3.

다음 날 영민 일행은 정이 들기 시작한 도쿄를 뒤로했다.

영민과 요코는 외삼촌 식구들의 격려에 감사하며 더욱 용기를 냈다.

지루했던 기차에서 내리자 연락선이 왔다.

육지에 지친 둘에게 바다는 말로 다 형용하기 힘들 만큼 신선한 것이었다.

한 번 경황없이 건넜던 해협을 오늘은 느긋하고 편한 마음으로 다시 건너간다.

꼬인 끈을 푸는 듯한 기분이었다. 단지 그것만으로도 상쾌했다.

항구를 벗어나서 몇 시간이 흐르자 망망한 먼 바다로 나왔다.

오전의 바다는 파도가 잔잔했고 드넓은 감청색 바다가 끝없이 펼쳐져 있었다. 그 무한한 푸른 물결을 목도하자 얼굴이 온통 자줏빛으로 물드는 듯했다. 선미(船尾)에 부서지는 파도 조각이 조개껍데기처럼 하얗게 흩어졌다.

"지도에서 보면 아주 좁은 해협인데 이렇게 넓다니."

요코는 푸른 바다에 피로해진 모습이었다.

"아이 뭐야. 배가 너무 느리잖아요. 좀 더 빨리 움직이면 눈 깜박할 사이에 건너갈 텐데. 눈감고 한숨 푹 자요. 눈을 뜨면 그곳이 해안일 거예요. 해협은 역시 좁아요. 넓은 하늘에서 내려다보면 허리띠 정도밖에 안 넓을 거예요. 지도에서 볼 때처럼."

"신기하군요. 좁은 듯도 하고 넓은 듯도 하니."

"어느 쪽이든 인간의 생각 하나에 달렸죠. 넓다고만 생각하니까 잘못된 착오가 생기는 겁니다. 실제로 우리 사이를 훼방 놓았던 건 이 해협이에요. 불손한 해협이죠. 하지만 좁다고만 생각하고 우습게 여겼어요. 우리가 지금 이렇게 둘이서 이 해협을 건너갈 수 있는 이유예요."

"알고 있어요. 마침내 우리가 해협을 정복한 거예요. 이렇게 유쾌할 수가 없군요."

"시 한 수 어때요? 이 해협을 건너는 느낌으로요."

"이런 건 어떨까요? '우리는 오늘 개운하게 돌아가노라 바다 위에서'"

"'우리는 오늘 개운하게 돌아가노라 바다 위에서'…… 그래요. '우리는 오늘 개운하게 돌아가노라 바다 위에서'…… 어머! 언젠가 하나이 씨가 읊조리던 시 아니에요? 작년 여름 한강에서 이런 시 읊었잖아요?"

"그랬나요? 뭐, 하나이의 시든 아니든 상관없어요. 젖었다와 개운하다는 큰 차이가 있는 거니까. 오늘은 맑게 개었잖아요. 이렇게 푸르게."

다음 날 아침 영민과 요코가 탄 배가 부산항에 정박할 때 다른 연락선은 출항 준비를 갖추고 부두 안벽(岸壁)에 대기하고 있었다.

선실에 오르려는 승객들이 삼삼오오 부두에 모여 서 있었다. 그 중에는 외국인 아가씨와 청초한 한복 차림의 여성이 사람들의 이목을 끌었다. 어여쁜 한 쌍이었다.

스미스 영사의 딸인 엘렌과 친구인 소희였다.

외국 여행길에 오른 두 사람은 요코하마(横濱)에서 출항하는 미국행 선박에 늦지 않기 위해 전날 경성을 떠나왔다. 각자 자기 어머니와 출발하여 부두에 도착해서 만났다.

"바다는 처음이라 어쩐지 겁이 나요."

소희가 엄살을 부리자 바다에 익숙한 엘렌은 타이르듯 이야기했다.

"이렇게 좁은 해협은 문제도 아니에요. 촌스럽게 벌벌 떨지 말고 마음을 크게 가져요. 사흘이 가고 나흘이 가도 바다밖에 없는 태평양이 기다리고 있다고요."

"엘렌 씨는 그런 데서도 멀미 안 하나요?"

"조선에 올 때는 약간 고생했지만 이번에는 멀미하지 않을 거예요."

"너무 자신만만한데요?"

"정말 괜찮다니까요."

자신 있게 잘라 말했다.

"스미스이어 슈도카멜리아 아가씨, 긴장하세요. 앞으로 거대하고 멋진 곳에 가는 거잖아요."

서로 키득거리며 초콜릿 은박지를 벗기는 두 사람은 비교적 건강했다.

선실을 나와서 다른 승객들에 섞여 트랩에 내려선 영민과 요코는 몇 칸 앞에 화려한 색채를 발견하자 지친 눈이 번쩍 뜨였다.

"어쩜 저렇게 아름다울까."

요코는 사람들 속에서 멍하니 서서 숨김없이 감탄사를 터뜨렸다.

"분명히 미국 여자일 거요."

영민의 말에 요코가 영민과는 다른 쪽을 보며 말했다.

"전 이쪽에 한복을 입은 사람 얘기를 하는 거예요. 아주 예쁜 옷이에요. 저렇게 아름다운 자태는 처음 봐요."

"그렇게 예뻐 보입니까?"

"당연하죠. 저도 저런 옷을 한번 입어 봤으면 좋겠어요."

"간단해요. 경성에 도착하면 서둘러서 한 벌 주문해야겠군요."

영민은 그렇게 말하면서 걸어가다가 흠칫 놀라 걸음을 멈췄다.

"아니, 소희잖아!"

"뭐라고요?"

요코도 짧게 외치고는 다시 눈앞의 소희를 찬찬히 살폈다.

"놀랐잖아요. 언젠가 말했던 옛날이야기 속의 자작님 댁 아가씨인가요?"

"네, 틀림없군요."

"옛날이야기 속에 나오는 귀족 아가씨처럼 아름다워요. 백장미 같아요. 둘이서 어딜 가는 걸까요?"

"외국에 가는 거겠죠, 틀림없어요. 자, 저들 눈에 띄기 전에 어서 여길 빠져나갑시다. 휴, 다행이야. 걸리지 않았어."

"어여쁜 사람이에요. 당신, 저렇게 아름다운 사람과 인사도 안 하실래요?"

"무슨 말을 하는 겁니까? 바보같이."

영민은 씩씩거리다가 갑자기 우스운 생각이 들어서 요코와 얼굴을 마주보며 킥킥 웃어댔다. 그녀에게 처음으로 바보라고 했던 경솔함이 아무리 생각해도 우스웠다.

소희는 영민 일행을 보지 못했고 이렇게 둘은 자연스럽게 헤어졌다.

4.

신록을 맞이한 일요일.

이제는 직장인인 영민에게 일요일은 가장 즐거운 날이었다.

요코는 오랫동안 바라던 대로 새로 맞춘 한복을 입었다. 오늘은 둘 다 희희낙락하며 기뻐했다.

결혼식을 올린 지 한 달이 지난 지금, 두 사람은 작은 새의 둥지 같은 조그만 집을 마련해서 행복한 꿈에 젖어 있었다.

"오늘은 나 혼자만 당신의 새로운 모습을 보고 싶군요. 어디로 가면 좋을까요?"

영민은 잠깐 고민했다.

"그래요. 비원에 갑시다."

마침 거기서 근무하는 한 친구를 통해 귀띔을 해 두어서 두 사람은 쉽게 입장을 허락받았다.

왕족들이 노닐던 유원지로서 사방 1리(里) 남짓하게 축소된 작은 정원이다. 홍진의 속계(俗界)를 벗어난 그 별천지에는 멋진 초록의 계절이 제전을 벌이듯 펼쳐져 있었다. 수목도 계곡물도 오솔길도 고색창연했고 그러면서 새로웠다. 궁인들이 달맞이를 하고 시를 읊었다는 육각정을 지나서 산속의 오솔길로 접어들 때였다. 풀숲의 훗훗한 열기에 섞여 꿀 냄새를 풍기는 꽃향기가 은은하게 흐르고 있었다.

"나 아까부터 묘한 착각이 들어요. 여동생하고 산책하는 느낌이 들어서 휙 돌아보면 당신이지 뭐요."

"옷 때문인지도 몰라요."

"그런가. 옷만 바뀌었을 뿐인데 사람까지 달라 보이다니. 묘한 일이야."

마치 처음 보는 사람처럼 요코를 빤히 쳐다보았다. 신기한 발견이라도 한 듯한 눈빛이었다.

"그러니까 우리는 서로 아무것도 다르지 않단 말이요. 혈액형도 같고 지금은 겉모습도 같지. 다른 점이라고는 단 하나 국체(國體). 전통뿐이라고."

"그런 어려운 말은 그만해요."

요코가 영민의 말을 가로막았다.

"어때요? 내 옷도 소희 씨처럼 예쁜가요?"

"묻지 않아도 당신은 완벽해요. 무엇을 들고 와도 대신하지 못하지요. 사람들이 오랜 시간에 걸쳐 가려내어 사랑하는 건 완전함 말고 아무것도 아니거든요."

영민은 그러면서 나무 그늘 밑 풀 위에 털썩 주저앉았다.

"오늘 하루는 이 외딴 곳에서 나 혼자 그 완전함을 지켜봐야겠어요."

금작화 잎을 살랑이며 미풍이 지나가고 단풍나무 우듬지에서 작은 새가 지저귀었다. 인적 없는 옛 정원에 흐르는 오후의 정적은 한없이 애정을 속삭이는 두 사람에게 가장 잘 어울리는 것이었다.

(끝)

《국민신보(國民新報)》, 1940. 1. 7.~4. 28.

미완성 일문소설

1. 이효석 선생 미발표 미완성 일문 장편소설 개관

(1) 제목: 모름

제목이 적혔을 것으로 짐작되는 친필 원고의 첫 장이 없어져서 제목을 모름. 따라서 이 작품은 공식적으로 '이효석의 미완성 일문 장편'이라 불러야 할 듯.

(2) 사용 문자: 일한문(日漢文)

작품 전체가 한자 섞인 일본 글자로만 이루어졌음. 일본에서 과거에 쓰던 소위 '역사적 맞춤법'을 사용하였으므로, 지금은 사용하지 않는 글자도 있고 표기법도 현대와 많이 다름.

(3) 집필 시기: 1940년 전후로 추정

이때는 작품의 내용에서 보인, 우리 민족지 《조선일보》의 강제 폐간(1940), 조선어학회 사건(1942)을 앞두고 일본어 상용을 강요하던 시기와 일치함. 또 이 무렵이 국문 장편 〈화분(花粉, 1939)〉, 〈벽공무한(碧空無限, 1940)〉과 일문 장편 〈녹색의 탑(1940)〉을 발표하여 장편과 일문소설에 많은 관심을 보인 시기이기도 함. 1940년은 그의 34세 때요, 요절하기 2년 전에 해당함.

(4) 체제: 장편소설의 일부

처음에는 원고 분량으로 보아 중편소설인가 했으나, 사건의 스케일이 크고 전개의 템포가 느린 것으로 미루어 미완성 장편소설의 일부로 보임.

(5) 작품 분량: 4백자 원고지 77장

2백자 원고지로는 154장에 해당. 원래 78장이던 것인데 그중 첫째 장이 망실됨.

(6) 원고의 상태: 읽기가 불편함.

4백자 원고지를 반으로 접은 체재. 일제 시대에 지질이 나쁜 원고지에 펜으로 마구 휘갈겨 쓴 데다가 세월이 많이 흘러서 훼손이 심하므로 읽기가 매우 어려운 상태임.

2. 작품 개관

(1) 주요 등장인물

ㄱ. 고승인(高勝仁)-이 소설의 주인공. 30대의 한국 청년. 대학 동

양철학과 출신으로 자유주의와 동양공영 사상의 신봉자. 창씨개명의 일본식 이름은 아마노 가쓰토(天野勝人).

ㄴ. 일본인 조선 총독-이름은 밝히지 않았음.

ㄷ. 왜선(倭善)-고승인의 일본인 처. 스다 이사무의 누이동생.

ㄹ. 스다 이사무(須田 勇)-일본인 청년. 고승인의 대학 친구이자 처남. 친일 사회단체 '동아연맹(東亞聯盟)'을 주재하면서 그 기관지 《깃발(旗)》을 발행함. 그 처의 이름은 후시 또는 세쓰(節).

ㅁ. 주세기(朱世起)-반일 열혈 청년.

ㅂ. 고숭(高崇)-승인의 아버지. 완고한 전형적 한국 양반 가문의 노인. 옛 정승의 후예로서 구한국 정부의 관원을 지냄.

ㅅ. 고승서(高勝西)-승인의 아우. 외국어에 능한 국제적 방랑자.

ㅇ. 일리나-러시아 출신의 새댁. 승서의 처.

ㅈ. 나자-일리나의 아버지가 다른 언니.

ㅊ. 단야(丹耶)-승인의 누이동생인 처녀.

(2) 이야기 줄거리

1장. 이 시대의 선구자로 자처하는 이상주의자 고승인은 자청하여 조선 총독을 면회한다. 그는 자기의 신념에 따라 일제의 시책에 적극적인 협력을 약속하고 많은 칭찬과 함께 총독으로부터 '내선일여(內鮮一如)'라 쓴 친필 족자를 선물로 받고 감격한다. 일본인 친구 스다 이사무는 승인을 이 시대의 영웅이라 치켜세우며 그들의 회견기를 자기 잡지 《깃발》에 특집으로 대서특필하려고 한다.

2장. 고승인과 총독의 회견은 세상에 커다란 반향을 불러일으켜 신문 방송 등 매스컴들이 연일 떠들어 댄다. 고승인은 그것을 은근히 자랑스러워 하는데, 밤중에 주세기라는 청년이 찾아와서 고승인의 친일적 언행을 크게 질책하면서 비수로 팔을 찔러 큰 상처를 입히고 달아난다. 그는 수일 후 스다의 고발로 고등과 형사에게 체포된다.

3장. 병원에 누워 있는 승인에게는 많은 위문객이 찾아온다. 그 중에서도 부자의 인연을 끊고 지내 온 늙은 아버지 고숭과 그새 내왕조차 없이 하얼빈에서 살던 동생 승서 내외가 찾아와 큰 위안이 된다. 승인은 아버지가 자기의 뜻을 어기고 가출하여 일본 여자와 결혼하고, 사회 개혁을 한답시고 친일 운동이나 하는 승인에게 과거사를 모두 용서할 테니 집에 돌아와 살라고 하여 감동한다.

아우 승서는 형에게서 시골 땅을 얻어 판 돈으로 미국으로 건너가 살기로 작정한다.

4장. 허숭은 전통적 대저택인 자기 집에 죽림숙이라는 사설 서당을 차려 친구들과 청담(淸談)을 나누기도 하고, 찾아오는 젊은이들에게 한국의 전통적 서화를 지도하기도 하고, 한방 약초로 늙은 몸을 정양하면서 소일한다.

승인의 처 일본 여자 왜선과 승서의 처 러시아 여자 일리나도 시누이인 단야와 친해져서 이 대저택을 몹시 자랑스러워 한다.

한 달 만에 완쾌하여 퇴원한 승인은 더욱 건강해져서 『동포의 나아갈 길』이라는 저서의 원고를 쓴다. 각처에서 시국 강연을 한다 하여 바쁜 나날을 보낸다.

승서는 미국에 갈 때 돈을 숨기려고 옷의 단추를 모두 순금으로 만들어 달 궁리를 한다.

5장. 시대는 나날이 급변하는데 사람들의 개혁 의지는 지지부진하여 답답한 승인은 문인협회가 주최하는 강연회에 나가 '시국과 국어(일본어) 사용'이라는 제목의 강연을 하여 청중에게 큰 감명을 주었다고 만족스러워 한다. 어두워서 강연회장 밖으로 나가니 어떤 손님이 기다리고 있다. 《조선일보》 사회부 기자였던 박사임이라는 사람이다. 본디 이 신문은 시국적으로 고루한 주의를 고집해 왔는데 박 기자는 더 철저한 보수주의자였다. 그는 신문사와 운명을 같이하여 퇴직한 몸이라고 했다.

장순하 옮김

1장.

—[1] 울창하여 바람도 없고 불타는 듯한 한여름 날이었다.

"오늘 나는 다시 태어난 것 같은 기분이 든다. 이미 어제의 내가 아니다."

한눈에 바라보이는 여름날의 정든 도시는, 이것도 처음 태어난 것같이 오늘은 한결 맑고 고요한 기운을 띠고 있다. 멀리 북쪽에 광대하고 하얀 정부 청사가 묵직하게 들어앉고 그 뒤로 북악산의 바위들이 우뚝우뚝 솟은 중간에 도시를 끼고 이쪽의 남산과 마주 보고 있다.

그 한 모퉁이에서 낸 아마노(天野)[2]의 목소리는 작지만 장차 큰 물웅덩이에 돌멩이를 던지는 것 같은 결과를 낳으리라는 것을 그 자신도 깨닫지 못하는 바는 아니었다.

"마침내 해냈네그려. 잘해 주었어. 자네의 그 상기된 얼굴을 오늘만큼 멋지다고 생각해 본 적이 없었네."

누가 어깨를 툭 쳐서 돌아다보니 그 근방 어느 나무 그늘에서라도 기다리고 있었던 듯 마쓰다 이사무(須田 勇)[3]가 바라보고 있다. 그 또한 못지않게 흥분된 얼굴로 상기된 목소리였다.

---

1 원고 첫째 장이 유실되었으므로 문장이 중도에서 시작되어 있다.

2 이 소설 주인공의 일본식 창씨 명. 아마도 가쓰토. 30대의 한국 청년.

3 아마노의 일본인 친구이자 매부. 아시아주의를 표방하는 사회단체 동아연맹(東亞聯盟)의 대표자로 기관지《깃발》을 발행하고 있다. 일본 성 '須田'은 '스다'라고 읽을 수도 있다.

"굽은 길을 똑바로 걸어왔을 뿐이야. 누가 뭐라고 하든 자기의 신념에 충실하게 사는 것은 훌륭한 일 아닌가."

"조만간 누군가가 할 일일지는 모르지. 그러나 자네의 그 커다란 용기가 드디어 천만 인에 앞장선 걸세."

"어리석은 자라고 비난을 받지만 않으면 좋다고 생각하네. 시대의 물결을 교묘하게 헤엄치려는 심보가 아니라는 것만 알아주면 좋아. 마음속으로 가장 좋다고 작정한 일에 온몸으로 부딪쳐 가려고 결심했을 뿐이야."

"누가 자네의 참뜻을 의심하겠나. 때로는 오해나 비방도 있겠지. 나는 자네를 대신해서 세상에 자네의 마음을 천명해 줄 역할을 떠맡아 주어도 좋아."

"고마우이. 자네의 그 정열이 나로 하여금 오늘날을 있게 했다고 해도 좋네."

마른침을 삼키듯, 헛기침을 하듯 목줄을 딸꾹거리는 감동을 진정시키면서 두 사람은 인적이 없는 조용한 한길을 천천히 내려오기 시작했다. 길게 늘어난 큰 그림자가 두 사람을 엄청난 거인처럼 보이게 하였다.

아마노 가쓰토(天野勝人)는 방금 총독(總督) 관저를 하직하고 나온 것이었다. 한 주에 한 번씩 있는 민간인 면회일을 이용하여 이 최고의 장관에게 면회를 신청하여 시국적 정책을 옹호하고 찬양하면서 자진하여 적극적 진출을 꾀한 것이었다. 모험의 기분이 따르지 않는 바는 아니었으나 근래에 품어 온 소신과 정열이 뭉쳐져서 참으려 해도 참지 못할 내면적 요구에서 우러나온 것이었다.

의복에까지 배어 나오는 그의 온화한 인품에 접하고 있으니, 술책을 부리는 사람 같지 않은, 요컨대 그도 신념의 사람이라고 느껴져 신념의 일치에서 오는 의기투합이 한층 용기를 떨쳐 일으켜 주었다.

"군과 같이 믿음직스럽고 현명한 선비를 얻어서 나도 기운이 난다네. 아무쪼록 시정(施政)의 참뜻을 체득하여 솔선수범 확실하게 민중을 지도해 주시게나."

넓은 응접실은 족자가 두세 폭 걸려 있을 뿐 간소하고, 한 평이나 됨직한 커다란 책상을 끼고 총독은 한 사람의 이름 없는 청년과 단둘이 마주 앉아 있었다. 옆방에는 여기도 면회를 청하러 와 있는 두세 명의 인사와 신문기자가 대기하고 있을 뿐 경계하는 눈초리 하나 번득이지 않는 너그럽고 편안한 오후의 한때였다. 뚱뚱하고 햇볕에 그은 큰 덩치에 미소조차 띄우고 어깨도 펴이지 않은, 농촌의 소작인을 연상케 하는 소박한 눈매와 말씨는 예사롭지 않으면서도 흉금을 확 터놓은 듯 솔직한 사람으로 받아들여졌다.

"우리들 주민의 소리를 들으시는 각하의 태도가 민중에게 커다란 친밀감을 느끼게 하는 것은 사실입니다. 이것은 한 시대 전에는 도저히 바랄 수조차 없는 일이었습니다. 이렇게 허물없이 면대의 영광을 누리는 것은 불초한 소생이 그러한 민의를 대신 말씀드리는 한편 저희들에게 시국에 대한 올바른 인식의 모범을 보여 주십사 하는 것뿐이올시다."

"내가 가장 염려한 것은 민중의 오해였는데 다행히 군에게서 이해 있는 반향의 한마디를 들은 것은 매우 흔쾌한 일일세. 그렇듯 올

바른 방향으로 민의를 이끌어 가는 데는 오로지 군들의 노력에 기대는 길밖에는 없네."

"사나이가 한번 맹서한 이상 어떤 일이 있어도 각하의 분부에 보답하도록 노력할 뿐입니다. 불초 소생 오늘처럼 사는 보람을 느낀 적이 없었습니다. 영광스런 무거운 짐을 지워 주시어 이렇게 활기가 넘쳐 있습니다요."

아마노의 외곬이인 태도에 총독도 감동된 듯 만족스런 태도로 천천히 일어서더니 "군에게 줄 게 있네." 하고 벽장문을 열었다. 한 폭의 두루마리를 꺼내서 펼치니 가로쓰기한 붓글씨였다. '내선일여(內鮮一如)'라고 굵게 쓰인 붓 자국도 생생하고 그 끝에 찍힌 낙관도 뚜렷했다.

"오늘의 기념으로 받아 주시게나. 내가 쓴 것일세."

몽실몽실 살찐 커다란 손으로 직접 건네주니 아마노는 황송하기 그지없고 온몸에 닭살이 돋는 느낌이었다. 마음을 채찍질하여 귀중한 그 한 폭을 받들 듯 받쳐 들고 방을 하직했을 때 가슴속이 뭔가로 가득 찬 듯 목까지 메었다. 현관을 나와 정문 앞 수위소의 순사로부터 인사를 받고 보니 언제나 경계가 삼엄하던 일대의 공기도 온화한 듯 감격의 응어리가 좀체 풀리지 않고 총독의 큰 칭찬의 소리가 언제까지나 가슴속에 남아 있었다. 해질녘의 하얀 길에 구두 발자국 소리가 조용히 났다.

"총독은 내가 솔선하여 창씨(創氏) 한 데 대해 절대적인 찬사를 아끼지 않았네. 교육개정령(教育改正令)에 대해서나 지원병(志願兵) 제도에 대해서나 내선일체(內鮮一體)의 문제에 대해서도 그 모든 것에 앞서 창씨의 실천으로부터 시작하지 않으면 안 된다고 생각하네. 다 같은 국민으로서 동등한 인격에 도달하려면 형식부터 정돈하는 것이 제일 첩경이니까. 조선(朝鮮)에서는 옛날에 성을 고치는 것은 유배와도 같은 형벌이었지. 시간이라는 것은 참으로 이상한 것이라, 때로는 밭을 고쳐 바다로 바꾸는 일조차 예사로 하니까 말이야. 오늘날 우리가 성을 고치는 것은 동포 전체에게, 그리고 다음 세대에게 널따란 길을 열어 주기 위한 일 아니겠나."

길을 내려오면서, 마쓰다 앞에서 아마노는 다시 한 번 흥분되어 오는 것을 어찌할 수 없었다.

"고 군. 아니지, 아마노 군. — 언제나 잘못 말해서 미안 — 자네가 자네들 조상의 법도와 전통을 깨뜨리면서까지 창씨를 한 데 대해 나는 뭐라고 말할 수 없이 통절하고 엄숙한 심정이지만, 큰 행복을 바란다면 큰 바보가 되지 않으면 안 되는 걸세. 장님처럼 다만 행동할 뿐이지. 일일이 처지의 설명이나 합리화를 꾀하려는 것은 이미 무의미하지 않은가."

"나는 내가 한 일을 부끄러워하거나 두려워하고 있다고 생각하고 있나? 그와 같은 내적 회의나 방황은 벌써 옛날에 모두 청산했다네. 지금 눈앞에 갑자기 비수를 들이댄다고 눈 하나 깜짝하겠나. 나는 자진해서 가시밭길로 들어선 걸세. 처음부터 탄탄한 대로를 선택한 것이 아니야."

"오늘 자네의 회견을 기사로 쓸 작정일세. 서두르면 내달 호 《깃발(旗)》의 편집에 댈 수 있을 것 같아. 지금부터 잡지사에 가서 원고를 쓰겠네."

왜성대(倭城臺)를 다 내려와서 《깃발》 잡지사 근처에서 본정(本町)[4]으로 들어와 조그만 가게에서 차 한 잔을 시켜 꿀꺽꿀꺽 마시고 나오니 마쓰다는 잡지사가 있는 명치정(明治町)[5] 쪽으로 아마노를 유인했다.

"내 누이동생이 와 있을지도 몰라. 자네가 돌아올 시각에 맞추어 회사에서 만나기로 했으니 함께 들르지 않겠나?"

도로를 향한 조그만 빌딩을 올라가니 이층 끝자리에 '동아연맹본부(東亞聯盟本部)[6]의 간판과 나란히 《깃발》 발행사의 표찰이 걸려 있다. 사원들이 돌아간 뒤의 텅 빈 편집실에 달랑 혼자 기다리고 있던 이요시(倭善)[7]는 마쓰다들을 일어서 와서 맞이했다.

"잘 되었나요? 꽤 기다렸어요. 무슨 일이라도 생긴 건 아니지요? 뭔가 어긋진 것 같아 무서웠다구요."

아마노 앞을 가로막으면서 겨우 근심스런 이맛살을 편 듯한 눈치였다. 그처럼 가려(可慮)한 아내의 모습을 이제껏 보지 못한 것 같았다. 얄따란 홑옷에 새하얀 버선이 눈에 부시게 비쳤다.

"잘 안 될 게 뭐 있어. 아마노 군은 오늘 자랑스러운 영웅이 된 거야. 유신(維新)의 청년 같은 기세라구."

오라비의 말도 귀에 들어오지 않을 만큼 이요시의 눈은 예사롭지 않은 아마노의 거동을 주시하고 있었다.

---

4 현재 서울 충무로(忠武路)의 일제 때 지명.

5 현재 서울 명동(明洞)의 일제 때 지명.

6 작중 마쓰다 이사무(須田 勇)가 이끄는 친일 사회단체.

7 주인공 고승인(高勝仁)의 일본인 처. 마쓰다 이사무의 누이.

"당신 웬 얼굴이 그래요? 눈이 충혈되고 볼이 새빨개요. 마치 술을 마신 것 같다구요. 열이 있는 건지 몰라."

다가와서 이마에 손을 짚으려 하는 것을 아마노는 가로막고 아무렇지도 않다는 듯 의자를 끌어당겨 앉았다.

"당연하지. 오늘은 난생 처음 이상한 경험을 하고 온 거요. 과거 30년을 오늘 하루에 다 산 것 같은 기분이라구. 마치 커다란 용광로 앞에서 단단히 단련 받고 온 것 같소."

"빨리 집에 가서 쉬는 게 좋지 않겠어요? 이 땀 좀 봐.—진땀이 등에 잔뜩 스며 나와 있다구요."

"그리 서두르지 말아라. 이제부터 중대한 일이 있을 거니까."

마쓰다는 누이를 밀어내듯 하고 아마노와 마주하여 책상 앞에 크게 자리 잡고 앉아서 빠르게 용지에 펜을 달리고 있었다.

"총독 회견기라.—자, 더 자세히 그 상황을 이야기해 주게나. 자네가 꺼낸 제목과 총독의 태도며 자네의 감상 등 크고 작은 것 빠짐없이 들려주게. 내달 호의 톱 기살세. 빅 뉴스라구."

재촉하면서, 그렇다고 눈을 감고 분주하게 생각을 정리하고 있는 아마노의 입만 기다리지도 않고 술술 종이에 검게 잉크 칠을 하고 있었다.

마쓰다 이사무가 아내 미사오(節) 등 아시아주의(亞細亞主義)를 표방하는 국제적인 결사(結社) 동아연맹을 창립하여 널리 맹우를 모집하고, 기관지《깃발》을 발행하기 시작한 지 이미 5, 6년이 지났다.

대학에서 동양철학을 전공하고 있을 때 이미 같은 사상이 굳게 싹터서 정열의 분출이 마침내 그와 같은 행동으로까지 그를 몰고

간 것이었는데, 오늘날 정세가 격변하여 이들 젊은이들의 단체의 의의는 사회의 표면에 크게 떠올라 온 것이었다.

이미 사회 한구석의 흐릿한 존재에 그치지 않고 솔선하여 시국과 관련된 모든 기관과 손잡고 협력하여 적극적으로 활동하지 않을 수 없게 되어 있었다. 취지에 공명하여 모이는 맹우는 나날이 그 수가 불어나고《깃발》의 부수는 몇 만으로 불어 나갔다. 맹우들을 편달하면서 마쓰다 이사무는 스스로 펜을 잡고 연단에도 섰다.

이름도 '아마노 가쓰토'라 고친 고승인을 평생의 친구로 얻은 것이야말로 마쓰다에게는 아마도 가장 든든한 의지였으리라.

같은 도시의 대학의 철학 교실에서 전공 외의 시간에 자유주의적 입장을 취하고 있던 경제학 교수가 불그레한 말을 했다고 하여 수업이 끝나자마자 곧바로 쫓아가서 교수의 잘못을 따지고 실언을 취소시킨 학생이 있었다. 마쓰다 이사무였다.

같은 철학과에 적을 두고 있던 고승인은 교수로부터 살짝 그 은밀한 고백을 들었을 때 마쓰다의 패기에 이맛살을 찌푸리고 내심 매우 분노했었으나, 십 년이 못 되어 그 마쓰다와 마침내 길을 같이 가게 되었고, 당시의 교수조차도 같은 방향으로 보조를 맞추어 저널리즘의 전선에서 열렬히 활약하게 될 줄은 신만이 아는 오묘한 배합이었다.

교수와 대체로 같은 처지에 있던 고승인이 오늘의 사상을 품게 되기까지에는 물론 가시밭길의 여러 변전이 있었으나 특히 마쓰다와 가까워진 데는 그의 누이 이요시를 사랑한 까닭도 있었다.

나란히 수재 소리를 듣고 실력이 서로 백중을 다투던 두 사람은 학부를 마치면서 연구실에 남아서 거기서도 책상을 나란히 했다. 이따금 연구실을 찾아오는 이요시를 마음에 두기 시작한 고승인은 어느 결엔가 마쓰다에 대한 대립 의식이 차츰 줄어 가는 것을 깨달았다.

그들의 사랑에는 여러 가지 외부로부터의 장애도 있었으나 서로의 의지로 둘이는 결합하게 되어 내선결혼(內鮮結婚)의 모범 부부라고 신문에 나기도 하고 거리의 화제에 오르기도 했으나, 다만 하나 그 결혼을 끝까지 가로막는 의지가 있었다. 언제나 완고한 아버지 고숭(高崇)[8]의 낡은 옹고집이었다.

고승인이 아버지와 서로 뜻이 안 맞아 이제껏 집을 떠나 반역을 계속하고 있는 것은 결혼에 대한 의견의 어긋남만이 아니라 사상의 차이에도 더 깊이 뿌리박고 있었다.

조숙하여 크로폿킨 같은 것을 탐독하고 있던 그는 중학교를 마치자 가정의 숨 막히는 공기에 견딜 수 없어(당시 관리로 봉직하고 있던 아버지는 집 밖에 애첩을 두어 가정에서는 찬바람이 불고 있었다) 혁명가가 되겠다며 도쿄로 건너갔다. 어머니로부터의 송금도 끊기자 직공이 되기도 하며 온갖 쓴맛을 맛보면서 아나 운동에 몸을 던지기도 하다가 학령을 많이 넘긴 다음에야 향리로 불려 돌아와서 뒤늦게야 예과(豫科)에서 학부로 학업을 계속했으나 냉정한 속에서도 여전히 사회에 대한 정열을 불태우고 있었다. 그러한 정열을 지닌 채 지낸 연구실에서의 2년간은 참으로 지루하기 그지없는 것이었다.

8 주인공 고승인의 아버지. 전 한국 정부의 관원.

그러나 이요시를 만나 또 한 번 도쿄행을 목표했을 때는 아나 운동의 불길도 식어가는 무렵이라, 겨우 남은 연기에 그을리고 있는 운동 단체의 둘레를 겉돌면서 수년을 객지에서 보내고 두 번째로 고향의 땅을 밟았을 무렵에는 시대적 형세도 변하기 시작하여 그의 생각은 이제까지와는 반대적 방향으로 매우 자연스럽게 달려가고 있었다.

보고 있는 눈앞에서 이념과 모순, 희망과 환멸이 나날이 더욱더 뒤얽혀서 몇 번이나 내면적 갈등을 그에게 강요하는 것이었다. 탐구심이 강한 그에게 있어서 그 모든 과정이 자연적 성장으로서 한 가지 한 가지에 대해서 그의 정신을 성숙시켜 가는 데 불과했다고도 할 수 있었다. 마쓰다와는 이미 완전한 이해가 성립되었고, 이제는 이요시를 행복하게 해 줄 자신도 생겼다. 인간은 역사의 물결에 그저 몸을 맡기기만 하면 된다. 그 이상의 일은 할 수 없는 것이라고 체념하는 사이에 어느새 여유로운 마음이 생겨 있었다.

늙고 외로운 아버지의 심경이나 단란이 없이 삭막한 가정의 상황을 생각하면 자식으로서 일말의 애상이 없는 바는 아니었다. 아버지는 승인에게 배반당했을 뿐만 하니라 차남 승서(勝西)[9]도 일찍부터 아버지의 뜻을 뿌리치고 집을 뛰쳐나가 분방한 행동에 한 몸을 맡기고 있었다. 형이 오로지 아시아의 행복을 생각하는 데 반하여 아우인 승서는 서방(西方)에의 강한 동경을 언제까지나 버리지 못했다. 너무나도 크고 화려한 꿈에 완전히 얽매인 꼴로서 아름다운 함

---

9 고승의 둘째 아들이자 고승인의 아우. 서양 문물을 동경하는 국제적 방랑자.

정 속에서 몸을 움직일 수도 없이 한 가지 집념 속에서 언제까지나 허우적거리고 있었다.

"고향의 전통이나 조상의 가르침을 헌신짝처럼 버리고 돌아보지 않는 놈은 역적과 매한가지다. 네놈들을 교육한 것은 오늘과 같은 이런 흉측한 꼴을 보려는 것이 아니었다."

아버지가 한탄하고 경계해도 새 풍조에 정신 빠진 젊은 놈들을 설득할 힘이 없었다.

승서는 학부를 나와 최고의 교양을 몸에 지니자마자 그 길로 프랑스나 미국으로 건너뛸 것을 몇 번이나 꾀했으나 이루지 못하고 결국은 도시에서 도시로 아무 하는 일 없이 방황하는 신세가 되었다. 도쿄도 소망하는 땅이 아니라는 것을 알자 하얼빈에서 상해로 가서 이국(異國)의 아가씨를 아내로 얻어 주로 이 두 도시를 떠돌며 청춘의 나날을 지우면서, 분배받은 재산을 대부분 탕진해 버리고도 서양으로 출분할 꿈은 아직도 버리지 못하고 있었다.

세 부자의 각기 다른 모양의 야릇한 갈등 중에 아무래도 아버지의 외로움이 가장 커서, 밀려드는 나이의 물결 속에서 아버지와 어머니를 위로하고 섬기기 위해서 누이동생인 단야(丹耶)만이 집에서 칩거한 채 혼기조차 놓치고 있었다.

아버지는 좋아하던 한문책을 펼치는 한편 서도(書道)를 시작하여 별채의 거실을 '죽림숙(竹林塾)'이라 칭하고 모여드는 젊은이들의 붓손을 보아 주기도 하고 옛 친구들과 정담을 나누기도 하면서 스스로를 위로하고 있었다.

승인은 언젠가는 그런 아버지와도 화해되기를 원하고는 있었으나 조상으로부터 물려받은 성씨를 아낌없이 버리고 '아마노'라고 고친 것조차 아버지와 따로 독립하여 집안의 계보에서 떨어져 버린 꼴이라, 아버지의 노여움을 생각하면 곁에 다가갈 수 있을 것 같지 않았다. 끈질긴 아버지의 옹고집을 그 나름으로는 존경하고 아우의 헛된 꿈을 나무라면서도 당분간은 혼자 쓸쓸한 길을 걸을 수밖에 없을 것 같았다.

언젠가는 틀림없이 길동무도 불어나리라는 것을 굳게 믿으므로 신념의 저서 『동포의 나아갈 길』의 원고 집필에도 꾸준한 정열을 쏟을 수 있었고, 한편 동아연맹에서 마쓰다의 일을 거드는 데에도 활기를 느꼈다.

오늘은 순수한 한 시민의 자격으로 총독에게 면회를 신청하여 소신을 피력한 것이 뜻밖에 큰 감동을 얻어버린 결과가 되었다. 마쓰다 편에서 보면 바라지도 않은 좋은 기삿거리였고 아마노와 누이의 신상이 걱정되어서 예사롭지 않은 위무의 말을 아끼지 않은 것이었다.

2장.

밤에 아마노는 몸에 미열이 느껴져 일찍부터 누워 있는 곁에서 이요시가 라디오를 틀자 뉴스의 시간이라, 마침 낮에 있었던 총독 회견의 상황을 방송하기 시작했다. 이튿날 조간에 동맹통신(同盟通信)의 기사로서 커다란 제목이 굵직굵직하게 장식될 특종이라 하면서 아나운서의 흥분에 찬 목소리로 재빨리 거리에 전파되고 있는 것이었다.

"공정 면회일도 이미 횟수를 거듭하기 수주간에 이르렀거니와 오늘 아마노 가쓰토 군과의 회견만큼 총독을 기쁘게 한 적은 없었고……."

이요시가 긴장된 얼굴을 등불 밑에서 빛내고 있는 옆에서 아마노도 자기 이름이 불리어지자 발딱 반신을 일으켜 귀를 기울였다. 두 사람만의 조용하고 좁은 집 안 가득히 소리가 퍼져서 낮 동안의 상황을 빠짐없이 보도했다. 아마노는 얼굴을 붉히고 다시 한 번 몸이 더워짐을 느꼈다.

"아마노 군은 내선일체의 필연성, 지원병 제도의 실시, 창씨의 급무 등 여러 문제에 대한 소신, 장장 수십 장의 원고를 낭랑한 목소리로 읽어, 정해진 시간 5분이 20분으로 늘어났어도 총독은 더욱 기쁜 표정으로 정열의 선비를 얻었다고 그를 칭찬 격려하여 그 회견은 가장 유쾌한 인상으로 마쳤다. 아마노 군은 자기 저서 『동포의 나아갈 길』의 제1부를 공손히 증정하자 총독은 친히 쓴 휘호 한 폭을 주어 글자 그대로 감사에 찬 한때로서 시국적 정책 시행상 다대한……."

"그것 꺼 주지 않겠소?"

아마노는 가슴이 답답해져서 거의 신음하듯이 아내에게 부탁했다. 이요시가 뜻을 몰라 뒤돌아보자 아마노는 다시 한 번 다급하게 소리치고는 그대로 발랑 상반신을 눕혔다. 스위치를 틀자 잠시 잡음이 찍찍 나다가 이내 조용해져 방 안은 침묵이 돌아왔다.

"수백만 인 앞에서 갑자기 알몸이 된 것 같아 견딜 수 없는 심정이야. 영리한 건지 멍청한 건지 난 어느 쪽이야? 당신이 말해 줘요."

"옳다고 믿은 일을 용감하게 시작한 당신 아니에요? 회의 같은 건 벌써 몽땅 내버리지 않았나요?

"지금 내 이 심정은 전혀 예상조차 못했어. 나는 몇 번이고 가다 말다를 되풀이하다가 오늘의 결론에 도달한 것이었소. 라디오는 무서운 놈이야. 사람을 절벽 끝으로 몰고 가려 하고 있어."

"당신 고민 잘 알아요. 시대 물결의 파고가 너무 크다구요. 침착해요. 차차 평상의 심정으로 돌아올 테니까요. 틀림없이요."

"이요시!"

발판에 간신히 매달려 허우적거리며 내는 희미한 신음 소리와 같았다. 여운이 잠잠해 지기까지는 말이 이어지지 않았다.

"나를 오늘날 있게 한 것은 오직 당신의 사랑이었소. 여자의 사랑으로 움직이는 것은 졸부일까? 뭐래도 좋아. 당신이 있음으로 하여 나는 사는 보람을 느끼고 있는 것이오. 도중에 잠깐 방황하기는 했으나 결국 당신의 사랑이 나를 이리로 되돌려서 오늘의 행동을 불러내 준 거요."

"이제 와서 새삼스레 사랑 타령을 하니 우습군요. 하나의 사랑을 키우는 데 7년이 걸렸어요. 이상한 건 그 동안에 끈기가 졸아들기는 커녕 더욱더 힘이 솟고 빛이 더했다구요. 생각만 해도 눈부신 기분이지 뭐예요."

"어떻게 투쟁해 온 우리들이오. 사랑을 위해서라면 뭐든지 할 수 있소. 그런 정열의 연장이 마침내 나를 오늘에 몰아세운 거라고 생각해. 당신을 사랑하기 때문에 당신의 환경이며 향토며 뭐든지 다 좋아한다구요. 그것들을 위해 죽는다면 당신을 위해 죽는 게요."

"오늘 밤같이 사랑을 이야기한 적은 한번도 없었어요. 이상스런 생각이 드네요."

아마노가 감정을 집중한 눈빛으로 바라보니 이요시도 몸이 근질거려서 정열적으로 그에 대응해 주고 싶었다. 그러나 자기는 어째 이렇게도 표현력이 없을까 하고 가슴 답답한 심정에 잠겨 있을 때 현관에서 부르는 소리에 정신이 돌아왔다. 꿈에서 깨어난 듯 이요시는 비실비실 일어나 나갔다.

뜻밖의 손님에 아마노도 벌떡 일어났다. 이요시의 안내도 기다리지 않고 혼자서 뚜벅뚜벅 들어온 사나이의 얼굴을 쳐다본 순간 전신이 감전된 듯 느껴지는 것이 있었다. '왔구나!' 하는 직감이었다.

"어때 놀랐나? 주세기(朱世起)[10]다. 돌연히 올라와서 미안."

자진해서 자기소개를 하는 당돌함에 아마노도 태연한 듯 자세를 바로 하고 고쳐 앉았다. 일찍이 민족주의 운동의 투사로서 화려하게 이름을 날렸으나 몇 차례의 좌절 끝에 마침내 오늘의 건달패로 전락했지만, 여전히 매임새 없는 기개를 품고 있는 주세기와 갑자기 가까이서 마주 보게 되니 아마노도 긴장되어 몸이 굳어지는 것을 느끼지 않을 수가 없었다. 왜소단구(矮小短軀)에 부리부리한 눈빛을 갖고 있는 주세기에게는 아직도 선불리 범접 못할 위엄 같은 것이 있었다.

"아마노 군—웃기네! 아마노가 다 뭐야. 아 고승인, 너에게 오늘

10 열혈적인 반일 애국 청년.

의 감상을 들으러 왔다. 잘났더구나. 거리는 지금 네 소문으로 자자하다."

"오해하지 마시오. 뭐 잘난 체하려고 한 일이 아니오."

라고 대답하고, 아마노는 그 나약한 자기의 정직성에 혐오감이 느껴져서 자신에게 항변이라도 하듯 분연히 말을 보탰다.

"모두를 위한다는 생각에서 한 몸을 던져 본 것이라오. 불행한 모두를 위해서라면 나는 이 몸을 망쳐도 좋다고 생각하고 있다오."

"대단한 일념이군그래. 한 몸을 망치지 않아도 좋으니 네가 말하는 그 불행한 모두를 바보 만들진 말아라. 모두를 너 혼자 떠메고 서 있는 때가 온 듯 들까불지 말고 얌전히 죽치고 있는 게 어때."

꾸짖는 것 같은 말투, 위압적인 말투에 가슴이 떨려 왔으나, 이건 안 되겠다고 생각하면서 매달리듯 기를 썼다.

"당신이 진심으로 동포를 사랑한다면 나도 마찬가지요. 최대 다수의 최대 행복을 생각하기 때문에 나도 일어선 것이지 영웅 놀이란 당치도 않소."

"거기서도 착각을 일으키고 있군. 최대 다수의 행복을 염원하는 것은 네 자유지만 네가 가는 방향이 과연 행복에의 길인가 어떤가를 정하는 것은 아주 바보 같은 짓이라구. 신의 계시를 받은 것도 아니니 요컨대 값싼 안전이라고 아첨하는 것 이상 그 무엇이 있다는 거야?"

"착오도 심하오. 그렇게 말하고 있는 당신은 움직이고 있는 역사에 대하여 장님이고 무지하다는 것을 폭로하고 있다는 것은 생각지도 않소? 당신은 큰 물결을 거역하려 하지만 그건 엉뚱한 얘기요.

물결은 이미 정해진 방향으로 진행하고 있지 않소? 이 방향을 벗어나서는 미래에 대한 예견도 전망도 없소."

"누구의 견해가 옳은가는 예로부터 신만이 아는 것이고 최후의 결정은 미래에 속하는 것인데, 나는 다만 그렇게밖에 보지 못하는 너의 근시안적인 천박성을 지적한 것이고 그런 근시안적 방향에 협력하는 일이 커다란 과오를 범하고 있다는 것을 경고하고자 한다. 너처럼 허영에 들뜬 무리가 나타나려고 정세는 적어도 10년은 앞질러 진행하고 있다는 것을 알아주면 좋겠다. 세상에 이런 형편없는 얘기가 어디 있어!"

"내가 이런 역할을 담당하지 않았더라도 틀림없이 누군가가 대신 떠맡았을 것이 틀림없소. 물결의 흐름은 도도하게 신념 있는 인사에게 파급하고 있는 것이니까."

"신념이고 나발이고 뭐 있어! 과연 그런 놈들은 구더기처럼 거리에 꿈틀꿈틀하고 있으리라. 그런 놈들을 응징하는 것이 내 역할이다. 할 수만 있으면 단숨에 짓밟아서 말끔히 쓸어내 버리고 싶을 정도다."

"공연한 헛소리 말고 당신도 빨리 그 밝은 눈을 뜨면 어때요. 언제까지 거지나 무엇같이 길바닥을 기웃거리는 짓도 가슴이 차가울 게요. 당신을 설득할 능력이 없는 것은 섭섭하기 그지없으나 어때요, 다시 한 번 깊이 마음을 고쳐먹지 않겠소? 손을 맞잡고 함께 나아가자구요."

"까불지 마. 이 풋내기야. 내가 지금 네놈의 군소리를 듣거나 비판하거나 하려고 온 게 아니다. 분통을 터뜨리러 온 거다. 네 놈을 벌주러 온 거라구."

"밤중에 악을 써 대고, 꼴 사납군. 마치 깡패의 무리가 아닌가!"

전광석화처럼 빨랐다. 주세기는 어느새 뛰어올랐는지 재빨리 달려들어서 작은 몸을 굴리듯 아마노 위에 덮친 순간 "무슨 짓이야!" 하는 부르짖음과 함께 "악!" 하는 비명에 잇따라서 나직한 신음 소리가 났다. 고요한 밤공기에 황망하고 돌발적인 한순간이었다.

옆방에서 차 준비를 하고 있던 이요시가 달려왔을 때, 마침 타고 오른 사냥감에서 떨어지듯 벌떡 일어선 주세기의 눈은 살기가 등등하고 손에는 비수가 들려 있었다. 아마노는 누운 채 얼굴이며 상반신에 뚝뚝 듣는 피를 함빡 뒤집어쓰고 있었다.

"무슨 짓을 저지른 거야. 이 무뢰한아!"

이요시는 몸을 부들부들 떨면서 갑가기 남자 목소리로 소리쳤다. 왼쪽 어깨에서 위팔 부분을 날카롭게 찔린 듯 솟구치는 핏속에서 괴로워 얼굴을 찌푸리고 요 위에 누운 채 아마노는 일어날 기력을 잃고 있었다. 서둘러 솜을 챙긴다 붕대를 가져온다 하면서 이요시가 바쁘게 설치고 있는 사이에 주세기는 천천히 칼을 거두고 있었다.

"그 젊음이 아까워서 목숨만은 살려 주었다. 잘 반성해 봐라. 그래도 모르겠거든 다시 한 번 혼내 주마."

"이 비겁한 놈아. 사람을 다치게 하고도 무사하리라고 생각하느냐!"

이요시는 울먹일 듯 굵은 목소리로 소리치면서 떨리는 손으로 겨우 응급 처치를 하고 있었다. 탈지면으로 닦은 다음에도 잇따라서 피가 스며 나와서 상처 근처를 검붉게 적시고 있었다. 아마노는 일어나 보려고 애를 써 보았으나 뜻대로 되지 않았다.

"당신이 도전해 왔으니까 나도 끝까지 싸워 주겠소. 올바른 이성과 판단이 결핍되어 있는 당신에게 시대의 호흡이 어떤 것인지 뼈에 사무치도록 알려 주겠소. 나는 당신의 완고한 착오를 도리어 슬퍼해 주고 싶을 정도요."

"한 번만으로는 좀체 항복 안 할 것 같구나. 계속해서 중얼중얼 중얼거리고 있군. 이래도 모르겠거든 다시 한 번 오마!"

말을 마치고 주세기가 표연히 사라지고 나니 아마노에겐 억울하고 분한 마음이 치올랐다.

"오늘 밤에 어쩐지 이런 일이 닥칠 것 같은 예감이 들더니만 그예 놈에게 당했구나."

"비수를 빼앗아서 그자를 되찔러 주었어야 했는데 아 난 무얼 하고 있었을까. 꼭 원수를 갚아 주고야 말겠어. 거저 말지는 안 할 테니까."

이요시도 비로소 분해 하면서 입술을 깨물고 발을 구르는 것이었다. 지금은 그런 것보다 상처를 빨리 치료하지 않으면 안 되었다. 당황하고만 있던 그녀는 겨우 정신을 차리고 가까운 병원으로 가기 위해 집을 나서 골목길을 달려가고 있었다.

상처는 넓고 깊었으나 부위가 부위인 만큼 대단한 일은 없고, 수주간 치료를 받으려고 서둘러 입원을 마친 아마노는 한동안 병상에 누워 지내는 몸이 되었다.

그 밤으로 마쓰다와 그 부인 미사오들이 달려와 시름 속에서 저마다 분노를 터뜨리는 것이었다.

"어째서 눈을 번히 뜬 채 그자를 그 자리에서 놓쳤단 말이야? 긴급 전화로 알렸으면 좋았을걸. 그래 거처조차 모른단 말인가."

마쓰다는 다급하게 증오의 눈빛을 불태우면서 말했다.

"겨우 한순간에 생긴 일이었으니까요. 알리려 해 봤자 난 손을 뺄 수가 없었어요. 어름어름하는 동안에 그만 놓치고 말았다니까요."

이요시는 침대 곁을 못 떠난 채 언제까지나 분한 말씨였다.

"무슨 수를 써서라도 녀석을 찾아내지 않으면 안 돼. 그런 놈들이 날뛰는 걸 방지하기 위해서라도 철저히 응징해 놓는 게 좋아. 세상을 우습게 알고 함부로 덤비는 짓이 얼마나 오산인가를 알려 주어야 해."

마쓰다는 조용히 누워 있는 아마노 앞에서 저 혼자 분해 하면서 초조하게 발을 굴렀다.

"자네는 결국 신념 때문에 상처 입는 몸이 되어서 소망대로 된 셈이겠지만, 이런 수난이 있음으로 하여 일한 보람이 있고 자네는 한층 빛을 더할 뿐일세. 이 따위 일로 실망하지도 않겠지만 우리들은 더욱 기운을 내지 않으면 안 되지."

그러나 아마노는 가만히 듣기만 할 뿐 말을 거드는 것조차 번거로운 것 같았다. 마쓰다들의 단순함과 달리 그의 마음속 밑바닥에는 잡다한 사념들이 소용돌이치고 있었다.

얄미운 주세기조차도 단순히 경멸만 할 수 없는 것은 그도 또한 자기의 신념 때문에 그런 거동으로 나왔을 것이니 결국은 신념의 차이에서 나온 것임을 알고 있기 때문이었다. 피로써 피를 씻지 않으면 안 될 비극도 어찌할 수 없는 시대의 조류 탓이라 생각하니 다만 가슴이 아플 따름이었다. 동포에의 사랑이 참으로 큰 것이라 한다면 주세기도 또한 아마노가 사랑하지 않으면 안 될 한 사람일 것이요, 최후에 슬픈 사랑이 충만한 시대에 살지 않으면 안 되는 고생은 예사로운 것이 아니었다.—이러한 반성이 아마노의 심경을 복잡하게 하고 남들이 엿보지 못할 고뇌를 강요하는 것이었다.

"아아 괴롭다. 무척이나 괴롭구나!"

하고 탄식하면 상처의 통증을 호소하는 것으로만 여겨 마쓰다나 이요시들이 다가와서 수선을 피우는 것이 아마노에게는 더할 수 없이 답답한 일이었다.

이튿날 하루 내내 마쓰다는 사무실의 근무도 젖혀 두고 병실에의 출입이 빈번하더니 다저녁에 또 한 번 바삐 모습을 보일 때는 만족스런 얼굴을 하고 숨찬 목소리로 말했다.

"자네, 이젠 신경 쓰지 않아도 좋네. 원수를 갚아 주었네."

"그놈 붙잡았나요?"

이요시가 급히 묻는 말에 마쓰다는 천천히 대답하여

"거리의 고등과(高等課)에 부탁하여 간단히 얽어냈지. 녀석도 헐렁한 놈인지 못된 짓을 저지르고도 편안히 집 안에서 뒹굴고 있더란다. 혼자서도 간단히 붙들어 서(署)로 연행했다는 거야. 남들에의 본보기로 호되게 처벌하도록 부탁하고 왔단다."

"참 잘했어요. 그래 나도 이렇게 기분이 상쾌하네요."

이요시가 대꾸하고 오누이는 복수의 쾌감에 절도를 잊고 있었다.

"그 자식 지금쯤 캄캄한 유치장에서 감개무량하겠지. 무엇보다도 먼저 우리의 위력을 알게 하지 않으면 안 돼. 시대의 날갯짓이 큰 것을 가르치지 않으면 안 돼.—오늘 석간을 가지고 왔지. 자네의 부상도 명예로운 것으로 보도되어 있다네."

마쓰다는 들고 온 신문을 펼치고 3면(三面)[11]의 큰 제목을 아마노의 얼굴 위에 들이밀었다. 아침에, 어제의 회견 기사를 읽은 눈에 또 지금 생생한 부상 기사를 들이대니 아마노는 그 대조에서 오는 일종의 익살스런 심정을 느꼈다. 마음은 어제처럼 자랑으로 날뛰는 대신에 몹시 우울하였다.

"피곤하면 읽지 않아도 좋네. 내가 읽어 줄 테니 듣고만 있으면 돼."

마쓰다가 신문을 들고 낭랑하게 읽기 시작했으나 아마노는 아무래도 듣기가 거북스러워 결국 가볍게 그 호의를 사절해 버렸다.

"그래? 그럼 조용히 누워 있게나."

마쓰다는 위로하면서 자기가 너무 앞서가는 흥분을 가볍게 억제하기는 했으나 어쩐지 아직 자기 심중을 충분히 다 말하지 못한 듯하여 답답해하고 있었다.

"우리가 이길 것은 자명한데 분별없는 녀석이야. 단말마(斷末魔)의 실족일 뿐이잖은가. 재미는 있지만 꾸짖어 주고 싶구나."

"이기고 지는 것이 문제겠는가. 내적 요구에서 마지못해 한 짓이 틀림없어."

---

11 당대의 신문은 4면 체제로, 1면은 정치, 2면은 경제, 3면을 사회, 4면은 문화면이었다.

아마노는 비로소 입을 열고 솔직하게 자기의 생각을 말했다.

"자멸을 초래하기 위한 내적 욕구라면 그런 것을 따르는 바보가 어디 있겠나. 어떻든 시세를 분별 못하는 무지한 무리라 하겠지. 그 외에 아무것도 아니야."

"몸의 죽음조차도 돌아보지 않을 처지라는 것도 각자 있을 수는 있겠지. 그것 때문에 모든 것을 각오하고 내게 부딪쳐 온 것 아니겠나. 밉기는 하지만 나는 그자의 심정을 알 수 있을 것 같네."

"칼을 맞고 나서 묘한 데서 분해 하는 것 같은데 고통에서 아직 다 벗어나지 못한 증거일세. 얼른 회복해서 기운을 차려 주게나."

그 말에는 대답지 않고, 아마노는 다시 못난이처럼 입을 다물어 버렸다. 마쓰다도 그 심정을 짐작하여 대꾸를 하지 않았고, 이요시는 어색한 분위기 속에서 공연히 붕대나 만지작거리고 있었다.

3장.

갖가지 생각이 가슴속에 소용돌이쳐서 병상 생활은 또 괴로움에 찬 것이었으나, '동아연맹'이나 《깃발》의 동료들, 그 밖에 시내 친지들과 위문객의 내왕이 빈번하여, 격려의 말이나 위문의 서신을 받을 때마다 가슴이 진정되어 차츰 정상을 회복해 갔다. 총독으로부터의 정중한 위문장은 가장 기쁘게 하는 일의 하나로서 상처받은 것 또한 영광스러운 것같이 생각되었다.

그런 와중에 아버지를 만난 것은 한층 마음에 위안이 되었다. 노구를 이끌고 불편한 몸으로 병실에 와 준 것만으로도 아마노는 감동으로 가슴이 메었다. 고집불통의 아버지가 그렇게 몸을 굽혀 찾아온 적은 이제껏 없던 일이었다. 아마노도 본디 엄한 가문의 출신으로서 출필고(出必告) 반필면(反必面)[12] 하는 자식으로서의 예의를 항상 몸소 실천하지 않은 바는 아니었건만, 다만 시대와 주의가 달라서 반목하면서부터는 부자간의 정애를 멀리 한 지가 몇 년이 지났다. 때때로 집에 들른 적이 있어도 대개는 어머니나 누이와 소곤소곤 속삭이는 정도지 아버지의 거실에 올라가는 일은 전혀 없었다. 그러니 아버지의 방문은 뜻밖이었고 그만큼 가슴이 졸였다.

"신체발부를 훼상하면서까지 신념에 투철하겠다는 그 기개는 장하다 하겠으나 그것이 본디 효의 길은 아니다. 효도를 따른다면 인륜의 이치는 성립되지 않는다. 너의 주의나 사상에 나는 언제나 반대다. 그것은 오늘도 마찬가지다. 네 이름이 이런 식으로 세상에 알려지는 것이 나는 부끄럽다. 그런 것으로 기뻐할 너도 아니겠지만."

학과 같은 목에 튀어난 목뼈를 움직이면서 타이르는 아버지의 엄격한 어조는 예와 변함이 없었으나, 대나무같이 깡마른 장신과 마주하면 전에는 답답한 위압을 느꼈건만 지금은 누워서 그 말을 듣는 탓인지 다소 기분이 가볍기는 했다.

"아버지 그 말씀은 이제 그만하십시오. 잘 알고 있으니까요."

---

12 밖에 나갈 때는 반드시 고하고, 돌아오면 반드시 얼굴을 보여야 한다는 말로서 부모나 임금을 섬기는 자세를 깨우친 말. 이것은 "부모가 계시면 멀리 나가지 말며 나갈 때는 행방을 밝혀야 한다[父母 在어시던 不遠遊하며 遊必遊方이니라(論語 里仁편)]를 쉽게 표현한 말이다.

"그 일과는 다른 이야긴데—사상은 사상으로 치고, 이 기회에 네가 장차 집에 돌아와 주었으면 하고 바라는 것이다. 내 나이도 나이이고 네 어머니의 외로워 하는 양이 예사롭지 않은 것 같구나.

게다가 죽림숙의 숙생들 앞에서 집안의 어줍잖은 꼴을 보이는 것 같아서 안 되겠다. 기왕지사는 일절 잊고 돌아와서 집안일을 맡아 주지 않겠느냐. 이것이 오늘의 부탁이다."

의연한 자세를 흩트리지 않고는 있어도 많이 약해진 아버지의 내심을 듣고 있으니 아마노는 코허리가 찡하고 아파 왔다. 아버지도 이제 많이 늙었구나 싶으니 이제까지의 반역에 대한 한 가닥 후회의 정이 날카롭게 가슴을 찔러서 잠시 말이 나오지 않았다.

"고맙습니다. 아버지.—그러나 무슨 일이 있어도 저와 제 처는 헤어지지 못해요. 지금의 저에게는 어떤 일보다도 이것이 제일 먼저입니다."

겨우 이 말을 했을 때 아버지는 의젓하게 말을 이어서

"그래 좋아. 함께 와도 좋고말고. 그럴 요량으로 말한 것이지 너 혼자만 오라는 뜻이 아니니라. 나도 이제까지 대단히 완고했지만 너희 결혼의 일은 그대로 인정 안 하면 어쩔 수가 없게 되어 버렸다. 내가 졌구나."

"좋습니까, 아버지? 허락해 주시는 겁니까?"

기쁨을 숨기려 해도 그만 흥분된 소리가 튀어나오고 말았다.

"네 누이도 저 나이 되도록 아직 집안에서 뒹굴뒹굴하고 있는 것이 꼴 보기도 싫고 죽림숙의 일도 간단한 것 같아도 그리 만만한 게 아니란다. 시절 탓인지는 몰라도 숙생이 점점 줄기만 한다. 네가 돌아와서 만사 재건해 주기 바란다. 나는 이제 나이 탓이겠지만 정기가 다한 것 같구나."

"힘이 미치는 일이라면 무슨 짓이건 다 하겠어요. 제가 가는 길과 어긋나지만 않는 한 집안일 다 떠맡겠어요."

"하얼빈의 승서한테서 편지가 왔는데 네 소식에 놀라 근근 돌아온다는구나. 그쪽 색시를 데리고 올 모양이더라."

"아우가 돌아온다고요? 개도 오랜 방랑 생활로 꽤 변했겠지요? 그쪽에서 결혼한 것은 소식으로 듣고는 있었습니다만, 그걸로 소망을 이룬 것이겠군요."

"젊은 놈들의 기분이나 사고는 그놈이나 이놈이나 나는 모르지만, 그 애의 처리만큼 신경 쓰이는 일은 없을 것 같다. 옛적에 여러 명사를 배출한 우리 가문에 못나고 나약한 자식이 태어난 것이지. 역마살이 끼어서 가사를 맡길 만한 위인이 아니야. 그러니 만사 너에게 맡길밖에 없구나."

"불효자식들이 아버지께 걱정만 끼치고 있습니다만 이것도 다 본의에서 나온 것은 아닙니다. 아버지께서도 알아주실 때가 있을 줄 압니다."

"알았을 때는 나 같은 사람은 이 세상에서 물러날 시기겠지. 우리들의 시대는 아닌 것 같다. 짧은 인생에 몇 번이나 시대가 바뀌었는지 알 수 없구나."

아버지의 말도 듣는 둥 마는 둥 아마노는 빨리 이 기쁨을 이요시에게 전하고 싶어 몸이 달았다. 잠깐 자리를 비운 채 얼른 돌아오지 않는 그녀가 몹시 기다려졌다. 아버지는 적이 느긋한 표정으로 무거운 짐을 부린 듯 마음이 편안해 보였다. 아마노는 그 순간 몸의 통증 같은 것을 말끔히 잊고 있었다.

2, 3일 지나 아우인 고승서는 집에 돌아오자마자 아내 이리나를 집에 남겨 둔 채 병실로 형을 방문했다. 수년 만의 대면에 둘 다 많이 변화했지만 형의 눈으로 보니 여러 해 타국의 하늘 밑에서 그을리고 단련된 아우 쪽이 마치 연륜 쌓인 거목과 같이 훨씬 건장하고 씩씩해 보이는 것이었다. 손톱 끝까지 서양화한 이 보헤미안을 앞에 두고 아마노는 혈연의 아우라기보다는 한 낯선 이방인을 대하는 것 같아서 눈이 부신 감회를 금치 못했다. 사고방식부터 몸짓이며 말씨에 이르기까지 동화력(同化力)의 한 표본을 보는 것 같았다.

"오라버니는 우리말도 많이 잊어버린 듯 말씨가 떠듬떠듬하고 퍽 부자연스러워요."

아우를 안내하고 온 누이 단야는 곁에서 듣고 있기가 민망스런 듯 말참견을 했다.

"제 나라의 말도 잊어버려서 이렇게 불명예스러울 수가 없지만 오랜만에 듣는 우리말의 가락은 참 아름다워요. 내게는 그대로 외국어같이 들렸어요."

어학의 재능을 타고난 승서는 학창 시절부터 외국어에만 전력을 쏟아 영, 독, 불어를 습득했고 하얼빈으로 건너가서는 2년 동안에 러시아 말을 완전히 익힌 처지로서 향리의 말을 접하자 이런 반성을 불러일으킨 것일까.

"특히 단야, 네 말은 참 아름다워. 울림과 억양이 부얼부얼하면서도 차분해서 뭐라고 표현하기 어려운 아름다움을 갖고 있다구. 프랑스 말 같으면서도 프랑스 말이 아니고 그런가 하면 독일어 같은 딱딱한 느낌도 없다. 이상스런 꿈을 꾸는 것 같아서 실은 집에 돌아온 다음부터 네 말만 귀에 들려서 어쩔 수가 없단다."

"그래요? 굉장히 감격스럽네요. 오랜만에 맛보면 된장이 버터보다 더 맛이 있을지도 모르지요. 그게 혀의 착각이 아니었으면 좋겠지만요."

"말만이 아니다. 그 의복도 좋아. 하얗고 짧은 여름 홑옷은 청초해서 양장보다 얼마나 날렵한지 모른다. 고향의 여자란 참 좋은 것이구나. 거리를 걷고 있으면 눈이 뱅뱅 돌아서 머릿속에 신선한 바람이 뛰어드는 느낌이다. 저쪽에서처럼 색깔은 없지만 청초한 소박미와 신선미가 있어서, 이것이 미끈미끈한 기름기에 익숙한 눈에는 끝없는 매력을 불러일으킨다."

"참말 그래요. 나도 그렇게 생각해요. 매우 차분한 느낌이라, 이쪽 의상에 대해서도 보는 눈이 있다구요."

이요시가 또 끼어들어서 때아닌 향토 찬미론에 꽃이 피었다. 단야도 조용하고 의젓함을 숨기지 않아 세 사람은 한 가지 상념 속에서 아름답게 융합되어 있었다. 다만 아마노 혼자만이 핀잔주듯한 억양의 말씨로 아우를 나무라고 있었다.

"너무 정신이 팔려서 제수씨한테 꾸지람을 듣지 않겠냐? 네게서 향리의 자랑거리를 인정받기는 오늘이 처음인 것 같구나. 누구에게나 향수는 있는 법이니까 때로는 고향이 그리워지기도 하겠지."

"웬걸요. 이리나도 여자들의 몸치장의 아름다움에 놀라 거리에서 넋을 놓고 바라볼 정도예요. 엉뚱한 데서 못난 소리를 토하는 것 같지만 마음속까지는 고쳐지지 못하나 봐요.—그러나 나의 서양을 향한 꿈은 아직도 뿌리가 깊어서 그리 간단히 전향하지는 않겠지만요."

승서는 의자에서 일어나 팔짱을 낀 채 날씬한 장신을 쭉 펴고 창밖을 바라보았다.

"그런데 형님은 시내에 큰 화제를 뿌리고 있는데 이걸로 하여 나하고도 완전히 길이 갈라진 셈이네요. 만주에서는 오족의 협화(協和)를 꾀하여 각 민족의 풍속을 존중하고 있는데 조선에서는 그보다도 각자의 개성을 중시하니까 형님들의 사업이 한결 힘들 것으로 생각돼요. 이번 소식으로도 큰 반향을 일으켜 형세의 급박함을 사람들의 가슴에 심어 주고 있어요."

"그런가? 그렇다면 일한 보람이 있었다는 거로구만. 그렇다고 설마 만주 구석에서까지 나를 찌르러 오지는 않겠지?"

"나는 형님의 길을 비판하고 싶진 않아요. 대신에 나의 길도 비판받고 싶지 않다구요. 각자 다른 길을 걷는 것도 결국은 운명이라고 생각되기 때문이지요. 서로 꿈은 존중해 주어야 마땅하니까요."

"그렇지. 누구나 꿈은 중요하지. 그 때문에 우리가 살고 있는 것이요, 그 꿈이 잘못된 것인지 올바른 것인지는 사는 방식이 강한가 약한가에 따라서 결정되는 것이다. 강하게 살면서 꿈을 실현한다면 그것보다 좋은 일은 없겠지. 나도 네 꿈을 비판하지 않는다. 다만 그것이 깨어졌을 때 사람들의 웃음거리가 되지 않을 만큼의 준비와 예견이 필요한 것이다."

"외롭게 10년 동안 하는 일 없이 빈둥빈둥 비참한 방랑을 계속했어도 그중에도 즐거움은 있었어요. 가슴속에 계획이 그칠 틈이 없었기 때문이지요. 우리 세대의 누구나가 한때는 품고 있던 꿈을 나는 언제까지나 잃지 않고 계속 지니고 있다는 차이뿐이어요. 지금도 머릿속은 갖가지 설계로 가득합니다. 그것을 수행할 것을 생각하는 것이 나날의 생활이요 고뇌에 찬 외로움입니다. 계획이 성취될지 어떨지는 누구도 모를 일이지만 힘껏 밀고 나갈 뿐입니다."

승서의 지칠 줄 모르는 젊은 정열에 아마노는 입을 닫을 밖에 없었고 이요시나 단야도 그 어세에 눌려서 넋 없이 그 말을 근청하고 있는 형편이었다.

그 뒤 승서는 이리나를 데리고 다시 한 번 병원을 찾아왔을 때 비로소 흉금을 열고 계획이라는 것을 말했다.

하얀 피부에 흑갈색의 머리채를 드리운 건강하고 키가 늘씬한 이리나의 풍모를 대하는 것만으로도 아마노는 눈이 부셔서 마음이 어지러울 지경이었다. 그런 정경에 익숙지 않은 동양 사람의 눈에는 너무나 가슴 설레는 딴 세상의 꽃이었다. 맑은 하늘빛 눈동자에 이쪽의 병색 짙은 모습이 거울처럼 비칠 것을 생각하니 창피하고 궁색하여 깊은 거리감이 느껴졌으나 아우가 생애를 걸고 연모해 온 아름다움을 이해할 수 있을 것 같았다. 잘 익은 포도의 냄새가 풍기는 밝고 희고 대담한 아름다움이었다.

"이쪽의 여자들은 참 아름답네요. 특히 매씨는 거리의 누구보다도 예뻐요."

아우의 통역에 따르면 그녀의 러시아어는 그런 의미였다.

"제수씨가 훨씬 아름다워요. 태양처럼 눈이 부셔서 똑바로 바라보지 못할 정도예요."

아마노가 하는 말의 통역을 한 마디 한 마디 목마른 듯 경청하면서 이리나는 미소를 지었다. 그다음에는 승서와 빠른 말을 주고받아서 아마노만 따돌림을 당한 꼴이었으나 그녀는 모든 것이 좋은 인상으로 매우 만족하고 있는 것 같았다. 표정으로도 그것을 읽을 것 같아 아마노도 그것이 즐거워서 점차 그녀에 대한 첫인상의 거북스러움에도 익숙해졌다.

"형님, 이번 우리들의 귀향에는 형님의 문병을 겸해서 또 하나의 목적이 있었어요. 평소의 계획을 이번만큼은 기필코 성공시켜 보고 싶습니다. 이와 같은 생애를 건 유일한 소원을 위해서는 어떤 모험도 돌아보지 않을 작정입니다. 나에게 질력이 나신 아버지께는 말씀드리지 못할 것 같아서 형님에게만 고백하여 협력을 부탁드리고 싶습니다. 이것저것 준비할 것도 있고요."

"시기가 나쁘구나. 미국에 건너가는 데는 지금이 가장 곤란한 시대다. 조금 무모한 것 같다."

계획 단계에서는 여러 번 애로를 겪은 아우의 생애의 소원을 아마노는 이제 와서 정면으로 반대도 못하고 할 수만 있으면 성취를 시켜 주고 싶은 심정이 들었다. 육친을 영원히 고향으로부터 떠나보내는 것이 안타깝기는 했으나 아우의 꿈을 꺾는 것은 더욱 못할 짓이었다.

"무모한가 현명한가의 문제가 아니라 이젠 길은 하나밖에 없어요. 우리 같은 인간에게 동양의 땅이 얼마나 좁아졌는지 이리나를 통해 함께 들어 보시지요. 그녀는 하얼빈의 거리에서 한 사관(士官)

에게 날카롭게 모욕을 당한 적이 있었습니다. 그로부터 그 도시가 싫어져서 지금은 그녀 쪽이 나보다 더 서두른다구요."

지난 그 사건이라는 것을 회상해서인지 이리나의 표정은 해거름같이 민감해져서 입술이 조금 비뚤어지는 것처럼 보이기도 했다.

이리나가 전차 안에서 모피를 걸치고 검정 에나멜 핸드백을 들고 있으니까 건너편에 앉아 있던 그 사관이 이 비상시에 지나친 사치로 건방지기 짝이 없다고 이해 못할 말을 중얼거리고 마구 욕지거리를 해댔다는 것이었다. 군도(軍刀) 끝으로 코트 깃을 집적거리니 심한 모욕감에 이리나는 눈이 뒤집히고 얼굴이 당기고 입이 벌어진 채 벙어리같이 경직되었다. 그렇게 굳어진 아내의 몸을 부축하고 승서는 말없이 전차를 내렸으나 사관은 집요하게 뒤를 쫓아와서 도로의 모서리에 섰을 때 지하의 홀에서 새어 나오는 밴드의 음악 소리를 듣더니만 '잠깐 실례!' 하면서 이리나의 팔을 억지로 끌고 승서만 남겨 놓은 채 계단을 내려갔다는 것이었다.

"언어도단(言語道斷)이지요. 이리나는 그날 밤새 눈이 붓도록 울고 한숨도 자지 못했어요. 상해 쪽으로 옮겨 간 것은 그로부터 얼마 안 되어서였는데 거기서는 더 위험한 일도 있었어요. 말세라구요. 굴욕을 참을 것인가 죽음을 택할 것인가. 이제는 이 두 길밖에 남지 않았어요. 생각만 해도 피가 끓는다구요."

승서의 말과 표정으로 이리나도 실감이 되살아난 듯 몸을 부르르 떨면서 눈은 분노로 빛났다. 너무나 기가 막혀 목이 메어서 한동안 말이 나오지 않았다.

"그때같이 인간의 생명을 경멸한 적이 없었어요. 죽지 못해 아직껏 살아 있으니까요. 하얼빈은 제가 태어난 고장인데 지금은 저주받은 땅이 되어 버렸어요. 어째서 모든 것이 이렇듯 뒤죽박죽이 되어 갈까요. 슬퍼지네요. 동양의 땅에는 이제 살 수 없게 되었어요. 어떤 짓을 해서라도 이곳을 떠날 작정이어요. 그것만이 오직 하나 살아갈 길이니까요."

"미국에 가서 그곳 어느 도시에서 누군가를 기다릴 거라고 말하고 있어요. 그 때문에 그녀는 친어머니를 하얼빈에 떼 놓고 가는 것조차 불사하는 결심을 하고 있어요."

승서는 흥분하고 있는 아내를 달래면서 이렇게 보충했다. 이리나는 위로받고 다소 표정도 진정되었다.

흑해(黑海)에서 소의 목장을 경영하고 있던 카테리나[13]는 전남편 이바노프[14]와 사별하자 알렉세이[15]에게 개가하여 딸 나자[16]를 데리고 하얼빈으로 옮겨 왔다. 거기서 이리나가 태어난 것이다. 각기 아버지가 다른 두 딸의 성장을 지켜보면서 착실하고 부지런히 살아가는 동안에 시국도 바뀌어 알렉세이가 후가이스프트로 돌아가지 않으면 안 될 무렵에는 생계도 곤란해져서 나자는 카바레에, 이리나는 밀크홀에 근무하는 몸이 되었다. 아버지 없는 모녀 세 사람의 살림은 쓰라리고 의지 없는 일도 많았으나 두 자매가 착실히 일하여

13 이리나의 어머니, 고승서의 장모.

14 사별한 카테리나의 전남편으로 나자의 생부.

15 카테리나의 새 남편으로 이리나의 생부.

16 카테리나와 전남편 이바노프와의 사이에서 난 딸. 원작에서는 '질녀'라는 뜻인 '질(姪)'이라 하였으나 문맥상 정황으로 미루어 보면 '딸'이라 해야 옳다. 이리나에게는 아버지 다른 언니이다.

오붓하고 조촐한 즐거움은 있었다. 그러나 풍운의 위세는 어느새 이 조그마하고 평범한 일가에도 미적미적 밀고 와 뭔가 슬픈 일이 끊이질 않아, 나자는 다시 한 번 흑해로 돌아가 소를 기르고 싶다고 엄마를 조르고 있었다.

이리나는 홀에서 승서를 알게 되면서부터 언니인 나자보다도 좀 더 꿈과 희망을 갖게 되었다. 승서로부터 꿈을 강요당했다기보다 두 사람의 꿈은 뿌리부터 일치해 있었고 이것이 두 사람을 신속하게 결합시키게 된 것이었다. 똑같이 고향에서 받아들여 질 수 없는 사람끼리의 공통된 고민의 결합이었다. 지금에 와서는 이리나 쪽이 더 성급하게 승서를 졸라대는 형편이었다.

"상해로 가서 미주 항로의 기선에 편승할 계획입니다. 잘 될지 어떨지 위태위태합니다만 모든 것을 천운에 맡길 작정입니다. 그래서 형님께 부탁이 있는데요."

승서는 잠시 말을 끊더니 가장 중대한 용건을 서슴없이 줄줄 쏟아냈다.

"— 한 3만쯤은 준비해서 가져갔으면 싶어서 여러 가지 궁리를 해 보았으나 결국은 우리들의 저 땅을 처분하는 것밖에는 방법이 없을 것 같네요. 그것은 어차피 형님 몫이 되기로 작정되어 있고 아버지께 의논해 봤자 될 성싶지도 않아서 형님의 승낙만 받으면 즉각 가서 처분하고 올까 합니다. 일생에 한 번의 소원입니다. 우리 두 사람의 소망을 부디 받아들여 주십시오."

순간적으로 어려운 문제를 서슴없이 술술 말해 버리니 아마노는 대답에 궁했으나 고향의 누구에게서도 버림받은 아우를 돌보아 줄 사람은 자기 혼자뿐임을 생각하고, 그 아우의 가장 사랑하는 아내가 모든 것을 맡겨 버리고 있다는 듯한 신뢰의 표정을 보자 쉽사리 결심이 섰다.

"그렇구나. 내가 거절할 수가 없을 것 같다. 아버지의 것이니까 결국 아버지의 결단에 달렸지만."

"승낙해 주시는 겁니까? 형님만 승낙해 주시면 뒷일은 어떻게든 되겠지요."

아우가 기뻐하는 모양을 바라보면서 아마노는 아버지로부터 집으로 돌아오라는 말을 듣고 기뻐했던 자기의 일을 아울러 회상해 보면서 자기들 형제의 기구한 운명에 생각이 미쳤다. 이리나의 기뻐하는 얼굴까지 아울러 바라보니 마음속이 찡하게 아파 와서 저도 모르게 눈길을 돌렸다.

4장.

죽림숙에 모이는 사람은 대개 고승과 동년배의, 살벌한 현실을 벗어나서 청담을 즐기려는 고령자들이었으나 개중에는 서도에 전념하기 위해 오는 젊은이들도 약간은 있었다. 그 젊은이들을 접하면 고승은 아들인 아마노 등과는 대조적인 한 세대의 전형을 보는 것 같아서 그저 무기력하다고만은 할 수 없는 일종 회고의 정을 느끼는 것이었다. 같은 시대의 청년이면서 이다지도 다를까, 거기에도 여러 계층이 있다는 데에 생각이 미치니 다소의 위안을 받기도 했다.

"모두가 바삐 움직이는 세태 속에서 자네들은 고풍스럽게 서도에

나 힘쓰고 있으니 참 느긋하다고나 할까."

고승이 슬쩍 퉁겨 보자 옛 명인 완당(阮堂)을 붓글씨의 스승으로 삼고 이미 고고(枯槁)한 경지에 한 발짝 들어선 한 청년은

"가장 옹졸한 생활 방식일지는 모르겠습니다만 이러한 시대에는 도리어 수양의 자료가 될지도 모른다 싶어서요."

라고 '조솔고졸(粗率古拙)'이라는 서도의 깊은 뜻을 본떠서 '졸'이라는 말을 썼다. 조잡하며 옹졸한 글씨가 서도의 극치이듯이 옹졸한 생활 방식이 가장 좋은 삶일지도 몰랐다.

"그렇지만 옛것은 점점 그림자가 희미해져 가는 것이 애처롭구먼. 이 서당도 이 시대의 마지막 자리를 지키는 것 같은 생각이 든다네."

"선생님, 저는 그 영광스런 최후의 한 사람이 되어도 좋다고 생각합니다. 온 세상이 도도한 물결에 휩쓸려 갈 때 외기둥처럼 홀로 거슬러 서는 것도 무의미하지는 않을 듯합니다."

자기의 심경을 그대로 알아맞힌 것 같아서 고승은 청년의 그 말에 스스로 위안을 받았다. 약간의 유산을 지키면서 낮에는 사무소에 나가고 밤과 휴일이면 이 서당을 찾아오는 이 젊은이의 삶에 커다란 공감을 느끼면서 점점 메말라 가는 그 운필을 응시하는 것이었다.

별채로 되어 있는 이 한 간은 몸채와 완전히 떨어져서 아주 한가롭고 고요했다. 뜰의 수목이 초록색 잎으로 방을 둘러싸서 찬 온돌에 앉으면 속세를 떠난 별천지에 있는 것 같은 느낌이었다. 벽에 걸린 자하(紫霞)의 행서(行書)인 족자(族子), '탄금요월낙화경(彈琴邀月樂

花徑) 시구치운도죽창(詩句致雲到竹窓)'[17]의 구는 그 정적(靜寂)에 잘 어울리고, 겸재(謙齋)의 수양청풍도(首陽淸風圖)의 한 폭은 호구(蒿斛)의 양주(凉州)를 더해 주는 것 같았다. 산속 오솔길의 소나무 밑에서 맞은편의 폭포를 바라보며 무슨 말을 서로 주고받는 백이숙제(伯夷叔齊)의 심경은 또 그대로 이 방에 모이는 사람들의 그것이라 할까.

"현대에서는 이미 수양산(首陽山)의 고사리만으로 살 수는 없지만 이 서당에서 이런 방식으로 고요한 시간을 보낼 수 있는 것은 또한 행운이라고 하겠습니다. 덕택으로 나 같은 자도 자기를 부정하지 않고 이러한 생활 방법을 발견해 온 것입니다."

"그렇지만 언제까지나 이런 것이 계속될지, 이렇듯 변화가 심한 세상인걸. 조석조차 예측할 수 없으니 그 속에서는 사는 것 같지도 않네."

고승은 수양청풍도에서 눈을 떼면서 유연하게 뜰 앞을 바라본다.

대나무 같은 표정을 지니고 일생을 살아온 그의 외연한 모습에서도 이제는 노쇠를 보이고 마침 가을 햇살처럼 희미한 빛을 간직하고 있다.

완쾌를 기다려 아마노가 맨 먼저 찾아간 아버지의 집에서 느낀 것은 역시 일가의 그러한 쇠잔한 모양이었다. 어머니가 조근조근 말하는 집안 사정과 말 없는 아버지의 쓸쓸한 눈빛 속에서 낡은 집의 가냘픈 숨결이 들리는 것 같았다. 안채에서는 하루 종일 한약을

17 거문고를 타고 달을 맞아 꽃길을 즐기고, 시구는 구름을 이루어 대나무 창에 이르도다(원작의 한자 글씨가 불분명하여 잘못 옮겼을 수도 있다.)

달이는 냄새가 났다. 그것으로 아버지는 노쇠한 몸에 기운을 차리려고 여러 가지 풀뿌리—인삼과 감초 후박 백복령 숙변 계피 오미자 등 별의별 이상하게 쌉쌀한 동양의 약초가 이미 3대에 걸친 이 묵은 저택의 고색창연한 녹슬고 때 묻은 속에 스며들어서 어떤 쓸쓸함을 풍기고 있다. 원시적인 그 그윽함이 어디까지 아버지를 구해 줄 수 있을까 하고 그 집요함과 고풍스러움에 대한 연민의 정을 금할 수가 없었다.

서당과는 달리 안뜰로 향한 또 하나의 별채가 있었다. 옛 한국 조정을 섬겨 정승의 반열에까지 오르신 조부가 거실로 쓰셨다는 그 유서 깊은 집이 아마노들에게 배당되었는데 이제까지 익숙해졌을 그 모든 고풍이 아마노에게는 이제는 어쩐지 서먹서먹하고 낯설게 느껴지는 것이었다.

뜰에는 연못가로 화단이 마련되어 있었다. 백일홍이며 맨드라미가 핀 속에 붉은 꽃을 피운 무궁화가 무성하고 그 곁에는 느티나무의 거목이 서서 그 그늘이 안뜰의 반쯤을 온통 가리고 있었다. 한곳에 정지한 채 3대를 차례차례 바라보아 온 그 고목도 역시 감회 깊은 것이 있을지, 아버지의 모습을 닮아 의연한 중에도 어딘가 노쇠를 머금고 있는 것도 애처로웠다.

"오빠들이 돌아오신다고 어머니는 몹시 기뻐하시며 방을 새로 손질하는 데도 몸소 나오셔서 여러 가지 자상하게 분부하실 정도였다오. 덕택에 어설프기는 해도 이만큼이나마 되었어요."

아마노들과 함께 둘러보고 있는 누이 단야가 기쁨을 못 참고 이것저것 집 안의 여러 모양을 설명하기도 했다.

"옛집에 와서 새로운 것을 생각하는 것도 좋을지 몰라. 새로움에 무게와 빛을 더할지도 모르지. 누가 뭐라 해도 내 몸을 이만큼 키워 준 집이니까 아직도 거기서 섭취할 것은 섭취해야 하지 않겠나."

아마노에게는 아직도 그런 기쁨이 있었다. 한 달 남짓의 병상 생활에서 상처가 나았을 뿐 아니라 크게 건강을 회복하여 이전보다 더 실팍진 몸이 된 아마노는 중심으로부터 넘쳐 나는 활력을 주체 못하면서 커다란 의욕을 불태우고 있었다. 묵은 것 속에 있으면서 그 묵은 것을 승화시켜 왕성한 새 활동을 일으킬 마음의 준비가 어느새 되어 있는 것이었다.

"나 이 집이 참 좋아요. 여기 이렇게 서 있으니 마치 녹슨 옛 거울 속에 있는 것 같네요."

처음으로 본가에 안내된 이요시는 조용히 기쁨을 속삭이면서 옛 연못가에 서서 풀잎을 살짝 뜯어 입에 물었다. 파랗게 고여 있는 수면에는 부평초가 꽃가루를 흩뿌린 것같이 풀숲이 되고 파란 이끼가 돋은 돌이 맨들맨들 젖어서 연못가를 수놓고 있었다. 크게 뻗은 느티나무 그늘 속에 연못은 거의 그 반쯤 잠겨 그늘진 속에서 한층 정적을 더하고 있었다.

"당신 마음에 들었다니 무엇보다 좋군. 나도 차츰 익숙해지겠지만 이 고풍에 익숙해지고 그것을 극복하는 데서부터 우리의 일은 착착 진척되어 가겠지."

"이 소박한 정밀 속에서는 태고의 소리가 들려오는 것 같아요. 시대의 소리란 참 신비롭네요. 그게 이렇듯 아름답게 들려오다니요."

"태고의 소리에 잠기다니 잘못하면 현대의 날갯짓을 잊을 것 같군그래. 어떻든 이곳은 너무 고요하다구."

단야가 장난삼아 돌멩이를 주워 연못에 던지니 풍덩 하고 둔탁한 소리와 함께 수면에 파문이 퍼져서 다시 한 번 정적을 깨게 되었다.

"너무 고요하다면 이러면 돼요. 꼭 오빠가 그렇게 한 것처럼요. 오빤 한순간도 고요한 것을 못 견디는 성미거든요."

"나도 해 볼까. 어디 하나."

아마노도 누이를 흉내 내어 돌멩이를 주워 올려 연못 속에 던졌다. 그 뒤에 단야가 또 한 번 계속하니 물은 퐁당퐁당 경쾌한 소리를 내면서 물방울을 튕겼다. 먹이를 던져 주는 것이라 잘못 알았는지 물고기의 무리가 뛰어올라 연못은 전에 없이 기분 좋은 활기를 띠었다.

"승서 오빠랑 이리나 씨들도 와서 모두 함께 정답게 지내면 이 집도 조금은 살기 좋을 텐데. 우리 오빠들은 결국 뿌리부터 취미가 다르다니까. 특히 이리나 씨는 이런 고요함에는 잘 어울리지 않겠지요."

"아 참 그렇구나. 호텔에 가서 이리나 씨를 위로해 주면 어떨까. 달랑 혼자 외로울 테니까. 다들 함께 가는 것도 좋겠지."

아마노는 문득 생각이 나서 이리나의 말벗 되어 주기를 누이들에게 권했다. 승서는 충청도 방면으로, 그 토지를 처분하러 나가서 아직 돌아오지 않은 것이었다. 잠시도 애정 없이는 못 사는 서양 여자의 심회가 가엾고 그나마 타관의 낯선 도시에서 혼자 외톨이로 남겨진 쓸쓸함을 동정하면서 아마노는 각별히 마음을 썼다. 사랑을 위해서는 어디까지든 뒤쫓아 가서 행동을 같이하려는 갸륵한 생각을 짐작하자 두 사람은 벌써 핏줄의 차별 같은 거리감은 조금도 없고 오로지 그 심정이 가엾게 여겨져서 육친과도 같은 친밀을 느꼈다.

그 뒤 2, 3일 지나 승서가 시골에서 돌아오자 이리나는 서둘러 몸을 일으켜서 그동안의 외로웠던 정황을 조잘댔다. 마침 아마노는 이리나와 함께 역에서 아우를 마중했을 때 중인의 눈도 아랑곳없이 이리나는 남편을 얼싸안고 격렬한 애정을 표현하는 것이었다. 쫄쫄 굶은 짐승같이 민첩했다. 승서도 그러한 풍습에는 익숙해서 매우 자연스럽게 거기에 응했다. 아마노는 보고 있자니 스스로 창피하여 눈길을 돌리면서 과연 아우를 붙잡은 것은 이 애정이었겠지, 다만 이 한 가지 때문에 그렇게 홀려서 중인 속에서 기다리고 있던 것이라고 생각해 보았다.

그런 별난 상봉은 호텔로 돌아가서까지도 계속되었다. 아마노는 그들 둘이 만나고 있는 방에서 나와 혼자 로비의 소파에 걸터앉았다. 둘이가 사랑스러운 반면에 짓궂게도 생각되어 그들 애정의 바깥에 서 있는 자기 신세가 더욱 초라해져서 이요시가 생각나기도 했다.

이요시와의 담백하고 청결한 애정을 생각하니 얼마나 큰 차이가 있는지, 아우와 서로의 취향의 괴리가 뚜렷이 느껴졌다.

이윽고 아우 부부는 옷을 갈아입고 간편한 차림으로 나타났다. 이리나의 진홍색 이브닝은 큰 꽃송이 같은 호화로움으로 그 넓은 공간을 비추었다. 카멜레온같이 번잡하고 선명한 색깔의 변화가 꽉 짜여 빈틈이 없는 복장에 아마노는 이것이 새 시대의 차림새인가 하는 느낌을 강하게 가졌다. 그 빈틈없는 구성과 디자인과 강한 색채 속에서 서양의 입김이 느껴져 거기에 경의는 표하면서도 어쩐지 낯설고 어설픈 느낌은 지울 수가 없었다.

식당에서 세 사람이 만찬의 탁자에 둘러앉았을 때 아마노는 점차 두 사람의 분위기 속에 조화되어 가는 자신을 깨달았다. 신사로서 한점 모자람이 없는 아우의 심정과 태도를 눈앞에 바라보면서 부부 사이라도 식탁 앞에서는 반듯하게 지켜야 할 엄연한 예절이 있는 것을 보니 섣불리 그들의 생활 방식을 나무랄 수도 없었다. 결국 자기의 옹고집으로 처음부터 싫어했던가 아니면 고의적으로 반발했던가를 다시 한 번 반성하게 되었다.

"형님, 나는 이번 계획에 은근한 기쁨을 느끼고 있어요. 옥실옥실한 모험에의 기쁨이지요. 잘만 되면 형님도 갈채를 보내 주세요."

그러면서 아우는 방긋방긋 미소를 지으면서 형을 돌아보았다. 그의 이번 시골에서의 거래는 의외로 빠른 성공을 거두었다. 중개인을 데리고 가서 그의 감정으로 수십 정보(町步)에 걸친 비옥한 경작지의 매도는 어렵잖게 매듭지어져 그곳에서 서둘러 등기까지 마쳤으니 나머지 해야 할 문제는 출발의 여장을 꾸리기만 하면 되었던 것이다.

"필요한 만큼의 금액을 어떻게 몸에 지닐 것인가가 제일 문제였어요. 우리들은 그 궁리에 온갖 지모를 다 짜 봤지요. 그리하여 한 가지 좋은 방법을 찾아낼 수가 있었어요."

"좋은 방법이란 게 뭘까? 그런 걸 생각하면 나까지 걱정스러워진다. 너희의 행동에 협력은 고사하고 어쩌면 중지를 시키지 않으면 안 될지도 몰라. 너희에게 닥칠 많은 고난과는 별도로 나는 책임을 느끼지 않을 수 없구나."

아우가 기뻐하는 것과는 반대로 형은 어쩐지 불안이 느껴져서 마음이 무거웠다.

"이제 와서 그런 말씀을 하셔도 소용없어요. 이미 우리에게 남겨져 있는 것은 이 방법뿐이어요. 그 밖의 모든 사려는 이미 쓸데없이 되었어요."

"그래, 도대체 어떤 방법을 발명했다는 거냐?"

형의 질문에 승서는 나이프와 포크를 익숙하게 다루면서 용기를 내어 이야기를 선명하게 했다.

"놀라지 마세요. 금으로 단추를 짓기로 했어요, 2백 개의 금단추에 에나멜 도금을 하거나 겉을 천으로 싸서 위장을 하는 겁니다. 게다가 아내의 장신구 약간을 금으로 장식하면 필요한 만큼의 액수가 무난하게 몇 개의 트렁크 속에 수용되는 겁니다.—어때요. 명안이지요? 아내와 합작으로 안출한 겁니다."

아우가 필요한 액수에 맞추어서 지혜를 짜냈다고 해도 형은 잠자코 입을 다문 채 한동안 침묵만 지키고 있었다.

"이런 방법밖에 없다고 생각해요. 용의주도하게 하면 발각될 염려 없어요. 나머지는 배에 타기만 하면 됩니다. 남은 문제는 이미 없어요."

"그러나 그건 불법이란 거 아니야?"

형은 비로소 이요시(倭善)에게 입을 열면서 아우를 똑바로 바라보았다. 이제까지 아우에게 보여 주었던 은애 넘치는 보통 때와는 다른 근엄한 표정이었다.

“불법도 합법도 없지요. 지금에 와서는 오직 한 길 그것밖에는 없어요. 수단을 가리던 때는 이미 옛날이어요. 그리고 나는 그 때마다 실패했어요. 지금 이 막다른 골목에 와서 하는 그런 반성은 나에게는 벌써 의미가 없는 겁니다.”

“그러나 명백하게 불법인 줄 알면서 나라의 법도를 어기는 것은 나로서는 용납할 수 없는 일이다. 처음부터 나에게 알리지 않았더라면 몰랐으니까 그랬다고나 하지 일단 들은 이상은 허용 못 해.”

이제까지와 다른 형의 뜻밖의 태도에 승서는 깜짝 놀라 난감해지면서 크게 눈을 떴다.

“이제 와서 형님은 이상한 말씀을 하시네요. 결국 그렇게 되리라는 것을 이것저것 다 알고 계셨으면서 지금 그것을 번복하시겠다는 건가요? 그것은 이미 바꿀 수 없어요. 헛짓이어요.”

“너희의 그 간절한 목적을 꺾을 수는 없었다. 그렇지만 그런 수단에 찬성한 건 아니다.”

“나로서는 이 목적에 딴 방법은 없어요. 그 목적에는 이 수단밖에 없고, 수단이 있음으로써 목적이 달성되기 때문입니다.”

“아니야 틀려. 목적을 들은 것은 좋았으나 수단은 듣지 않았어야 했어. 내 마음은 지금 크게 동요되고 있다. 무엇으로도 멈출 수 없다. 어쩌지도 못할 일이다.”

뜻밖에도 강경한 형의 의견을 접하자 승서는 당황했으나 이미 배수진 속에 있는 그로서는 이것으로 결판이 날 일도 아니었다. 도리어 항변을 하고 싶을 정도로 마음이 몹시 초조해지는 것이었다.

“형님의 그런 반대와 우리의 결심과는 전혀 별개의 것입니다. 형님이 지금 새삼스레 무슨 말씀을 하시든 우리의 뜻을 막지는 못하실 것입니다. 이것만은 알아주시기 바랍니다.”

“그럴지도 모르지. 내 힘으로 너희의 마음을 어쩌지 못하겠지. 그저 네게서 모든 계획을 명백하게 들은 것을 불행하게 여길 뿐이야.”

“도대체 나같이 쓸모없는 자가 나라에 남아 있어 봐야 별수 없어요. 방해가 될 뿐 아무 구실도 못하겠지요. 나의 일은 내가 제일 잘 알고 있어요.”

아우의 격렬한 어조에 형은 입을 다물었고, 두 사람의 때 아닌 말다툼을 이리나는 걱정스런 얼굴로 바라보고 있었다. 화기애애하게 시작된 만찬장의 공기는 어느새 냉랭하고 어색한 분위기로 변하여 곁에 서서 시중을 들고 있는 급사도 이맛살을 찌푸리고 식탁에 장식된 꽃도 파홍이 되어 어울리지 않아 보였다.

5장.

시대의 발걸음은 계절의 그것보다도 빨라서 마치 거세게 흐르는 물소리가 바로 귓가에서 들리는 것 같았다. 한 시각 한 시각 밀고 가는 그 하루하루의 전진이 해의 진행에 필적할 만큼의 속도로 급격하게 앞으로 앞으로 나아갔다. 철썩철썩 밀려오는 파도에 나라의 새로운 체제는 착착 정돈되어 가고 그런 빠른 변화 속에서 거리도 사람의 마음도 점차 그 모습을 바꾸어 가고 있었다. 사상과 이념의 되새김질일 뿐 곱삶음이 아니요 실천의 의기가 구석구석에 넘쳐서 그것이 새롭고 생생한 인상을 모든 부면에 강요해 갔다. 이를테면 여름이 끝났다는 것은 단순한 계절의 옷갈이는 아니고 하나의 커다란 시세의 변화를 의미했다. 아마노가 병상 생활로 여름 한철을 보내고 나왔을 때 아무리 그의 마음이 앞질러 달려서 새로운 의기에 불타고 있었다고는 해도 거리의 변화에도 괄목해서 기다리지 않으면 안 될 결과가 된 것만 봐도 알 만하였다. 마쓰다 이사무가 편집한《깃발》의 여름호는, 가을에는 이미 그 신선함을 거의 잃었고 가장 새로움을 자랑하던 사상도 아마노에게는 벌써 진부한 것으로 여겨지는 대목이 있었을 뿐만 아니라 자칫하면 착각이나 오차가 역사의 전진에의 인식 부족을 초래하여 하나의 생각지 않은 혼란을 나타내기도 했다.

"자네의 총독 회견기를 잡지에서 다루는 것은 역시 좋지 않겠네. 신문에서 한참 전에 끝낸 일을 이제 와서 같은 제목으로 다시 쓴다면 시대에 뒤처지는 느낌이야. 그땐 그렇게도 흥분했지만 역시 실패였어. 아무튼 시대의 흐름에는 못 당해."

마쓰다는 솔직하게 그 일을 인정하고 거기에서 오는 답답함과 편집의 곤란함을 말했다.

"그저 그 무렵의 하루는 옛적의 10년에도 해당했으니까 말이야. 세월에 대한 감각이 달라져 온 거라구. 시끌시끌하는 동안에 다들 앞질러 가버려. 내 머리도 아직 착각 투성이여서 심란하다네. 일신상의 문제마저도 하나하나 망설이고 있을 정도야."

그런 심정은 마쓰다보다도 아마노 쪽이 한발 더 위였다.

“잡지의 편집 따위 이젠 답답해서 못 해 먹겠어. 도대체 방 안에만 처박혀 있는 게 잘못이야. 시대의 물결에서 따돌림받고 있는 것만 같다구.”

《깃발》의 일들은 일체 아내인 미사오에게 맡겨 버리고 마쓰다는 방 안에서 거리로—분출하는 정열의 삿대를 힘껏 저으면서 아마노와 손을 잡고 집회와 강연회 개최의 알선까지 시국적 일에 쉴 틈이 없는 상태였다. 젊은 힘 한 방울 한 방울을 소모하는 것은 그대로 보람 있는 삶을 증명하는 것 같아서 이것을 누군가에게 자랑하고 싶은 충동을 받을 만큼 활기차 있었다.

아마노는 『동포의 나아갈 길』의 후속 원고도 거의 완성되자 이것저것 청탁해 오는 원고며 강연의 준비 등으로 글자 그대로 침식을 잊을 정도로 바빴다. 입원했을 때와는 심경에도 큰 괴리가 생겨 그때의 우유부단한 회의는 자취도 없이 사라지고 오로지 명랑한 의지를 회복하고 있었다. 용기가 몸에도 마음에도 차고 넘쳐서 착실한 안정감이 한층 더 빛을 발하는 것 같았다.

강연회에서도 장내에 큰 변화가 나타나기 시작하여 말하자면 한 달 전의 그것과는 전혀 다른 변모를 보이기에 이르렀다. 발을 구른다든지 야유의 소리 지르기 같은 소란스러움은 흔적도 없이 사라지고 정숙하고 근엄한 공기가 장내를 채우기 시작하여 그것이 연단에 선 사람으로 하여금 옷깃을 여미고 엄숙한 심정을 불러일으키게 했다. 그런 때면 참으로 일하는 보람을 느껴 아마노는 스스로 마음이 들뜨고 용기가 솟았다.

9월도 끝나려 할 무렵의 어느 강연회의 밤에 아마노는 보통 때보다 성공적이었던 그날 밤 강연의 성과를 내심 기뻐하면서 강연장 안쪽의 대기실에 들어갔을 때였다. 문인협회(文人協會) 주최의 강연회여서 아마노는 초청을 받고 외부 응원의 형식으로 출연했는데 '시국과 국어 사용(國語使用)'이라는 시국에 어울리는 제목이 그날 밤 가장 주목을 끌어 청중의 갈채를 받은 것이었다. 일상생활의 일체화로부터 시작할 필요성을 말하고 그러기 위해서는 무엇보다도 국어 사용을 철저히 할 것이 시급하다는 것을 갈파하여 구구절절 성의를 다하여서 일반인에게 깊은 감명을 주었다고 은근히 마음에 흡족했다. 서너 명의 강사들과 그날 밤의 성적을 서로 평가하고 있으려니까 급사가 아마노에게 손님이 왔다고 고해 왔다.

방에서 나와 뒤꼍의 어두컴컴한 데에 이르니 돌계단에서 검은 그림자가 움직여 앞을 막아섰다.

"나를 알아보겠소? 고 군. — 박사경(朴思經)이오. 《조선일보》에 있었던."

그 말을 듣고 희끄무레한 먼 불빛에 비쳐 보니 아마노에게 상대방의 얼굴이 차츰 떠올랐다. 시국의 정책에 순응하기 위해 당국의 명령으로 폐간된 전 일간신문《조선일보》의 사회부에 근무하던 면식 있는 기자였다.

신문 자체가 종래의 주의 사상을 굳게 지켜 시국의 추세에 대해 고루한 태도를 견지하고 있었는데 그중에서도 그와 같은 사람은 완강하게 낡은 껍질에서 빠져나오지 못한 한 사람이었던지 과감하게 신문과 운명을 함께 하여 깨끗이 그만둔 사람이었다.

"직장을 잃고 반년, 보시는 바와 같이 비참한 실직자지만 이것도 다 시절 탓이라고, 대단한 시국을 만난 것이라고 생각해요. 회사는 겨우 7명이 지키고 있다니 참 금석지감(今昔之感)이 있구먼."

(원작이 여기서 중단됨.)

장순하 옮김

수필 외

계절의 낙서(季節の落書)[1]

가을이 깊어지면 나는 거의 매일같이 뜰의 낙엽을 긁어모으지 않으면 안 된다. 날마다 하는 일이건만 어느덧 잔뜩 흩날려서는 떨어져 쌓인다. 낙엽이란 참으로 이 세상에 남아도는 사람의 수효보다도 많은가보다. 30여 평에 차지 못하는 뜰임에도 날마다의 시중이 조련치 않다. 벚나무, 능금나무, **배나무, 대추나무는 그럭저럭 괜찮은데 문제는 플라타너스처럼 생긴 나무(이름을 모르니 그렇게 부르기로 한다.)**[2]와 벽에 가득한 담쟁이다. 담쟁이란 여름 한 철 벽을 온통 둘러싸고 지붕과 연돌의 붉은 빛만 남기고 집 안을 통째로 초록의 꿈으로 바꿔 줄 때가 아름다운 것이지, 잎을 다 떨어뜨리고 앙상하게 드러난 벽에 메마른 줄기를 그물같이 둘러친 채 **시든 머루송이처럼**

1 이효석이 1938년 12월 《조선문학독본(朝鮮文學讀本)》에 발표한 수필 「낙엽을 태우면서」보다 1년 앞서 발표한 작품이다. 내용이 거의 흡사하여 국문 문장을 그대로 살리면서 일본어 표현을 더하는 방식으로 번역하였다. 1940년 1월 《신세기(新世紀)》에 발표한 국문수필 「계절의 낙서」와 제목을 혼동할 여지가 있다.

2 수필 「낙엽을 태우면서」에 없는 문장은 고딕체로 표시한다.

하찮은 열매를 한쪽 벽에 늘어뜨릴 때쯤에는 벌써 다시 지릅떠 볼 값조차 없다. 귀찮은 것이 그 낙엽이다. 가령 벚나무 잎같이 신선하게 단풍이 드는 것이 아니요, 처음부터 칙칙한 색으로 물들어 애교 없는 그 넓은 잎이 좁은 길에 쌓여 비라도 맞고 나면 지저분하게 흙 속에 잔뜩 파묻히는 까닭에 아무래도 날아 떨어지는 족족 그 뒷시중을 해야 한다.

벚나무 아래에 긁어모은 낙엽으로 산더미를 만들고 불을 붙인다. 푸슥푸슥 소리를 내며 낙엽더미에서 가는 연기가 피어오른다. 바람이나 없는 날이면 얕게 드리워서 어느덧 뜰 안에 가득히 고인다. 낙엽 타는 냄새같이 좋은 것이 있을까. 갓 볶아낸 커피 냄새가 난다. 잘 여문 개암 냄새가 난다. 나는 갈퀴를 손에 든 채 언제까지든지 연기 속에 우뚝 서서 타서 무너지는 낙엽의 산더미를 바라보며 향기로운 냄새를 싫증도 내지 않고 맡고 있노라면 별안간 맹렬한 생활의 의욕을 느낀다. 연기는 몸에 배서 어느 결에 옷자락과 손등에서도 냄새가 난다. 나는 그 냄새를 한없이 사랑하면서 즐거운 생활감에 잠겨서는 새삼스럽게 생활의 제목을 진귀한 것으로 머릿속으로 떠올린다. 음영과 윤택과 색채가 빈곤해지고 초록이 전혀 그 자취를 감추어 버린 꿈을 잃은 헌출한 뜰 복판에 서서 꿈의 껍질이자 잔재인 낙엽을 태우면서 오로지 생활의 상념에 잠기는 것이다. 가난한 벌거숭이의 뜰은 벌써 꿈을 메우기에는 적당하기 않은 탓일까. 화려한 초록의 기억은 참으로 멀리 까마득하게 사라져 버렸다. 벌써 추억에 잠기고 감상에 젖어서는 안 된다. 가을이다. 가을은 생활의 시절이다. 나는 화단의 뒷자리를 깊게 파고 다 타버린 낙엽의 재와 **허물을**—죽어버린 꿈의 시체를—땅속 깊이 파묻고 엄연한 생활의 자세로 돌아서지 않으면 안 된다. 이야기 속의 소년처럼 용감해지지 않으면 안 된다.

전에 없이 손수 목욕물을 긷고 혼자 불을 지피게 되는 것도 물론 이런 감격에서부터이다. 호스로 목욕통에 물을 대는 것도 즐겁거니와 고생스럽게 *눈물을 흘리면서*[3] 조그만 아궁이에서 나무를 태우는 것도 기쁘다. 어두컴컴한 부엌에 웅크리고 앉아서 새빨갛게 피어오르는 불꽃을 어린아이의 감동을 갖고 바라본다. 어둠을 배경으로 하고 새빨갛게 타오르는 불은 그 무슨 신성하고 *신령스러운* 물건같이 **이글거리며 활활 타오른다.** 얼굴을 붉게 태우면서 긴장된 자세로 웅크리고 있는 내 꼴은 흡사 그 귀중한 선물을 프로메테우스에게서 막 받았을 때의 그 태곳적 원시의 그것과 같을는지 모른다. **나는** 새삼스럽게 마음속으로 불의 덕을 찬미하면서 신화 속의 신에게 감사의 마음을 바친다. 좀 있으면 목욕실에는 자욱하게 김이 오른다. 안개 깊은 바다 복판에 잠겼다는 듯이 동화의 감정으로 마음을 장식하면서 목욕물 속에 전신을 깊숙이 담글 때 바로 천국에 있는 듯한 느낌이 난다. 지상 천국은 별다른 곳이 아니다. 늘 들어가는 집 안의 목욕실이 바로 그것이다. 사람은 물에서 나서 결국 물에서 천국을 구하는 것이 아닐까.

물과 불, 이 두 가지 속에 생활은 요약된다. 시절의 의욕이 가장 강렬하게 나타나는 것은 이 두 가지에서이다. 어느 시절이나 다 같

3 수필 「낙엽을 태우면서」에만 있는 문장은 기울임체로 표시한다.

은 것이기는 하나 가을부터의 절기가 가장 생활적인 까닭은 무엇보다도 이 두 가지 원소의 즐거운 인상 위에서이기 때문이다. 난로는 새빨갛게 타야 하고 화로에는 숯불은 이글이글 피어야 하고 *주전자의* **뜨거운** 물은 펄펄 끓어야 한다. **그리고 날마다 몇 잔씩 차를 끓이지 않으면 안 된다.**

시내에는 변변한 찻집도 없어서 커피도 집에서 끓여야 한다. 백화점 아래층에서 커피의 낟을 찧어 가지고는 그대로 가방 속에 넣어 가지고 전차 속에서 진한 향기를 **실컷** 맡으면서 집으로 돌아온다. *그러는 내 모양*을 어린애답다고 생각하면서, 그 생각을 또 즐기면서 이것이 생활이라고 느끼는 것이다.

싸늘한 넓은 **서재**에서 차를 마시면서 다시금 생각하는 것이 생활에 대해서다. 벌써 쓸모 적어진 침대에는 더운 물통을 여러 개 넣을 궁리를 하고 방구석에는 올겨울에도 또 크리스마스트리를 세우고 색전등도 장식해서 **모두를 즐겁게 해 줄까 하고 생각한다.** 눈이 오면 스키를 시작해 볼까 하고 계획도 해 보곤 한다. 이런 공연한 생각을 할 때만은 근심과 걱정도 어디론가 사라져 버린다. 책과 씨름하고 원고지 앞에서 궁싯거리던 그 같은 서재에서 개운한 마음으로 이런 생각에 잠기는 것은 참으로 유쾌한 일이다.

책상 앞에 붙은 채 별일 없으면서도 쉴 새 없이 궁싯거리고 생각하고 괴로워하고 하면서 생활의 일이라면 촌음을 아끼고, 가령 뜰을 정리하는 것도 소비적이니 비생산적이니 하고 **경시하던 것이** 도리어 그런 생활적 사사(些事)에 창조적 생산적인 뜻을 발견하게 된 것은 대체 무슨 까닭일까. 시절의 탓일까. 깊어가는 가을이, 벌거숭이의 뜰이 한층 산 보람을 느끼게 하는 탓일까.

치자(稚者),[4] 평양숭전 문과 교수

《금융조합(金融組合)》, 1937. 1.

4 함경북도 경성군의 별칭인 '치성(雉城)에서'라는 뜻.

마음의 그늘(こころの陰翳)

짧은 글 속에서 고전(古典)의 대가를 다룬다니 어리석기 짝이 없지만 요즘 왠지 모르게 도스토옙스키 문학에 한 줄기 불만을 느끼며 막연한 의문을 품게 되었다. 이 심리적 사실주의 작가의 작품은 참으로 읽기가 어려워서 아직도 그의 모든 작품을 음미할 기회를 놓치고는 있지만, 그렇다고 아무것도 보지 않고 하는 말이 아니다. 세간에 떠들썩한 이 작가에 대한 찬사가 공연히 불만스러워서도 아니다. 그의 문학 정신 자체에 하나의 근본적인 의문을 품었기 때문이다.

문학은 원래 편기적(偏奇的) 속성을 조금쯤 띠기 마련이지만 도스토옙스키 문학만큼 편기한 문학도 드물다. 그의 편기함은 무엇보다도 심리적인 부분에 크게 관여한다. 궁박(窮迫)과 역경의 수난 많았던 그의 생애를 그대로 반영했을 테지만 끊임없이 숨 막힐 듯한 마음의 투쟁이 제한도 없이 펼쳐지는 것이 그의 문학이다. 인간은 누구나 신과 악마를 동시에 지녔다. 적이자 동지인 이 둘은 항상 갑갑하고 어지러운 싸움을 반복한다. 게다가 찌르는 듯한 신경의 신음이 착종(錯綜)된 심리의 소용돌이를 일으켜 죄악과 암흑의 저주스러운 내면생활의 두루마리를 펼쳐낸다. 깊숙이 도사린 그러한 인간의 어두운 면을 사정없이 찌르고 파헤치고 무자비하게 난도질하는 것이 도스토옙스키 문학이다. 그는 더 나아가 그러한 고뇌 속에서 따뜻한 사랑과 빛을 찾아내고 퍼 올리려 의도하지만, 우리가 그의 문학과 마주할 때 느끼는 것은 어디까지나 압박감과 답답함이다. 비밀과 오욕의 나락을 들여다보고는 그저 악취에 숨이 막힐 뿐이다. 신경의 아픔과 가슴의 답답함 말고는 없다. 원숭이가 우연히 자신의 모습을 거울 속에서 발견했을 때의 고뇌, 그것이 우리를 사로잡아 가차 없이 채찍질한다. 그의 냉혹한 문학과 씨름할 때 으레 우리 쪽은 패배하고 끝내 비틀거리는 꼴로 나가떨어지는 게 고작이라 정면 승부는 도저히 불가능한 일이다.

심리 탐구는 분명히 매력 있는 과제이고 문학 분야에서 그것을 다룬 지 이미 오래다. 매력은 주로 제작자 편에 속하며 음미자(吟味者) 쪽은 경우에 따라 오히려 신경의 낭비를 강요당한다. 도스토옙스키의 경우은 특히 심각한 예라고 하겠다. 교실에서 19세기 자연주의 문예사조사를 강의할 때 항상 드는 생각은 자연주의 문예에 대한 성에 차지 않음이고 부족함이다. 자연주의 문예든 도스토옙스키 류의 심리적 사실주의 문예든 요컨대 교정(矯正)을 위한 계시이고 폭등이라고 치자. 그렇다 해도 인간을 참혹하리만치 벌거벗기고 안팎의 추악한 면을 과시하는 것은 공연히 인간의 모습을 캐리커처화해서 인간성을 모독하는 짓이나 다름없다. 그들이 묘사한 세계가 인간 세계의 전부일 리도 없거니와 훨씬 아름다운 세계가 있고 근사한 면이 있기 때문이다. 그러한 면을 간과한 채 비뚤어진 일면만 외곬으로 고집한다면 인간에 대한 전적인 파악을 기대하기는 어렵다. 인생에서 문예의 목적 또는 필요라는 것을 생각할 때 더욱 그러하다. 인생의 아름다운 면, 밝은 면을 과장한 밝은 문학이야말로 바람직하고 필요한 문학이 아니겠는가. 그것은 이미 상식적으로 누구나 다 아는 바이지만 도스토옙스키를 추종하는 아류 문학이 만연한 요즘이라 유별히 머릿속에 떠오르는 생각이다. 주제넘게 아는 체하는 얼굴로, 기실은 서툰 솜씨로 마음의 어두운 면을 후벼 파서 휘젓는 것만이 문학의 능사는 아니다. 이런 면의 탐구는 도스토옙스키 하나로 충분한 데다 그것만으로도 이미 포화 상태다. 그런 시큼한 과실만 먹을 수는 없다. 게다가 현대인은 이미 심리의 과잉으로 괴로워하고 있다. 모호한 말이기는 하나 명랑한 능동문학의 출현을 기대하는 이유이다. 한 번 더 도스토옙스키를 공부하려던 작심이 생각만으로 그친 채 맥없이 무너져 계획을 던져두다시피 하게 된 것은 그런 심사에서 비롯되었다.

화제를 바꾸어서, 도스토옙스키 말고 심리적 음영(陰影)과 같은 것을 생각하면 문득 떠오르는 하나의 작은 풍경이 있다. 예과 시절이었다고 기억한다. 어떤 기회로 교실에서 친목을 겸하여 학생 70, 80명이 모인 적이 있다. 무슨 일인가를 결의하면서 의견이 분분하여 좀처럼 결정이 나지 않아 모두가 초조해 하던 참이었다. 결국 의과대학생 한 명이 일어서더니 '뭐야, 이깟 일로!'라고 하듯 마시던 찻잔을 바닥에 내던졌다. 결론이 나지 않는 토론에 분개한 것이리라. 실내에는 기분 나쁜 정적이 흐르고 다들 그저 할 말을 잃은 채

키가 껑충한 그 남학생을 일제히 바라보았다. 연신 무어라 투덜거리며 우뚝 버티고 선 그 남학생을 영웅이라고 해야 할지 바보로 여겨야 할지 판단이 서지 않아 모두가 잠시 망연자실하고 있는데 상급 문과생 한 명이 자리에서 일어나 성큼성큼 앞에 나서더니 힘껏 목청을 높여서 고압적으로 그 남학생을 매도했다.

"웬 놈이야! 건방지게 누구한테 화를 내는 거야. 야만인 같으니라고!"

통쾌한 질책에 다들 넋을 놓고 보다가 급기야는 거기에 동조하여 비판의 목소리가 왁자그르르하게 의대생에게 집중되었다. 처음의 기개와는 정반대로 사면초가 속에서 일언반구의 응수도 하지 못한 채 코가 납작해진 그는 이후 그림자조차 희미해졌고 결국 모임에 모습을 보이지 않았다.

무슨 까닭인지 오래도록 마음에 남는 작은 사건이고 광경이었다. 그 의대생의 발작적인 생생한 거동이 영웅적인 행동이었는지 아니면 어리석은 짓이었는지는 끝내 분명치가 않다. 여기에다 만약 도스토옙스키 류의 통찰을 시도한다면 그의 거동은 다양하게 분석되어 설명도 가능할 것이다. 그러나 그것은 쓸데없는 짓이거니와 더없이 성가신 일이다. 한편으로는 불쾌하고 우울한 일이기도 하다. 그저 극적인 그 작은 장면을 기억 속에서 즐기면 그것으로 족하다. 모든 도스토옙스키류는 성가시다.

《금융조합》, 1937. 5.

조개 숟가락(貝殼の匙)

도회에서는 대체 무엇으로 가을을 느끼면 좋을까. 아침저녁으로 한결 서늘해졌음을 부정하기 어렵고 갑자기 벌레 소리가 끊이지 않는 것도 사실이다. 햇과일이 가게 앞에서 욱신한 향기를 풍긴다. 여자들의 옷차림이 민감하게 달라지기도 했다. 하지만 이 정도 재료로는 사실 가을 느낌이 들지 않는다. 기억과 책 속에서 재빨리 수입해 오는 편이 그나마 낫다. 가을을 느끼는 것은 갈고 닦은 신경인 까닭이다.

밀른은 셀러리에서부터 가을 이야기를 풀어낸다. 흰 접시에 푸른 셀러리를 담고 거기에 한 덩어리의 버터, 치즈, 빵을 곁들이는 취향을 이야기하고 고슬고슬한 흰 싹이 이 사이에서 바작바작 씹히는 것에서 진하게 풍겨오는 감각—거기서 가을의 진짬 맛을 느낀다.[1] 참으로 차갑고 날카로운 가을의 감각이다. 어느 쪽인가 하면 이는

1 이효석이 1938년 1월《삼천리》에 발표한 수필「밀른의 아침」에서도 같은 인용글이 보이는데 이는 밀른의 수필「가을을 맞이하며」의 첫대목이다.

오히려 늦가을의, 이제 화롯불을 지펴야겠다고 할 때쯤의 그런 선뜩한 느낌이다. 아직은 이르고 거리가 먼 일이다.

산협의 피서지는 가을이 빨라서 9월에 들어서면 벌써 단풍이 들기 시작한다. 사시나무나 다래가 가장 먼저 노랗게 물든다. 자작나무의 늘씬한 나뭇가지는 화사하게 나부낀다. 싸리 꽃이 아름답다. 밭의 능금은 그 자리에서 베어 물어도 좋다. 하얀 오솔길에는 불그스레한 산포도 송이가 흩어져 있다. 그 무렵이면 이제 외국 여인의 그림자도 뜸해진다. 대부분 여름 동안 꿈을 이루어서 제각각 먼 도회의 거리거리로 돌아간다. 빨갛고 파란 지붕의 방갈로가 꿈의 주인공들을 빼앗겨 쓸쓸하고 조용한 곳으로 변해 간다.

이는 기억 속의 가을이다. 올해는 그저 여름 며칠을 거기서 지낸데 불과하다. 싸리 꽃이 피었을 뿐 아까시나무의 가로수 길은 아직 파랗게 우거져 있었고, 온천물은 그을린 피부에 너무 뜨거웠다. 좁은 산책로에서 상해(上海)에서 온 듯한 영국 소녀를 붙잡고 언제 돌아가느냐고 묻자 상해 사변 탓에 당분간은 돌아가지 못한다고 대답했다. 두메산골까지 시국이 영향을 끼친다는 사실을 절감했다. 계류(溪流) 위에 높게 걸린 흔들다리 위에서 벗과 함께 찍은 사진이 마침 그저께 도착했다. 발밑에서는 급류가 물방울을 튀기고, 저 멀리 나무들 사이로 별장 지붕이 보였다. 그 하루의 행락을 추억하면 즐거웠던 여름이 가슴에 되살아난다. 그러나 여름이라고 하면 산에 대한 기억보다는 오히려 바다에 대한 기억이 소중하게 느껴진다. 7월 하순경부터 8월까지 가장 더운 시기를 바다에서 보냈다. 해수욕장이라고 이름 붙을 정도는 아니었지만 오히려 그 조용함을 사랑했다. 거의 매일 자전거로 바다까지 달려갔고 이따금 의사 노릇을 하는 친구가 운전하는, 연식은 조금 낡았지만 삼십 몇 년도형이라는 자가용도 탔다. 동해는 언제나 검푸르니 말갛고 물결이 잔잔한 날이면 마치 유산동(硫酸銅)을 — 용액이 아니라 결정(結晶)을 그대로 박아 넣은 듯 견고하고 새파랗게 머물러 있다. 하늘은 드넓고 모래는 하얗고 그 위에는 해당화 꽃이 붉게 흐드러졌다. 그런 곳을 마음껏 자유롭게 누릴 수 있다니 감사한 일이다. 그 멋진 하얀 모래가 오롯이 나의 것이 된다. 타는 게 아니다. 태웠다. 사람의 발자국이 아직 들지 않은 처녀지의 모래 위에서 수영복도 주체스러워 전라인 채로 실컷 무자비하게 태웠다. 한번 벗겨졌던 피부가 처음에는 젖은 모래 색깔이더니 점차 건강한 구릿빛으로 바뀌었다. 뜨거운 모래 위에서 도회의 일 따위는 깨끗이 잊어버린다.

도시에서의 얄팍한 문화생활이란 건강을 크게 손상시킨 부실한 위장을 한탄하면서 묵은 버찌가 들어 있다는 거무스름한 강장제를 마시고 좁은 뜰 앞을 거니는 일이었다. 대식가를 만나면 부럽기는커녕 돼지처럼 추잡해 보였다. 꽃을 즐기고 비행기를 올려다보고는 파란 하늘을 그리워했다. 그것이 바다에서의 한 달이었다. 건강을 완전히 쟁취했을 뿐만 아니라 통나무 다리 같은 대식가가 되어 깜짝 놀랐다. 약즙은 쓸모없어졌고 위장의 부실함을 탓할 필요도 없었다. 바다가 강인한 야성의 손길로 체질을 개조해 준 셈이다.

야성이라고 하면 여러 기억 중에 잊을 수 없는 일이 있다. 바닷가 사람들은 네댓 명이 모이면 모래 위든 바위 그늘이든 장소를 가리지 않고 야연(野宴)을 벌였다. 나는 가끔 거기에 초대를 받아서 진미를 맛보았다. 해산물이 풍부한 곳이라지만 산해진미가 다양하지는 않다. 문자 그대로 야연이라 그저 조개죽 하나만 나올 뿐이다. 새고막[2]과 감자로 끓인 죽이다. 식탁은 모래 위이고, 각자 벌거숭이인 채로 책상다리를 하고 빙 둘러앉아 있으면 한 대접씩 나누어 준다. 거기에 대충 걸쳐져 있는 솥에서 몇 그릇이든 더 먹을 수 있다. 그것이 노림수였겠지만 바다에서 기력을 탕진한 뒤라 그 진미에 모두들 입맛을 다셨다. 휘젓는 것은 죽을 퍼 주는 숟가락인데 마을에서 일부러 챙겨온 게 아니다. 놀랍게도 조개껍데기이다. 죽에 넣는 새고막의 갸름하고 검은 껍데기가 그대로 멋진 숟가락이 된 것이다. 순전히 바다에서만 가능한 이야기이다. 죽 맛도 진미거니와 그 숟가락의 색다른 야취(野趣)에 얼마나 탄복했는지 모른다. 잔치가 끝나면 모두 다음 잔치 준비에 쓸 조개를 캐러 곶으로 나갔다. 잔치는 하루에도 몇 번씩 벌어졌다.

하루는 읍에서 군수와 신문기자들이 함께 찾아와 어촌계 사람들은 더욱 흥겨운 야연을 벌였다. 여러 가지 독특한 진미에다 한 되들이 술병도 여러 병 땄지만, 거기서도 주된 요리는 조개죽이어서 혀끝을 끈적이며 입속 가득 머금었던 그 풍미는 아직도 기억에 남는다. 그것을 능가하는 죽 맛을 아직 모른다.

여름 내내 야취를 만끽한 덕에 이 가을은 훨씬 더 즐길 만하겠다 싶은 요즘, 건강을 묻는 사람에게는 대개 검붉게 그을린 정강이를

2 원문의 '아카가이(赤貝)'는 새고막, 즉 피조개에 해당하지만, '갸름하고 검은' 껍데기라는 표현으로 보아 홍합으로 추측된다.

두드려 보이곤 한다. 여름 동안 그을린 자국이 아직 좀처럼 지워지지 않는다.

《금융조합》, 1937. 11.

수목에 대하여(樹木について)

수목을 바라보지 못하는 생활만큼 삭막한 것은 없다. 앙상한 겨울나무도 아름답지만 잎이 무성한 여름 나무의 녹음이란 도시에 살면서 날마다 포장도로나 벽돌이나 창문밖에 보지 못하는 사람에게는 그것이 곧 생명소같이 느껴진다. 어지간한 대저택이라도 갖추지 않고서는 뜰 한가득 나무를 심기란 어려운 일이기 때문이다. 뜰도 없는 집에 나무라니, 숫제 귀금속보다 더 사치스러운 이야기다. 벽이나 책상이나 칠판만 보면서 지내노라면 빈곤한 수목을 한탄하는 소리가 절로 나온다.

교외에 있던 집에는 30평 정도의 뜰에 벚나무가 있고 만주호두나무가 있었으며 능금나무와 배나무, 포도시렁까지 있었다. 만주호두나무는 어떤가 하면 욕심이 과해서 잎이 너무 우거져 가을 낙엽이 지저분하다. 늘 청초하기는 벚나무이다. 잎이 우거지는 모양에도 절도가 있어서 가을 단풍은 각별히 아름답다. 물이 곱게 드는 편이라 한 잎 한 잎 햇빛이 비치면 진홍색이 홍옥(紅玉)처럼 투명하다. 나는 벚나무를 아름다운 나무 중 하나로 꼽는다. 시내로 이사하니 30평짜리 뜰은 도저히 바라기 힘들고, 수목이 없는 삭막함이 그만큼 생활의 윤기를 반감시키는 듯한 느낌마저 든다. 담장과 벽에 담쟁이가 우거졌고 나팔꽃이 뻗어 올라 초록은 부족함이 없다. 하지만 나무라고는 명색만 나무인 2년생 벚나무가 한 그루에 장미 한 포기, 전나무와 라일락이 어린 나무 두세 그루씩이라 초라하기 짝이 없다. 난이나 양귀비나 카칼리아(cacalia) 같은 화초가 거들어서 그럭저럭 뜰다운 꼴은 갖추었지만, 교외에 있던 뜰에 비하면 넓이가 십분의 일에도 못 미친다. 학교에서는 창밖으로 우거진 단풍나무와 포플러 고목이 내다보인다. 허나 이것도 수목의 아름다움을 유감없이 느끼게 해줄 만한 종류는 애당초 아니었다. 나무 감상에 주리면 영락없이 좋은 책에 주렸을 때와 똑같은 기분이 든다.

나무를 대하고 있으면 하나의 영혼과 마주하는 느낌이다. 아무 말 없이 하나의 의지를 전하여 어느새 마음이 맞닿고 공감과 동정이 우러나와 안온한 정밀(靜謐)과 평화의 경지로 침잠한다. 게다가 나무란 나무는 모두 어떤 인위적인 것보다도 우월한 아름다운 형태와 근사한 풍모를 지녔다. 대저 자연의 창조물 가운데 어느 하나 아름답지 않은 존재가 있으랴마는 나무는 그중에서도 가장 축복받은 존재일 것이다. 임의로 고른 나무의 어떤 가지 어떤 잎이든 상관없이 하나라도, 예컨대 인위적인 그 어떤 아름다움보다 열등한 것은 결코 없다. 사람이 사람을 상대하는 일만큼 피곤한 일은 없다. 인간 심리의 오고 감은 거미줄처럼 착종(錯綜)하여 서로의 마음을 떠보거나 지혜를 겨루는 사이 신경은 피로해지고 원치 않게 감정을 낭비한다. 나무를 대할 때는 그런 일이 없다. 마음은 맑게 정화되고 다시 미감과 공감이 살아날 뿐이다. 항간의 인간사에 지쳤을 때 돌아갈 곳은 나무의 세계밖에 없다. 산골짜기에서 불어오는 미풍으로 사르륵거리는 사시나무 잎의 바람 스치는 소리를 듣기만 해도, 아니면 자작나무의 곧게 뻗은 하얀 껍질을 바라보기만 해도 마음이 씻기어 맑아진다. 자작나무와 사시나무는 생각만 해도 가슴이 뛴다. 인간 못지않게 종족이 다양한 수목 중에서 이들만큼 아름답고 점잖은 나무는 없으리라. 사시나무의 상쾌함과 자작나무의 고귀함은 나무 세계에서 쌍벽을 이룰 만하다. 둘 다 산의 나무인데 나는 두 나무의 가장 아름다운 자태를 주을 오지 산골짜기에서 보았다. 물보라를 일으키며 계곡물이 흐르는 절벽 저 안쪽에 지붕이 빨간 산장이 있다. 뜰 한가득 하얀 모래가 깔려 있고 늘씬하고 호사스러운 자작나무와 사시나무 두세 그루가 거기에 서서 우아하게 흔들리고 있었다. 가을이 오면 하얀 모래 위에 때 이른 낙엽이 날리거나 산포도 알갱이가 흩어져 있기도 했다. 이국적이면서도 좀처럼 잊히지 않는 풍경이었다. 천 평 정도의 뜰에 연못을 만들고 자작나무와 사시나무를 욕심껏 심어서 가을이 깊어갈 무렵 수면에 비치는 나무의 외피와 낙엽을 감상할 수 있다면 그보다 더한 행복은 없으리라. 벚나무도 아름답고 단풍나무도 괜찮고 향나무도 좋아하지만 이 두 나무를 능가할 만한 아름다움을 나는 아직 모른다.

영시(英詩)로는 현대 서정시에서 종종 자작나무와 사시나무를 노래하는데 그 글자만 보아도 벌써 가슴이 설렌다. 같은 수종이라도 자작나무와 비교해서 특히 포플러는 품격에서 현저한 차이가 난다. 미루나무는 현대적이기는 한데 통속적인 느낌을 영 떨칠 길이 없다.

옛날에는 아무도 미루나무를 시로 읊지 않았고 읊을 줄도 몰랐다. 미루나무를 시적 대상으로 받아들인 것은 현대에 들어와서이므로 극히 최근의 일이다. 다소 현학적이기는 하지만 헉슬리가 미루나무를 노래한 시는 그중에서도 백미이다. 산문에는 사시나무를 소재로 한 작품이 비교적 많다. 그중에서 부닌[1]의 「가을」은 수물거리는 가을 바다와 깊은 밤 절벽 위의 소란하고 울창한 백양나무 숲을 묘사하여 퍽 인상적이었다고 기억한다. 현대적인 나무라 하면 아까시도 그중 하나인데 지나치게 우거지는 경향이 있어서 품격이 떨어진다.

하기야 밀른[2]이 아까시를 소재로 쓴 수필의 맛 또한 각별하기는 하다. 포[3]의 「침묵」을 보면 산뜻한 나무와 숲이 아니라 자이르 강[4] 주변 싯누렇게 병든 늪의 울창한 원시림을 묘사하여 아주 처참하고도 영원한 것을 느끼게 한다.

곁에서 나무를 바라보지 못할 바에는 갖고 있는 문학 작품으로나마 나무를 읊고 즐기는 방법 밖에 없다. 나무는 작품 속의 인물처럼 성격이 발전하는 일이 없으니 애태우며 읽지 않아도 되고 생동감 넘치는 환상에 젖을 수도 있다. 책이 물리면 모란대로 나가 걷는다. 능라도의 버드나무 풍경, 특히 5월의 신록 무렵의 풍경은 평양에서

1 이반 알렉세예비치 부닌(Ivan Alekseevich Bunin, 1870~1953): 러시아의 소설가이자 시인.

2 앨런 알렉산더 밀른(Alan Alexander Milne, 1882~1956): 영국의 극작가이자 소설가. 해학 넘치는 밝은 작풍으로 알려져 있으며, 희곡《도버 가도》, 동화『곰돌이 푸』, 추리소설『붉은 저택의 비밀』등 다양한 성격의 작품을 선보였다.

3 애드거 앨런 포(Edgar Ellen Poe, 1809~1849): 미국의 소설가이자 시인, 평론가.

4 아프리카 중앙부에 흐르는 콩고 강의 별칭.

으뜸가는 아름다움 중 하나라고 생각한다. 모란대 위에 있는 찻집에서 내려다보는 가을의 풍경도 근사하다. 벚나무에 상수리나무가 섞인 단풍은 빨강에 노랑이 점점이 얼룩져 수를 놓은 듯 아름답다. 한데 평양 사람들은 이 찻집에 와서도 단풍 구경은 별로 하지 않는다. 큰 손해를 보는 셈이다.

계절에 따라 수목은 저마다 모습과 꾸밈새를 아름답게 바꾸는 법이다. 하지만 겨울은 소위 '색채의 사멸기'라서 그 운명적인 단조로움은 도저히 구제할 방법이 없다. 그 단조로움을 구제하는 것이 크리스마스트리이리라. 나무를 벤다고 하니 참혹하게 들릴지 모르겠으나 이것도 인간 중심으로 보면 불가피한 일이다. 노송나무 중에서도 특별히 큰 나무를 베어 와서—나는 사온다—별이나 장식 띠, 솜이나 색전구로 장식한다. 인공적인 느낌이 나기는 해도 그것대로 충분히 아름답다. 때 아닌 초록도 귀중하지만 방 안 가득 흘러넘치는 그윽한 송진 냄새는 피부 세포 구석구석까지 스며들 정도로 독특한 신선함과 강렬함을 지녔다. 한밤에 오색 전구 옆에 앉아 싱그럽고 짙푸른 바늘잎을 보고 있노라면 그 하나하나가 산속에서 보고 들은 별 이야기나 바람 이야기, 동물 이야기 같은 아름다운 동화를 조용히 들려주는 듯하다. 솔 내음과 함께 기쁨이 집 안을 가득 채운다. 나무는 언제 보아도 좋다. 나무를 즐기지 못하는 사람만큼 불행한 사람이 없고 나무를 바라보지 못하는 생활만큼 삭막한 삶은 없다.

《금융조합》, 1938. 8.

춘향전 내연 무렵(春香傳來演の頃)

10월 29일과 30일 양일을 기한 신협극단(新協劇團)의 춘향전 내방 공연에 거는 기대는 시중(市中)에 커다란 흥분을 불러일으켰다. 조선에서는 경성(京城)에 이은 공연이어서 이미 경성에서의 평판을 전해 들은 터였다. 그 탓에 대망(待望)의 정렬이 한층 부추겨진 것도 사실이다. 뒤늦게나마 신문 광고도 대대적으로 나고 찻집에는 포스터가 붙었으며 젊은이들은 모였다 하면 춘향전에 대한 소문으로 이야기꽃을 피웠다. 평양에는 문학청년들이 많은데 그중에서도 연극 애호가들이 전례가 없을 만큼 성황을 이루어서 표를 배부하거나 환영회를 기획하는 일은 다른 어떤 단체도 아닌 주로 이런 자들이 도맡아 했다. 공연 전부터 용솟음치던 정열에 비하면 정작 중요한 극장의 입장객 수가 적어서 결손으로 인한 한숨은 피할 도리가 없었다. 이는 첫째, 때마침 거리에 함락 축하 열기가 한창이었기 때문이고 그리하여 둘째, 그 밖의 일들은 돌아볼 여지가 없었다는 현실도 원인이었다. 비록 감상자는 소수였어도 진정으로 사랑하고 이해해 주었기에 이 지역에서의 공연은 역시 축복받은 공연이었다. 극단 단원

개개인의 가슴속에는 특별한 감격이 아로새겨졌을 게 틀림없다.

나의 주된 흥밋거리 중 하나는 극단 일행 가운데 각색자 장혁주(長赫宙) 씨와의 만남이었다. 서로 이름과 문장만 알다 뿐인 두 사람에게 이번 기회는 공통의 흥밋거리가 아니었나 싶다. 28일, 바로 극단 일행이 평양에 도착한 날 밤이었다. 장 씨는 일찌감치 숙소에서 혼자 이불을 둘러쓰고 있었다. 내미는 손도 반가웠고 초면임에도 오랜 친구처럼 이야기꽃을 피워 즐거운 하룻밤이었다. 피곤함은 걷어차고 시내로 나가 맥주를 마시기도 하고 골목을 걷기도 했다. 늦은 밤 요정에서 손님을 받지 못해 남겨진 못생긴 기생에게 술 시중을 들게 했다. 그러는 내내 이야기는 끊이지 않았고 유쾌한 기분으로 가슴이 뿌듯했다. 무엇보다도 장 씨의 젊음과 발랄함에 호감이 갔다. 자기 문학에 대한 긍지가 확고했고 차기작에 대한 계획을 거침없이 피력했다. 희망과 포부에 찬 말 한 마디 한 마디에 은근한 강단과 자신감이 흘러넘쳤다. 장 씨의 문학에 대해 말한다면 문장은 아무래도 상관없다는 식이다. 문장을 갈고 닦는 훈련 따위는 별로 중요하지 않다. 중심 내용을 이루는 폭넓은 인생이나 커다란 주제야말로 바람직하고 중대한 것이 아니겠는가.—장 씨의 이야기를 들으면서 떠오른 생각이다. 원대한 사상의 호흡, 이것이야말로 장 씨 문학의 생명이자 큰 기대를 모으는 중점이기도 하다. 장 씨의 문학은 아직 지금부터 시작이라는 느낌이었다. 그런데 아담하고 단정한 육체적 인상 그 어디에서 저런 선 굵은 대범함을 뿜어내는지 신기하기까지 했다. 오히려 기교적인 밝은 프랑스풍의 소설을 써낼 듯한 풍모가 아니던가. 육체적 인상을 무시한 장 씨의 크나큰 정열은 믿음직스럽기도 했고 영감을 주는 면도 많았다.

30일은 일요일이어서 아침부터 장 씨와 함께 지냈다. 바쁜 원고가 있다기에 두 시간 정도 서재를 빌려주었다. 끝나기를 기다렸다가 강가를 걸으며 모란대 쪽으로 산책을 나갔다. 산 위는 화창했다. 공기는 차고 맑아 강물의 경치도 한층 뚜렷하고 상쾌했다. 숲속의 오솔길을 헤치고 지나가려니 낙엽은 소리를 내고 잡초가 향기를 뿜었다. 언덕배기 찻집 앞으로 나왔을 때 마침 연회를 마치고 돌아가는 일행과 마주쳤다. 나는 출석을 미루었지만 그날 누각에 극단 일행을 환영하는 연회가 마련되어 있었다. 연회는 진즉에 끝났고 거나하게 취한 일행이 삼삼오오 꼬부랑 길 이쪽저쪽에서 보이다 안 보이다 하기 시작했다. 주최 측의 말에 따르면 평양의 명물인 불고기와 소주를 대접했다는데 그 편이 오히려 잘 맞아떨어져서 향토색을 만끽한 일행은 남녀 배우가 뒤섞여 얼굴을 불콰하게 물들인 채 주변 풍경을 감상했다. 다들 아주 유쾌해 보였다. 부벽루(浮壁樓)가 내려다보이는 산부리에서 아키타 우자쿠(秋田雨雀) 선생을 소개받았다. 백발 단신의 온화한 풍모 속에 유달리 혈색 좋은 얼굴이었다. 유쾌하고 인품 좋은 할아버지 같은 인상을 간직하게 되어서도 기뻤다. 대접받은 맛있는 술뿐 아니라 분명히 그 이상 가는 무언가에 다들 취해 있었다. 풍경인지도 모르고 혹은 그보다 더한 예술적 분위기인지도 모르며 아니면 그보다는 이해와 동정의 기쁨인지도 모른다. 둘씩 셋씩 띄엄띄엄 모여서 길게 줄을 지어 청류벽(淸流壁)의 긴 길을 따라 시내로 돌아올 때 각자의 마음속에 저마다 한 움큼의 감격을 간직했음도 사실이다.

내가 《춘향전》을 본 것은 그날 밤이었다. 옛날 고전 희곡에다 어떤 연출 방법을 썼을까 하는 생각에 많은 의혹을 품고 있던 터였다. 하나 막이 진행됨에 따라 연출자의 독창적인 연출법을 접하면서부터는 그의 고심이 느껴졌고 예상대로 솔직히 감탄밖에 나오지 않았다. 사진극이 아닌 이상 표현적, 양식적 방법에 따를 뿐이고, 그 잘 연구된 독창적 양식화가 확실한 실감을 불러일으켜서 충분히 수긍할 만했다. 모두가 좋다고 했던 만큼 역시 훌륭한 공연이었다고 생각하면서 연출자와 연기자의 노고를 높이 샀다. 막이 내릴 때까지 관객들은 모두 흥분 속에서 헤어나지 못하는 모양이었다. 전날과 달리 그날 밤은 가설 극장도 가득 찼고 감동의 분위기가 공연 내내 무대를 격려하는 듯한 느낌이었다.

다음 날 아침 급행 첫차를 타고 남쪽으로 떠나는 일행을 전송하는 사람들로 플랫폼이 떠들썩했다. 전날 밤의 감격은 거기까지 이어져서 보내는 사람이나 떠나는 사람 모두 무언가 말로는 표현하기 힘든 감동에 사로잡힌 듯 보였다. 이름도 모르는 여배우가 고개를 숙여 인사하고 미소를 보냈다. 열차가 움직이기 시작하여 역을 벗어나 커브를 돌아서 보이지 않을 때까지 차창으로 연신 모자를 흔들었다. 모자는 결국 점이 되어 사라져 갔다. 순전히 어린아이 같은 행동이지만 예술적인 감격은 그것을 요구하는가 보다. 춘향전 내연 무렵을 생각하면 모두의 생기발랄한 모습이 눈앞에 떠올라 지금도 즐겁다.

《금융조합》, 1939. 1.

신추(新秋)

음력 7월 7일 칠석날이라는데 오늘도 비는 내리지 않았다. 견우와 직녀도 눈물을 잊을 만큼 바싹 가물었나 보다. 도지사 이하 관민이 총동원되어 기우제를 지냈으나 비는 끝내 오지 않았다. 기분 좋게 물보라가 튀는 듯해서 굵은 빗방울이 떨어지려나 보다 생각했는데 후끈하니 먼지 냄새만 끼치고 비는 개고 말았다. 시골에 갔던 친구가 기우제 올리는 날 우산을 들고 다녔다기에 "저런! 촌사람들한테 얻어맞을 뻔했군." 하고 이야기했다.

물이 부족하여 괴롭기는 촌사람들만이 아니다. 도시에 사는 우리에게도 물은 얼마나 간절한 것이던가. 강에 나가 마음껏 헤엄칠 동안에는 물만큼 풍부한 천혜 자원이 없다고 생각하지만, 언덕에 올라 보면 물만큼 귀중하면서도 쩨쩨한 천연자원은 드물다는 사실을 깨닫는다. 더위 탓에 욕조 밖에서 몸을 씻어야 한다. 하루에도 두 번, 세 번 몸에 물을 끼얹지만 성에 차지 않는다. 아무래도 평소보다 훨씬 많은 물이 필요하다. 주인집 부엌에서 호스로 물을 끌어다 써야 하는데 몇 번씩 욕실에 물을 채우려면 눈치가 보일 때가 한두 번이 아니다. 목욕물뿐이면 좋겠으나 식수도 더 필요하고 화단이나 마당에도 뿌려야 한다. 하루는 화초를 흠뻑 적시려고 한참 동안 물을 대야 했다. 도중에 호스가 자꾸 빠지는 것까지는 괜찮으나 나중에는 아예 치워져 있었다. 주인집의 치사한 수법에 화를 내면서 그날 나는 호스를 수도 없이 다시 끼우고 두 번, 세 번 물벼락을 맞아가며 화단이 푹 젖게 물을 주었다. 불볕더위 속에서는 인심까지 야박해지는 모양이다. 우산을 가진 자에게 주먹을 휘두르려는 촌사람들이나 물을 아까워하는 주인집이나 그런 주인을 고깝게 보는 나 역시 같은 부류에 지나지 않다.

그렇게 애를 써도 화초는 영 조련찮다. 먼지를 뒤집어쓴 채 시들어 있는 모양새가 안쓰럽기 짝이 없다. 카칼리아(cacalia)와 플록스(phlox)는 꽃피는 시기가 빨라서 다행이지만 샐비어와 패랭이는 결국 꽃도 피우지 못했다. 도깨비부채는 어느새 쓰레기로 변하여 형해(形骸)조차 남지 않았다. 싱싱하기만 하던 반금초(班金草)도 거의 시들시들하다. 금불초(金佛草)는 필 때가 지났건만 아직 봉오리조차 비치지 않는다. 예년 같으면 담장이며 벽을 뒤덮었을 담쟁이와 나팔꽃은 가녀린 덩굴을 내보이기는 했으나 숨이 간당간당하고 맨드라미와 코스모스도 다 그른 모양이다. 앙상한 수풀 속에서 벌레만이 재바르게 가을을 감지했는지 언제부터인가 울기 시작했다. 초저녁에 들어서면 온갖 벌레들이 일제히 소리를 맞추어서 어둠 속 가득히 요란하게 울어댄다. 조용히 애수에 잠기지 않고는 배기지 못한다. 알프스를 묘사한 서양 영화에서 벌레 소리를 들은 적이 있다. 작곡가가 즉흥적으로 흉내 낸 그 소리는 고즈넉한 정감을 느끼게 하는 실제 벌레 소리와 달리 거의 소음에 가까웠다. 가을의 벌레 소리와 그것을 음미하는 감성은 역시 동양만의 것인가 보다.

단골 찻집 앞을 지날 때였다. 찻집 주인이 저물녘 가게 앞에서 커다란 종려나무를 옆으로 눕혀 놓고 물로 씻고 있었다. 찻집 안이 어두워서 시들었다며 호스로 나무줄기에 물을 뿌리고 그루터기를 매만지는 모습은 마치 쓰러져 있는 짐승이라도 씻겨 주는 듯했다. 종려나무를 감싼 녹황색 털은 괴수의 털이나 진배없었다. 물에 씻겨 말끔해진 종려나무는 사나흘이나 골목 앞에 나와 있었지만 다시 살아날 기미는 보이지 않았다. 살려달려고 외치는지 앙상하고 가느다란 잎사귀를 저녁 바람결에 펼쳤어도 기다리는 구세주는 나타날 것 같지 않았다. 정말이지 요 며칠 안에라도 비가 한바탕 시원하게 쏟아지지 않으면 종려나무든 꽃이든 사람이든 더는 견디지 못하리라.

8월 21일

《국민신보(國民新報)》, 1939. 9. 10.

대륙의 껍질(大陸の皮)

1.

수박 겉핥기라는 말마따나 이번 여행에서는 겨우 대륙의 껍질만을 훑고 왔다. 애초에 짧은 일정이라 여러 곳을 둘러보겠다는 욕심을 부릴 계제도 아니었다. 하얼빈(哈爾濱)을 중심으로 신경(新京)[1]과 봉천(奉天)[2] 등 세 도시만 둘러보았다. 그것도 겉만 대충 구경한 데 불과했다. 그럼에도 잡다하고 신기한 인상을 받아서 처음에는 받아들이기 버거울 정도였으나 곧 평정을 되찾았다. 막상 흥분이 가라앉고 보니 말하고 싶은 이야기가 대부분 머릿속에서 사라졌음을 깨달았다. 이를테면 하얼빈에 도착했을 때는 그 자리에서 인상기쯤 몇십 장이라도 써낼 줄 알았는데, 이틀이 지나고 사흘째가 되니 글

---

1 일본 제국주의가 세운 괴뢰정부 만주국의 수도. 현재의 중국 지린 성(吉林省) 창춘 시(長春市)에 해당한다.

2 현재의 중국 랴오닝 성(遼寧省) 선양(瀋陽)의 옛 명칭.

쓰기가 하찮게 여겨졌다. 무턱대고 도시로 뛰쳐나온 촌뜨기의 못난 짓을 되풀이하고 싶지 않았다. 사실 어설픈 상념이야말로 요설을 낳는지도 모른다. 특별히 거창한 감상(感傷)을 느꼈던 것은 아니지만 그냥 있자니 객쩍었고, 마음을 가라앉히고 봐도 역시 하고 싶은 이야기가 없지는 않았다.

신경 거리는 이슬비가 내려서 뿌옇게 흐렸다. 평양에서 출발할 때 뷰로(Bureau)에서는 비가 아직 봉천 근처까지라고 했는데 비의 움직임이 기차보다 빠른 모양이었다. 조선 반도를 짓밟은 그 발길을 어느 새 훨씬 북쪽으로 뻗치고 있었던 것이다. 역 앞에서 바라본 푸른 가로수가 늘어선 시가지는 뿌옇게 흐렸다. 오가는 사람과 자동차는 비에 젖어 느리게 움직였다. 일정을 바꾸어서 정오에 출발하는 기차를 타고 곧장 하얼빈으로 향하기로 했다. 점심을 먹으러 역 구내 식당에 들어섰다가 어수선한 광경에 입이 딱 벌어졌다. 대개는 조선 반도의 연장이라서 격식이 비슷비슷했으나 무질서로 인한 혼잡과 신흥 도정(道程)의 북적임은 아직 헤어날 가망이 없어 보였다. 주문한 음식은 삼십 분이 지나도 나오지 않았다. 기차 시간이 임박하여 별 도리 없이 주문을 바꿀 테니 기차 시간에 맞춰 달라고 부탁할 지경이었다. 이런 느릿느릿한 습성은 그렇다 쳐도 식당 안의 어딘지 모를 불결함은 참기 힘들었다. 유심히 살펴보니 그 불결함은 건물의 느낌에서 비롯된 게 아니라 그 안에 우글거리는 인간에게서 말미암는다는 사실을 깨달았다. 복장과 언어와 용모가 다른 잡다한 인간들의 꿈틀거림이 무언가 형언하기 어려운 불쾌감을 자아냈다. 국방복이 단연 우세했음은 말할 나위도 없지만 격에 맞게 통일되고 정리되기까지는 긴 시간이 걸릴 듯했다.

이 혼잡함은 기차 안까지 이어졌다. 이등칸으로 갈아타자 딸을 동반한 어머니를 필두로 하여 각종 인간들이 좌석을 꽉 매우고 있어서 오족(五族)[3]의 머리 표본을 거기에다 진열하고 있는 듯이 보였다. 마도로스파이프를 입에 문, 쥐처럼 약삭빨라 보이며 체구가 작은 한 남자가 있었다. 주머니에서 꺼내든 두툼한 지폐 다발을 과시하면서 상대방에게 한참을 떠벌이는가 싶었는데 슬그머니 삼등칸 쪽으로 사라졌다. 만주에서 그만큼 큰돈을 벌었으니 뽐낼 만하다는 것일까? 광야의 귀퉁이를 갉아먹는 이런 종류의 쥐새끼는 무수히 많으리라고 본다. 옆자리에서는 부처님처럼 느긋한 얼굴의 한 남자가 일장 연설을 펼치고 있었다. 벼슬아치 같아 보이는 그 남자는 유창한 말솜씨로 같은 자리의 동료들과 호기롭게 대륙의 경륜(經綸)을 논하는 모양이었다. 한 시간쯤 지나자 커다란 입을 동굴처럼 벌리고 요란하게 코를 골기 시작했다. 낙타도 통과할 만큼 커다란 그 엄청난 동굴에서는 침이 한 줄 흘러내려 카키색 옷깃을 적셨다. 하지만 추하기 짝이 없는 그 모습을 아무도 쳐다보지 않았다. 거기에 대륙의 성격이 있는지도 모른다. 남자는 잠에서 깨자 언제 그랬냐는 듯 다음 이야기를 아무렇지 않게 지껄였다.

하얼빈은 제각각 국적이 다른 다양한 외국인들이 섞여 사는 만큼

---

3 일본인, 한족(漢族), 조선인, 만주족, 몽고족 등 다섯 민족을 가리키며, 이들 오족의 화합과 공존을 뜻하는 '오족협화(五族協和)'는 1931년 제국주의 일본이 세운 만주국의 건국 이념이다.

이런 혼잡한 느낌이 한층 더하다. 그 혼잡함 속에서 신흥의 기세와 몰락의 신음이 뒤섞여 명암의 이중주를 연주한다. 그리하여 독특한 거리 분위기를 자아낸다. 활기가 넘쳐 보이면서도 슬픈 거리이다. 사람을 이런저런 감상(感傷)으로 몰아간다. 돌아오는 길에 봉천에서 중앙공원을 걸어 영화관에 들어갔을 때였다. 문득 나도 모르게 눈시울이 붉어졌다. 여행의 감상이 피로와 겹쳐 폭발했는지도 모른다.

2.

하얼빈은 면적만 따지면 뉴욕에 버금가는 세계 제2의 도시라고 한다. 시 북단의 송화강(松花江) 기슭에 서면 탁류 너머로 지평선이 끝이 없다. 남쪽과 동쪽 변두리로 나가 봐도 끝없는 광야에 시야를 가리는 것이 없다. 들판 한가운데에 세워진 도시여서 시가지 구획은 대범하고 도로도 널찍하다. 건물은 견고하고 도로에는 아스팔트 대신 돌로 포장하여 실로 백 년은 견딜 만큼 튼튼한 만듦새였다. 지나치게 널찍하고 대담한 구획 탓에 휑뎅그렁한 느낌마저 들었다. 짓다 말고 중간에 그만둔 듯한 인상도 없지는 않았다. 그래도 자세히 관찰하면 작은 부분까지 아주 치밀하게 궁리를 거듭한 점이 엿보인다. 발길 닿는 곳마다 수목을 울창하게 심어 놓아서 좋았고, 중앙사원과 소피스카야 사원 등 웅장하고 화려한 아름다움을 창조하여 도시의 장엄함을 잃지 않았다. 이런 대륙의 도시를 보고 조선의 거리로 돌아오니 갑자기 판잣집에 들어간 듯하여 당최 옹색한 느낌을 금할 길이 없었다. 북방 사람들의 거대한 규모에는 당할 재간이 없다.

고색창연한 거리에서 느껴지는 감각이 왠지 모르게 마음을 사로잡았다. 슬라브 족 생활의 특색이 대부분 순수하게 드러나 있어서 그것이 색다른 감흥을 일으켰다. 유럽에 가면 이렇겠거니 싶은 분위기였다. 만주인들이 한창 개발하고 있는 발전구(發展區) 전가전(傳家甸)을 제외하면 외국인이 산재하지 않는 구역이 없다. 특히 프리스탄 일대는 그 중심구이다. 프리스탄 안에서도 상업 지구인 키타이스카야 거리는 번성의 절정을 이룬다. 그 근처에 호텔을 잡은 나는 거의 매일 주변을 산책하거나 마스 또는 빅토리아 같은 카페에서 차를 마셨다. 모던 호텔 카페에 앉아 있으면 창밖이 곧 한길이라 포장도로를 거니는 남녀의 옆얼굴이 연달아서 크게 비치기도 했다.

처음에는 어디를 둘러봐도 이국풍 얼굴이라 기가 죽을 정도였다. 하지만 이삼일이 지나고 금발이나 흰 피부도 익숙해지자 더는 대단치도 않고 신기하지도 않았다. 희한하게도 이번에는 외국인의 얼굴보다 오히려 이쪽[4] 사람들의 얼굴이 눈에 들어왔다. 수적으로도 이쪽이 훨씬 많다는 사실을 알았다. 러시아인의 근거지인 키타이스카야 거리조차 그곳을 활보하는 인종은 수적인 면에서 양측이 서로 필적하거나 혹은 이쪽 사람들이 얼마간 우세한 듯 보였다. 거리의 애수는 여기서 유래한다. 살펴보는 동안에도 세력이 약해지고 수가 줄었으며 점차 본거지를 후자에게 양보하는 모습이 손에 잡힐 듯이

4 이 글에서 '외국인'은 서양인들을 가리키고 '이쪽'은 중국인을 비롯한 조선인, 일본인 등 동양인을 말한다.

분명했다. 외국인이라고 하면 백계(白系)[5] 러시아인뿐만 아니라 유대인, 폴란드인, 독일인, 영국인, 프랑스인 등 기타 각 민족을 말하며, 서로 섞여 산다. 그들이 점차 몰락의 길을 걸어야 한다는 사실이 애처로움을 자아낸다.

3.

카페에서 주는 커피는 유리컵에 반 홉 정도 우유를 넣어서 각별히 맛이 좋았다. 그것을 가져다준 소녀는 금발에 살결이 흰 청초한 모습이어서 한층 정취를 더했다. 유대계의 풍채 좋은 오십대 남자는 매일 아침 같은 칸막이 좌석에 나타났다. 커피를 앞에 둔 채 조간신문을 구석구석 빠짐없이 살폈고, 뒤를 이어 등장하는 친구들과 미소를 지으며 가볍게 인사를 나누고는 긴박했던 서유럽의 정세를 논하는 분위기였다. 반백의 머리는 결코 평탄치 않았던 그의 지난 반생을 대변하는 듯했다. 아침의 그 한때가 그에게는 조용하고 즐거운 시간임에 틀림없어 보였다. 옆 칸에서는 고즈넉한 음악이 들려오고 우아한 평온이 카페를 지배했다. 하루아침에 이루어진 평온이 아니었다. 오랜 세월의 서구 전통이 거기서 배어나오는 듯했다.

커피 외에 사이다도 크림도 사탕도 맛있었다. 러시아 요리는 대개 메뉴를 불문하고 양이 많았다. 나 같은 사람은 정식으로 나오는

5 1917년에 일어난 러시아 혁명에 반대했던 귀족과 지주, 자본가 등 반혁명파를 일컫는다.

수프만 먹어도 벌써 배가 불러왔다. 토마토로 맛을 낸 양배추 수프에는 우유가 섞여 있었고 커다란 고깃덩어리도 들어 있었다. 다음 요리가 나왔을 때 식욕은 이미 싹 사라지고 없었다. 몸집이 큰 만큼 대체로 많이들 먹는 모양이었다. 오이절임도 맛있었다. 맛이 없기로는 뭐니 뭐니 해도 그 호밀빵이다. 흰 빵에 길들여진 사람에게는 결코 익숙해질 만한 대용식이 아니다.

러시아 묘지는 중앙사원에서 동북쪽으로 약 3킬로미터 지점에 있는데 곧고 평탄한 도로를 인력거는 단숨에 달려갔다. 가는 길에 본 극락사(極樂寺)는 규모가 거대하고 단청이 아름다워서 중앙사원과 근사한 대조를 이루었다. 마치 불교와 구교(舊敎)[6]가 서로 건축미를 겨루는 듯해 보였다. 사찰 입구의 돌계단 위에는 걸인들이 기거하여 주변을 지저분하게 만들었다. 보아하니 극락에서 버림받은 군상들 같았다. 묘지는 수목이 울창하고 경내가 넓었다. 입구 앞에는 꽃장수들이 형형색색의 꽃을 펼쳐 놓고 조문객을 기다리고 있었다. 한발 내딛으면 정면에 우스벤스카야 사원이 있고 그곳을 중심으로 몇 갈래의 좁은 길이 안쪽으로 깊숙이 뻗어 있다. 여하튼 수만 기의 묘를 포함하고 있어서 육안으로 넓이를 파악하기는 조금 어려웠다. 더군다나 나무가 울창해서 대낮에도 여전히 어두운 경내 안쪽은 얼마나 깊이 들어가는지 쉽게 내다보이지 않았다. 나무 아래, 혹은 숲 그늘에 각자 원하는 위치와 내키는 방향으로 두세 평 넓이의 무덤이 자리잡고 있었다. 그런 무덤이 묘역 전체 구석구석에 분포했

6 러시아 정교를 말한다.

다. 장방형의 묘석 위에는 대리석으로 만든 근사한 비석이 서 있었다. 거기에는 망자의 이름과 경력이 새겨져 있고 생전의 사진이 담겨 있었다. 새로 쓴 듯한 무덤은 싱싱한 꽃으로 꾸며져 있고 가느다란 초가 불을 밝히고 있었지만, 이미 긴 세월이 흘러 오랫동안 유족이 돌보지 않은 묘에는 불이 꺼져 있고 꽃은 말랐으며 잡초만 무성하여 황량했다.

오솔길에는 줄 맞춰 늘어선 어린 느릅나무와 백양나무 밑에 벤치가 놓여 있어서 으스스한 묘지라기보다는 차라리 조용한 공원처럼 느껴졌다. 뒤편에서 이따금 소 울음소리가 한가롭게 들려올 만큼 쥐죽은 듯 고요했다. 손에 꽃을 든 여인이 소를 몰며 묘역 안쪽으로 천천히 걸어가고 있었다. 모든 것이 아름답고 이국적인 풍경이지만 이역 땅에 묻힌 이들에게는 오히려 쓸쓸하고 낯선 기분이 들 게 틀림없다.

4.

묘지를 보고 나서인지 갑자기 거리 전체가 슬퍼 보였다. 아침의 상쾌한 거리인데도 구두를 닦으면서 오가는 사람들의 얼굴을 조용히 보고 있으니 가슴에 슬픔이 차올랐다. 여기서도 가진 자는 대개 유대인이고 태반이 못 가진 자들이다. 러시아인 대부분은 날품팔이라고 들었다. 행색이 초라하고 불쌍한 사람들이 많았는데 무엇을 찾는지 온종일 거리에서 서성거렸다. 걸식을 하지만 치근대며 구걸하지는 않았고 동냥을 얻으면 기뻐한다. 얻지 못해도 별로 슬퍼하는 기색 없이 태연하고, 씩씩하게 뒤도 돌아보지 않고 묵묵히 제 갈 길을 간다. 대체 무슨 생각을 하는지 어리둥절했다. 헤아리기 힘든 대범함도 느껴진다. 그런 모습이 오히려 더욱 애잔함을 불러일으킨다. 제정 러시아 시대의 장교였다는 맹인 손풍금 연주자는 벤치에 앉아서 온종일 음악을 연주했다. 멀고 먼 다뉴브 강을 그리워하는 듯한 쓸쓸한 선율이 애수에 차서 거리 구석구석으로 스며들었다. 두건을 쓰고 꽃을 파는 여인은 야위었고 추레했다. 맨발에 걸쳐 신은 구두는 거적때기처럼 썩어 있었다.

국가나 단체, 사회란 모름지기 강해야 한다. 박해당하는 개인의 모습이 신의 눈에는 예사일지 몰라도 어떤 경우든 그저 팽개쳐 둘 일은 아니다. 만일 이런 생각이 감상이라면 신에게 근본부터 바로잡아 달라고 해야 한다.

9월에 들어서자 독일이 폴란드를 침공했다는 뉴스로 거리는 예외 없이 들끓었다. 하루에도 몇 번씩 호외가 날았고 신문팔이의 외침에 사람들은 발걸음을 멈추고서 흥분한 기색이 역력한 채 소곤소곤 숙덕거렸다. 가을바람이라도 분 듯이 거리가 쓸쓸하여 더욱 을씨년스러웠다. 네온이 꺼진 밤거리는 어두컴컴했다. 단 하나 활기가 넘치는 것은 국방복 차림의 여행객들이 내지르는 오만방자한 고함소리였다. 우르르 떼를 지어 거리가 제 것인 양 휘젓고 다니며 술에 취해 노래를 불렀다. 뻔뻔한 얼굴로 사람들과 부딪히고는 의미 없는 '하라쇼'[7]를 연발했다. 사람들의 빈축을 샀고, 어쨌든 보기 좋은

7 '좋다', '브라보'를 뜻하는 러시아어.

풍경은 아니었다. 이런 어리석고 경솔한 행동은 단단히 삼가야 한다. 우쭐해서 기고만장하는 짓은 인간성 면에서 이미 한발 뒤졌음을 증명하는 데 불과하다는 사실을 알아야 한다.

홀이나 카바레를 시끄럽게 만드는 이도 으레 이런 패들이다. 십중팔구는 방약무인한 행실로 차분한 분위기를 망친다. 자기네들만의 세상인 줄 아는 모양이다. 나자와 슈라가 이런 패들이 무수하게 저지른 파렴치한 이야기를 들려 주었다. 듣고 나자 소름이 끼쳤다. 무조건 참고 견뎌야 하는 약자를 위로는 못할지언정 그 이상 유린해서는 안 된다. 한 무용수가 세계 제일의 추남과 춤을 추고 있었다. 전형적인 몽골로이드의 모습을 한 그 남자는 오묘하고 서정적인 표정으로 무용수를 꽉 끌어안고 있었는데 그 무용수의 속마음이 어땠을지는 짐작하고도 남았다. 바로 이것이 대륙의 모습임은 말할 필요도 없다.

9월 10일

《경성일보(京城日報)》, 1939. 9. 15.~19.

물 위(水の上)

산이나 바다로 떠나지 않는 한 여름은 견디기가 힘들다.

특히 수은주가 30도를 오르내리는 도시에서는 종일 더위에 지쳐 몸이 해파리처럼 늘어진다. 좁은 욕실에서 몇 번씩 물을 끼얹어도 소용이 없고 수백 명을 몰아넣은 영화관의 냉방 장치는 어차피 있으나 마나다. 연신 얼음만 먹었더니 위장이 트림을 하기 시작한다.

작년 여름 동룡굴(蝀龍窟)을 탐험하고 들었던 생각은 그 동굴 속 일대를 한여름의 유원지로 만들면 어떨까 하는 상상이었다. 동굴은 하나의 소천지(小天地)를 이루어 광장이 있고 언덕이 있으며 폭포가 있고 호수가 있어서 이것들을 전부 돌아보는 데만도 족히 한 시간은 걸렸다. 호수에 배를 띄우고 광장에 홀을 만들고 조명을 눈부시게 밝히고 교통 기관을 설치해서 온갖 근대 시설을 갖춘다면 실로 세계적인 명소가 되지 않을까 하고 생각했다. 평양이 인구 수백만의 대도시로 발전하여 공설구장 부근까지 세를 뻗칠 경우 이런 상상은 더 이상 한날 공상만으로 끝나지 않을 것이다. 하지만 어쨌든 수십 년 뒤의 일이다. 그 상황에 이르면 시내에는 커다란 피서용

풀장이 건물마다 생기지 않을까? 그리되면 밤낮 없이 물에서 생활할 수 있겠지. 물속에 커다란 탁자를 놓고 거기서 사무를 보거나 식사를 하거나 수영을 할 테니 피서 겸 일도 한다는 식이리라. 이상의 경지겠지만 지금으로서는 이것도 공상이다. 공상만으로는 더위가 물러갈 기미는 보이지도 않는다. 조금 소심한 방법이지만 당분간은 강까지 움직여 보는 길밖에 없다.

유원지네 풀장이네 사치스러운 이야기다. 평양은 가까이에 강을 끼고 있으니 행복한 줄 알아야 한다. 넓은 강물이 거리의 코앞 강기슭을 곧장 적시며 양양(漾漾)하게 흐르는 모습은 그것만으로 하나의 장관을 연출한다. 여름철에는 평양부(平壤府) 인구 대부분의 몇 분의 일인가가 거기서 살다시피 한다. 천여 마리의 갓파(河童)[1] 무리가 복작거린다. 남녀노소가 매일같이 강에서 한나절씩 보내는데 그들만큼 물을 사랑하는 인종도 흔치 않다. 조선 반도에서 대륙에 걸쳐 으뜸으로 사랑하고 즐기는 강은 아마도 이 대동강(大同江)이요, 또 하나는 송화강(松花江)이 아닐까. 배를 타거나 헤엄을 치거나 낚시를 한다. 혹은 고기를 굽거나 어죽을 끓인다. 너나없이 구릿빛으로 그을려 건강미가 넘치고 주어진 것만 즐긴다. 지성 따위로 고민하는 쓸데없는 짓은 하지 않는다. 그들이야말로 인생을 가장 멋지게 사는 우수한 생활인인지 모른다.

---

1 일본 민담에 나오는 전설적인 동물로서 강이나 호수, 바다 등 물에 사는 요괴의 일종. 바가지 머리를 한 어린아이 모습이며 거북이 등껍질을 가진 원숭이나 개구리 형상으로도 그려진다.

여행할 기회를 놓친 나도 그들을 흉내 내어 매일 강으로 나가기로 했다. 친구 두 명과 보트를 빌려 보트 안의 세 남자가 되었다. 일주일도 채 지나지 않아서 얼굴은 밤색으로 타고 어깨가 따끔거리기 시작했다. 물의 유혹은 강렬해서 몸의 피로쯤은 아랑곳하지 않은 채 정오 무렵이면 어느새 줄줄이 모여 강으로 발길을 옮긴다. 언제나 변함없는 메뉴로 맥주 여섯 병에 간단한 먹을거리를 사서는 보트로 일단 강물을 가로지른다.

반월도의 여울을 거슬러서 강 뒤편에 이르면 그곳이 한나절 휴식처이다. 넓고 조용한 강물에 배를 띄운 채 느긋하게 물 위를 떠다닌다. 물 밑은 멀리까지 얕고 하얀 모래밭이어서 어디로 흘러가 어디쯤에서 헤엄치든 배 뜻대로요 물 마음대로다. 몸을 깊이 담근 채 얼굴만 내밀고 호수처럼 잔잔한 수면 너머 저편을 응시하면 우거진 숲과 하얀 구름만 보인다. 온갖 인위적인 협잡물은 사라지고 아름다운 자연의 운치만이 선명한 터치로 눈에 스며든다. 수면과 나무와 구름이라, 이토록 회화적인 배치는 없다. 이 얼마나 풍요로운 물이런가. 모두가 내 것이다. 그 속에서 무엇을 하든, 뛰어오르든 발광을 하든 내 자유다. 인간에게 주어진 천혜의 것 중에 필시 이다지도 풍부하고 신선한 혜택은 없으리라. 자연 속에 직접 둘러싸여 있자니 마음은 물을 찬미하는 재료로 가득하여 그만 감탄을 금치 못하고 다른 상념은 거의 다 사라진다. 사상도 지성도 그따위는 역시 책상 위의 소꿉장난처럼 느껴진다. 영탄, 오직 그것뿐이다. 부끄러운 일도 무엇도 아니다. 이런 감정을 잃는 것이야말로 불행이다. 아름다움을 보고 감동을 받아서 침묵하는 사람도 있으리라. 솔직하게 칭찬을 나열하고 감탄을 터트려도 좋다. 이런 동심을 상실했음이야말로 무지(無智)이고 두려워해야 할 일이다.

빈둥빈둥 놀고만 있으려니 께름칙하여 물 위에서 일할 수 있는 방도를 궁리해 보았다. 기껏해야 독서 정도가 가능하겠지만 무엇을 하든 자연의 방해를 받는다. 자연은 질투심이 많은가 보다. 구름과 나무와 물은 활자에 쏠린 시선을 집요하게 빼앗으려 한다. 책에 담긴 사상은 갈래갈래 찢기고 인상은 산산이 흩어져 물거품처럼 혼란스러워진다. 급한 교정 원고를 들고 나갔다가 이틀이 걸렸고 탈고한 장편소설 일부의 재교정도 겨우 끝냈다. 물보라가 튀어서 페이지마다 빨간 잉크 자국이 번졌다. 상처투성이의 교정지를 서둘러 출판사로 보냈다. 물은 일을 거부한다. 배 안에서의 정진은 기대할 바가 못 된다.

아예 판판이 노느니만 못하여 한동안 만사를 제쳐 두고 무심하게 소일하기로 했다. 똑같은 일상의 반복이 물 위에서는 결코 단조롭지 않다. 똑같은 물에서 똑같은 일을 해도 지루하지 않다. 오랫동안 시내에 나가지 않았으니 시내의 동료들은 아마 여행이라도 갔나 보다고 생각할 게 틀림없다. 햇볕에 탈 만큼 타서 다음에 그들과 만났을 때 까만 얼굴로 놀라게 한다면 그 또한 재미있을 것이다. 벌써 정오가 가깝다. 두 친구가 찾아올 시간이다. 슬슬 나갈 채비를 해야 한다.

《금융조합》, 1939. 9.

북만주 소식(北満だより)

수목의 도시 하얼빈(哈爾濱)은 과실도 풍부하다. 여름이었는데 시장에는 다양하고 싱싱하면서도 풍성한 과일이 층층이 산처럼 쌓여 있었다. 가을의 상점 앞은 더욱 다채로운 장관을 이루겠구나 하고 상상을 해 본다. 이 도시에서 뜻하지 않게 한 무더기의 돌배를 맛보았던 일이 나에게는 무엇보다도 진기한 경험처럼 여겨진다. 작은 탁자 위 하얀 접시에는 사과와 배와 포도의 첫물이 수북하고 그 속에 알이 작은 노란 돌배가 섞여 있었다. 권하는 바람에 한 알을 깨무니 이가 빠질 듯이 신맛이 느껴졌다. 돌배임을 알고는 그날 밤 그 진귀한 과일을 한없이 그리운 것으로 칭찬했다. 산이나 들판에서만 영그는 돌배에 대한 기억은 수십 년 전으로 거슬러 올라간다. 소년 시절에 맛보았던 그 야생의 과실을 긴 세월이 흘러 북만주라는 도시에서 발견하다니. 도심 한복판에서, 그것도 서구의 장치로 꾸며지고 근대 음악이 울려 퍼지는 방에서 어릴 적 꿈을 발견할 줄 누가 알았으랴. 노란 열매를 손에 들고는 잠시 고향 추억에 잠기니 야취(野趣)라는 것에 생각이 미친다. 북방 문화가 서구 문화보다 훨씬 젊다는 사실과는 별개로 그 본질상 일종의 야취에 가까운 요소가 있는 것은 아닐까. 의식주를 비롯한 문화 각 방면에 걸쳐 정교함을 다한 듯 보이면서도 반면에는 소박한 야취를 띤 듯도 하다. 마치 교양은 갖췄으나 맨발을 한 여인처럼 어딘지 다듬어지지 않은 듯한 품성과도 닮아 보인다.

이런 일들을 생각하면서 여름의 짧은 여행을 떠올리며 그 도시의 가을은 어떨까 하고 상상하는 것이 하나의 즐거움이다. 가을이 아주 짧다는 말은 익히 들어서 알고는 있었다. 9월 초순 그 도시를 떠나던 날 아침에도 여름 옷차림이었던 나는 자동차 안에서 별안간 차가워진 기온에 무릎을 와들와들 떨었다. 전송하러 나온 사람은 이제 일주일 정도 지나면 겨울 외투를 꺼내 입으리라 예측했는데 남쪽으로 돌아와서는 늦더위에 다시 땀을 흘렸다. 요즘에야 겨우 가을다워졌다고 느끼던 차에 K 군에게서 온 편지에 따르면 역시 그쪽은 벌써 나뭇잎도 지고 서리가 내렸으며 실개천이 얼기 시작했다고 한다. 가을 풍정은커녕 하얼빈 거리는 이미 메마른 겨울의 쓸쓸한 풍경을 이루고 있겠구나 하고 생각하니 을씨년스러운 기운마저 들었다. 그 풍부한 가로수는 모두 어떻게 되었을까. 마가구(馬家區) 일대의 울창한 고목의 가로수와 공원이나 묘지 경내의 백양나무와 느릅나무의 우거진 여린 잎—그것들은 곱게 물들 겨를도 없었을까? 아니면 단풍이 들자마자 한 차례 흩뿌린 가을비로 잠시도 못 버티고 순식간에 져버렸을까? 맨발에 어깨까지 드러낸 여자들의 경쾌한 여름 옷차림도 하루아침에 검정 일색의 겨울 옷차림으로 바뀌었을까? 고골리의 작품에서처럼 외투 한 벌을 소중히 여기며 몸에 두르고 있을까? 어쨌든 더 이상 가을이 아닌 초겨울의 도시임에 틀림없다. 겨울의 인상은 또 어떠할까 생각하며 다음 여행을 기대한다.

K 군은 원래 내가 미션 스쿨의 문과 교실에서 가르쳤던 졸업생이다. 일면파(一面坡)에 형이 큰 농장을 갖고 있어서 지금은 거기서 교단에 선 사람이다. 수업 때는 존 골즈워디[1] 작품을 번역해 읽는 실력이 가장 우수해서 주목을 받았는데, 문학에 대한 정열을 성심껏 피력한 것은 훨씬 나중 일이다. 더 이상 방황하지 않고 지금은 그럭저럭 문학이 필생의 목적인지 학생을 상대하느라 바쁜 생활 속에서도 오로지 그 길로 정진한다는 듯한 말투를 이따금 내비친다. 열심히 하다 보면 언젠가는 보람도 얻으리라 믿기에 나는 내 창작집이 나올 때마다 보내 주면서 힘껏 편달(鞭撻)하고 있다. 이번 여행 때도 하얼빈에 도착해 보니 일면파에서 전보를 받고 나를 마중하러 일찌감치 나와 있었다. 제자라고는 해도 대개는 나와 같은 세대에 속하는 젊은이들이다. K 군도 나란히 걷다 보면 나이차가 거의 느껴지지 않는 동년배로 보이는 사이여서 그만큼 거북함이 덜하고 친밀함이 크다. 하얼빈의 밤의 번화가를 거의 함께 걸었고 상세한 설명 덕에 새롭게 터득한 바도 많아서 나는 짧은 여정이 못내 아쉬웠다.

일전의 편지는 내가 귀국해서 받은 첫 번째 서신이었다. 허망한 가을 소식 말고도 이런저런 일들을 열 장 가까운 서신에 세세히 적

1 존 골즈워디(John Galsworthy, 1867~1933): 영국의 소설가, 극작가.

어 보내왔다.

나를 배웅하고 돌아가는 길에 경마장에 들렀다가 바비 플린[2]처럼 노래를 잘 부르는 거지 소년에게 동전을 있는 대로 몽땅 털어 주었던 일, 교편을 놓고 문학에만 전념하고 싶다가도 교실에 들어가서 순진한 학생들을 접하다 보면 어느새 결심이 무뎌지고 그들을 위해서 가능한 한 최선을 다해야겠다고 느꼈던 일, 서리가 내리고 실개천이 얼기 시작했다는 소식과 함께 끝으로 아마 가장 중차대한 일이었을 사건도 덧붙여 놓았는데 다음과 같은 내용이었다. 그는 형이 수확을 하러 농장에 나가 며칠을 지내는 동안 옆집의 두 자매 이리야와 아가, 그리고 옆 마을 소녀 다냐와 친해졌다. 달밤에 언덕 위를 나란히 걸을 때면 여자아이들이 부르는 슬픈 노래가 마음을 어지럽혀 어쩔 줄 몰랐다. 그러던 어느 날 저녁 붉은 기모노를 입은 다냐가 숨을 헐떡이며 뜰 앞까지 찾아왔다. 이리야와 아가가 우유를 짜러 집에 돌아간 뒤를 엿보아 편지 한 통을 건네고는 뛰어가 버렸다. 봉투를 열자 서툰 영어로 '당신을 좋아해요. 친애하는 K 씨.'라고 쓰여 있었는데 그것을 되풀이해 읽으며 K 군은 까닭 없이 눈물이 났다. 다냐는 17세의 고아라고 했다. 만주리(滿洲里)에서 아버지를 여의고 두 해 전 일면파에 어머니를 묻었다. 이제는 가엽게도 일신을 백모 댁에 의탁해야 하는 처지였다. 영리하고 아름다운 그녀는 K 군을 만나면 언제나 조선에 대해 이야기해 달라고 졸랐는데 결국에는 이리야 자매가 조선에 데려가지 그러냐며 놀려 댔

2 알 수 없는 이름.

다고 한다. 그러던 중에 느닷없이 받은 편지였으므로 K 군이 눈물을 글썽일 만했다고 여겨진다. 그런즉 흥분과 감격으로 무엇을 어떻게 해결해야 할지 모르겠다는 하소연이었다. 어찌 하면 좋을지 의견을 묻는 투인데 나라고 뾰족한 수가 있을 턱도 없거니와 남의 연애사에 이러니저러니 간섭하는 것만큼 촌스러운 짓도 없다. K 군의 형은 네 마음이 그렇다면 인근의 다른 처자라도 좋으니 국제결혼을 하는 것도 괜찮지 않느냐고 권하는 모양이었다. 우선 서로 뒤죽박죽 떠듬거리는 말로는 의사소통이 제대로 이루어질 리가 없고 무언가 불편함이 생기리라는 생각에 K 군은 두려워하는 눈치다. 여하튼 이는 중대한 문제여서 주위의 조언으로 간단히 정리될 성질의 것이 아니다. 나는 그저 가장 좋은 쪽으로 해결되기만 바랄 뿐이다.

이전에도 나는 이번과 유사한 K 군의 문제에 한 차례 관여한 적이 있다. 혼기가 늦어지면서 이런저런 염문설이 많았고 그때마다 K 군은 나에게 조언을 구하러 왔다. 학문의 상대만은 아니라 여겨 선뜻 상담에 응해 주었다. 하지만 모두 나에게는 버거운 문제였기에 근사한 지혜를 빌려준 적은 한 번도 없다. 재학 때부터 마음에 두었던 아가씨였는데 학교를 졸업한 뒤에도 휴가를 이용해서 일면파를 오갈 때마다 밀회를 즐겼던 모양이다. 작년 겨울 휴가 때는 결국 결혼할 결심을 굳혔던지 마지막 판정을 바라듯 나에게 아가씨를 데려왔다. 계면쩍은 마음을 감추려는 듯 남자 친구 두 명을 더해 네 사람이 한꺼번에 우르르 놀러왔던 것이다. 처음 보는 아가씨의 철없음에는 놀라울 따름이었다. 여학교 졸업반이라고 하니 그럴 만하겠으나 키만 껑충하게 클 뿐 아직 아이나 다름없었다. 긴장한 표정에 말수도 거의 없는 그 소녀를 대체 어쩌자는 것인지 나는 어처구니가 없을 지경이었다. 아가씨도 나름 엄격한 가정에서 자란 학생 신분이면서 어찌 남자들과 섞여 그렇게 쉽사리 나돌아 다니는지. 젊은이들의 무분별한 자유주의가 염려스럽기 짝이 없었다. 다행인지 불행인지 이 혼담은 파탄을 맞았다. 아가씨의 부모들이 승낙하지 않았으므로 K 군도 단념해야 했다. 의외로 태연한 모습이었는데 어느 날 밤 외출에서 늦게 귀가해 보니 일면파에 가 있어야 할 K 군이 친구 세 명과 뭉쳐서 신나게 피아노를 치고 노래를 불러대어 나도 없는 집이 떠들썩했다. 연유를 묻자 혼담 소동 때문에 다시 돌아왔고 결국 관두기로 했다며 의외로 담담하게 이야기했다. 친구들은 찻집을 경영하는 이와 피부과 의사와 성악을 공부하러 미국에 가고 싶어 하는 이까지 세 사람이었는데 모두 이구동성으로 그것 참 잘되었다며 옆에서 K 군을 응원했다. 그것을 깊이 캐묻기도 무의미했고 자세한 사연을 모르는 나는 "그랬군, 그럼 그걸로 괜찮을 거야." 라며 고개만 끄덕였다. 이렇게 된 이상 오직 문학에 혼을 담는 일뿐이라고 몇 번이나 되풀이했다. 그러다가 이야기가 건너뛰어 이번 다냐의 편지 사건으로 발전한 것이다.

그 편지 내용만으로는 확실한 사정을 파악할 여지가 없었고 두 번째 서신을 기다리는 중이라서 나는 어떻게 답장을 써야 할지 몰라 망설이고 있다. 다냐의 사랑을 받아들여도 좋은지 어떤지는 아무도 모를 일이다. 당사자들의 뜻대로 흘러가는 편이 가장 좋다. 연애 상담만큼 애매한 일도 없다. 그 해답을 천연덕스럽게 내놓을 만큼 어리석은 사람은 없다. 그러므로 나는 섣부른 충고를 관두고 어찌 흘러갈지 결말을 기다릴 생각이다. 첫 번째 경우처럼 이번에도 파탄에 이를지 아니면 순조롭게 진행될지, 그 둘 중 어느 쪽이 행복한 결과를 가져올지를 흥미진진하게 기다리고 있다. 마침 다음 편지가 올 때쯤이다. 이번에도 겨울이네 문학이네 하면서 다냐와의 일을 자세하게 보고하여 나를 기쁘게 하고 놀라게 할 게 틀림없다. 다음 계절의 북방 소식을 흥미롭게 고대하는 중이다.

10월 18일

《조선 및 만주(朝鮮及び滿州)》, 1939. 11.

유도 소식(柳都だより)

1. 꽃

겨울 외투가 몸에 무거워 슬슬 벗어 버릴까 하던 차에 삼한(三寒)이 끈질기게 찾아와 추위가 다시 기승을 부린다. 새장의 종달새가 한가롭게 노래해도 건조한 삭풍은 세고 꽃병 속의 물이 얼며 싸락눈이 내리고—하, 제자리걸음만 하고 있다. 싫증도 내지 않고 인간의 기대를 농락하는 품이 허허실실 하는 심리가 오가는 꼴과 비슷하다. 참 조련찮은 봄의 탄생이다.

시내와 떨어진 구릉지에서는 길일에 맞춰 지진제(地鎮祭)가 벌어졌다. 2만 평에 달하는 완만한 부지에 한낮의 햇살이 눈부시게 쏟아져 내리고 마른 풀 위에서 아지랑이가 피어올랐다. 축문을 읽는 신관(神官)의 검은 나막신이 반짝거리고 흙에 꽂히는 첫 삽의 날이 하얗게 빛났다. 산해진미에 제주(祭酒)를 배불리 드신 뭇 신들이 봄을 약속해 주었을 게다.

언덕을 넘어서 강을 끼고 뻗은 유람 도로를 따라 시내 쪽으로 왔더니 등에 땀이 축축하게 뱄다. 푸르게 괴어 있는 강에는 얼음 조각마저 사라졌고 능라도의 버드나무도 엷게 초록물이 오른 듯했다. 비행장에서는 오후의 여객기가 은빛 날개를 반짝이며 북쪽으로 날아갔다. 외국에서 온 여행객이 세계적인 절경이라며 찬탄했다는 이 강변에 짜장 봄기운이 찾아들었다.

밤사이 바람이 불어 강변에는 살얼음이 끼고 싸락눈이 날려서 계절은 두 걸음 물러났다. 재빨리 외투를 벗어 던진 성미 급한 사람들은 다시 외투를 꺼낸다고 야단이다. 화려하게 색색으로 꾸미기 시작한 여자들의 봄 옷차림도 바람과 먼지 속에서는 헛수고로 돌아간다. 유도(柳都)의 초봄은 어느 해든 머뭇거리기 일쑤여서 탐탁지 않은 계절 중 하나이다.

이즈음 봄은 아직 시내 꽃집의 유리창 안에만 존재하는 것 같다. 카네이션이나 튤립이나 프리지어와 금잔화의 꽃가지가 눈이 맑아질 정도로 아름답게 장식되어 포장도로를 걷는 사람들의 발길을 붙잡는다. 도쿄에서 비행기 편으로 이제 막 도착했다고 하여 눈이 튀어나올 만큼 비싸다. 튤립이 한 송이에 50전, 카네이션이 30전, 프리지어가 15전이다. 재고가 줄어들수록 5전씩 올라서 카네이션은 심지어 40전까지 올랐다.

누구나 꽃을 좋아한다. 주부든 젊은이든 아가씨든 모두가 들러서 가난한 지갑을 털어 한 송이씩 포장해 간다. 아파트에 사는 듯한 젊은 여자는 한참을 망설인 끝에 겨우 빨간 카네이션 한 송이로 정했나 보다. 한 손에는 빵을 안고 있다. 빵과 꽃이라, 꽃은 빵만큼이나 중요하다. 이 아름다운 선물보다 봄에 어울리는 것은 없다. 봄은 거리의 꽃집으로 찾아온다.

한 송이 꽃 앞에서 한 시간 정도 우두커니 서 있는 것쯤은 아무것도 아니다. 무지개에서 따온 듯한 빨간 꽃잎을 바라보고 있노라면 언제나 그 신비함에 새삼 놀라고 만다. 대체 흙 속 어디에서 저 신기한 색과 냄새를 빨아들이는 걸까. 몇백, 몇천 세대를 거듭해도 이 영탄과 감격이 인간의 감정에서 사라질 리는 없다.

왜인지 책상 앞에서 하루 종일 딱딱한 자세로 일을 하고 거리로 나가면 문득 얼굴에 주름이 느껴져 지독한 외로움에 빠져들 때가 있다.

무엇을 하고, 무엇이 남는단 말인가. 남는 것은 오로지 꽃뿐이다. 고흐의 꽃도 생화에 비하면 결국 무의미하다. 쇼팽의 왈츠도 꽃이 주는 감격에는 훨씬 미치지 못하고, 괴테의 예술은 더욱더 그러하다.

꽃을 바라보는 시간만큼은 이런 외로움이 다소나마 위안을 받는다. 봄을 바라는 까닭이다.

2. 다방

예컨대 다방에도 꽃을 장식한 곳과 장식하지 않은 곳이 있다. 연중 끊이지 않고 철따라 신선한 향기가 구석구석의 꽃병에서 풍겨오는 다방이 있다. 겨울은 겨울이라 산다화(山茶花)나 동백을 꽂는다. 다방 주인의 기품 있는 심성을 생각만 해도 흐뭇하다. 커피가 조금 맛이 없다 한들 예쁜 꽃이 있는 다방이라면 그것만으로 밝은 느낌이 드는 법이다. 시시한 그림을 걸기보다 꽃을 장식하는 편이 낫다. 고흐도 꽃보다는 부족하다. 고흐의 발치에도 못 미치는 조악한 그림을 백날 하염없이 걸어 두니 신물이 난다.

요즘에는 어느 찻집이나 생화를 장식한다. 우아하기 그지없다. 발길 닿는 곳 어디든 어느 찻집의 미닫이문이든 선뜻 열어볼 만하다. 다방이라고 하면 평양의 다방은 요 몇 년 사이에 일고여덟 군데로 늘었다. 3년쯤 전에는 한두 곳에 불과했는데 우후죽순 증가하는 추세다. 어느 곳이나 깔끔하고 레코드도 명반들로만 엄선해서 구색을 갖추었다. 경성에서 친구가 찾아와도 이곳으로 안내할 때만큼은 꿀리지 않는다. 별로 친하지 않은 지인과 '방갈로'에서 만나기로 약속했다가 잘못 들었는지 도무지 눈에 띄지를 않았다. 골목 안을 들어갔다 나왔다 하며 20분이나 헤맨 끝에 '호가이로'라는 곳을 간신히 찾아냈다. '放街路(방가로)'였다. 한자와 일본어로 읽는 법이 달라서 그만 헷갈렸던 것이다. 시골 농가풍의 소박하고 따듯한 가게이다. 손님의 질도 양호하다. 그러고 보니 작은 구(區) 안에 고가의 음반과 자전식 축음기를 들여놓고 거의 교향곡으로만 손님을 끄는 가게도 있다.

기생이 다방을 열었다고 하여 한가로운 무리들이 우르르 밀어닥쳤다. 영업 첫날 밤에 올린 수입을 고스란히 국방헌금으로 내겠다는 갸륵한 뜻이 금세 거리의 화제로 떠올라서 더욱 누구나 한번은 들러 보는 곳이 되었다. 마찬가지로 기생 출신이며 지금은 도쿄에서 음악 학교에 다니는 주인의 여동생이 도우러 와 있다고 하는 점이 또 하나의 큰 매력이었는지도 모른다. 언니보다 용모가 훨씬 빼어났다. 예전부터 미색이 출중하여 크게 칭송받았다고 하는 그 단발의 모던 걸을 보려고 여드름투성이의 청년들이 정신을 못 차리고 밤낮으로 진을 치는 끈기를 발휘했다. 좌우간 여자는 추켜세우면 교만해지기 마련이다. 조금 경망스러운 행동이 결국 한 청년의 화를 부추겼다. 찻값을 지불하는 과정에서 청년이 카운터로 계산서를 가져갔는데 주인이 책상다리를 하고서 쌀쌀맞게 대하는 바람에 청년의 심지를 돋운 것이다.

"그게 무슨 꼴이야! 다방에서 그런 건방진 태도는 통하지 않아. 기생이었다며? 너 따위를 누가 대단하게나 본대? 손님한테는 좀 더 공손하라고!"

청년은 호통을 쳤다. 그 다방 주인은 한 마디도 못했다. 크게 뉘우쳤을 것이다. 유도의 기질에는 꽤 거친 면이 있다.

이런 불상사가 있었음에도 다방은 불붙듯 번창했다. 기생 친구들이 옛정을 생각해서 자신에게 놀러온 손님을 꾀어 매일 한 번씩 찾아온다고 한다. 커피 한 잔으로는 끝나지 않는다. 이거요, 저거요 하고 졸라서 얻어먹을 대로 얻어먹는다. 기생을 데리고 다닐 정도의 남자라면 인색하게 굴지 않는다. 번창하는 비결이다. 이런 상술로 기생의 다방은 점점 더 부유해진다. OO에 진열된다. 모두 실용품인 데다 그때그때의 유행을 노린 기획이다.[1]

1 한 문장(OO에 진열된다(OOり一に陳列される))의 앞부분이 일부 누락되었거나 '부유해진다.' 뒤부터 끝나는 곳까지 관계없는 문장이 잘못 인쇄되었다고 여겨진다.

3. 밤

‘유붕자원방래(有朋自遠方來)’라, 벗이 있어 멀리서 찾아오니 기쁜 마음으로 그날 밤 크게 대접하기로 했다.

전쟁 경기입네, 광산 경기입네 해서 요정 거리는 언제나 만원이다. 스물세 집을 돌아본 끝에 강가에 있는 작은 연회실 한 간을 빌렸다. 강에 가깝다고는 해도 장지문이 꽉 닫힌 방 안에서는 물이나 배 구경을 할 수 없었다. 풍류가 없기로는 이보다 못할 데가 없었지만 옛 우정을 되살렸으니 유쾌한 밤이기는 했다.

문학에 뜻을 두었던 친구였으나 일찌감치 재능의 한계를 알고서 법률도 공부하고 사업에도 손을 대더니 지금은 그 방면에서 제법 성공을 거두었다. 무슨 일에든 일가견이 있고 늘 시대에 민감하여 날카롭고 정확한 판단을 내렸다. 아무나 쉽게 도달할 만한 경지가 아니다.

본시 손님을 대접하기에는 기생의 용모가 너무 평범했지만 붉은 입술로 부르는 엔카(艶歌)가 친구의 마음을 단단히 사로잡은 모양이었다. 술잔과 쟁반이 어지럽게 흩어지고 술안주와 과일이 재차 바닥이 날 때까지 열띤 토론이 이어져 시간이 가는 줄도 몰랐다.

분노와 개탄 어린 말투 뒤의 장황한 이야기를 요약하면 현대는 건달들의 시대라는 말이었다. 인조 섬유의 시대이자 대용품의 시대이고 건달들의 시대이다. 도처에 뿌리내린 건달들이 방약무인하여 기세가 등등하다. 무사안일하고 요령이 좋으며 무능력한 주제에 목소리만 높여 남을 호령하려고 든다. 깃발을 휘두르는 것은 자기네

뿐이라고 확신한다. 그런 주제에 깃발의 그림자 속에 숨어서 몰래 악행을 도모한다.

사무실에서는 실없는 소리만 지껄이며 빈둥빈둥 노는 재미에 빠져 있다. 학교에서는 학문을 도외시한 채 자기 할 일을 다 했다고 자족한다. 교수란 이름뿐이고 연구는 나 몰라라 하며 바둑 따위에 열중하거나 떼를 지어서 술이나 마시러 돌아다니며 우쭐댄다. 그러니 청년들은 공부를 작파하고 거리를 배회하며 놀기 일쑤다. 써내는 글들도 신통치 않다. 강연회에서는 진부한 구호만 외쳐댄다. 건달들은 곳곳에 넘쳐난다. 그들은 인공 섬유 같은 부류이자 시대의 대용품이다. 실로 개탄스럽기 짝이 없다. 여기까지가 친구의 이야기였다.

지극히 동감하는 바였다. 모두가 하고픈 말을 대변해 주는 느낌도 들었다. 주위를 조금 둘러보기만 해도 그가 한 말의 진실성이 드러나니 말이다. 어느 시대든 건달은 존재했지만 현대에 들어와서 유독 그들이 눈에 뜨인다는 사실은 부정하기 어렵다. 눈에 뜨이면 뜨이는 대로 입 다물고 있으면 끝날 일이지만 역시 본때를 보여 주고 싶기는 하다.

화제는 두서없이 이어졌다. 요정이 영업을 마칠 시간에도 여전히 아쉬움이 남아 결국 야간 드라이브에 나섰다. 여자들의 청을 딱 잘라 뿌리치지 못한 이유도 있었다. 강변의 유람 도로로 나와 어둠 속에서 주암산(酒岩山)으로 방향을 정했다. 언덕을 한 바퀴 돌아보고 올 작정이었는데 허탕이었다. 비탈길을 올라가던 중에 타이어가 길가에 빠졌고 그 상태에서 엔진까지 멈췄다. 아무리 손을 써도 시동이 걸리지 않았다. 그 상태로 10분이나 발을 동동 구르고 있을 때

마침 지나가던 마을 사람 두세 명의 도움을 받았다. 차체를 들어서 타이어를 도로에 올리고 후진하여 평지로 내려온 것까지는 좋았으나 거기서도 시동이 걸리지 않았다. 거의 20분이나 안간힘을 써 보았지만 소용이 없었다. 가져온 정비 도구가 하나도 없었다. 길가에 있는 인가가 자전거포라 하기에 다짜고짜 문을 두드려서 주인을 깨웠다. 플라이어(plier)를 빌려서 기름통의 나사를 풀고 운전기사가 입으로 기름을 빨아올리는 등 참담한 노력 끝에 어렵사리 점화에 성공했다. 운전기사는 요즘 휘발유에다 석유를 절반은 섞거든요 라며 미안하다는 듯 되풀이해서 이야기했다.

"어쩐지 휘발유도 자동차도 꼭 건달 같군그래."

친구는 쓴웃음을 지으며 중얼거렸다.

4. 로망

소설에만 로망이 있는 것은 아니다.

로켄만주(勞研饅頭)도 로망이다. 로켄만주는 일명 로망이라고도 쓴다. 언제부터인가 학교 매점에 빵 종류와 함께 만주가 등장하기 시작했다. 밀가루 반죽을 두껍게 해서 찐 커다란 만주를 네 개씩 얇은 종이로 포장하여 5전에 판다. 두 꾸러미 정도면 점심 식사로는 양이 많을 정도다. 푹푹 쪄낸 못생긴 덩어리 속에 검은 씨가 가득 들었다. 건포도인가 하고 한 입 베어 물었더니 검은콩이었다.

포장지에는 '보리식으로의 환원'이라고 크게 쓰여 있고 보약의 효능서처럼 만주의 효능이 세세하게 적혀 있었다. 값이 싸고 간편하며 영양가가 풍부한 데다 칼로리가 높아서 비상시 대용식으로 국가 시책에도 부응하는 것이며, 한편으로 풍미와 영양 면에서도 가장 이상적인 음식이라고 했다.

세상에 효능서가 빈약한 상품이 있을 리 만무하다. 온갖 미사여구를 동원해서 어떻게든 이것을 팔아 보려고 애를 쓴다. 그러나 대개는 선전에 비해 내용이 부실하다. 로켄만주도 예외는 아니다. 여러 말을 써서 세세히 빼곡하게 적어 놓고는 국책 운운하며 명분을 내세우지만 맛없는 음식은 누가 뭐래도 맛이 없다. 맛없는 음식을 아무리 선전해 봐야 아무도 알아주지 않는다. 좀 더 연구해서 국책에도 부응하고 맛도 좋은 음식을 만들어야 한다.

대학 식당에서 잼빵이나 팥빵 종류를 사고 있는데 어떤 외국인 교수가 이렇게 형편없는 음식은 대학에서 추방해야 한다며 분개했다. 로망처럼 맛없는 음식이야말로 학교 매점에서 몰아내야 마땅하다고 생각했다. 그러나 힘들여 몰아낼 필요도 없다. 조잡한 것은 그러다가 자멸한다. 나는 로망을 딱 한 번 사 봤는데 학생들도 마찬가지였던가 보다. 어느 사이엔가 로망은 결국 매점에서 자취를 감추었다.

요즘 소설도 어쩐지 로망의 맛과 다르지 않은 듯하다. 낭만은 로망으로 통한다. 작가들은 대개 절절매면서 무엇을 써야 할지 몰라 갈팡질팡 헤맨다. 가끔 용감한 사람들이 만용을 부리기도 하는데 작품의 맛은 로망처럼 먹을 게 못 된다. 숨겨진 핵심이 건포도인가 했더니 고작 검은콩인 격이다. 검은 부스러기가 푸슬푸슬 떨어져서 아예 입에 붙지도 않는다.

전쟁문학도 결국 문학의 한 장르로서 매듭을 짓지 못한 채 사라졌다.

이를테면 하나의 통속미(通俗味)는 발명 초기에는 좋아들 하지만 금방 싫증을 낸다. 진실은 조금도 이야기하지 못한 채 잔뜩 과장된 평가만으로 사람들을 미혹하는 면이 있다. 참된 진실은 달팽이처럼 미끈하게 빠져나가고 고루한 형해(形骸)만 로망의 포장지 속에 그럴듯하게 싸여 있다.

'신문학, 신문학' 하며 경망스럽게 외쳐대는 쪽도 있다. 그러나 요란한 구호만으로 신문학이 하늘에서 뚝 떨어지지는 않는다. 탄탄한 토대 위에 조금씩 새로운 요소가 축적되어야 하는 법이다. 터무니없는 것을 좇다가 전부를 잃지 않으면 그나마 다행이다.

앉으나 서나 주류, 주류 하면서 안달하는 패들이 있다. 자신의 문학을 언제나 시대의 선두라고 내세우는 어처구니없는 야심가들이다. 끊임없이 새로운 제목을 찾아내어 목청 높여 선전하는 간악한 무리는 저널리스트이다. 작가가 아니다. 모든 것을 자기 잣대로 재려는 행위는 더없이 어리석은 짓이다. 작가에게는 제 나름의 특징이 있다. 서로 그것을 존중해야 한다. 역사를 이야기해도 좋고 서민을 묘사해도 좋으며 서정을 노래해도 이 또한 좋다. 어찌 남의 지적을 쓸데없이 걱정하는가. 진폭이 넓은 다양성이야말로 문학 세계에 있어서 가장 바람직한 일이 아니겠는가.

(완결)

《경성일보(京城日報)》, 1940. 4. 5.~9.

새것과 옛것(新しさと古さ)

— 만주여행단상(滿洲旅行短想)

1.

고작 두 번째 만주 여행에 불과하건만 이번에는 여행 소감을 말하고 싶은 의욕을 감출 길이 없으니 무슨 까닭일까. 지식이 요설을 가로막아서일까. 그렇다면 이것은 결코 슬픈 일이 아니리라. 나는 이제부터 점점 더 만주를 알아가고 친숙해지며 그럼에 따라 더욱 더 침묵하리라. 장황하게 늘어놓는 것보다는 다만 식견을 얻는다는 사실이 큰 위안이기 때문이다.

그러나 식견을 얻는다고 해서 결코 놀라지 않는다는 뜻은 아니다. 내가 시시각각으로 변하는 대륙의 풍모에 눈이 휘둥그레지지 않았다는 말이 아니다. 정직하게 말하면 나는 최근 일 년 동안의 발전 양상에도 큰 충격을 받았다. 이런 급속한 변화는 멈추는 시점을 잘 모르는 듯하다. 인간의 뛰어난 건설 능력과 집념을 실감했다.

내가 만주의 큰 행보를 알기 위해서 저 만주벌판 구석구석을 빠짐없이 돌아다닐 필요는 없다. 그저 두세 도시들, 예컨대 신경(新

京)[1]이나 하얼빈, 봉천(奉天) 등만 보아도 족한 데다 그곳에 대한 나의 관찰이 틀리다고는 생각지 않는다. 그야말로 신경의 모습은 그 자체가 발전하는 만주의 상징처럼 여겨지기도 한다.

빈 터를 쿵쿵 다져서 포장을 한다. 거기에 근대 건축이 눈 깜짝할 사이에 빼곡히 들어선다. 으리으리한 정부 청사가 우뚝 솟고 회사, 상회, 회관이 늘어서고 운동장 크기의 넓은 도로에는 가로수가 아름다우며, 로터리가 장식되고, 도로가 쭉 뻗어나간 끝에는 엄청나게 큰 영화 스튜디오가 있어 입이 딱 벌어진다. 이 새로운 거리를 걷는 사람들은 모두 밝고 활기차다. 여기서 발행되는 일간신문은 과감하면서도 멋진 체제를 갖추었고, 연감(年鑑)에 수록된 작품은 다채롭고 젊음이 넘친다.

아침에 일어나 보면 별안간 그 자리에 떠올랐다고밖에 여겨지지 않는 이 위대한 거리를 걸으면서 나는 오직 새로움이라는 말에 천착한다. 새롭다. 건물 벽은 아직 반짝반짝하고 도로는 매끈매끈하다. 하나라도 창조에 대한 자긍심과 의욕으로 타오르지 않는 것이 없다. 이 멋진 외형과 규모 속에 이제부터 전통을 쌓아올리려 하고 있다. 젊은 힘에 거대한 사업이 맡겨졌다. 모든 것이 젊다. 새로워서 젊은 것이기도 하다.

젊다는 것은 슬퍼할 일이 아니라 크게 칭찬받아야 마땅하다. 젊음이야말로 정녕 대담할 수 있고, 무언가를 창조할 수 있다. 이런 경우 치졸이나 조악 따위는 더 이상 문제가 되지 않는다. 왜냐하면 일

1 신경(新京, 신징): 만주국의 수도로 오늘날의 창춘(長春) 시.

단 시작하지 않으면 안 되기 때문이다.

그렇기는 해도 내가 이런 젊음에 경탄했다는 점과 반면에 옛것을 찾아 헤매는 것은 전연 별개다. 솔직히 말하면 나는 오히려 신경의 옛 거리가 좋다. 인력거나 마차를 타고서 오래된 넓은 대마로(大馬路)를 달리는 편이 훨씬 만주에 있다는 느낌이 들어서 즐겁다. 가는 곳마다 실록으로 채색되어 그늘진 거리는 이색적인 음향이 끊임없이 울려 퍼지고, 하루 종일 어수선하게 북적거려서 그 독창적인 분위기 쪽이 훨씬 더 좋다. 대동대가(大同大街)의 인상은 경성에서든 도쿄에서든 어느 도회지에서나 쉽게 맛볼 수 있는 종류의 풍경이다. 어디에나 있는 풍경의 모방을 도처에서 목도하려니 아름다움을 찾아낼 소임을 가진 사람으로서는 무의미하고 시시하기 짝이 없는 일이다. 대마로는 물론이고 대동가에 영향을 끼치지 않고 특색을 지키면서 신경만의 독자적인 방향으로 뻗어나가야 한다. 만주에서 이루어지는 모든 창조는 그저 외부 세계를 이식하는 데서 끝내지 말고 전통을 살려 나가야 한다. 현대적 양식을 기준으로 한 으리으리한 행정 관청의 지붕에 동양의 기와와 선을 이용한 점은 탁월한 방식이다. 그러나 무슨 까닭인지 지붕뿐만 아니라 전체적인 의장에 만주의 느낌을 한층 더 대담하게 살리지 않았다는 점은 유감이다.

만주의 선로를 걷다가 본 쌍성보(雙城堡)[2] 역의 역사(驛舍)만큼 아름다운 건물을 본 적이 없다. 건물 전체를 채색한 청홍 배색은 어디

2 중국 헤이룽장 성(黑龍江省) 남부에 위치한 도시.

에도 없는 근사한 안목이다. 대륙은 바로 그러한 전통미를 되살리고 육성해야 한다.

2.

그날 신경에서 하얼빈으로 가는 이등차 안에서 차(茶)를 파는 늙은 보이보다 기품이 있어 보이는 사람은 아마 없었으리라.

스님처럼 빡빡 깎은 대머리에 긴 얼굴의 그는 거들먹거리거나 알랑거리지 않고 지극히 자연스럽게 가벼운 미소를 띠고 은근하면서도 조용하게 차 안을 지나다니는데 그 여유로운 동작은 그윽하기 그지없었다. 차안을 몇 번씩 오고 가는데 그 침착한 태도와 미소를 단 한 번도 무너뜨리거나 흐트러뜨리지 않았다. 그가 지나간 뒤에는 마치 은은한 차향처럼 그 기품이 계속 주변에 떠도는 듯 느껴졌다.

좌석에는 높으신 양반도, 사회의 중진도 많았을 테지만 그 늙은 보이만큼의 기품을 띤 사람은 도통 찾아보기가 힘들었다. 학문이나 교양으로 배양된 품격이 아니다. 타고난 고상함이리라. 훌륭하고 아름다운 것이었다. 본래 몸에 밴 아름다움은 이렇듯 그 자신을 행복하게 하는 법이다.

신경 역에서 친구에게 소개를 받은 말쑥한 양복 차림의 청년은 "엔(燕)입니다. 잘 부탁드립니다."라고 인사하며 가볍게 고개를 숙였다. 발음이 정확하고 유창한 일본어였다. 나는 무심결에 조선말로 답례를 하고는 두세 마디 이야기를 하다가 엔이라는 청년이 내 말을 알아들을 리 없다는 사실을 그제야 깨닫고 창피했다.

밤길을 걸으면서 춤이라든가 홀의 장래에 대하여 이야기하기에 고개를 끄덕이며 귀를 기울였지만 나는 엔 청년보다도 아까 본 늙은 보이에게서 만주의 매력과 옛 멋을 음미하고 싶었다.

옛 멋이라고 할 때 기억 속에 선명한 인상을 남긴 장면은 역시 훨씬 더 오래전의 전통인 듯하다. 초라하긴 해도 마차라든가 그늘진 거리라든가 공원의 통나무다리나 낡은 연못이다. 하얼빈의 돌을 깐 포장도로와 딱딱한 벤치와 사원의 둥근 지붕이다. 온통 새것 일색으로 도색하는 짓은 무의미하다. 기왕의 것을 사랑하고 숨을 불어넣어 생동하게 만들어야 한다. 단순한 의지를 가지고 망치지 말고 오랫동안 지속시켜야 한다. 오히려 그 방향으로 새로운 것을 조화시켜야 한다. 마차가 있는 풍경은 언제든 정겨운 법이며, 아가씨가 그 독자적인 의상을 소중히 여겨야 함은 물론이다.

올 가을 들어 젊은 지인이 두 사람이나 연달아 하얼빈으로 떠났다. 한 사람은 음악을, 한 사람은 무용을 공부하기 위해서였다. 둘 다 오랫동안 도쿄로 갈까, 어찌 해야 할까 주저하던 끝에 마침내 하얼빈을 선택했다. 전통의 예스러움이 두 사람을 매혹시켰다. 성악을 공부해서 미국으로 건너가고 싶다는 젊은이도, 발레로 출세하고 싶다는 젊은이도 모두 전통의 순수함에 마음 놓고 몸을 맡길 수 있었기 때문이다.

특히 음악에 대해서는 하얼빈이 어느 곳보다도 풍요로운 듯하다. 음악은 확실히 이 도시의 커다란 윤택함 중 하나이다. 어디서나 음악이 풍성하게 흘러넘친다. 식당에서도 홀에서도 클럽에서도 레코드 복제음이 아니라 살아 있는 사람이 연주하는 밴드로부터 신선한 음악이 생생하게 흘러나온다.

요트 클럽에서는 갑판 선실에서 오후 여섯 시면 어김없이 교향악을 연주하는데 이렇게 호사스러운 경우는 없다. 식사를 하는 사람들은 왁자지껄 떠들기만 하고 음악에는 주의도 기울이지 않지만 차이콥스키의 애잔한 선율이 유감없이 이어진다. 그 음악이 유럽의 것이든 어디 것이든 일절 상관없다. 이 땅에 뿌리 깊게 살아 있다는 점, 보호하고 육성한다는 점만은 사실이다.

모기레프스키[3]가 만주에서 연주회를 마치고 돌아가면서 자신의 바이올린 연주도 만주인이 연주하는 호궁(胡弓) 솜씨 앞에서는 고개를 들지 못한다고 했다는데, 여기에는 단순한 익살 이상의 뜻이 담겨 있다고 해석해도 무방할 것이다. 하얼빈의 음악을 사랑해야 함은 물론이지만, 만주는 이 호궁을 좀 더 소중히 여겨야 한다. 그것이 진정으로 만주를 육성하는 일이기 때문이다.

(완결)

《만주일일신문》, 1940. 11. 26.~27.

3 알렉산드르 모기레프스키(Alexander Mogirevsky, 1885~1953): 러시아의 바이올린 연주자. 당시에는 도쿄 음악학교 교수로 일했다.

주을소묘(朱乙素描)

올 가을부터 주을(朱乙)역 앞에서 가네다(金田) 온천[1]까지 다니는 마차가 생겨 이 일대에 새로운 풍물이 또 하나 더해졌다. 1킬로미터 길이로 곧게 뻗은 하얀 가도를 밤색 말이 끄는 은백색 마차가 날쌔게 달리는 모습이란 시골과는 거리가 먼 멋진 풍경이다. 8인승의 근사하고도 무거운 차체를 끄는 일이라 요령 없는 말은 처음 한동안 숨만 헐떡거리며 왕복 2킬로미터 거리를 이동하는 데 족히 반 시간을 소모했다. 승객들이 불만을 터뜨리자 마부는 안절부절못하면서 말 엉덩이에다 가여울 정도로 채찍질을 해댔다. 하지만 마차가 느린 것도 나쁘지는 않아서 그 덕에 차 안에서 이리저리 흔들려 가며 이와나미 문고(岩波文庫)[2] 소설을 10페이지나 읽었다. 따로 승합 버스편이 있었으므로 급한 손님은 그것을 이용하면 그만이었고, 온천

1 함경북도 주을역에서 약 1km 정도 떨어진 곳에 일본인들이 개발한 온천.

2 일본의 출판사 이와나미쇼텐(岩波書店)이 지식의 대중화를 목적으로 1927년부터 출판하는 세계 고전 총서.

지의 마차는 2킬로미터를 운행하는 데 반시간이나 걸렸으므로 처음 온 사람들은 창밖의 지형을 느긋하게 살피거나 늦가을의 아름다운 거리와 들판의 풍경을 진하게 맛보았으니 그것도 즐거운 경험이었다. 다행히도 요즘에는 보충할 마필이 들어와서 번갈아 가며 힘을 쓰니 속도도 빨라져 능률을 올리고 있다. 코앞의 정해진 구간을 끝까지 달려서 가네다 온천의 넓은 길로 들어섰을 쯤에는 따가닥 따가닥 말발굽 소리를 크게 울리며 한층 분발했다.

이 길은 언제나 잘 쓸어 놓아 깔끔했고 주간에도 물을 뿌려 두어 상쾌한 느낌을 주었다. 길 양쪽에는 여관이 즐비한데 정원에는 나무가 빽빽이 들어찼고 그 사이에 커다란 연못을 꾸며 놓아서 관상어들이 무리를 지어 헤엄친다. 객실과 베란다는 널찍한데다 새것이라 산중의 하룻밤 숙소치고는 사치스러울 정도다. 천객만래(千客萬來)하여 온천객이 끊일 사이가 없고 버스나 마차가 도착할 때쯤이면 어느새 길은 온천객들로 북적거린다. 서쪽 길로 들어가서 반 정(町)[3] 정도 더 가면 유원지가 나온다. 단풍나무와 자작나무 가로수에 둘러싸인 사각형의 커다란 수영장이 있고 옆에는 모래찜질장과 정원도 마련되어 있다. 이런 대중적인 시설이 이 지역에 내려오는 대부분의 사람들을 용케 끌어모은다.

유원지를 벗어난 강변 일대가 아마도 가네다 온천의 풍물로서 가장 아낄 만한 곳이리라. 하얀 모래와 자갈만 깔려 있지 인공적인 조작은 조금도 가하지 않은 자연 그대로의 들판에는 여기저기 잡목림

3 반 정은 약 50m.

속에서 다복솔이 자라나 사랑스러운 작은 전원 풍경을 이루어 낸다. 맑게 갠 가을날이면 진청색으로 그늘진 산을 배경으로 화사한 자작나무들이 물든 잎을 팔랑거리며 늘씬하게 서 있는 장면은 그곳만을 잘라내어 오롯이 액자 속에 담아 두고픈 한 폭의 그림이다. 물론 하늘은 짙푸르고 하얀 구름이 둥실 떠 있다. 시냇물이 졸졸 흐르는 그곳 일대에 봄이 오면 뻐꾹새가 운다고 한다. 멧새나 박새는 늦가을 무렵까지 우듬지에 무시로 찾아와 머문다. 이런 풍경 속에서 매 계절을 보내고 맞이하는데 누군들 시정(詩情)이 솟지 않을까. 여관에서 종일 바쁘게 일하는 아가씨들도 매달 읊었던 시를 모아서 도쿄에 있는 잡지사로 보낸다. 시가 실린 동인지가 도착할 때쯤에는 지난 계절에 느꼈던 감정을 반추하며 새로운 시를 지을 준비에 들어가는 것이 무엇보다 큰 즐거움이라고 한다. 정말이지 순수한 여류가인의 탄생도 이런 벽촌의 전원에서나 가능한 일 같다.

뒷산은 지장보살의 성지이다. 구불구불한 산허리나 골짜기 여든여덟 곳에 성소가 있다. 투병하러 와 있는 장기 투숙객은 봄가을로 두 차례 다른 투숙객들과 함께 이곳을 순회한다고 한다. 반나절의 순례는 산책으로도 안성맞춤이어서 맑은 날이 계속되면 하얗고 좁은 오솔길로 참배객들이 드문드문 보이다 말다 할 정도다. 산 위에 올라서 보는 마을 풍경이 각별히 상쾌하다. 얕은 강물을 끼고 끝없이 펼쳐진 주을 평야가 한눈에 들어온다. 이곳은 경승지일 뿐만 아니라 산업 개발지이기도 하다. 부근에 탄광이 있는 만큼 사택이나 의료 기관 같은 건물이 들판에 하나둘 지어지기 시작해서 앞으로 커다란 발전이 예상된다.

버스를 타고 30분 정도 더 들어가면 보통 온보(溫堡)[4]라고 부르는 오지 마을의 온천이 나온다. 간단히 주을온천이라고 할 때는 이곳을 가리키는 경우가 많다. 그만큼 제대로 된 온천지이다. 가네다 온천이 평지에 위치한 반면 온보온천은 깊은 산속 그윽한 계곡에 자리하였고 온천으로서의 규모도 훨씬 크다. 눈앞에 보이는 산골짜기에서 졸졸졸 계곡물 소리가 들리고 웅덩이는 수영을 해도 좋을 만큼 깊다. 산에는 활엽수가 울창하여 단풍이 절정을 이룰 무렵이면 컬러 화보에서나 보는 스위스의 산을 쏙 빼닮았다. 산이든 물이든 다 좋다. 온천수의 분출량은 아주 풍부해서 어느 여관이나 각자 설치한 욕탕에 온천수가 가득가득 채워져 있다. 토박이들이 지표에서 콸콸 솟는 그 천연 온천에서 돼지를 잡았다고 할 정도로 물이 뜨겁다. 작은 번화가를 이루어 길 양쪽에는 점포나 식당이 즐비하고 흘러간 유행가가 들려오기도 한다. 근방에서 구웠는지 진사(辰砂)로 상감을 한 도기 항아리 종류를 파는 가게 앞에서는 사람들이 잠시 발길을 멈춘다. 날씬한 화병에는 백 원짜리 가격표가 붙어 있기도 했는데 골동품 가게에서 발견하는 고대 유물보다 뛰어난 물건일까? 진사의 붉은빛은 좋지만 바탕의 검은빛은 좀 지나친 감이 있다. 이런 도자기류도 소수의 몇 명을 위한 애호품으로 그치지 말고 점차 대중화되어 누구나 손쉽게 즐기는 쪽으로 변해야 한다. 그렇다고 도자기로서의 가치가 떨어질 리는 없다.

상인이나 졸부들이 우르르 몰려와 터무니없이 너그러움을 베푼

4 함경북도 경성군 주을읍 중향동(현 상온보리)에 위치한 온천.

탓에 최근 여관의 접객 수준이 현저히 낮아졌다. 방자해진 여급의 예의범절도 눈에 띄게 나빠졌다. 대형 여관일수록 심각하다. 객실에서는 늦은 밤까지 흥청망청 주연을 벌이거나 취흥을 위해 전속 기생을 끼고 논다. 때가 때인 만큼 이래도 좋은지 의문이다. 온천장은 되도록이면 주말의 검소한 휴식을 위해서 찾아오거나 아니면 일에 실패한 사람들이 한동안 휴양을 하러 올 만한 곳이다. 일터에서 빠져나오거나 사람들의 눈을 피해 소란을 피우러 오는 곳이 아니다. 정결한 산속을 음란한 장소로 만들지 않는 것이 현 시국에서 사람들이 지녀야 할 마음가짐이다.

무산(茂山) 오지에서 목재를 운반하는 장난감 같은 작은 기관차가 산기슭을 덜커덩덜커덩 달려가는 모습도 산속다운 풍경이다. 이 기관차를 따라 1킬로미터 정도 안으로 들어가면 이주민 마을이 나온다. 이주민들 사이에서는 노비나촌[5]으로 불린다고 한다. 여름철 별장지인데 하얼빈 일대에서 모여든 외국인들의 피서지인지라 가을 초입까지 사람들로 붐빈다. 백계(白系)[6] 러시아인 야 씨가 이 지역을 개척한 지도 10년이 넘었다. 러시아 제정시대의 호족이었던 그는 혁명과 함께 쫓겨나와 좁쌀을 먹어가며 이 산지를 일구기 시작했고 마침내 오늘의 안정을 보기에 이르렀다. 별장을 빌려주거나 식사를

5 폴란드 귀족 가문 출신의 러시아인 유리 얀코프스키가 주을 인근에 조성한 백계 러시아인 마을.

6 1917년의 러시아 혁명에 반대했던 보수 세력을 뜻하는 말.

제공하거나 별도로 사슴을 기르거나 사냥을 해서 지금은 생계의 기초를 완전히 닦아 놓은 상태다.

이 이국인 마을은 그 자체만으로 하나의 이색적인 풍경을 이룬다. 산 아래에 있는 온천장 손님들은 탐승(探勝) 목록 중의 하나로 이곳을 추가해서 줄줄이 보러 온다. 구경거리가 된 이국인들 입장에서는 달갑지 않은 일이다. 화단이 있는 마당에 무례하게 침입하거나 창문으로 집 안을 들여다보는 행위들이 못 견디게 싫을 것이다. 이따금 불쾌해 하는 여자들의 목소리가 들리기도 한다. 계곡으로 내려가는 구내(構內) 입구에 팻말이 서 있다. 주변을 둘러보는 시간은 몇 시부터 몇 시까지라는 것, 꽃이나 초목을 꺾지 말 것 따위의 금지 경고문이 쓰여 있는데 우습기 짝이 없다. 공원의 팻말이라면 이해하겠으나 그곳은 모두의 산이자 모두의 길이다. 집요하게 남의 사생활을 기웃거리고 쓸데없이 참견하는 교양 없는 패들도 문제이지만, 남의 땅에 와서 살벌하게 경고 팻말을 세우는 짓 또한 기가 막힐 노릇이다. 이국인들이 들어와서 토지를 사고 거기에 집을 짓거나 밭을 일구거나 산에다 탕탕 울타리를 칠 때 나랏법으로는 어떤지 모르겠으나 어쨌든 뻔뻔한 놈들이라고 해야 마땅하다.

이런 일들을 생각하면 이 산속도 결국 유쾌하지만은 않은 땅이다. 그들이 빨갛고 파란 서양풍의 별장을 짓거나 그들의 모습이 나무 사이로 얼핏얼핏 보이지 않더라도 이곳은 천연 그대로 충분히 아름답다. 그들이 아니어도 누군가가 뜰을 만들어서 꽃을 가꿀 테고 계곡물에는 다리를 놓아 절벽과 절벽을 이을 것이다. 산중에서 아름다운 것은 나무들의 우듬지나 하늘과 구름이며 계곡물이지 털빛이 다른 인간의 노래나 그들의 색다른 풍속이 아니다. 이역에서 온 그들은 토착민들보다 훨씬 자유롭다. 노비나촌에서 안쪽으로 들어감에 따라 풍경은 점점 더 절경을 이루지만 교통편이 없어서 아무도 모험을 무릅쓰지 않는다. 주을 주변의 도회지가 더욱 발전해서 수요가 늘면 훨씬 안쪽까지 별장지로 개발될지 모르나 지금은 이 안쪽의 온천만으로 충분하다. 거기까지 한 차례 돌아보았을 뿐인데 산의 정기를 받아 몸도 마음도 깨끗하게 씻긴 기분이다.

(작가)

《문화조선(文化朝鮮)》, 1940. 12.

복도에서(廊下で)

오전의 병원 복도는 사람들이 우르르 밀어닥쳐 축제 때처럼 북적거린다. 다들 불행할 터인데 그리 슬퍼 보이는 얼굴도 아니고 모두 조용하여 침묵이 흐른다. 슬리퍼 소리만 리놀륨 바닥 위에서 쉴새 없이 어지럽게 착종(錯綜)한다. 병에 걸린다 함은 식사를 하거나 목욕을 하는 것과 마찬가지로 불가피하고도 필요한, 삶의 일부일지 모른다. 모두들 덤덤하게 그런 표정을 짓고 있다.

외과 담당 박사는 자못 명인다운 풍모여서 그 숙련된 솜씨에 전부를 맡겨도 좋을 듯한 신뢰감을 불러일으킨다. 하지만 그 주위에 피라미같이 우글우글 모여 있는 조수들은 구제불능이다. 의전(醫專)을 갓 나온 미숙한 젊은 의사들은 무례한 데다 위험하기 짝이 없다. 무례하기로 치면 접수대 소녀도 버릇없고 응대가 건성이다. 병원만이 아니다. 신체제하에서 도시의 직장들은 어느 곳이나 왜 이렇게 살벌한가 하는 생각이 든다. '인고봉공(忍苦奉公)'은 비정함을 뜻하는 말이 아니다. 한 줌의 인정을 베푸는 것이야말로 어느 시대, 어떤 체제하에서든 중요하다.

이튿째 외과 대합실 의자에 있으려니 때마침 간호부 한 사람이 들어와서 대뜸 허리를 깊이 숙여 인사했다. 나도 금방 기억이 나서 오랫동안 격조했노라고 인사를 하고 그때 일 이후로 지나온 이야기를 들었다.

그녀는 내과에서 근무했는데 작년 연말 내 아내가 입원했을 때 유달리 극진하게 보살펴 주었다. 40일 남짓이었다. 나는 결국 가장 사랑하는 이를 잃고 인간 세상의 슬픔을 절절히 맛보았다. 정이 듬뿍 들었던 간호사들의 가슴속에도 깊은 슬픔이 새겨졌을 게 틀림없다. 그 당시 떠들썩했던 병실을 다시 떠올릴 때마다 눈시울이 젖는다.

"장례 치르느라 힘드셨죠? 그 후 어떻게 지내셨나요? 자제분들은요? 학교는요?" 하고 그녀는 연이어 물었다.

"뭐라고 해야 하나. 불가항력이었어요. 닥친 일이니 그냥 받아들일 뿐 사람의 힘으로는 어찌할 도리가 없더군요. 물론 나는 과학을 믿지만 우주에는 과학을 초월해서 통제되지 않는 어떤 의지가 존재해요. 좋은 일에든 나쁜 일에든 그 의지의 작용은 절대적이고 결정적이지요. 사실 큰 불행에 직면해서 내가 가장 깊이 체득한 교훈은 그것이었어요."

그녀도 동감이라는 듯 고개를 끄덕였다.

"저도 지난 한 달 동안 고향 히로시마(廣島)에 가서 지냈어요. 언니가 늑막염을 앓은 지 벌써 두 달째인데 좀처럼 나아지지를 않더라고요. 아버지는 4년 전에 돌아가셨고 어머니와 단둘이 초라하게 사는데 차마 보기 힘들 만큼 서글퍼 보였어요."

그러면서 덧붙였다.

"저도 그리 오래 있어 줄 처지가 아니어서 일단 돌아왔지만요, 인간은 왜 모두 불행할까요? 도대체 세상에서 가장 행복한 사람은 누구일까요? 하긴 쥐구멍에도 볕 들 날이 있다는데 한탄만 해서야 쓰나요. 선생님도 정말이지 건강 조심하셔야 해요. 겨울에 뵀을 때보다 많이 야위셨어요."

"나도 무슨 까닭인지 계속 몸이 아파 요즘 다시 병원을 들락거린답니다. 이제는 슬프고 말고 할 것도 없어요. 태연해지더군요. 마음이 이렇게나 담담하니."

"근심으로 가득한 게 인생이라지요. 마치 장애물 경주 같아요. 도중에 넘어져서 주저앉느냐, 아니면 결승점까지 숨을 헐떡이며 완주하느냐. 물론 도중에 주저앉아 봐야 부질없으니까 끝까지 달릴 뿐이지만요."

그녀는 결론짓듯이 그렇게 말하고는 애수 어린 얼굴에 애써 환한 표정을 지어 보였다. 동그랗고 귀여운 눈동자에 한가득 미소를 머금고서.

"어때요, 제 얼굴 많이 탔죠? 기차랑 배를 오래 타야 했거든요. 게다가 걱정을 좀 했더니 꼭 검둥이 같아요."

이제는 뭐, 하고 그녀는 걱정도 푸념도 다 사라졌다는 듯 유쾌하게 소리 내어 웃었다.

나는 그녀의 이름조차 모른다. 아주 잠깐 오가다 만난 사람일 뿐이었으나 우연히 만나서 서로의 슬픔을 허심탄회하게 나누었고 좋은 기억으로 남았다. 그런 소소한 인정은 잠시 앉아서 한숨 돌릴 수 있는 인생 한편에 마련된 휴게소 같다. 꽤 소중한 경험이다. 그날 외과 복도에서 가졌던 짧은 시간은 나에게 아주 귀중한 것처럼 여겨진다.

동료가 부르러 와서 그녀는 허둥지둥 가벼운 인사만 남기고 복도 저편으로 사라졌다. 그녀들은 기숙사에서 함께 지내는 사이일 게 분명했는데 마침 퇴근 시간이기도 했다.

《금융조합》, 1941. 8.

포도 그늘(葡萄の蔭)[1]

G 부인은 세 자매 중 장녀이다. 올가[2]처럼 매사 부정적인 편은 아니지만 언제나 수심 가득한 얼굴을 하고서 침대에 누워 있거나 포도덩굴 밑에 앉아 있다.

올가의 둘째 동생 마샤는 흐느껴 울며 "바닷가에 푸르게 우거진 떡갈나무가 있어 그 떡갈나무에 황금 사슬로 묶이어…… 아아, 나 미칠 것 같아요."라고 말하면서 계속 그치지 않고 훌쩍거린다. 이리나는 이리나대로 "난 이제 절망적이에요. 왜 지금 내가 살아 있는지, 왜 지금까지 자살하지 않았는지 그게 이상할 정도예요."라며 탄식한다. 이 두 자매를 위로하는 것은 올가의 역할이다. 올가는 "그만 울어, 응? 이제 그만 울어. 너희들이 울면 내가 괴롭잖아."라고

---

1 최초 발표한 원본의 입수가 불가능하여 오무라 마스오(大村益夫)·호테이 도시히로(布袋敏博) 편, 『근대조선문학 일본어작품집 1908~1945』 제3권(緑蔭書房, 2008) 수록 판본을 저본으로 하였다.

2 안톤 체호프(Anton Pavlovich Chekhov, 1860~1904, 러시아의 작가)의 희곡 『세 자매』 참조.

달래면서 눈물을 글썽인다.

그러나 G 부인의 입장은 이들과는 반대로 자기 안에 우수(憂愁)를 감춘 듯이 보인다. 꿈이 깨어지는 데서 오는 절망이 아니다. 생활의 포화에서 유래하는 권태도 아니다. 풍부한 애정과 선의를 펼칠 방도를 놓고 난감해 하는 것이다. 사람을 쏘아보는 듯한 검은 눈동자와 품위 있어 보이는 고귀한 코가 현재에 반역을 꾀하고 있다.

부인의 정원에는 모란의 뒤를 이어 덩굴장미가 피었고 지금은 포도송이 냄새가 난다. 그 포도 그늘 아래 기품 있는 소복 차림의 그녀는 현실의 피안을 차갑게 바라보며 처연히 빛나고 있다. 그녀의 시선은 죽음의 냄새가 풍길 만큼 강렬하다. 도쿄에서 유명한 화가가 왔을 때 화가는 M 신문 사람에게 안내를 받아 그녀의 방에서 세 간이며 의상을 소재로 몇 장의 스케치를 그려갔다고 한다. 그녀의 청초한 모습이 멋진 풍물화로 담긴 일은 그녀가 원했건 그렇지 않았건 상관없이 바람직한 일이다.

내가 병상에 누워 있을 때 부인은 갓 피어난 장미를 잘라 선물로 가져왔다. 여동생과 친구들도 데리고 왔기에 그 장미로 꽃꽂이를 해 둔 책상에서 마침 출판사로부터 도착한 단편집이 있어 인지에 인세 도장을 찍어서 건넸다. 출간된 책을 선물하면서 나는 작품이 빈약하여 내 자신이 부끄러웠다. 그녀는 굉장한 독서가여서 롤랑이나 괴테의 작품 줄거리를 그녀에게 풀어놓아야 하는 경우가 많다. 그러나 소설을 쓰듯 아무리 애를 써도 애초에 상대도 되지 않는 그녀이다.

풍부한 교양을 꽁꽁 숨기고 있는 듯 보이고 아무에게도 말하지 않는 선의의 다양한 면을 지니고 있다. 어떤 교사가 청을 해 와 몇 년씩이나 자신의 집에서 기거하게 하고, 관련도 연고도 없는 여러 명의 가난한 학생들에게 아무도 몰래 학자금을 보태주거나 한다. 무미건조하고 무례하기 짝이 없는 전보를 받아도 눈살 한 번 찡그리지 않고, 바라는 것이 있으면 그날 중에 바로 보낸다—요컨대 행동성을 주체하지 못하는 것이다. 넘쳐나는 애정의 처리에 어쩔 줄 몰라 한다. 그늘 깊은 그녀의 마음 결결이 상식과 범용 이상의 것이 감추어져 있다.

그녀의 방에서는 자주 파데레프스키나 모차르트의 소나타가 흐른다. 둘 다 결코 즐거운 음악은 아니다. 하지만 그녀는 포도 그늘에서 그 음악을 들으면서 어쩌면 올가와 같은 생각을 하고 있는지도 모른다.

> 저 음악을 듣고 있으면 살아가고 싶은 마음이 생겨……. 아아, 마샤, 이리나, 우리의 생활은 아직 견딜 만해. 분명 잘 살아갈 수 있을 거야. 저 음악을 듣고 있노라면 우리도 이제 얼마 지나지 않아 무엇 때문에 살아가는지, 무엇 때문에 괴로워하는지 알게 될 것 같아……. 그것을 알 수 있다면, 그것을 알게 된다면 얼마나 좋을까!

7월 13일

《하쿠로사(博浪沙)》, 1941. 8.

겨울 여행(冬の旅)

뷰로(Bureau)가 동아여행사로 이름을 바꾸었다고 해서 이곳을 이용하는 여행자가 줄어들지는 않았다. 백화점 아래층 한구석의 조선 사무소 창구에는 언제 가 보아도 사람들이 바글바글하다. 기차 시간을 알아보거나 표를 사거나 하는 일단의 사람들 속에 섞여 있으면 누구라도 여정(旅情)이 동하기 마련이다. 추위 속에 칩거하여 대개 지도라는 것을 망각하기 쉬운 한겨울이지만 그곳만은 얼마간의 꿈이 준비되어 있고 미지의 생활에 대한 유혹이 있다. 사람들이 살아 움직이고 있구나 하는 즐거운 생명감이 힘차게 약동한다. 매표계 소녀에게 지폐를 건네주고 승차권을 손에 쥐기만 하면 끝이다. 새로운 체험에 대한 약속이 체결되는 것이다.

평원선(平元線)의 철로변 풍경이 더없이 좋다고들 하는데 눈 덮인 산과 들의 형해(形骸)만으로는 그 정도를 알 수 없었고 양덕역(陽德驛)을 지날 무렵부터는 그마저도 어둠에 휩싸였다. 색도 형태도 가장 볼품없는 겨울 풍경은 자연이 풍성할 때에 비하면 견줄 바가 못된다. 한밤의 고원역(高原驛) 대합실에서는 능금을 파는 부인네들이 몸에 담요를 둘둘 감고 붉은 과실의 껍질을 시린 이로 와삭와삭 깨문다. 이 또한 얼마나 강렬한 겨울의 사람 풍경이란 말인가. 그곳에서 갈아탄 목단강행 급행열차의 객실은 후끈한 냄새로 가득 차 숨이 막혔고 시끌벅적한 인간 시장을 이루고 있었다. 유랑 극단으로 보이는 한 무리는 노래를 부르거나 떠드는데 그 분위기에는 무언가 화려한 희망이 흐르고 있었다.

경성은 조용한 고장이다. 이곳에서는 언제나 아무것도 늘지 않고 줄지도 않는 인상을 받는다. 하지만 정말 아무것도 줄지 않았을까? 사람이건 인정이건 마치 비늘구름처럼 한 조각 한 조각 사라져 간 아름다움을 생각하면 가슴이 멘다.

조용하다고 하면 나남(羅南) 거리도 조용하기 그지없다. 인적이 드문 넓은 거리는 눈에 뒤덮여 잊힌 듯 고요하다. 도서관이 새로 생겼다며 친구는 겨울나무들로 둘러싸인 오래된 건물을 가리켰다. 다실 '동'은 주인이 전쟁에 나간 뒤 쥐죽은 듯 조용해졌고 2시나 되어야 가게 문이 열렸다. 화가 T 씨는 사단(師團)의 영사(營舍) 뒤편 언덕길을 올라가면서 그 일대의 황량한 산을 그리고 싶다고 했다. 예전에 그곳의 여름 풍경을 그려서 전람회에 입선했는데 어떤 작가가 갖고 싶다기에 주었다고 했다. 겨울 풍경을 그려야 더 나은 화가라고들 평한다고 했다. 화가다운 높은 식견을 들려주는 말에 어울리는 그런 점잖은 정밀(靜謐)이 거리를 지배하고 있다.

청진(淸津)은 포항정(浦港町)이 발전하기 시작하면서 어느 샌가 대도시의 풍모를 드러내고 있다. 해안을 따라 평야를 가로지르며 도로가 달리고 사거리마다 로터리가 생겨 이를 돌아 나가는 자동차의 여유로운 모습이 자못 도회지다운 인상을 풍긴다. 버스나 자동차에 뒤섞여 마차가 달리기도 하는 특이한 풍경이다. 네모난 상자 모양의 느린 차가 있는가 하면 만주풍의 무개차(無蓋車)처럼 빠른 차도 있다. 자전거 옆에다 손수레 같은 칸을 붙인 삼륜차는 부족한 택시를 보충하기 위한 새로운 발상이라고 한다. 이 차의 등장이 아마도 가장 현대적인 풍경의 하나가 아닐까. 백화점 쇼윈도의 장식이라든가 간이 양식집과 찻집의 격식 등 새로운 양식의 신속한 수입은 가히 놀라울 따름이다.

화려하고 흥청거리는 술집은 색정 문화의 발달을 대변하는 것일까. 이것이야말로 모든 문화의 선구적인 현상으로 항구라는 특성과 맞물려 유달리 번성한 모습을 보여 준다. 바라건대 나머지 다른 문화의 각 부문도 도시의 번창과 함께 빠르게 변모시켰으면 한다. 문인협회의 문예 순회강연이 있었을 때, 계절적으로 추위가 악재였다고는 하지만 강연을 듣기 위해 모인 사람이 수십 명에 불과했다는 소리를 듣자 이 지역 문화인들의 태만을 생각하지 않을 수 없었다. 이듬해 도쿄에서 방문한 작가단을 맞이했을 때는 강연장에 입추의 여지가 없었다고 한다. 문화 활동에 관한 한 이런 식의 인기도 측정이나 선택을 삼가고 허심탄회하게 지지하고 응원해야 마땅하다. 그것이 결국 이 지역 문화 향상에 공헌하는 길이라고 생각한다.

여행지에서 보고 듣고 생각한 바는 그대로 생활의 진폭을 확장시키고 사상의 씨앗을 이룬다. 그런 점을 생각하면 메마른 겨울의 여행도 또 다른 즐거움이다. 뷰로 창구가 이루어낸 소산이다. 수많은 꿈 가운데 하나를 그럭저럭 성취한 셈이다.

1월 31일

《조광(朝光)》, 1942. 3.

나는 이렇게 생각한다(私はこう考えている)

도쿄의 한 중견 작가가 최근 문학의 한계성에 대해 진솔하게 털어 놓더라는 이야기를 도쿄에서 이제 막 귀국한 작가 K에게서 전해 들었다. 나이 마흔인 오늘에 이르기까지 착실하게 톨스토이며 도스토옙스키를 익히고 발자크를 모방해 보았으나 끝내 헛수고여서 그런 방대한 문학을 흉내 내기만도 벅차더라는 말이었다. 이와 같은 일종의 숙명을 일찌감치 간파했다는 것은 서글픈 일임에 틀림없지만, 또 한편으로는 쉬이 포기할 수 있어서 마음이 홀가분해지는 일이기도 하다. 사십대 작가의 술회치고는 절실함이 느껴지는 부분이 있다. 체질의 차이를 서글퍼한 것으로 짐작되는데 사상이나 생활도 마찬가지다. 저마다 다른 한계가 숙명의 강물처럼 가로막혀 있는 한 끝까지 유지하기는 불가능하기 때문이다. 외국문학에 의존한 나머지 구제할 길 없는 사상적 추락에 빠져서는 안 된다고 우려하는 목소리도 있다. 국민문학에 대해 왈가왈부하는 일부 사람들의 그런 염려는 기우라고 봐야 한다. 동은 동이고 서는 서라는 위치와 거리상의 괴리는 끝까지 괴리로 남는다. 주어진 체질과 환경 속에서 작가는 각자 자기 문학의 길로 매진할 따름이다. 또 아무리 발버둥쳐 본들 그 한계에서 벗어나지도 못한다. 여기에 슬픔도 있고 기쁨도 있다.

시간에 대해서도 마찬가지다. 의식하든 의식하지 않든 좋든 싫든 상관없이 동시대를 호흡하며 살아갈 때 같은 것을 보고 동일한 생각을 강요당하지 않으리라는 법은 없다. 당돌한 말투와 주제넘은 질타는 아량이 부족한 행동이다. 구수하게 발효되기를 기다리지 않고 좋은 문학이 나올 리 없다. 안달하지 말고 서두르지 말며 차분하고 겸손해야 한다.

국민문학은 오늘날 갑자기 시작된 칭호도 아니고 문학의 한 장르로서 어디선가 슬쩍 떼어 온 것도 아니다. 이것이 국민문학이라거나 이런 문학을 모방해야 한다고 말하는 유일무이한 교본이 따로 준비되어 있을 리 없다. 국민적 정열을 담아낸 모든 문학이 좋은 국민문학일 터이며, 아무리 시절에 맞는 표어를 열거하거나 외쳐대도 관조(觀照)가 얕고 연소가 희박한 문학은 국민문학이라고 부를 가치조차 없다. 다만 오늘날 이런 제목을 크게 외치고 있고 시야 속에 부각되어 떠오른 까닭은 작가의 문학적 각오에도 한 차례 채찍을 가해서 정열을 환기시키기 위함에 불과하다. 이런 외침의 그늘에 가려서 과거의 모든 문학이 부정당하여 사라질 리도 없거니와 앞으로 터무니없이 희한한 새로운 문학이 나올 리도 만무하다. '작가 역시 최선을 다하라. 시대의 정열을 포착해서 걸작을 쓰는 데 전념하라.'는 이야기일 뿐이다. 마음가짐에 대한 문제이다. 마음가짐이 살아 있는 상태에서 각자 소질에 맞게 최선을 다하여 역작을 쓰면 된다. 전선으로 달려가서 후방을 위해 싸운다면 더할 나위 없겠으나, 그럴 기회가 없는 작가는 역사를 서술하거나 서정을 노래하는 식으로 예전부터 염두에 두었던 소재를 선택하고 탐구하던 주제를 끝까지 파고들면 그만이다. 문학의 역사를 성급하게 규정해서는 안 된다. 세기를 척도로 삼고[1] 넓은 시야로 임하는 태도가 문학의 영원한 생명을 존중하는 길이다. 국민문학의 외침이 단순히 저널리즘이어서는 안 되며 그것으로 끝나게 해서도 안 된다. 진정한 문학적 정열과 저널리즘은 엄격히 구별되어야 한다. 항간의 외침이 한 차례 지나간 뒤에도 두고두고 가슴 깊이 남는 정열이어야 한다. 그러한 계기를 만드는 것이 차라리 오늘 해야 할 소중한 일이 아닐까.

『만요슈(万葉集)』[2]나 『고킨슈(古今集)』[3]에서 뛰어난 국민문학을 본 사람이 『겐지모노가타리(源氏物語)』[4] 속에 담긴 국민성을 부정할 리는 없다고 생각한다. 라신의 고전과 견주어도 될 만큼 섬세하면서도 규모가 웅장한 이 위대한 문학에 대해 국민문학이라는 칭호를 거부할 수 있단 말인가. 『겐지모노가타리』도, 아니 『겐지모노가타리』는 과연 훌륭한 국민문학이다. 온갖 뛰어난 문학적 요소를 내포

---

1 이효석은 수필 「문운(文運) 융성의 변」(《조광》, 1939년 1월)에서 "각각 세기의 조류가 있고 시대의 수준이 있는 것이다. 그것이 곧 당대 문학의 측량의 척도이며 존재 이유인 것이다."라고 한 바 있다.

2 일본의 나라 시대 말기인 759년 이후에 오토모노 야카모치(大伴家持)를 비롯하여 여러 대에 걸쳐 편찬된 일본 최고(最古)의 시가집.

3 『고킨와카슈(古今和歌集)』의 약칭으로서 905년 다이고(醍醐) 천황의 칙명을 받아 기노 쓰라유키(紀貫之)가 중심이 되어 편찬한 일본 최초의 칙찬 시가집.

4 일본 헤이안 시대 중기에 해당하는 11세기 초, 여관(女官)인 무라사키 시키부(紫式部)가 지은 세계 최고(最古)의 장편소설.

하여 크나큰 감동을 불러일으키는 국민적 소산이기 때문이다. 국민문학은 자잘한 구분이나 편견을 넘어서는, 이처럼 커다란 의미에 관한 것이어야 한다. 국가적 대계와 마찬가지로 문학의 가치 또한 세기 단위로 헤아려야 한다.

사상의 획일성이 반드시 주제의 빈곤을 의미하지는 않는다. 주제의 다양성이야말로 어느 때든 바람직한 현상이다. 시대의 급격한 변화와 더불어 잠시 잊고 있던 다양한 주제가 눈앞에 언뜻언뜻 떠오른다. 그 가운데 어떤 주제는 전혀 새로운 발견인 양 작가의 의욕을 북돋는 경우가 있다. 반항 정신을 유일한 개체적 의지로서 즐겨 묘사했던 자유로운 영혼 앞에 복종 정신이라는 경탄할 만한 실증이 등장한다. 단체 행동이나 전쟁에서의 강인함, 극기 의지, 희생정신. 이는 모두 근사한 정신적 재발견물이다. 사랑이나 미움이나 슬픔 등 국민생활 전반에 걸친 감정적이고 형상적인 제목의 조합이 그것들과 맞물려 주제의 입체성을 이룬다는 점은 더 말할 필요도 없다. 하나의 주제만 반복한다면 문학은 자멸하는 수밖에 없다. 다채로운 주제로 인생의 양상을 포착할 때만 문학의 다양성이 생긴다. 가령 새 시대의 정신이라고 해서 희생정신의 재현을 열 명의 작가에게 강요한다고 치자. 어느 것이든 대동소이할 테니 조잡하고 따분한 답안을 얻는 결과밖에 남지 않는다. 부질없는 짓이다. 그런 답안은 완성도 높은 단 한 편만 얻으면 충분하다. 저마다의 주제가 시대적인 의미에서 진실하다면 작가의 자유는 너그럽게 허용해도 좋다.

별별 소재가 이제부터 문학 속에 숨어 등장할 것이다. 남방권 확립 행위는 문학에서도 대륙의 발견과 맞먹는 제재의 대발견을 가져올 가능성이 크다. 이제까지 협소했던 시계(視界)가 넓어지면서 바다 저편의 온갖 행운이 찾아든다는 뜻이다. 바다의 문학, 하늘의 문학, 섬의 문학 등 해전물(海戰物), 항공물, 남양물(南洋物)이 잇달아 등장해서 시선을 빼앗을 것이다. 작가들의 오랜 핑계거리였던 소재의 빈곤 문제는 단번에 해결된다. 문학의 앞날을 위해서 참으로 바람직하고 기뻐할 일이다. 작품에 담긴 정신과 예술적 완성도가 뛰어나다면 두말이 필요 없는 훌륭한 국민문학이 될 것이다. 그러나 후방에 남은 작가들은 그러한 문학적 현람함을 위해서 고민할 필요가 없다. 헛되이 좌고우면(左顧右眄)하며 헤매지 말고 가까운 주변에서 주어진 세계를 성심껏 연구할 일이다. 거기에도 근사한 국민문학의 소재가 차고 넘치게 준비되어 있다. 우수한 문학은 언제나 그 예술성에 힘입었지 소재에 힘입어서 이루어진 경우는 없다. 각자 처한 위치를 확고히 지키면 된다.

이 중요한 국민문학에 관한 한, 성적이나 성과를 두고 성급하게 초조해 하거나 서두르면 오히려 결과를 그르칠 위험이 높다. 위대한 문학이 창작되거나 그것을 탄생시키는 시대가 시작되었던 것은 하루아침에 이루어진 일이 아니다. 서구 낭만주의 문학이나 자연주의 시대는 어느 날 아침에 일어나보니 거기에 홀연히 나타났던 게 아니다. 거기까지 이르는 긴 세월 동안 준비와 잉태의 시기가 있었다. 빅토르 위고나 에밀 졸라의 업적을 동시대의 다른 여러 작품들과 따로 떼어 확대해 보는 행위는 후대인들이 멋대로 지어낸 환상에 불과하다. 새롭게 시작된 생활이 구석구석까지 배어들고 육체에 사무쳤을 때 거기에는 응당 지극히 자연스러운 사상의 발상이 존재한다. 그러한 현상이 빚어지지 않고는 결과를 얻지 못한다. 환경이 충분히 무르익으면 알찬 과실은 단숨에 떨어지는 법이다.

따라서 좋은 새것은 역시 옛것이다. 갑자기 하늘에서 떨어진 듯한 새것이 생활에도 문학에도 있을 리 없다. 새 부대에 새 술을 담을 때 말고 근사했던 시도는 없었다. 좋은 옛것을 발굴해서 전통을 계승하고 옛것인 '나'라는 존재 위에 서지 않으면 진정한 새것은 나오지 않는다. 문학의 길은 영원하고 인생의 전통 역시 유구하다. 문학자는 늘 이러한 자각에 기초할 것을 끊임없이 요구받는다.

「새로운 국민문예의 길(新しい国民文芸の道)」, 《국민문학》, 1942. 4.

오월의 하늘(五月の空)

벚꽃이 필 무렵 오월의 하늘은 우중충하게 흐리고 미지근한 숨결이 대지를 살포시 감싼다. 따사롭고 부드러운 햇살 아래에서 만물이 방긋 터져 나온다. 애정의 빛이란 본래 온화하고 아련한가 보다. 차갑고 반짝반짝 빛나는 지혜의 빛과는 반대이다. 차가운 빛은 정녕 아름답기는 하다. 마치 청명한 가을 하늘처럼 때리면 소리가 날 듯 바짝 조여 있다. 이따금 조개무지 같은 새하얀 비늘구름이 섞이는, 순수한 쪽빛 일색의 가을 하늘은 그 자체가 지혜의 결정체인 양 아름답다. 바닷가에서나 물가에서 하늘빛은 완전히 물빛과 하나가 된다. 하늘하늘 나부끼는 가을 풀꽃으로 옮겨간 하늘빛은 필시 이 세상 그 무엇에도 지지 않을 만큼 아름다우리라. 가을 하늘에 비해 오월의 하늘은 얼마나 무겁고 흐리며 빛나지 않는지. 애정에는 지혜나 아름다움이 무용지물이며, 애정은 온통 쪽빛으로 드맑지 않아도 포근한 숨결만 있으면 족하다고 말하는 듯하다. 오월의 하늘은 우중충 흐린 채 그저 애정의 빛만 한없이 뿜어내는 것인가 보다.

모란대의 벚꽃은 벌써 잎이 돋으려 하고 능라도의 능수버들은 엷게 연둣빛을 띠어 담채화처럼 말갛게 채색되어 간다. 그 초록빛이 어리어 대동강 물결은 잔잔하니 비취색이 짙다. 오월의 하늘은 그 모두를 포근하게 감싸며 따뜻한 햇살을 비춘다. 매년 이런 자연의 반복이 단조롭게 느껴지기는커녕 그때마다 탄성을 자아내니 무슨 연유란 말인가. 애정에는 싫증이 나지 않는다는 뜻일까. 애정과 달리 인간은 이다지도 탐욕스러운 존재라는 말일까. 무르익어 가는 계절의 제전을 맞아 만물은 환희에 젖는다. 커다란 희망을 안고 마음껏 하늘을 날고 싶어지는 오월이다.

하지만 오월의 하늘이 애정만 키워내는 자애의 손길일까. 급격한 시절의 변화를 생각할 때 오월의 하늘도 이제는 그저 평온한 풍경일 뿐, 아름다운 영탄의 대상은 아니게 되었다. 평화로운 휴식의 화원이 망가지려 하는 까닭이다. 제국의 수도 상공에 적기가 내습했다는 소식을 알고부터는 그런 느낌이 점점 더 확실해진다. 한가롭게 아름다운 하늘입네 하며 바라보기보다는 하늘을 향한 경계를 더욱 엄중히 해야 하는 때가 왔다.

학교에서는 사흘간 방공 훈련을 실시했다. 시가지 훈련과 더불어 실시된 규모가 정연한 본격적인 훈련이었다. 첫날은 각 반의 부분 훈련을 숙지하게 하고 둘째, 셋째 날부터 본 훈련에 들어갔다. 젊은 학도들은 맑은 하늘을 올려다보며 잠시 시상을 떠올리거나 탐구하던 노릇을 그만두고 삼엄한 감시의 눈으로 감시해야 했다. 상정(想定)은 씩씩하게, 명령은 빈번하게 순서대로 수행하고 조치해야 했다. 구름의 아름다움에 정신을 빼앗길 여유는 없었다.

경계반의 감시 초소는 수천 미터 고도에서 편대를 지어 내습하는 수십 대의 적기를 발견하고 총본부에 전달한다. 총본부는 전령을 보내서 각 반에 상황을 전달하고 각 반은 즉시 대기 태세를 갖춤으로써 훈련이 시작된다. 적기는 훈련 구역 안 도처에 소이탄을 발사하거나 독가스탄을 투하한다. 불을 끄고 방독을 하고 부상자를 구호하기 위해 소방반, 방독반, 구호반, 예비반, 자전거반이 차례로 출동하여 질서정연하게 각자의 임무를 수행한다. 전령에게서 중대장으로, 중대장에게서 소대장으로, 소대장에게서 분대장으로, 분대장에게서 각 담당으로 명령 계통에 따라 일사불란하고 정확하게 하달된다. 각 반 소속 총력대는 명령에 따라 기민하게 움직인다. 흥분되고 피로하다. 생각은 그저 훈련 하나에만 집중되어 하늘의 아름다움에 취해 있을 틈이 없다. 동산 위에 서서 줄곧 하늘만 쳐다보는 감시 초소에서조차 경계의 붉은 깃발을 흔드는 일에만 열중한다. 수첩에다 시를 짓는 일은 한동안 금지 사항이다.

짜장 오월의 하늘은 더 이상 아름다운 영탄의 대상으로만 머물지 못한다. 시인이나 학생들도 무장을 하고 각반을 두르고서 고된 부서에서 일해야 할 처지에 놓였다. 하나 달리 생각하면 이렇게 분망할 때일수록 잠시 틈을 내어 아름다운 하늘을 올려다보는 마음의 여유를 가져야 하지 않을까. 시인 데이비스[1]의 소박한 시 한 구절을 다시 한 번 떠올려 보자.

---

1 윌리엄 헨리 데이비스(William Henry Davies, 1871~1940): 영국의 시인. 조실부모하여 가난하게 자란 뒤 일정한 직업 없이 방랑생활을 하면서 주로 자연을 소재로 소박한 시를 지었다. 자비로 출간한 시집 『영혼의 파괴자 외(外)』를 통해 시인으로서 인정받았고 『한 방랑자의 자서전』을 집필했다.

잠시 멈춰 서서 눈 돌릴 여유조차 없다면 그 인생 얼마나 초라한가. 노고와 근심으로 가득 차…….[2]

《신시대》, 1942. 5.

2 윌리엄 헨리 데이비스의 시 「여가 시간(Leisure)」 가운데 'What is this life if, full of care/We have no time to stand and stare…….'에 해당한다.

앞으로 어떻게 써야 하는가?(今後如何に書くべきか?)

변함없이 도시와 애정에 대한 이야기를 쓰려고 한다. 하지만 이제까지의 단순한 시민 생활이 국민의 생활로 앙양(昂揚)되고 있는 만큼 스스로 마음가짐을 바꿔야 할 것이다. 국민문학을 아주 협소한 의미로 파악해서 바로 눈앞의 시국적인 소재만 써야 한다는 생각은 무어란 말인가. 하나의 분명한 이념을 파악했다면 그 정신적인 범위 안에서 너그럽고 관대하게 국민의 제반 사상(事象)을 다루는 것이 좋다. 크고 넓은 안목으로 본 것을 다룬 문학, 국민 모두에게 쉽게 읽힐 수 있는 문학이 정녕 그 이름에 어울리는 국민문학이어야 한다.

귀하가 특히 흥미를 느끼는 주제는?

(特に貴下の興味を感ずる主題は?)

《국민문학》, 1942. 1.

일본어가 세계어로(日本語が世界語に)

국어[1]가 세계어로서의 권위를 갖고, 국어로 쓴 문학이 세계적으로 인정받는 날이 오기를 바랐던 마음이 한낱 꿈만은 아니었나 봅니다.

대동아의 주국어(主國語)가 되고 마침내 서방에까지 그 위세가 뻗쳤을 때 국어로 쓴 문학도 기어코 세계적인 문학으로 올라서겠지요.

그때 문학의 내용을 이루는 조선적인 소재는 비단 일본문학뿐만 아니라 세계문학에도 특별한 보탬으로 이바지할 것입니다.

내가 국어로 문학을 하는 것에 대한 신념—반도 문인에게 묻다

(私が國語で文國を書くについての信念—半島の文人にきく)

《녹기(綠旗)》, 1942. 3.

---

1 여기서 국어는 일본어.

설문

신년삼원(新年三願)

과거 일 년 동안의 무산문단(無産文壇)은 발랄한 활기를 띠지는 못하였다. 1920년대를 보내고 30년대에 들어섰으니 연대와 연대가 갈리는 중요한 해에 있어서 작품 행동에도 반드시 새 연대에 값될 만한 새 기운이 있어야 할 것이다.

희망인 동시에 건의의 하나둘을 적어 보면

1. 잘났든 못났든 작품이 많이 나야 할 것
2. 취재 방면이 전위적, 전투적이어야 할 것
3. 작품의 규모가 커야 할 것

「1930년도 문단에 대한 희망과 건의」, 《조선강단》, 1930. 1.

포부고 말고

— 학창을 떠나는 전문부 졸업생의 포부

해마다 봄마다 수많은 젊은이가 교문을 나와 사회의 문을 두드릴 때 많은 희망을 말하고 끔찍한 포부를 적는다. 준비 시대에서 활약 시대로 동산에서 싸움터로 의미 깊은 한 걸음을 뛰어나가는 것이니 스스로 바라는 바 많을 것이며 뜻하는 바 클 것이다. 가슴은 뛰고 피는 용솟음치고 금시에 태양이라도 쏘아 떨어뜨릴 것 같고 지축이라도 부숴 버릴 듯싶을 것이다. 그러나 과연 무장은 든든히 되었던가, 화살은 파랗게 갈렸던가, 힘은 찰 대로 찼던가. 돌아보니 부끄럽고 생각하니 한심할 따름이다. 이 팔의 이 힘을 가지고 이 무장 이 화살 가지고 과연 해는 떨어질까, 지축은 부서질까.

발치에 채이는 돌 한 개 집어 버리지 못하는 주제에 헛되이 자랑만 하고 굉장히 말만 하기를 나는 부끄러워한다. 중점은 실속 있는 일 그것에 있고 문제는 일의 성과의 호불호(好不好)에 있을 것이다.

포부를 말하기 전에 나는 먼저 내 몸 닦기를 뜻해야 하겠으며 내 힘 기르기를 궁리해야 하겠다. 내 힘이 차야 세상도 건질 수 있을 것이며 대적(大敵)도 물리칠 수 있을 것이요, 나중에는 그야말로 태양도 뚫을 것이며 지축도 부술 것이니, 아직도 내 힘이 족하지 못하고야 하릴없을 것이다. 나는 더 배워야겠으니 겉만 핥지 말고 속 깊이 씹어야 할 것이며, 더 갈아야겠으니 단번 공격에 무지러지지 않도록 애써야 할 것이다.

심히 막연은 하나 지금의 나 자신이 막연하거늘 포부고 말고 두어 자 적어 써 진실한 고백으로 삼는 바이다.

《대중공론》, 1930. 3.

현실에 따라 움직이라

시절은 바야흐로 어렵고 험하외다.

현명한 분은 재학 시대에 이미 이 시절을 인식하고 동(動)하는 현실을 파악함이 있었겠지만—있어야 하였겠지만—그렇지 못한 분은 교문을 나선 후에라도 힘써 오늘 세상과 현실의 동향을 똑바르게 알고 파악하려고 애써야 할 것이외다. 하기야 구태여 애쓰지 않더라도 움직이는 현실이 실물교수(實物教授)로 스스로 그것을 가르쳐 줄 것이외다.

현명한 제군은 그 교수를 충실히 받는 한편 더욱더욱 그 길의 공부를 게을리 말어서 당금의 현실을 해득하여야 할 것이외다. 그때에 거기에 제군의 밟을 길이 나설 것이니 그 길을 양심적으로 충실히 밟고 동하는 현실의 궤도를 따라 움직일 것이요, 행여나 현실을 망각하거나 진전하는 역사를 무시 배반하는 행동에 나섬이 없어야 할 것이외다. 그렇게 하여 엄연히 진전되는 역사의 페이지 위에 제군의 굵은 발자취와 거친 글 자취를 남기시오!

「금춘 졸업생들에게 부탁함」, 《실생활》, 1932. 3.

문답

1. 아호가 무엇입니까?

—효석(曉晳). 아세아(亞細兒). (창작에는 호를 쓰지 아니하고 평론 등에 씁니다.)

2. 처녀작이 무엇입니까?

—습작으로는 더 일찍 발표한 것이 있으나 '문단적'으로 보아 「도시와 유령」이 처녀작이겠지요.

3. 대표작은 무엇입니까?

—대표작이라고 할 것이 없소이다. 최근에 쓴 「프렐류드」(「서곡」)가 힘도 들였거니와 자신도 있는 작품이외다.

4. 누구의 작품에 많은 감동을 받았습니까?

—허다한 외국 작가 중에서 감동을 준 이가 많으니 일일이 개인을 지적할 수 없소이다.

《백악(白岳)》, 1932. 5.

근독단평(近讀短評)

학교 서탁(書卓) 위에 며칠 동안인지 묵은 엽서를 오늘에야 처음 발견하고 반신지(返信紙)가 버리기 아까워 몇 자 적습니다. 최근 만연(漫然)히 동경 잡지 문예란을 통독하면서 단편소설의 수법의 발달에 놀라고 있습니다. 기술에 관한 한 거의 세계적이라고 생각합니다. 묘사에 한 자의 낭비도 부족도 없는 것입니다. 수법이 리얼리즘의 극치를 걷고 있습니다. 하풍(荷風)의 『히카게노하나(ひかげの花)』 같은 것은 근래의 출색(出色)의 작이라고 생각합니다. 일부러 문학적 자세를 지어 문학적 구성으로 사실을 굽히지 아니하고 현실에 즉(卽)하여 있는 그대로를 문학적 과장 없이 담담히 그려간 곳에 호감을 가지려 합니다. 내 자신 요사이야 겨우 문학의 리얼리즘을 알게 된 모양 같습니다.

《삼천리》, 1934. 9.

1935년두의 문답록
—설문

설문 1

신문을 펴시면 어디를 제일 먼저 보시고 또 어떤 기사를 제일 열심으로 읽으십니까?

—문예 면에 먼저 눈을 던지나 별로 열심으로 읽는 것도 아닙니다.

설문 2

현대 청년 남, 녀에게 무엇이고 적절한 충고를 가지셨으면 발표해 주십시오.

—"비속하게 아첨하는 법 없이 고집스럽게 보일 정도로라도 좋으니 든든한 나(我)를 가지시오."

설문 3

당신은 어렸을 때 어떤 사람이 되고 싶으셨습니까?

—비행가가 아니라 비행기를 만드는 사람이 되려고 생각한 때가 있었습니다.

설문 4

당신이 제일 싫어하는 물건 사건 인물을 말씀해 주십시오.

—멀미 날 때의 버스. 일신에 관한 풍설. 싫어하는 인물은 많습니다. 채귀, 비열한 하급 관리, 항상 감정을 과장하여 말하는 인물, 사이비 영웅 등등.

설문 5

당신은 어떤 소설을 읽으시려고 생각하십니까?

—헉슬리의 『포인트 카운터 포인트』를 사 놓은 지 반년이 넘으면서 아직 못 읽고 있습니다. 말로(Andre Malraux) 로렌스 제임스 한리이 등 읽고 싶은 사람들입니다.

설문 6

지금까지 보신 영화 중에 제일 인상 깊은 것은 어떤 영화였고 또 어느 장면이 좋으셨습니까?

—《파리의 지붕 밑》 전 편에 흐르고 있는 생활 감정을 즐겨 합니다.

설문 7

스포츠를 좋아하십니까? 좋아하시면 무엇이 어째서 좋으십니까?

—소위 '스포츠'를 좋아하지 않습니다. 이것도 스포츠인지는 모르나 자전거 타고 가을 벌판을 다니기는 수년래 즐겨 하여 오는 것의 하나입니다.

설문 8

가 보고 싶으신 곳은 어디십니까? 어째 가 보고 싶으십니까?

—파리의 뒷골목. 그곳에는 그 무슨 이야기가 떨어져 있으려니 생각되는 까닭입니다.

설문 9

여자의 어느 곳이 제일 아름답다고 생각하십니까?

—마음에 드는 이라면 그 어디 아름답지 않은 곳이 있겠습니까. 발톱 끝까지라도.

설문 10

지금 백만 원을 가지신다면 무슨 사업을 하시겠습니까?

—

《중앙》, 1935. 1.

설화체(說話體)와 생활의 발명

—창작 방법·리얼리즘·작가

설문: 귀하의 창작적 실천에 있어서 신조로 하옵시는 방법은 무엇이오니까? 그리고 최근 2, 3년간 말썽이 되어 있는 '리얼리즘'을 귀하의 창작적 체험에 비쳐 여하(如何)히 생각하시옵니까?

1.

어쩐지 묘사체(描寫體)가 설화체(說話體)보다 바르고 낫다고 생각하였으며 지금도 그 개념이 채 빠지지 않으나 문제는 표현에 있다고 생각한다. 표현이 여실하다면 설화체도 묘사체보다 도리어 높은 효과를 나타낼 터이니까. 그러나 항용(恒用) 묘사체는 표현이 더 일의적(一義的)인 까닭에 나와 같은 미신을 품게 되는 것 같다.

묘사는 새소리와 같이 짧으면서도 별같이 빛나고 대쪽같이 곧고 시내같이 맑아야 할 것이니 이것은 열 번 말하여도 백 번 적어도 오히려 부족한 작가의 금과옥조(金科玉條)여야 한다. "해가 반짝반짝 빛난다" "꽃이 아름답게 피었다"의 "반짝반짝"도 "아름답게"도 필요치 않으니 과잉의 형용사는 도리어 식상(食傷)을 일으켜 생명을 해하는 수가 많은 까닭이다. 명사와 동사가 역학적으로 약동하여야 할 것이며 지리한 묘사나 따분한 되풀이를 뱀같이 싫어하여야 할 것이다. 숫자같이 똑똑 떨어지지 않는 인생에 있어서와 같이 작가는 작품에 있어서도 과감한 할애(割愛)와 용맹한 정리를 단행하여야 한다. 불필요한 소재에 미련을 두어서는 안 된다.

이러한 신조는 문장학의 제일과(第一課)일는지도 모르니 누구나 다시 한 번 음미하여 볼 때라고 생각한다. 생각만이었지 지금까지의 작품엔 아직 이것을 시험하지 못하였다. 그러니까 이런 필요를 절실히 느끼는지도 모른다. 앞으로는 신조에 맞는 작품을 써 보려고 생각은 하고 있다.

2.

귀와 눈에 담을 세우고 2, 3년간이나 잡음을 물리친 까닭에 소위 말썽거리가 되었다는 '리얼리즘'의 논토시비(論討是非)를 물으며 물론 그것을 불명예한 일이라고도 생각지 않는다.

그러나 리얼리즘이 그 어느 방향의 것이든 간에 그 역 행문(行文)에서부터 시작되는 것이니 행문의 리얼리티를 잊고서야 관념의 리얼리즘인들 있을 수 있을까.

어떻게 하면 행문의 리얼리티를 얻을 수 있을까. 나는 전조에서 말한 것을 되풀이할 수밖에 없다.

리얼리즘이든 로맨티시즘이든 그 외의 무슨 방향 무슨 색채의 것이든 작품이란 결국 작가 자신의 일종의 발명품이니, 그 주체가 신이 아닌 이상 '인생의 재현(再現)'이란 '생활의 발명'의 환어(換語)

이외의 아무것도 아니다. 소여(所與)의 토막토막이 인생을 소재삼아 포즈를 꾸미고 구성하고 정리하고—하는 것이 발명의 사무요 발명인 이상 기지(機智)가 있어야 하니 지혜 없는 나다분한 모사(模寫)에 사람은 풍미가 없는 요리를 대할 때와 같이 표정을 찌푸릴 것이다. 실인물의 회화를 한 마디 빼지 않고 그대로 기록하여 놓는다고, 여인의 용모를 천백어(千百語)를 허비하여 사생하여 놓았다고—그것은 결코 리얼리즘이 아니다. 발명은 저능을 부O[1]고 저능은 창작의 세O의 것이 아니니까.

구성이 발명을 살리는 것은 행문의 생명이다. 모름지기 간결하고 비약적이어서 최소의 문자로 최대의 사실과 감정을 암시하고 표현하여야 한다. 굵은 주선(主線)만을 그리고 자여(自餘)는 감상하는 사람의 상상에 맡겨 두어야 한다. 훈도(訓導)와 같이 지나쳐 친절하지 말고 교수와 같이 냉정하여야 한다. 좇아오지 못하는 학생은 낙제할 뿐이다.

새소리같이 짧으면서도 별같이 빛나고 대쪽같이 곧고 시내같이 맑고—이 고도의 표현에서 비로소 리얼리즘은 시작된다. 리얼리즘이 난사(難事)가 아니다. 실로 발명과 표현이 난공(難工)인 것이다. 토대 공작을 돌보지 아니하고 리얼리즘을 운위(云謂)함은 사다리 없이 능금을 따려는 것과 같다. 무의미에 가까운 일이다.

《조선중앙일보》, 1935. 7. 12.

---

1 O 표시한 부분은 원본을 판독할 수 없다.

추등(秋燈)독서
―작품 해부도

창작이면 될 수 있는 대로 정독하고 짜장 좋은 작품이라고 생각될 때에는 해부도를 그려 사건 인물 등을 분석하며 아울러 표현에 주의합니다. 마음이 내키면 며칠이라도 열중하다가 싫으면 몇 순(旬) 몇 삭(朔)이든지 책을 멀리하고 천치같이 지냅니다. 이것은 바른 방법이 아니라고 생각합니다.

―『조선식물명휘(名彙)』(소설에는 노방(路傍)의 잡초 이름을 적어야 할 필요도 있으니까.)

―『조선어사전』(만연(漫然)히 들쳐도 재미있습니다.)

―『다마스커스로』(지긋지긋한 운명적 중압에 압도되어 제1부를 읽었을 뿐이나.)

―*Street Scene*(엘머 라이스의 이 걸작을 주문해 놓은 채 아직 읽지는 못하였으나 추천할 만한 양서라고 생각합니다.)

「추등독서」, 《조선일보》, 1935. 9. 18.

십이월과 나

바다의 여름도 지협(地峽)의 가을도—아름다운 것은 다 지나가고 십이월이면 눈의 시절—이 역(亦) 아름답지 않음은 아니나 초목의 결핍, 색채의 상실은 알 수 없는 향수를 자아냅니다. 별수 없이 하늘 밑을 쫓겨 방 속에 가두어 지내는 때이니, 원컨대 방이 운동장만큼 넓고 책상이 화단만큼 컸으면 화로 대신에 난로나 피우고 공부하기 좋으련만, 한두 간쯤에서는 그도 할 수 없겠으니 역시 화로나 끼고 작은 책상을 대할 수밖에는 없을 듯합니다. 가고 싶은 곳에 마음대로 여행하여 생활 기분을 자유로 전환할 수 있는 신세라면 더 바랄 것도 없겠지만.

《학등(學燈)》, 1935. 12.

소재의 빈곤

작가의 누구나 한번 부딪치는 난관은 소재 빈곤의 문제일 것이다. 위대한 생활적 체험이 없는 이상 작가는 독서, 견문, 상상에서 재료를 구할 수밖에는 없으나 그 역 무진장의 상맥(想脈)은 못 된다. 작가 개인의 이상(理想)으로도 직업의 변이를 풍부하게 하거나 여행을 자주 할 수 있음이 상책일 것이나, 그것이 불능한 경우에는 적어도 그 작가에게서 소량의 걸작을 요구함으로써 족할 만한 각가지의 조건을 구비한 문학 사회를 가지게 되어야 할 것이다.

그러나 이것은 현재의 형편에서는 일종의 몽상이라고 할까.

「작가생활 노트에서」, 《조선문학》, 1936. 5.

제작과 시절
— 백자평론

육체적 상태와 생활적 형편과 기타 제반 사정이 유리할 때 작가는 어느 때를 막론하고 생산적일 수 있겠으나, 그러나 그런 가운데에도 작가를 따라 스스로 시절적 차이가 있는 듯하다. 경험에 의하면 여름이 끝나고 막 첫가을에 들어가려 할 때가 가장 창조적이고 생산적이었다. 열매를 익히는 모든 외적 조건이 육체에도 작용하는 까닭일까. 겨울과 첫봄에는 아무리 해도 사상이 발랄하게 움직이지 않는다. 여름은 제작보다도 바다에 가서 놀아야 되는 시절이고.

《신동아》, 1936. 6.

가을의 탐승처

물이 맑고 수목이 아름다우면야 가을의 탐승처(探勝處)로 훌륭하지 않은 곳이 있겠습니까. 지금까지 찾은 중의 하나도 버릴 곳이 없으며 갑을을 꼬누기가 어렵습니다. 가장 인상 깊은 곳을 든다면 주을오지(朱乙奧地)를 꼽을까요. 다음은 온정리(溫井里) 부근. 칠보산(七寶山)도 들어야겠고 서울 근처로야 소요산이 제법 조출하죠. 평양은 올이 처음이나 능라도 일대의 추색이 가히 완상할 만하리라고 생각합니다. 물이 늘 푸르고 기슭의 버드나무가 부드러우니 그것이 물들면 얼마나 아름다울까요. 섬 속에는 수수밭도 보이고요.

《조광》, 1936. 10.

근실한 편집 내용

귀지(貴誌)의 창간 1주년 기념의 장전(壯典)을 앙축대하(仰祝大賀)하며 끼쳐 놓은 1년간의 귀한 업적의 자취를 찬가불이(讚嘉不已)합니다. 근실한 편집과 신선한 감각이 호(號)마다 새로운 식욕을 자아내게 하는 귀지의 익숙한 솜씨를 특언예송(特言禮頌)하며 조고(操觚)의 업(業) 날로 성하고 그 뜻이 깊은 현시(現時)에 있어서 귀지는 더욱 노력을 아끼지 말아 문화 담당의 귀한 일익(一翼)이 되고 변함없이 찬란한 빛과 자랑이 되기를 충심으로 빌고 바랍니다.

1937년 5월《조광》창간 1주년 기념 각계 명사

《조광》, 1936. 11.

산타크로스는 무엇을 가져오나

1. 두 분이 의논하셔서 또는 크리스마스에 선물 보내실 데가 몇 곳이나 되십니까. 그리고 무엇을 보내시렵니까.

—기왕에는 생활 환경의 사연(使然)으로 세말에 받고주는 습관이 번거로워 받은 곳에 안 갚을 수도 없어 매우 귀치않은 생각을 금할 수 없었으나, 올부터는 생활권(生活圈)의 주위가 갈린 고로 그다지 수다스럽고 번거로울 것 같지는 않습니다.

2. 혹은 혼자서 몰래 보내실 곳은 없으십니까.

—크리스마스 선물쯤 보내서 운치 있을 곳도 있으나 잠자코 있음이 좋을 것 같습니다.

3. 두 분은 서로 무슨 선물을 하시겠다고 생각하십니까.

—필요한 물건이라면 평상시에 갖출 수 있으므로 새삼스럽게 그때를 고를 것이 없습니다. 그만한 마음의 여유가 현재 없습니다.

《여성》, 1936. 12.

작가작품연대표

기재예(記載例)

(어느 해에 처녀작 시, 소설의 무엇을 어느 잡지에 발표하였으며, 어느 해에 시집 또는 창작집 무엇을 어디에서 초판 혹은 재판했습니까?)

— 아호(雅號): 무(無)

— 씨명(氏名): 李孝石

— 대정 14년　「도시와 유령」《조선지광(朝鮮之光)》

— 소화 2년　「노령근해(露領近海)」《대중공론(大衆公論)》

— 소화 3년　「마작철학(麻雀哲學)」《조선일보(朝鮮日報)》

— 소화 6년　「프렐류드」《동광(東光)》

— 소화 7년　「오리온과 능금」《삼천리(三千里)》

— 소화 8년　「돈(豚)」《조선문학(朝鮮文學)》

— 동(同)　「주리아(朱利耶)」《신여성(新女性)》

— 소화 9년　「일기」《삼천리(三千里)》

— 소화 10년　「성화(聖畵)」《조선일보》

—소화 11년 「분녀(粉女)」《중앙(中央)》

—동 「산」《삼천리》

—동 「들」《신동아(新東亞)》

—동 「모밀꽃 필 무렵」《조광(朝光)》

—소화 6년 창작집「노령근해」(동지사(同志社)에서 초판)

부기(附記)

1. 과거에 애독한 작가와 그 작품

—특히 꼬집어 들 만한 사람이 없습니다.

2. 선생이 친밀히 교우하는 문인(文人) 제씨(諸氏)

—현민(玄民), 기외(其外) 일일이 다 들기 어렵습니다.

3. 아호(雅號)의 뜻과 그 유래

—무답

4. 무얼로 소일합니까?(직업과 취미: 음악, 운동, 산보 등)

—학교 출근, 음악, 산보, 독서

5. 고향은 어드메? 지금 계신 곳은? 나이는?

—강원도 평창군. 평양. 31

《삼천리》, 1937. 1.

문인과 여성 · 문인과 부부

1. 여자에게 봉변하신 일은 없으십니까?

— 봉변당해 본 일 없습니다.

2. 부인이 다른 남자와 연애를 한다면 어떤 태도를 취하시겠습니까.

— 태도를 취하기 전에 아무리 생각하여도 그런 일이 생길 성싶지 않습니다. 장담 같으나 하늘이 무너진다 하더라도.

3. 부부 사이에 권태기가 온다면?

— 나날의 생활 양식을 변하는 등 애써 꿰뚫고 나가려고 노력하여야겠소.

《여성》, 1937. 2.

도세(渡世)문답

1. 무엇을 처세훈(處世訓)을 삼으십니까?

—다른 이의 말은 식구들끼리라도 될 수 있는 대로 안 하려고 합니다만은.

2. 돈 모으실 생각은 없으십니까?

—생기는 대로 모조리 쓰고 싶은 생각뿐입니다.

3. 생사를 같이할 만한 친구가 있습니까?

—사귀는 동안에 그만한 분도 생기겠지요.

4. 선생은 세상에 무엇을 남기고 가시렵니까?

—좋은 작품이나 남길 수밖엔요.

5. 아주 조선을 떠나고 싶지는 아니합니까?

—싶은 때도 있으나 다 헛생각인 것 같습니다.

《조광》, 1937. 2.

문화문답

1. 조선 문화에 관한 서적을 몇 권이나 가지셨습니까?

—

2. 조선 고적지 중 가보신 곳은?

—송도, 서경 등지(等地).

3. 세계 역사상 어느 시대, 어느 민족의 문화가 훌륭하다고 보십니까?

—

4. 조선에 새 문화를 건설한 방법은?

—

《조광》, 1937. 2.

생활문답

1. 이상적 결혼의 상대 이성은 어떤 이입니까?

—성격이 모든 것을 결정하는 듯합니다. 그저 성격이 서로 맞는 이라야지요.

2. 자녀에게 무엇을 가르치고 싶습니까?

—소질을 따라 악기나 가르쳤으면 합니다.

3. 토산(土産)으로 만든 조선 옷을 입으십니까?

—입어 본 적 퍽 오래됩니다.

4. 조반은 어떻게 잡수십니까?

—이색(異色) 음식을 먹는 때도 있으나 항용 늘 먹는 밥과 부식물이죠. 식후에는 농장에서 오는 우유를 반 쿼트(quart)씩이나 벌떡벌떡 마십니다.

《조광》, 1937. 2.

유머설문

1. 만일 선생에게 백만 원이 생긴다면?

—모조리 써 보지요 무엇에든지.

2. 전(前) 영황제(英皇帝)의 태도는 가호부호(可乎否乎)?

—가(可)하고 말고요.

3. 만일 선생에게 기선 일척이 생긴다면?

—항구에서 항구로 꿈을 찾아다닐까요.

4. 만일 종로 네거리가 선생의 사유지라면?

—시민의 출입을 위한 굉장한 '문화의 집'이랄 것을 세워 볼까요.

5. 죽어서 다시 무엇으로 태어나시려오?

—다시 나로요.

6. 삼일간 천지가 캄캄해진다면?

—미운 놈 토벌하기에 알맞은 때이나 도리어 토벌 당할지도 모르지요.

7. 인체 중에 한 가지를 더 가지신다면 무엇을 원하십니까?

—안경을 안 써도 좋도록 눈을 가질까요.

《조광》, 1937. 2.

취미문답

1. 실내를 어떻게 장식하셨습니까?

—장식이란 것은 없으나 서가 위에 꽃이 삘 새는 없습니다.

침대 시트도 자주 빨고요.

2. 화초분은 무엇을 두셨습니까?

—감귤류의 분재가 한 포기 있었으나 그만 얼려 버렸습니다.

3. 오락은 무엇입니까?

—음악이요.

4. 한 달에 영화 구경 몇 번이나 가십니까?

—무려 7, 8차 되는 달이 있습니다.

5. 무슨 레코드를 좋아하십니까?

—고전보다도 차라리 재즈가 좋을 때 있습니다.

《조광》, 1937. 2.

공상설문

1. 다시 공부를 하신다면 어느 학문을 하시겠습니까?

— 역시 문학.

2. 여자(남자)가 되셨다면 무엇부터 하시겠습니까?

— 무엇보다도 먼저 질투심을 버리겠습니다.

3. 여행 중에 봉변한 일은 없습니까?

— 없습니다.

4. 영주지(永住地)를 택한다면 남쪽? 북쪽?

— 글쎄요.

5. 세계 만유(漫遊)를 하신다면 어디서 오래 묵고 싶습니까?

— 불란서쯤일까요.

《조광》, 1937. 3.

독서설문

1. 조선 문단의 문학서 중에서 감명 깊게 읽으신 것.

—또렷이 가슴속에 남은 것 없습니다.

2. 외국문학 중 감명 깊게 읽으신 것.

—허다하니 일일이 들 수 있나요. 지드나 한 사람 들어 볼까요.

3. 한 달에 독서 하시는 엽(頁) 수.

—몇천 엽(頁) 넘는 달 있겠죠.

4. 장서 중에 보배는 무엇입니까?

—문학을 사적(史的)으로 연구하고 있지 않은 터이니 웬 고작가(古作家)의 제1판이나 제2판의 원판서(原版書)가 있겠습니까. 그런 골동품적 진서(珍書)보다도 허름한 문학 전집의 한 권이나 신간서의 사치한 감각이 더 보배같이 생각됩니다.

《조광》, 1937. 3.

유머설문

1. 애인이 떠날 때 상반신의 한 부분을 떼어 두고 간다면 무엇을 요구하겠습니까?

—

2. 연애는 할 것입니까? 안 할 것입니까?

—

3. 여자나 동생이 만일 자유연애를 하는 때 어떻게 하시겠습니까?

— 경우에 따라서 조처의 방법이 다르겠지요.

4. 사랑하는 아내가 있는데 아름다운 여성이 연애를 하자면 어떻게 하시렵니까?

—

5. 절해고도에서 친우 두 사람이 단 하나의 이성을 만난다면 어떻게 하시렵니까?

— 결투를 하게 되지 않을까요?

《조광》, 1937. 3.

인생설문

1. 요즘 일상생활 중 보고 들으신 것 중 감명된 것 하나.

— 헨델의 교향악을 듣고 음악이 얼마나 귀한 것인가를 더욱 느꼈습니다.

2. 누구를 위하여 사신다고 생각하십니까?

— 자기를 위하여이겠지요.

3. 삶의 기쁨을 통절히 느낀 것은 어떤 때입니까?

— 음악을 들을 때.

4. 중병이나 빈곤의 불행에서 얻은 귀하신 체험은 무엇이십니까?

— 불행할수록 사람은 침착한 마음을 가져야 할 것.

5. 건강, 명예, 금전 중 어느 것이 더 좋을까요?

— 물론 건강이겠지요.

《조광》, 1937. 3.

연예설문

1. 중학생들에게 영화를 보이지 않는 것이 옳을까요?

—보이는 편이 좋은 것 같습니다.

2. 선생이 영화에서 얻은 것이 무엇입니까?

—여러 가지인 가운데서도 특히 스토리 전개의 기법을 배울 수 있습니다.

3. 연극을 보신 일이 있습니까? 그것을 보신 중 감명 깊은 것은?

—별반 없습니다.

4. 소설을 몇 편이나 읽으셨습니까?

—한 달에 6, 7편이 보통이겠습니다.

5. 애송하는 시는?

—셸리와 예이츠의 시를 한동안 외다시피 한 때가 있었습니다.

《조광》, 1937. 4.

생활설문

1. 물가가 등귀하는데 선생은 이 대책을 어떻게 세우셨습니까?

—대책을 세우고 어쩌고 그런 잔 생각이 지금 없습니다.

2. 선생 댁은 몇 식구이며 생활비는 얼마나 드십니까?

—지금 단 네 식구뿐이나 매월 수입이 다 들어갑니다.

3. 한 달에 외식은 몇 번이나 하십니까?

—4, 5차.

4. 지금껏 잊히지 못하는 음식이 있습니까?

—수원(水原)산 버터, 경성(鏡城)산 능금 딜리셔스, 동해안의 굴 등의 미각은 아직껏 잊을 수 없습니다.

5. 가정 생활에서 긴급히 고칠 점은 무엇입니까?

—별로 없습니다.

《조광》, 1937. 4.

애정설문

1. 친구나 애인에게 배반당한 일이 있습니까?

—없는 듯합니다.

2. 우정이나 연정 때문에 괴로운 일을 당한 일은 없습니까?

—그런 일이 왜 있겠습니까?

3. 세상에서 가장 아끼고 사랑하는 게 무엇입니까?

—나날의 생활과 예술.

4. 선생의 동창 소(小), 중(中), 전(專), 대(大) 중에서 가장 먼 곳에 가 있는 분이 계십니까?

—가장 먼 곳이라니요. 천당 말입니까 지옥 말입니까.

5. 국제결혼을 어떻게 보십니까?

—다만 국제결혼이라는 이유만으로야 반대할 것 못 되겠지요.

《조광》, 1937. 4.

여행설문

1. 여행하실 때 선생은 몇 등 차를 타십니까?

—삼등.

2. 차 중에서는 무엇을 잡수십니까?

—식당차에서 간단한 '알라카르트'.

3. 차 중에서 독서는 안 하십니까?

—대개 안 합니다.

4. 차가 속력을 내어 달아날 때 느끼는 일은 없습니까?

—탈선이나 하지 않을까 하는 위험한 생각이 늘 듭니다.

5. 차 중에서 맺은 로맨스는 없습니까?

—없나 뵈다.

《조광》, 1937. 4.

유머설문

1. 선생께서 만일 먹지 않고 살 수 있다면 그 대신으로 무얼 하시겠습니까?

— 그야말로 한가하게 될 터이니까 더한층 예술에 몸을 바칠 수박엔요.

2. 선생이 만일 날개가 달려 공중을 훨훨 날 수 있다면 어떤 일을 하겠습니까?

— 세상의 구석구석을 날아다니며 구경하겠습니다.

3. 선생께서 만약 세계를 일주하시고 돌아오신다면 어떤 선물을 가지고 돌아오시겠습니까?

— 미리 작정키 어려운 것입니다.

4. 선생께서 만약 불로초를 잡수시고 장수하신다면 무엇을 하시겠습니까?

— 살기가 지리할 테이니까 역시 각 부문의 예술에 바칠 수밖엔요.

5. 선생은 언제 도적을 한번 맞아 본 경험은 없습니까?

—몇 번 있습니다.

《조광》, 1937. 4.

일기설문

1. 선생은 일기를 쓰십니까? 언제부터?

—알뜰히 쓰기 시작한 지 한 3년 되었으나 요사이 와서는 게을러져서 안 쓰는 날이 많습니다.

2. 어느 날 일기 하나를 적어 보내 주십시오.

—여기서 옮길 정도의 짧은 것이 아닙니다.

《조광》, 1937. 4.

유머설문

1. 노아의 홍수처럼 경성(京城)이 물속에 잠긴다면 어떻게 하시렵니까?

—아크(Ark) 선(船)을 탈 사람이 되어야 하겠는데요.

2. 선생에게 갑자기 백만 원이 생겼습니다. 그러나 깨고 나니 그것은 꿈이었습니다. 그때 심경을 말씀해 주십시오.

—섭섭할까요.

3. 구미 모국(某國)에서 선생을 수상으로 초빙합니다. 가시렵니까?

—수상으로는 그만두고라도 문빈(文賓)으로나 초빙받았으면요.

4. 선생에게 같이 살고 죽을 백 명의 형제가 있습니다. 무슨 일을 하시겠습니까?

—그 무슨 예술 단체나 꾸밀까요.

《조광》, 1937. 5.

향수설문

1. 선생의 고향은 어디십니까?

—강원도 평창군.

2. 거기 잊을 수 없는 풍경 한 가지.

—고기잡이하고 목욕하던 강 연안.

3. 선생의 나신 집이 지금은 어떻게 되었습니까?

—헐렸는지 남았는지 알 수 없습니다.

4. 고향을 그리는 때는 어떤 때입니까?

—그러한 적 퍽 오래됩니다.

《조광》, 1937. 5.

설문

1. 조선 여성의 특유한 미점(美點) 두 가지만 말씀해 주십시오.

—1) 체격이 대개 균형한 것.

2) 성능(패컬티)이 비교적 발달된 것.

2. 조선 여성의 특유한 결점 두 가지만 말씀해 주십시오.

—1) 일반으로 독서에 힘쓰지 않는 것.

2) 일상생활을 규모 있게 합리화시킬 줄 모르는 것. (가령 한 가정의 주방에 들어가 볼 때 첫째로 그곳에서 주부의 알뜰한 살림의 솜씨를 엿뵈도록 하여야 할 것입니다.)

3. 조선 여성에게 읽히고 싶은 서적 두엇을 말씀해 주십시오.

—어찌 두어 책에 그치겠습니까. 될 수 있는 대로 많은 소설을, 특히 르나르의 희곡 같은 것을 읽기를 권합니다. 회화술을 배우기 위하여서만도. 일반으로 회화의 재조가 대단히 부족합니다.

4. 조선 여성의 이상형은 어떠한 것이겠습니까?

—부드러운 성격에 명민한 지혜를 갖추었다면 이상형으로 추천하기에 주저하지 않겠습니다.

《여성》, 1937. 5.

나의 십 년 계획

생활 체험을 풍부히 하고 싶고 여행을 많이 하고 싶고 좋은 작품을 많이 쓰고 싶고—그저 이런 막연한 '싶은' 욕망뿐이지 구체적 비밀한 계획서를 적고 설계각(設計閣)을 꾸며 둔 대야 그대로 차근차근 될 법도 없고 새삼스럽게 그런 것을 적기가 쑥스럽다.

《조광》, 1938. 1.

조선작가단편자서전

1. 나의 자화상(내 성격, 내 얼굴)

그다지 변화 많은 얼굴이라고는 생각하지 않으나 사진을 박힐 때마다 얼굴의 모습과 인상이 달라지며 지금까지 마음에 드는 사진이라고는 가진 적이 없다. 사진사가 내 얼굴을 잘 포착하지 못하듯 나는 내 성격을 잘 포착할 수 없다. 그다지 조화 많은 마음이라고는 생각하지 않으나 부드러운 줄만 알고 있으면 쌀쌀하여지고 쌀쌀하다고 생각할 때에는 다시 부드러워지는 듯하다. 명랑한 듯하다가도 금시에 우울해지고 곧은 줄만 생각하면 때때로 굽은 적도 많다. 하기는 사람치고 누구나 다 그런 양면을 다소간에 가지고 있을 것이나 나는 내 얼굴과 성격을 생각할 때 늘 그것을 느끼면서 자책편달(自責鞭撻)의 한 도움을 삼는다.

2. 나의 연애 로맨스(이성과의 로맨스, 만일 불행히 없으시다면 선생의 연애관 또는 이성에 대한 감회 등)

연애 문제나 양성 문제에는 일정한 해결의 기준이나 척도라고 할 것이 없고 개별적으로 각각 그 경우를 따라 해결의 방법이 다를 수밖에는 없다. 연애의 열정은 그 어떤 열정보다도 가장 강렬한 것이므로 일정한 기준이나 방법의 구속을 받기를 싫어하는 까닭이다.

3. 문학에 들어선 동기와 소년 시대 또는 근일(近日) 애독하는 문예 전적(典籍)

동기라고 할 것이 없으나 어릴 때 『추월색』을 읽은 것이 아마도 문학의 벗을 알게 된 시초가 아닌가 한다. 철 모를 때 체호프를 비교적 통독한 외에 특히 한 작가에 사숙한 일이 없다. 근일에는 너무도 오랫동안 읽지 않아 머릿속이 백지같이 비인 듯한 느낌이 난다.

4. 향수(고향에 대한 애수 또는 부모 처자나 세상 명리(名利)를 다 버리고 멀리 방랑하고 싶지 않으신가)

향수라면 향수라고 할까, 늘 일종의 차지 못한 서글픈 마음을 느끼게 된다. 아무 곳에를 가 있어도—그곳이 아무리 편편한 곳이라고 하더라도 그곳이 있을 마지막 곳이라는 생각이 들지 않으며 그 어느 다른 곳에 더 편편하고 마음을 잡을 곳이 있으려니만 생각된다. 어디인지도 모를 그곳에 막상 가 보면 또 같은 감정을 느낄 것은 물론이다. 고향에 간다 하더라도 마지막 안도의 감은 얻지 못하는 것이며 그 고향 이외의 곳에 참으로 가야 할 고향이 있으려니만 생각된다. 이 감정에는 끝이 없으며 참으로 무한의 연속이라고도 할까. 이곳에는 항상 불안과 초려가 있으며 고향은 항상 보이지 않는 저곳에 있다. 그 고향을 구하러 여행을 떠나면 이번에는 도리어 이곳이 그리워지는 것이다. 이것이 사람의 정이며 서글픈 일생일는지도 모른다. 넓은 의미의 향수—늘 그것을 느낀다.

5. 증유의 반도 산하 속에 마음에 드는 승지(勝地)

넓게 놀지 못했으나 무어니 무어니 해도 역시 금강산을 첫손에 꼽아야 할 것 같으다. 그 속의 변화와 음영이란 참으로 복잡하고 끝이 없다. 한 가지 놀라운 인상—물이 푸르지 않고 초록인 것이다. 나뭇잎과 똑같은 초록색인 것이다. 그렇듯 맑고 아름다운 것이 금강산이다. 다음으로는 주을의 오지를 들어야 할 것이며 동해 일대의 연안 또한 버리기 어려운 것이다.

6. 나의 과거 반생초(半生抄)

십 세 전후의 소년 시대—석류 그린 병풍 아래에서 신소설『추월색』을 탐독하였고 아이들과 풀밭과 강가와 거리에서 놀았고.

이십 세 전후의 청년 시대—예이츠의 시에 심취해서 힘껏 아름다운 꿈에 잠겼었고.

삼십 세 전후의 장년 시대—

사십 세 전후의 성년(盛年) 시대—

《삼천리문학》, 1938. 1.

설문

1.

1. 취침, 기침 시간.

—일정한 시간적 규율을 한 달 이상 지켜본 적이 없습니다.

2. 건강 증진책으로 성공하신 경험.

—시절을 가려 강장제를 복용하는 것도 좋고 여름 한철의 해수욕은 확실히 효력이 있습니다.

3. 손수 가꾸어 보신 화초.

—화단에 심는 잡화류는 거의 다 가꾸어 보았습니다. 칸나, 글라디올러스, 카칼리아, 비연초(飛燕草), 로탄제, 플록스, 달리아, 불란서국화 등등.

4. 선생의 여기(餘技)는 어떤 것입니까?

—기악을 즐겨 해서 몇 가지 시험해 보았으나 정성을 안 들이는 까닭에 하나도 성공에 달하지 못하고 있습니다.

2.

1. 아침, 점심, 저녁에 인사하는 좋은 말이 없겠습니까?

—

2. 이즈음 무슨 책을 읽으셨습니까?

— 맨스필드의 단편집 등.

3. 감명 깊은 작품상의 남녀 주인공 하나.

— 이런 것이라는 게 꼭꼭 하나씩 들기는 어렵습니다.

《조광》, 1938. 6.

설문

1. 지나가는 자동차가 흙탕물을 끼얹고 갔을 때 가질 태도.

—모르는 체할 수밖엔요.

2. 전차나 버스칸에서 발등을 아프게 밟혔을 때 가질 태도.

—밟은 사람을 따라 다르겠죠. 가령…….

3. 차, 선중(船中)의 기연(奇緣) 한 도막.

—

4. 절해고도나 심산 중에서 생명을 구해 준 이성이 결혼을 하자면?

—이성 나름이죠.

《조광》, 1938. 6.

문사(文士)가 말하는 명영화(名映畵)

1. 조선 영화 속에 가장 우수한 작품과 명우(名優).

—《나그네》가 아마도 작금(昨今)의 화제에 가장 많이 오른 듯하나 작중 현실에는 동감 못 되는 점이 많습니다. 배우 문예봉은 좋은 소질을 가진 듯이 보이며 연기도 앞으로 더 오를 것 같아서 기대됩니다.

2. 서양 영화 속에 가장 나은 작품과 명우.

—서양 명화도 허다하니 일일이 들기도 어려우나 한 편《안나 카레니나》의 가르보의 명기(名技)쯤을 들어 볼까요.

3. 우리 문인 작품으로 영화화하고 싶은 것.

—조선 영화 사업이 더욱 기업화되는 날에는 현역 작가의 것으로만 하더라도 영화화시킬 만한 작품이야 많지요. 물론 그 좋은 것을 발견할 만한 눈이 첫째 있어야겠지요.

《삼천리》, 1938. 8.

금년은 무방도

—우리집 척서법(滌暑法)

매년 그래도 피서라고 바다에 가서 한 고패를 지나게 되어 더위를 덜할 수 있었던 것이 올에는 그럴 처지가 못 돼서 고생스러운 것 같습니다. 집부터가 올에는 대단 협착해서 뜰도 넓지 못한 데다가 수목도 없고 화초도 적고 벽에는 창이 흔하지 못하고 창에는 철사망 장치가 없는 까닭에 모기나 날파리가 들어올 대로 들어올 터이고 그 위에 무덥고 해서 지내기 어려운 것을 생각하고 있을 뿐이지 척서법이라고 별로 구체적으로 계획하고 있지 못합니다. 지난해의 행복이 자꾸 생각날 뿐입니다. 별수 없이 정 더우면 양동이에 얼음이래도 깨뜨려 넣어서 방에 들여놓거나 그래도 견디기 어려우면 대동강에라도 나가지요.

《여성》, 1938. 8.

설문

1. 전시 체제에 소비 절약을 어떻게 하십니까?

—아무 세심한 산책(算策) 없이 되는대로 삽니다. 언제든지 그럽니다만.

2. 가을 신조(新造)하는 양복은 서(serge), 포(poral)로 하십니까?

—신조할 것 없습니다.

《조광》, 1938. 10.

개리와 쇠리 낚는 재미

여름은 수풀과 그늘과 물의 시절. 여름 방학은 이 세 가지를 날마다 즐길 수 있는 즐거운 때. 나는 공부도 잊어버리고 거의 날마다 강에 가서 날을 지웠다. 모래 위에서 장난을 쳐도 좋고 물 위에서 헤엄을 하여도 좋고 고기를 낚음은 더욱 재미있는 행사다.

한 사발쯤의 고기는 넉넉히 낚는다. 개리, 쇠리, 불거지를 한 마리 한 마리 낚아 낼 때의 기쁨은 말할 수 없이 크다. 붉은 불거지가 힘차게 낚싯줄에 드리워 허공에서 펄떡펄떡 뛸 때의 기억은 좀체 잊기 어려운 것이다.

《소년》, 1938. 10.

명사 만문만답(1)

1. 일억 원, 대통령의 의자, 동서고금 절대가인(혹은 절대미남), 이 삼자 중 어느 하나를 취하시겠습니까?

—절대가인.

2. 지금까지의 보신 연극, 영화 중 가장 감명 깊은 것.

—영화《안나 카레니나》,《악성 베토벤》등.

3. 세상에서 제일 보기 싫은 것 세 가지만 적으십시오.

—보기 싫은 것도 될 수 있는 대로 좋게 보려고 힘씁니다. 보기 싫은 것 너무도 많기 때문에.

4. 내가 국제결혼을 한다면 어느 나라 사람과 하겠습니까?

—인물 나름이지 국적이야 상관있습니까.

《조광》, 1938. 11.

명사 만문만답(2)

1. 신년의 새 계획을 몇 가지 적어 주시오.

—좋은 작품 쓰고 싶은 막연한 희망뿐입니다.

2. 일기를 쓰십니까. 일기 중 재미있는 것을 한 토막 공개해 주시오.

—끊은 지 오래됩니다.

3. 한문자(漢文字) 단 한 자로 이 착잡한 인생을 표현해 주시오.

—

4. 대로상에서 거지 떼가 따라올 때 돈을 주십니까. 주고 안 주는 이유는?

—평양에 유명한 여걸이 한 사람 있습니다. 이 분에게만 걸리면 아무런 장사라도 안 주고는 못 배깁니다. 그의 전법(戰法)은 그만큼 놀랍습니다.

5. 동서고금을 통하여 걸남(傑男), 걸녀(傑女), 미남, 미녀를 누구라 생각하십니까.

—걸남 호로폴네스, 걸녀 유대일.

보지 못한 고인은 알 수도 없는 일이거니와 그들이 비록 아름다웠다 해도 현대인의 미에는 못 미칠 것이며 가령 은막계의 모모라는 남우, 여우도 돈 후안이나 클레오파트라보다는 나을 것입니다.

6. 잊히지 않는 사신(私信) 중의 한 구절을 공개해 주시오.

—

7. 행길 같은 데서 돈을 얻어 본 적이 있습니까. 그 돈을 어떻게 하였습니까.

—없습니다.

8. 자기의 글이 처음으로 활자화한 것은 몇 살 때며 무슨 글이었습니까.

—십오 세경. 「초설(初雪)」이라는 단시가 《청년》지에 실렸습니다.

《조광》, 1939. 1.

명사 만문만답(3)

1. 요즈음 선생이 가장 관심을 가지고 있는 일은 무엇입니까.

— 만오(晩悟)의 감이 있으나 음악에 가장 관심을 가지고 있습니다. 감동의 전달력이 문학 형식보다도 접명(接明)이고 강렬한 듯 느껴집니다.

2. 선생의 장점과 단점은 무엇입니까.

— 비교적 인내력 있는 듯 보이는 것이 장점이고 그러면서도 만사에 소극적인 것이 단점입니다.

3. 신문 기사 중 가장 흥미를 느끼신 기사 한 토막.

— 2년 전 어떤 의학박사가 애아(愛兒)를 분실해서 항간의 이야깃거리가 된 것이 근자에 와서 어떤 미아의 발견으로 해서 그가 바로 그 분의 유아로 판명 — 될는지 안 될는지의 진부(眞否)를 보도한 기사.

4. 다음과 같은 명사에서 어떤 색을 연상하십니까. 학교, 감옥, 연애, 사회, 전쟁, 평화, 가정, 도덕, 처녀, 범죄, 소설, 자유

— 학교(대혁(垈赫)) 감옥(흑갈(黑褐)) 연애(적(赤)) 회사(갈(褐)) 전

쟁(흑(黑)) 평화(록(綠)) 가정(등색(橙色)) 도덕(백(白)) 처녀(백(白)) 범죄(흑자(黑紫)) 소설(백청(白靑)) 자유(박청(薄靑))

5. 선생이 창작한(혹은 얻어들은) 소화(笑話) 하나.

—

6. 일일에, 백 원을 조리 있게 쓰자면? 계산서를 하나 작성해 주십시오.

— 식사, 서적, 음악, 사교, 엽기(獵奇) — 이상 항목에 배분되도록 쓰겠습니다.

《조광》, 1939. 2.

선생께서는 신여성과 구여성을 무엇으로 구별하시렵니까?

—퍼머넌트를 날리고 드레스를 입어도

몸맵시도 다르겠고, 안색도 다르겠고, 사상도 다르겠고, 감성도 다르겠고 할 터입니다. 이 모든 것의 종합적 총화(總和)로 구별하겠지요. 퍼머넌트를 날리고 드레스를 입고 해도 감성이 둔하고 지적 교양이 백치에 가깝다면 신여성이라고 부르기 어렵겠고, 비록 구식의 옷맵시로 차려서도 사상과 교양에 근대적 세련을 받은 분이라면 구여성이라고 부를 수 없겠고—어떻든 거리에 나서 눈에 띄는 인상만으로는 쉽게 단정할 수 없는 것이 아닐까 합니다. 영화관이나 다방 출입이 잦다고 반드시 진정한 신여성이라고 볼 수는 없을 터이니까.

《여성》, 1939. 3.

서책 추천

—『햄릿』과 『파우스트』

격별(格別)한 이유가 있어서 이 두 가지를 드는 것이 아니라 일 년간 명작 방송의 책무를 맡고 한 달에 한 권씩 고전을 다시 음미하기 시작하면서 이상 두 작품을 막 읽은 까닭에 지금 기억에 가장 새로운 것으로서 이것을 추천하는 것이다. 소위 신여성이라는 명칭으로 불리어지는 층의 대부분의 여자들의 지적 교양이란 치졸하기 짝이 없다. 기껏해야 영화관이나 다방 출입이 능사요, 가정에 모여서는 화투나 음식질을 일삼고 언제면 백만장자가 될까를 조바심해서 관상쟁이 복술객(卜術客)을 찾아다니기가 한(限)껏인 부류의 열등생 제군들에게는 추천하고 싶은 책이 이루 한두 권이 아니요, 열 권 백 권이 아니다. 손에 닥치는 대로 유익한 책을 읽어서 조금씩이라도 정신의 양식을 삼고 생활의 방침을 세우라고 할 수밖에는 일일이 이책 저책을 들어서 매거(枚擧)할 수 없는 것이다. 위선 나와 함께 일 년간 세계 명작이나 한 권씩 읽어 나가기를 권하는 바이다. 제군의 힘에는 조금들 부칠는지는 모르나 교양에 자익(資益)됨이 심대(甚大)할 것이다. 내월에는 『돈키호테』나 『여자의 일생』을 읽어 가려고 생각한다. 이상 두 권부터 시작해서 점차 나를 좇아오기들을 바란다.

《여성》, 1939. 4.

설문

1. 선생의 결혼은 자유 결혼입니까, 중매결혼입니까?

—중매결혼이면서도 자유 결혼입니다.

2. 자유 결혼이시라면 결혼까지의 교제 기간은 얼마나 되시었습니까?

—2년간.

3. 결혼 당시 선생 내외분의 연세는 각각 얼마씩이나 되시었습니까?

—25세와 18세.

4. 중매결혼이시라면 중매자는 어떤 이시었습니까?

—박최길(朴最吉) 씨. 작고하셨습니다.

5. 결혼식은 어느 때 어디서 어떻게 하시었으며 주례하신 분은 누구시었습니까?

—그해 11월 11일 경성(鏡城) 청년회관에서 김상계(金商契) 씨 주례하에.

6. 결혼 후 신혼여행을 가시었다면 어디서 얼마나 계시었습니까?

— 주을(朱乙)에 갔음.

7. 결혼은 대체로 선생의 이상대로 되시었습니까?

— 대체로 그렇습니다. 이상이란 한량이 없고 변하는 것이니까요.

8. 결혼하신 후 미혼한 사람에게 꼭 하시고 싶은 말씀은 무엇이었습니까?

— "결혼은 인생의 한 시련."

《여성》, 1939. 5.

우문현답

1. 미인은 박명이라는데 왜 좋아하는지요?

—소위 박명형은 요새는 미인 축에 못 들 것 같습니다. 건강한 미인이야 누구나 다 좋아하는 바이지요.

2. 조선말 중에서 가장 애교 있는 말은?

—이루 한두 마디가 아닙니다. 조선어의 미를 요새 더욱 느끼게 됩니다. 여자들의 표준어의 억양이란 말할 수 없이 아름다운 것입니다. 물론 무대나 은막에서 지껄이는 삼문여배우(三文女俳優)들의 말은 예외입니다. 가장 저열하고 구역나는 언어의 억양을 그들은 보이고 있습니다.

3. 서울서 산보하기에 가장 좋은 곳은?

—역시 궁(宮)이나 원(苑) 안이 아닐까요.

《신세기》, 1939. 6.

학생에게 추천하는 서적

서적의 추천이라는 것이 절대 필요의 한두 권을 들기가 어려운 것으로 어떤 책이든지 읽기에 따라서 이롭지 않은 것이 없는 듯합니다. 요새 필요가 있어서 예수의 전기와 나폴레옹의 전기를 읽고 난 길인데, 이들 책은 누구나 일독할 필요를 느꼈습니다. 아직 아니 보신 분이 있으면 여가에 읽어 두기를 청하고 싶습니다.

《학우구락부》, 1939. 7.

나는 무엇이 되려고 했나
—비행가

비행가가 되려고 생각했었습니다. 손수 비행기를 만들어 타고 하늘을 나는 것이 꿈 중에 가장 큰 꿈이었습니다. 추진기의 이치와 매력에 흠뻑 빽겼었습니다. 대쪽을 깎아 날려 보며 책장 틈에다 비행기를 그려 보면서 자나깨나 비행기열에 사로잡혔었습니다. 그 꿈이 오늘에도 그다지 변하지 않아 하늘을 날고 싶은 염원은 지금도 일반입니다.

《조광》, 1939. 8.

몽테뉴 『수상록』(전 3권)

문체 간결, 내용 풍부—수필문학으로서 최상의 것이라고 믿는다. 알랭이니 발레리의 지성도 멀리 여기에 기원한 듯 밉살스러우리만치 냉정한 판단이 자자구구(字字句句)에 침투했으며 그 위에 풍부한 교양의 발현이 마음을 굳게 잡아 마지않는다.

「양서고지판」, 《조선일보》, 1939. 9. 9.

새로운 방법과 계시를
—외국문학 전공의 변

1. 선생은 무슨 동기에서 영문학을 전공하시게 되었는지

법과에서 문과로 전과할 때 아무래도 외국문학은 해야겠는데 마침 성대(城大)에는 영문학과밖에는 없었던 까닭에 그것을 고르게 된 것이 한 숨은 동기이기는 하나, 그러나 역시 무엇보다도 영어를 즐겨 했고 입학시험 준비에 셸리와 예이츠 등 시인의 단시를 읽기 시작한 것이 그만 흠뻑 그들에게 심취하게 되어 영문학에 대한 열정이 거의 제물에 솟게 되었던 것입니다. 가정의 종용으로 하는 수 없이 법과를 수험은 했으나 예과 2년 만을 마치고는 학부에서는 단연 영문학과로 적을 옮겼던 것입니다.

2. 영문학을 연구하시는 동안에 느끼신바 그들에게서 취할 장점과 버릴 단점

한마디로 영문학이라고 해도 형식적 종별이 많고 시대적 변천과 차이도 심해서 스스로 다채한 양상을 띠어 그 속에서 장단(長短)이 제물에 상보(相補)되어 있는 듯합니다. 대체로 태서(泰西)문학의 특징으로 호흡이 길고 때때로 용만(冗漫)한 점—이것이 영문학에 있어서도 장점인 동시에 단점을 이루고 있지 않은가 합니다. 하기는 현대 산문학에 있어서 가령 하디나 키플링같이 표현의 압착성에 치중한 작가도 있기는 있습니다만.

3. 주로 어느 작가를 연구해 오셨으며 하시며 또 하시려는지

학교에 어느 교수진의 편성도 있었습니다만 강의의 거의 전부가 시문학에 관한 것이어서 그 속에서 유독 산문을 공부하기는 조금 어려운 일이었습니다. 졸업 논문으로 극작가 싱(Synge)을 선택했음은 역시 '인간(人間)'문학에 흥미를 가지기 시작했던 탓이었으나 한편 그의 소박한 자연애에 마음이 끌렸던 까닭도 있습니다. 싱은 인간을 그리는 동시에 자연에 대한 무한한 동정을 보인 작가였습니다. 그러나 싱이래야 비생(卑生)의 연구의 대상은 못 되는 것이며 졸업 논문의 정도로 정한 작가입니다. 이래(邇來) 도리어 자신의 문학을 만들기에 힘을 돌려 개별의 작가를 돌아볼 겨를이 없었으며 물론 앞으로도 그것을 원하지 않습니다. 시간이 있으면 넓게 읽어서 흡수만 할 수 있으면 족하다고 생각합니다. 한 작가의 연구니 평론이니 소개 등사(等事)는 비위에 맞지 않습니다.

4. 영문학이 우리에게 어떤 영향을 주었다고 생각하시며 무엇을 우

리에게 기여할 것인지

영어학이 편포적(遍布的)인 것만큼 조선에서도 영문학의 수입이 뭇 외국문학 중에서의 가장 큰 부문이었음은 사실이며 그것이 생활과 문학에 준 영향도 은연히 큰 것이라고 생각합니다. 현재 우리들의 시작가(詩作家)나 수필가 가운데에도 문체나 호흡의 격식을 그대로 영문학에서 터득한 이가 보입니다. 이 경향은 앞으로 더욱 커 갈 것입니다.

5. 만일 기회가 있다면 제일 먼저 누구의 어느 작품을 번역 수입하시려는지 그 이유

제3항에서도 말했지만 번역 수입 등은 비위에도 맞지 않거니와 내 맡은 일도 아닐 것 같습니다. 세부득의 기회가 온다면 현대 신작가의 작품을 고르겠지요. 고전의 중요한 부분은 거의 수입이 되었다고 봅니다. 차례차례로 새로운 작품을 살펴서 새로운 방법과 계시를 받는 것이 뜻 있으리라고 생각합니다.

《동아일보》, 1939. 10. 29.

창

소설을 권함

가정부인에게 무엇보다도 소설 읽기를 권합니다. 소설에도 양부(良否)가 있지만 건전한 좋은 소설이라면 천만 종의 서적 중에서 읽어서 가장 마음의 양식이 될 수 있습니다. 우리의 실생활은 대개 단순합니다. 소설을 읽음으로써 생활의 폭이 넓어지고 마음이 풍부해지고 윤택 있어지고 높아지고 깊어집니다. 소설의 공은 일일이 다 들기 어렵습니다. 거리에 나가 보십시오. 뭇사람 중에서 소설을 읽고 이야기하는 사람이 가장 교양 있고 빛나 보입니다. 소설을 읽는 것은 현대인의 한 자랑이어야 하겠습니다.

《여성》, 1940. 3.

여백문답(1)

1. 최근 독서나 영화에서 특히 느끼신 점

—몇 달째 독서를 못 합니다. 영화도 대개 시시한 것뿐입니다.

2. 물가고에 대한 귀댁의 생활 설계

—설계도 아무것도 없이 되는대로 살아가나 월 이백 원으로도 살기가 극난(極難)입니다.

3. 차(車) 중이나 선(船) 중에서의 수난 기록

—요새 승객이 부쩍 늘어서 좌석을 얻기가 이렇게 곤란한 때는 없었습니다.

4. 스파 때문에 곤란을 당하시는 일

—한두 가지가 아닙니다. 첫째 수건이 쉬이 해져서 곤란입니다.

5. 백백교(白白教) 공판 기록을 읽으신 감상

—무지에 놀랄 따름입니다.

6. 절해고도에서 혼자 있게 되면 무엇을 하시겠소?

—무엇을 할까요. 죽고 싶은 생각이 들겠습니다.

《조광》, 1940. 5.

여백문답(2)

1. 구독하시는 내외국(內外國) 신문 잡지

—《매신(每申, 매일신보)》《대조(大朝, 대판조일신문)》《독매(讀賣, 독매신문)》 등 신문과 문예잡지 등은 매월의 편집의 됨을 보아서 편편(片片)이 사들입니다.

2. 구주전란(歐洲戰亂)에 대한 선생의 예상

—독일의 제패(制覇)를 그렇게 수월하게 생각지는 않습니다. 신질서(新秩序)의 탄생이 수월한 노릇이 아니며 전체적으로 쌍방의 커다란 피폐를 예상할 수 있습니다.

3. 여름에 가시고 싶은 곳

—금년에 또 한 번 만주를 다녀올까 합니다.

4. 선생이 가지신 중의 진품진서(珍品珍書)

—1837년 판(파리 간행) 『바이론의 전작(全作)』과 포프(Pope) 역 『호머의 전시작(全詩作)』 등을 가졌으나 그닷한 진서는 못 될 듯합니다.

5. 선생의 경구(警句), 애송하시는 단시(短時) 시조

—

《조광》, 1940. 8.

여백문답(3)

1. 다시 한 번 직업을 선택하신다면 어떤 방면으로 나가시겠습니까?

—역시 예술의 제(諸) 부문 중의 그 무엇이겠습니다.

2. 음악은 어떤 정도로 이해하십니까?

—쇼팽의 섬세한 맘을 아직 완전히 즐기지 못하는 정도입니다.

3. 신문을 드시면 맨 처음에 무슨 란을 읽으십니까.

—문예란.

4. 고향은 어디이시며 그 고향의 소화(笑話) 한 토막을 소개하십시오.

—강원도 평창.

5. 남편이 난봉을 필 때 아내도 같이 바람을 피우면 어떻게 하시겠습니까?

—그럴 법이 있겠습니까. 이곳의 도덕은 아직도 그런 남녀대등의 경지에까지 이르지는 않았습니다.

《조광》, 1940. 8.

'작품애독' 연대기

1. 이십 전후의 젊은 시절에 탐독한 작가, 작품

— 셸리, 예이츠 등과 그 작품들.

2. 삼십 전후의 청년 시절에 탐독한 작가, 작품

— 발자크 등과 그 장편들.

3. 사십 전후의 장년 시절에 탐독한 작가, 작품

—

《삼천리》, 1940. 6.

엽서회답(葉書回答)
—조선문학상을 준다면

1. 제1차 수상자는?

—심사원의 손만을 거칠 것이 아니라 좀 더 광범하고 공정한 방법의 투표에도 의할 것.

2. 상금은?

—최소한도 천 원.

3. 심사원은?

—불편불사(不偏不私) 고도의 문학 실력을 갖춘 문인으로 조직할 것.

《조광》, 1940. 9.

경성 개조안

[설문] 도쿄, 오사카나 다른 외국 대도시에 비하여 우리 서울에 부족한 시설과 고쳤으면 하고 생각되는 말씀 등.

—거리마다 수목들 많이 심어 녹화의 계획을 철저히 할 것. 아마도 세계의 우수한 도시로 수목이 울창하지 않은 곳은 없을 것이다.

—문화 시설을 민의(民意)를 기다리기 전에 당국이 솔선해서 시설해야 할 것. 가영(假營) 음악관 같은 것은 시당국의 설립으로 해서 시민을 위한 실비(實費)의 연(演)을 성히 해야 할 것이다.

《삼천리》, 1940. 10.

작중인물지: 내가 만들어 낸 인물들

—『화분』과 『창공』

작품	인물	직업	연령	풍모 성격 기타
『화분』	현마	영상기업가	35	비대다정한(肥大多情漢)
	세란	현마의 제2 부인	27	비대형으로 현마와는 스스로 짝이 맞음.
	미란	세란의 아우	19	단주에게서부터 영훈에게로 사랑이 옮아감.
	단주	미소년 보헤미안	20	미란을 사랑하다 세란까지 범함.
	영훈	피아니스트	20	예술가형 미란과 결혼
	가야	음악 지원	23	사팔눈인 까닭에 비극의 주인공이 됨.
『창공』	천일마	문화기업가	32	건강한 모습
	남미려	무역상회(주)	28	(고전미) 류만해의 처 옛 애인인 일마를 사모하나 때가 이미 늦어졌음.
	나아자	벽안홍발랑(碧眼紅髮娘)	23	일마의 아내
	단영	여배우		(퇴폐미) 일마를 사랑하다 뜻을 얻지 못함.

《조광》, 1940. 12.

『북경호일(北京好日)』

[설문] 우리 문단의 작가 여러분께서는 근래에 어떠한 작품을 읽고 어떤 것을 생각하며 또 느끼고 있는가, 이 한 편의 소감집은 최근 제씨(諸氏)의 근황을 엿보기에 족한 글이외다.

— 임어당의 『북경호일(北京好日)』을 읽으면서 이 소설이 결코 순간의 착상으로 일조(一朝)에 이루어진 것이 아님을 느꼈습니다. 작자의 교양도 섬부(贍富)하고 긍지도 높을 뿐 아니라, 침착한 소설의 수법이 구라파적인 것을 생각케 합니다. 훌륭한 구라파의 소설을 읽을 때와 똑같은 감동을 받았습니다. 니나 페드로바의 『가정』과 함께 일독을 권하고 싶은 근래의 호저(好著)입니다.

「명작 읽은 작가 감회 설문」, 《삼천리》, 1941. 7.

초향암(草香庵)으로

[설문] 서실(書室)을 하나 가지게 되면 이름을 무엇이라 짓겠습니까? 또는 현재 무어라고 지으셨습니까?

— 초향암(草香庵)이라고 할까요. 집은 자연석을 쌓아 올리거나 그렇지 않으면 토막나무를 쌓아서 짓되 집 주위에는 잡초가 우거지게 하렵니다. 잡초라는 건 향기도 복복(馥馥)하거니와 운치가 좋은 것입니다. 잡초 속에 일년생의 잡화(雜花)를 또한 되고말고 족생(簇生)케 한다면 서암(書庵)의 풍치가 그에 더함이 없을까 합니다.

「시객심회(詩客心懷)」, 《삼천리》, 1941. 7.

내가 지금 중학생이라면?

공부를 더 열심히 하겠습니다. 학교에서 배우는 기본 과목을 빈틈없이 정리함은 물론이요, 나아가 생애의 목표를 작정하고 그 방면의 학문적 연구 연마에 힘써 그 전면적 파악에 유의할 것입니다. 셸리나 예이츠의 시를 구절구절 암기하기에 급급하였으나 그것이 지금 불과 몇 줄밖에는 기억 속에 없습니다. 행문(行文), 시구의 암송은 그다지 필요하지 않은 것입니다.

출처 미상

권말 부록

| 작가 연보 |

1907년	2월 23일 강원도 평창군에서 부친 이시후李始厚와 모친 강홍경康洪卿의 1남 3녀 중 장남으로 출생. 전주 이씨 안원대군의 후손인 부친은 한성사범학교 출신으로 교육계 사관仕官으로 봉직하였음. 아호는 가산可山, 필명으로 아세아亞細兒, 효석曉晳, 문성文星 등을 쓰기도 함.
1910년(3세)	교편을 잡고 있던 부친을 따라 서울로 이주.
1912년(5세)	가족과 함께 평창으로 다시 내려왔으며, 사숙私塾에서 한학을 수학修學.
1914년(7세)	평창공립보통학교 입학.

1920년(13세)	평창공립보통학교 졸업. 경성제일고등보통학교(현재의 경기고등학교) 입학.
1925년(18세)	경성제일고등보통학교 졸업(제21회). 경성제국대학(현재의 서울대학교) 예과 입학. 예과 조선인 학생회 기관지인 《문우文友》 간행에 참가. 《매일신보每日申報》 신춘문예에 시 「봄」 입선. 유진오兪鎭午, 이희승李熙昇, 이재학李在鶴 등과 사귀며 《문우》와 예과 학생지인 《청량淸凉》에 콩트 「여인旅人」 발표.
1926년(19세)	「겨울시장」, 「거머리 같은 마음」 등 수편의 시를 예과 학생지 《청량》에 발표. 콩트 「가로街路의 요술사妖術師」, 「노인의 죽음」, 「달의 파란 웃음」, 「홍소哄笑」 등을 《매일신보》에 발표.
1927년(20세)	예과 수료 후 경성제대京城帝大 법문학부 영어영문학과 편입. 시 「님이여 들로」, 「빨간 꽃」, 「6월의 아침」, 단편 「주리면…-어떤 생

활의 단편-」, 제럴드 워코니시(Gerald Warre-Cornish)의 「밀항자」 번역판을 《현대평론》에 발표.

1928년(21세) 경성제대 재학 중 단편 「도시都市와 유령幽靈」을 《조선지광朝鮮之光》에 발표하며 문단의 주목을 받기 시작. 유진오와 함께 동반자 작가同伴者作家로 불리게 되었으나 KAPF에 적극적으로 참여하지는 않았음.

1929년(22세) 단편 「기우奇遇」를 《조선지광朝鮮之光》에, 「행진곡行進曲」을 《조선문예朝鮮文藝》에 발표, 시나리오 「화륜火輪」을 《중외일보中外日報》에 발표.

1930년(23세) 경성제대 영어영문학과 졸업. 졸업 논문은 「The Plays of John Millington Synge, 1871~1909」. 단편 「마작철학麻雀哲學」, 「깨뜨러지는 홍등紅燈」, 「북국사신北國私信」, 「상륙上陸」, 「추억追憶」 발표. 안석영安夕影, 서광제徐光薺, 김유영金幽影 등과 함께 조선씨나리오·라이터협회를 결성하여(5월 26일) 연작連作 시나리오 「화륜」을 바탕으로 침체의 늪에 빠진 조선 영화계에 활력을 줌.

1931년(24세) 시나리오 「출범시대出帆時代」를 《동아일보東亞日報》에 발표. 단편 「노령근해露領近海」를 《대중공론大衆公論》 6월호에 발표하고, 같은 달 최초 창작집 『노령근해』를 동지사同志社에서 발간. 이 단편집에서 자신의 프롤레타리아 문인적 성향을 보임. 함경북도 경성鏡城 출신의 미술작가 지망생 이경원李敬媛과 결혼.

1932년(25세) 장녀 나미奈美 출생. 부인의 고향인 함북 경성으로 이주, 경성농업학교鏡城農業學校에 영어 교사로 취직. 「오리온과 능금林檎」을 《삼천리》에 발표. 이 무렵 순수한 자연을 배경으로 한 서정적 경향을 보이기 시작.

1933년(26세) 순수문학을 표방하는 문학동인회 구인회九人會를 함께 창립함. 창립 회원은 이효석 외에 김기림金起林, 김유영金幽影, 유치진柳致眞, 이무영李無影, 이종명李鍾鳴, 이태준李泰俊, 정지용鄭芝溶, 조용만趙容萬임. 「약령기弱齡記」, 「돈豚」, 「수탉」, 「가을의 서정抒情」(후에 「독백獨白」으로 개제改題), 「주리야」, 「10월에 피는 능금꽃」 발표.

1934년(27세)	「일기日記」, 「수난受難」 발표.
1935년(28세)	차녀 유미瑠美 출생. 「계절季節」, 「성수부聖樹賦」 발표. 중편 「성화聖畵」를 《조선일보》에 연재.
1936년(29세)	평양 숭실전문학교(현재의 숭실대학교) 교수로 부임. 평양시 창전리 48 '푸른집'으로 이사. 대표작 「메밀꽃 필 무렵」을 비롯하여 「산」, 「들」, 「고사리」, 「분녀粉女」, 「석류柘榴」, 「인간산문」, 「사냥」, 「천사와 산문시」 등을 발표하며 대표적인 단편소설 작가로서 입지를 굳힘.
1937년(30세)	장남 우현禹鉉 출생. 「개살구」, 「거리의 목가牧歌」, 「성찬聖餐」, 「낙엽기」, 「삽화揷話」, 「인물 있는 가을 풍경風景」, 「주을의 지협」 등을 발표.
1938년(31세)	숭실전문학교 폐교에 따라 교수직 퇴임. 「장미薔薇 병病들다」, 「해바라기」, 「가을과 산양山羊」, 「막幕」, 「공상구락부空想俱樂部」, 「부록附錄」, 「낙엽을 태우면서」 등을 발표.
1939년(32세)	평양 대동공업전문학교 교수 취임. 차남 영주煐周 출생. 장편 『화분花粉』을 인문사人文社에서, 단편집 『해바라기』를 학예사에서, 『성화聖畵』를 삼문사에서 발간. 「여수旅愁」를 《동아일보》에 연재.

1940년(33세)	부인 이경원과 사별(2월 22일). 3개월 된 영주를 잃음. 장편소설 『창공蒼空』을 총 148회에 걸쳐 《매일신보》에 연재. 1941년 단행본으로 간행될 때에는 『벽공무한碧空無限』으로 개제改題. 「은은한 빛」, 「녹색의 탑」 등을 일본어로 발표.
1941년(34세)	『이효석단편선』과 장편소설 『벽공무한』을 박문서관博文書館에서 출간. 「산협山峽」, 「라오콘(Laocoon)의 후예後裔」, 「봄 의상衣裳(일본어)」, 「엉겅퀴의 장(일본어)」 등 발표. 부인과 차남을 잃은 슬픔과 외로움을 달래며 중국, 만주 하얼빈 등지를 여행.
1942년(35세)	5월 초 결핵성 뇌막염 진단을 받고 평양 도립병원에 입원 가료. 언어 불능과 의식 불명의 절망적인 상태로 병원에서 퇴원 후, 5월 25일 오전 7시경 자택에서 35세를 일기로 생을 마감.

임종은 부친과 친구 유진오 그리고 지인 왕수복이 함께 지켰음. 유해는 평창군 진부면에 부인 이경원과 합장됨.

1943년	유고 단편 「만보萬甫」를 《춘추春秋》에 게재. 단편선집 『황제皇帝』가 박문서관에서 간행됨. 「향수」, 「산정山精」, 「여수」, 「역사」, 「황제」, 「일표一票의 공능功能」이 함께 수록되어 발간됨. 5월 25일 서울 소재 부민관에서 가산可山의 1주기 추도식 열림.
1945년	부친 이시후李始厚 별세(1882~1945).
1959년	장남 우현禹鉉에 의해 편집된 『이효석전집李孝石全集』 전 5권 춘조사春潮社에서 발간.
1962년	모친 강홍경康洪卿 별세(1889~1962).
1971년	차녀 유미瑠美에 의해 『이효석전집』 전 5권 성음사省音社에서 재발간.
1973년	강원도 영동고속도로 건설로 진부면 논골에 합장되었던 가산可山 부부 유해를 평창군 용평면 장평리로 이장함.
1980년	강원도민의 후원으로 영동고속도로변 태기산 자락에 가산 이효석 문학비 건립.
1982년	10월에 열린 문화의 날을 맞아 대한민국 금관문화훈장이 추서됨.
1983년	장녀 나미奈美에 의해 『이효석전집』 전 8권 창미사創美社에서 발간.
1998년	영동고속도로 확장개발공사로 묘소가 경기도 파주시에 소재한 동화경모공원으로 이장됨.
1999년	강원도 평창군 주최로 봉평에서 지역민과 함께 하는 효석문화제 창시.

2000년 「메밀꽃 필 무렵」의 산실인 평창군 봉평에서 지역 주민을 중심으로 한 가산문학선양회와 평창군의 주관으로 "문학의 즐거움을 국민과 함께"라는 염원을 담은 효석문화제가 활성화됨. 이효석문학상 제정. 정부의 재정 지원으로 이효석 문학기념관 건립 추진.

2002년 이효석문학관 건립.

2011년 제목 미상 「미완未完의 유고遺稿-미발표 일본어 소설」 장순하張諄河 번역. 2011년 9월에 발행된 《현대문학》(통권 제681권 220~224쪽)에 발표.

2012년 재단법인 이효석문학재단李孝石文學財團 설립.

2016년 이효석문학재단 주관하에 텍스트 비평을 거친 정본(定本) 『이효석 전집』 전 6권 서울대학교출판문화원에서 발간.

| 작품 연보 |

1. 소설(98편)

연도	작품명	발표지	비고
1925. 2. 1.	여인旅人	《每日申報》	
1925. 8. 2.	황야荒野	《每日申報》	
1925. 8. 23.	누구의 죄罪	《每日申報》	상외賞外
1925. 9. 13.	나는 말 못했다	《每日申報》	
1926. 1. 1.	달의 파란 웃음	《每日申報》	
1926. 1. 10.	홍소哄笑	《每日申報》	을상乙賞
1926. 1. 17.	문명文明의 선물膳物	《每日申報》	《연인》 2014년 가을호에 발굴, 게재
1926. 1. 24.	맥진驀進	《每日申報》	
1926. 2. 7.	필요必要	《每日申報》	
1926. 2. 14.	노인老人의 죽음	《每日申報》	
1926. 4. 4.	가로街路의 요술사妖術師	《每日申報》	
1927. 3.	주리면… ― 어떤 생활의 단편	《青年》 66호	
1928. 7.	도시都市와 유령幽靈	《朝鮮之光》 79호	
1929. 6.	행진곡行進曲	《朝鮮文藝》 2호	
1929. 6.	기우奇遇	《朝鮮之光》 85호	
1929. 11.	북국점경北國點景	《三千里》 3호	
1930. 1.	노령근해露領近海	《朝鮮講壇》	
1930. 4.	깨뜨러지는 홍등紅燈	《大衆公論》	
1930. 5.	추억追憶	《新小說》 3호	

연도	작품명	발표지	비고
1930. 6.	상륙上陸	《大衆公論》	
1930. 8. 9.~20.	마작철학麻雀哲學(1~12)	《朝鮮日報》	
1930. 9. 19.	북국사신北國私信	《每日申報》	
1931. 6.	노령근해露領近海 (短篇集)	同志社	단편집에 「도시와 유령」, 「기우」, 「행진곡」, 「추억」, 「북국점경」, 「노령근해」, 「상륙」, 「북국사신」 8편 수록
1931. 7.	오후午後의 해조諧調	《新興》 5호	아세아亞細兒 필명 사용
1931. 9.	근황일장近況一章	《時代公論》	필명 이경원으로 발표하려 하였으나, 검열로 삭제당하여 제목만 남아 있음.
1931. 12.~ 1932. 2.	프렐류드(1~3)	《東光》 28~30호	
1932. 1.	제일엽第一頁	《時代公論》	효석曉晳 필명 사용, 목차에 제목만 남아 있음. "부득이한 사정으로 실리지 못한 동지의 원고"로 소개되어 있음.
1932. 2.	O · K	《時代公論》	《시대공론》(1932. 1.)의 "차호에 실린 특별기사"라는 사고社告에 다음 호에 실릴 글을 예고하고 있으나, 이 작품이 실제로 실리지는 않았음.
1932. 3.	오리온과 능금林檎	《三千里》 4권 3호	
1933. 1.	10월十月에 피는 능금林檎꽃	《三千里》 5권 1호	
1933. 3.~ 1934. 3.	주리야朱利耶(1~10)	《新女性》 34호	
1933. 8. 3.~ 19.	약령기弱齡記(1~10)	《朝鮮日報》	필명 문성文星 사용
1933. 10.	가을의 서정抒情	《三千里》	『이효석단편선』(박문서관, 1941)에 「독백」으로 개제改題 수록
1933. 10.	돈豚	《朝鮮文學》 3호	
1934. 1. 3.~8.	마음의 의장意匠(1~4)	《每日申報》	

연도	작품명	발표지	비고
1934. 11.	일기日記	《三千里》 6권 11호	
1934. 12.	수난受難	《中央》 14호	
1935. 3.	풍토기風土記	《開闢》 2호	제목만 남아 있는 소설 "부득이 한 사정으로 게재치 못함" 운운하는 사고社告만 나와 있음.
1935. 3.	돈豚	《三千里》 7권 3호	재수록
1935. 7.	계절季節	《中央》	
1935. 10. 11.~31.	성화聖畵(1~16)	《朝鮮日報》	
1935. 11.	수탉	《三千里》 7권 10호	
1936. 1.	산山	《三千里》 8권 1호	
1936. 1. 11.	사냥	《東亞日報》	《동아일보》에 「산양」이라는 제목으로 게재되었으나, 이 작품의 중심 소재는 '노루 사냥'임. 그런 이유로 '산양'을 '사냥'의 분철 표기로 보고 제목을 「사냥」으로 바꾸었음.
1936. 1.~2.	분녀粉女(1~2)	《中央》	
1936. 3.	들	《新東亞》 53호	
1936. 4.	천사天使와 산문시散文詩	《四海公論》	
1936. 7.	인간산문人間散文	《朝光》	
1936. 8.	석류石榴	《女性》 5호	
1936. 9.	고사리	《四海公論》 17호	
1936. 10.	메밀꽃 필 무렵	《朝光》 12호	
1936.	화재火災	文元閣	1974년 문원각 발행 『한국단편문학전집』 2권에 수록. 작품 탈고를 뜻하는 날짜가 있어 이를 존중함.
1937. 1.	낙엽기落葉記	《白光》 1호	
1937. 2.	노령근해露領近海	《四海公論》 22호	재수록
1937. 2.	메밀꽃 필 무렵 (蕎麥の花の頃)	《文學案內》	해당 잡지의 『조선현대작가특집』에 이효석이 직접 일역하여 재수록

연도	작품명	발표지	비고
1937. 4.	성찬聖餐	《女性》 13호	
1937. 6.	삽화挿話	《白光》 6호	
1937. 10.	개살구	《朝光》	
1937. 10.~ 1938. 4.	거리의 목가牧歌(1~7)	《女性》 19~25호	
1938. 1.	장미薔薇 병病들다	《三千里文學》 1호	
1938. 2. 15.	겨울 이야기	《東亞日報》	《동아일보》 사고社告에 "현역작가십씨동원 1938년 2월 15일부터 발표"라는 제목 아래 이효석의 「겨울 이야기」가 연재될 것이라고 소개하고 있음. 그러나 해당 신문에 실제로 발표된 작품은 「막」.
1938. 5. 5.~14.	막幕(1~6)	《東亞日報》	
1938. 9.	부록附錄	《四海公論》 4권 9호	
1938. 9.	소라蠑螺	《農民朝鮮》	
1938. 9	공상구락부空想俱樂部	《鑛業朝鮮》	
1938. 10.	해바라기	《朝光》	
1938. 12.	가을과 산양山羊	《野談》 36호	
1939. 2.	은빛 송어(銀の鱒)	《外地評論》	일본어로 발표. 한성례 번역
1939. 2.	산정山精	《文章》 1호	
1939. 2.	해바라기	學藝社	단편집에 「돈」, 「삽화」, 「수난」, 「산정」, 「장미 병들다」, 「막」, 「부록」, 「해바라기」 8편 수록
1939. 4.	성화聖畵	三文社	단편집에 「성화」, 「거리의 목가」, 「오리온과 임금」, 「산」, 「들」, 「고사리」, 「분녀」, 「인간산문」, 「성찬」, 「개살구」, 「사온사상」, 「채롱」, 「지협」, 「늪의 비밀」, 「청포도의 사상」 15편 수록(『조선문인전집』 9권)

연도	작품명	발표지	비고
1939. 7.	황제皇帝	《文章》 7호	
1939. 9.	화분花粉	人文社	《조광》에 실렸다고 알려졌으나, 해당 잡지에서 작품을 찾을 수 없음. 책의 표지에 기록된 바와 같이 전 작이 장편소설로 여겨짐.
1939. 9.	향수鄕愁	《女性》 42호	
1939. 10.	일표一票의 공능功能	《人文評論》 1호	
1939. 11. 29.~12. 28.	여수旅愁(1~20)	《東亞日報》	
1940. 1. 7.~4. 28.	녹색의 탑(綠の塔)(1~15)	《國民新報》	일본어로 발표, 한성례 번역
1940. 1. 25.~7. 28.	창공蒼空(1~148)	《每日新報》	이후 『벽공무한』으로 개제改題
1940. 2.	돈(豚)	『조선소설대표전집』	일역하여 재수록
1940. 3.	메밀꽃 필 무렵(蕎麥の花の頃)	『조선문학선집』 1권	일역하여 재수록
1940. 4. 10.	일표의 공능(一票の效能)	《京城日報》	정인택이 일역하여 재수록
1940. 7.	은은한 빛(ほのかな光)	《文藝》	일본어로 발표, 한성례 번역
1940. 10.	하얼빈哈爾濱	《文章》 19호	
1940. 12. 10.~12.	가을(秋)	《滿鮮日報》	일본어로 발표, 한성례 번역, 정확한 출전과 발표 시기에 관하여 논란이 있음(재수록 여부 불명).
1941. 2.	라오콘[Laocoon]의 후예後裔	《文章》 23호	
1941. 5.	산협山峽	《春秋》 4호	
1941. 5. 18.	봄 의상(春衣裳)	《週刊朝日》	일본어로 발표, 구자운 번역
1941. 8.	벽공무한碧空無限	博文書館	장편소설
1941. 11.	엉겅퀴의 장(薊の章)	《國民文學》 1호	일본어로 발표, 한성례 번역

연도	작품명	발표지	비고
1941. 12.	이효석단편선 李孝石短篇選	博文書館	단편집에 「메밀꽃 필 무렵」, 「수탉」, 「가을과 산양」, 「독백」, 「일기」, 「석류」, 「계절」, 「공상구락부」 8편 수록
1942. 1.	일요일日曜日	《三千里》	
1942. 1.	풀잎	《春秋》 12호	
1942. 6.	서한書翰	《朝光》 80호	유작(遺作)
1942. 8.	황제皇帝	《國民文學》 9호	김종한이 일역하여 재수록
1943. 3.	황제皇帝	博文書館	단편집에 「향수」, 「산정」, 「일표의 공능」, 「황제」, 「역사」, 「여수」 6편 수록
1943. 7.	만보萬甫	《春秋》 30호	유고(遺稿)
미상	미완의 유고 – 미발표 일본어 소설	《現代文學》 681호	장순하 번역, 표제 불명. 육필원고만 남아 있음(이효석문학관 소장). 《現代文學》 (2011. 9.) 게재.
미상	소복素服과 청자靑磁	미상	일본어로 발표, 이호철 번역

2. 시(21편)

연도	작품명	발표지	비고
1923. 2.	흰 눈白雪	《青年》	
1923. 8.	인생人生의 행로行路	《青年》	
1923. 9.	파波와 암岩	《青年》	
1925. 1. 18.	봄	《每日申報》	
1925. 7. 26.	만월滿月	《每日申報》	
1925. 9. 13.	아침 뜰 앞	《每日申報》	
1926. 3. 16.	겨울 시장(冬の市場)	《清凉》 3호	일본어로 발표, 정한모 번역
1926. 3. 16.	겨울 식탁(冬の食卓)	《清凉》 3호	일본어로 발표, 정한모 번역
1926. 3. 16.	겨울 숲(冬の森)	《清凉》 3호	일본어로 발표, 정한모 번역
1926. 3. 16.	거머리 같은 마음 (蛭のやうな心)	《清凉》 3호	일본어로 발표, 정한모 번역
1926. 5.	야시夜市	《學之光》 27호	
1926. 5.	오후午後	《學之光》 27호	
1926. 5.	저녁때	《學之光》 27호	
1927. 1. 31.	6월의 아침(六月の朝)	《清凉》 4호	일본어로 발표, 정한모 번역
1927. 1. 31.	마을 숲에서(里の森で)	《清凉》 4호	일본어로 발표, 정한모 번역
1927. 1. 31.	집으로 돌아가자 (家に歸らう)	《清凉》 4호	일본어로 발표, 정한모 번역
1927. 1. 31.	하나의 미소(一つの微笑)	《清凉》 4호	일본어로 발표, 정한모 번역
1927. 1. 31.	빨간 꽃(赤い花)	《清凉》 4호	일본어로 발표, 정한모 번역
1927. 1. 31.	노인의 죽음(老人の死)	《清凉》 4호	일본어로 발표, 정한모 번역
1927. 11.	님이여 들로!	《文友》 5호	
1927. 11.	살인殺人	《文友》 5호	

3. 희곡 및 시나리오(7편)

연도	작품명	발표지	비고
1930. 7. 19.~ 9. 2.	화륜火輪	《中外日報》	이 시나리오는 이효석, 안석영, 서광제, 김유영이 차례로 연재한 작품이기 때문에 그 저자를 특정할 수 없음. 6~7월까지의 《중외일보》가 유실되어 이효석의 연재 시기를 정확히 알 수 없음. 이효석이 연재한 부분은 유족들이 보관하고 있어 그가 쓴 부분만 실었음.
1931. 2. 28.~ 4. 1.	출범시대出帆時代	《東亞日報》	총 19회 연재
1931. 11.	신부新婦의 명랑성明朗性	《三千里》	「첩첩자를 질타함」(《비판》 1932. 2.)에서 이 작품을 쓴 사람이 아내 이경원(李敬媛)이 아니라 이효석 자신임을 밝혔으므로 그의 작품으로 분류함.
1932. 1.	다난기多難期의 기록記錄	《文藝月刊》	제목만 남아 있는 희곡. 《문예월간》 1932년 1월호는 목차 말미에 "戱曲 多難記의 記錄(이효석)은 不得已한 事情으로 揭載치 못한다"라고 밝히고 있음.
1935. 8.	달밤	《映畵時代》	
1938. 12.	애련송愛戀頌	《劇藝術》 6집	《映畵報》 1집(1937. 11.)에서 2집(1937. 12.)에 「애련송」을 전문 게재한다고 예고하였으나 2집의 간행 여부는 불분명함. 게재본을 찾을 수 없어 유족들이 가지고 있던 원고를 모본으로 작품을 수록하였음.
1939. 12.	역사歷史	《文章》	

4. 수필 및 잡고(115편)

연도	작품명	발표지	비고
1930. 11. 14.	서점書店에 비친 도시都市의 일면상一面相	《朝鮮日報》	
1931. 9.	북국풍물北國風物	《時代公論》	
1933. 3.	무풍대無風帶	《三千里》 5권 3호	
1933. 3.	문인서한집文人書翰集 (1) 이효석李孝石 씨氏로부터 최정희崔貞熙 씨氏에게	《三千里》 5권 3호	
1933. 4.	삼일간三日間	《三千里》 5권 4호	
1933. 6. 3.	북위北緯 42도度	《每日申報》	
1933. 9. 20.	단상斷想의 가을	《東亞日報》	
1934. 7.	이등변삼각형二等邊三角形의 경우境遇	《月刊每申》	
1934. 10.	두 처녀상處女像	《月刊每申》	
1935. 7.	성수부聖樹賦	《朝鮮文壇》	
1935. 8.	여름 삼제三題	《中央》	
1935. 10. 5.~6./8.	지협地峽의 가을(1~3)	《朝鮮日報》	
1935. 12. 25.	데생[dessin]	《朝鮮日報》	
1936. 2.	순진純眞한 정미情美를 느끼게 하는 "블랑슈"[Blanche] 급級의 여인女人-내가 꾸미는 여인女人	《朝光》	
1936. 3. 19.~21.	북국춘신北國春信(1~3)	《東亞日報》	
1936. 4.	6월六月에야 봄이 오는 북경성北鏡城의 춘정春情	《朝光》 2권 4호	
1936. 4.	발발이	《中央》	
1936. 6. 24.	바다로 열린 녹대綠帶-그리운 녹향綠鄕	《東亞日報》	
1936. 7.	동해東海의 여인麗人	《新東亞》	

연도	작품명	발표지	비고
1936. 7.	모기장	《中央》	
1936. 7. 10.	뛰어들 수 없는 거울 속 세계	《朝鮮日報》	기획 연재「한 여름밤의 꿈」 1편
1936. 8.	수상록隨想錄	《朝鮮文學》	
1936. 8.	C항港의 일척一齣	《朝光》	
1936. 9.	샹송 도톤 [Chanson d'automne]	《朝光》	
1936. 9.	처녀해변處女海邊의 결혼結婚	《女性》	
1936. 9. 29.	청포도靑葡萄의 사상思想	《朝鮮日報》	
1936. 10.	사랑하는 까닭에	《女性》	
1936. 10.	생활生活의 기록記錄 – 바다로 간 동무에게	《朝光》	
1936. 11.	영서嶺西의 기억記憶	《朝光》	
1936. 12.	고요한 《동[DON]》의 밤	《朝光》	
1936. 12.	전원교향악田園交響樂의 밤	《女性》	
1936. 12.	실없는 출발出發	《風林》	
1937. 1.	계절의 낙서(季節の落書)	《金融組合》 100호	일본어로 발표, 한성례 번역
1937. 2. 17.~20.	사온사상四溫肆想	《朝鮮日報》	
1937. 4.	남창영양南窓迎陽	《朝光》	
1937. 4.	봄 편지	《少年》 1권 1호	
1937. 4.	호텔 부근附近	《四海公論》	
1937. 5.	마음에 남는 풍경風景	《朝鮮文學》	
1937. 5.	쇄사瑣事	《白光》 5호	
1937. 5.	에돔의 포도葡萄송이	《女性》	
1937. 5.	마음의 그늘 (こころの陰翳)	《金融組合》 104호	일본어로 발표, 한성례 번역
1937. 5. 4.~8.	화춘의장花春意匠(1~5)	《朝鮮日報》	
1937. 6.	시詩를 찾는 마음	《朝鮮文學》	

연도	작품명	발표지	비고
1937. 7. 25./ 28.~29.	나의 수업시대 – 작가의 올챙이 때 이야기(1~3)	《東亞日報》	
1937. 7. 30./ 8. 4./7./8.	피서지避暑地 관북통신關北通信(1~4)	《東亞日報》	
1937. 8.	주을朱乙의 지협地峽	《朝光》	
1937. 8. 18.	마치 빈민굴貧民窟에 사는 심정心情	《朝鮮日報》	기획 연재 「현대에 대한 작가의 매력」 5회
1937. 9.	인물人物 있는 가을 풍경風景	《朝光》	
1937. 10. 17./ 19.	구도構圖 속의 가을(1~2)	《東亞日報》	
1937. 11.	조개 숟가락(貝殼の匙)	《金融組合》 110호	일본어로 발표, 한성례 번역
1938. 1.	밀른[Milne]의 아침	《三千里文學》 1	
1938. 1.	국화분菊花盆 – 우리 집의 화분花盆	《朝光》	
1938. 4. 28.~ 29./5. 3.~5.	채롱(1~5)	《朝鮮日報》	
1938. 6.	늪의 신비神秘	《朝光》	
1938. 8.	수목에 대하여 (樹木について)	《金融組合》 119호	일본어로 발표, 한성례 번역, 《조선화보(朝鮮畵報)》 1943. 4. 재수록
1938. 9.	Miss 다니엘 다리유 [Danielle Darieux]	《朝光》	
1938. 9. 16.	일기일절日記一節	《東亞日報》	
1938. 10.	남방비행 기타南方飛行其他	《三千里》 10권 10호	
1938. 10.	여성의 매력	《女性》	
1938. 11.	감명感銘 깊은 서적 소개書籍紹介	《女性》	
1938. 12.	낙랑다방기樂浪茶房記	《博文》 3호	
1938. 12.	낙엽落葉을 태우면서	《朝鮮文學讀本》	
1939. 1.	수선화水仙花	《女性》	

연도	작품명	발표지	비고
1939. 1.	포화飽和된 배열配列	《朝光》	
1939. 1.	《춘향전》 내연 무렵 (春香傳 來演の頃)	《金融組合》 124호	일본어로 발표, 한성례 번역
1939. 4. 1.	인물시험人物試驗	《每日申報》	
1939. 4. 3.	새와 꽃(鳥と花)	《國民新報》	일본어로 발표, 원본 미발견, 전집 미수록
1939. 5.	김동인金東仁 씨氏에게	《女性》	
1939. 5.	행복幸福의 부부夫婦	《家庭の友》	
1939. 5. 19.	만습기晩習記	《每日申報》	
1939. 5. 27.~28.	오월의 불만(1~2)	《朝鮮日報》	(상) 미라구리의 노래 (하) 강의 유혹
1939. 6.	유경식보柳京食譜	《女性》	
1939. 8. 3.	마리아 막달라 [Maria Magdala]	《每日申報》	
1939. 8. 7.~8. 10.	소하일기銷夏日記(1~4)	《每日申報》	
1939. 9.	물 위(水の上)	《金融組合》 132호	일본어로 발표, 한성례 번역
1939. 9.	상하上下의 윤리倫理	《文章》 1권 8호	
1939. 9. 10.	신추(新秋)	《國民新報》	일본어로 발표, 한성례 번역
1939. 9. 15.~17./19.	대륙의 껍질(大陸の皮)	《京城日報》	일본어로 발표, 한성례 번역
1939. 10.	첫 고료稿料 – 작가생활作家生活의 회고回顧	《博文》 12호	
1939. 10. 15.	야과찬野菓讚		
1939. 11. 7.~9.	추창수필秋窓隨筆(1~3)	《朝鮮日報》	고도기, 애완, 애상
1939. 11.	R의 소식消息	《朝光》 49호	
1939. 11.	북만주 소식(北滿だより)	《朝鮮及滿洲》	일본어로 발표, 한성례 번역
1939. 12.	금년今年의 수획收獲	《朝光》	
1940. 1.	편지	《太陽》	전집 미수록
1940. 1.	계절季節의 낙서落書	《新世紀》	

연도	작품명	발표지	비고
1940. 1. 9.	조선적朝鮮的 성격性格의 반성反省 – 연두송年頭頌	《東亞日報》	
1940. 2.	노마駑馬의 십년十年	《文章》 2권 2호	
1940. 2.	이성간異性間의 우정友情	《女性》	
1940. 4. 5.~7./9.	유도소식(柳都だより)	《京城日報》	일본어로 발표, 한성례 번역
1940. 6.	장덕조 씨에게 – 문인시객서한文人詩客書翰	《三千里》	
1940. 7.	괴로운 길 – 예술가藝術家의 생활초生活抄	《三千里》	
1940. 7. 30.	산협山峽의 시詩	《朝鮮日報》	
1940. 8.	화초花草(1) – 녹음독본綠陰讀本	《人文評論》	
1940. 9.	화초花草(2) – 수필隨筆	《朝光》	
미상	화초花草(3)	《新天地》	《신천지》(1947. 9.)에 게재되었을 때 서두에 "이 수필은 고 이효석 씨의 미발표 유고이다."라고 썼음.
1940. 9.	오식誤植	《博文》 20호	
1940. 11. 26.~27.	새것과 옛것 – 만주여행 단상(新しさと古さ – 滿洲旅行 短想)	《滿洲日日新聞》	일본어로 발표, 한성례 번역
1940. 12.	주을朱乙 가는 길에	《三千里》	
1940. 12.	주을소묘(朱乙素描)	《文化朝鮮》	일본어로 발표, 한성례 번역
1941. 6.	한식일寒食日	《新世紀》 3권 3호	
1941. 8.	녹음綠陰의 향기香氣	《朝光》	
1941. 8.	포도 그늘(葡萄の蔭)	《博浪沙》	일본어로 발표, 한성례 번역, 『근대조선문학 일본어작품집 1908~1945』에 재수록
1941. 8.	복도에서(廊下で)	《金融組合》 154호	일본어로 발표, 한성례 번역

연도	작품명	발표지	비고
1941. 9. 7.	비상非常의 추추秋와 나의 독서讀書	《每日新報》	
1941. 11.	사랑의 판도版圖	《春秋》	
1941. 12.	소요逍遙	《三千里》	
1942. 1.	세월歲月 – 작금인물왕래昨今人物往來	《朝光》	
1942. 3.	겨울 여행(冬の旅)	《朝光》	일본어로 발표, 한성례 번역
1942. 5.	독서讀書	《春秋》	
1942. 5.	오월의 하늘(五月の空)	《新時代》	일본어로 발표, 한성례 번역
1942. 5.	《풍년가豊年歌》 보던 날 밤 – 전시작가일기戰時作家日記	《大東亞》	
1943.	이효석 씨로부터(俞鎭午 氏에게, 盧聖錫 氏에게, 崔載瑞 氏에게)	『서간문강화』(이태준, 博文書館)	
미상	생활과 화단	?	유족 소장 유고

5. 평론(28편)

연도	작품명	발표지	비고
1930. 3.	존 밀링턴 싱[John Millington Synge]의 극연구劇研究	《大衆公論》 2권 2호	
1930. 4. 23./25.	깨뜨러지는 홍등紅燈의 평評을 읽고 – 작가作家로서 일언一言	《中外日報》	
1931. 2. 24.~25.	시나리오에 관關한 중요重要한 술어述語(1~2)	《東亞日報》	
1931. 12.	과거過去 일년간一年間의 문예文藝	《東光》	아세아亞細兒 필명 사용

연도	작품명	발표지	비고
1932. 1.	문예시평文藝時評	《時代公論》	제목만 남은 작품으로 "부득이 한 사정으로 실리지 못한 동지의 원고"로 소개되어 있음.
1932. 2.	첩첩자喋喋子를 질타叱咤함-《비판批判》 신년호소재新年號所載 《문단일침文壇一針》 일부一部에 나타난 이갑기 군李甲基 君의 과민過敏을 적고摘告함	《批判》 10호	
1933. 1. 26.~27.	'소포클레스'[Sophocles]로부터 '고리키'[Gorky]까지(1~2)	《朝鮮日報》	
1933. 8. 31.~9. 1.	문학수첩文學手帖(1~2) – "리얼"[real] · 꿈	《每日申報》	
1933. 9. 2.~3./5.	문학수첩文學手帖(3~5) – 묘사描寫 · 관념觀念	《每日申報》	
1933. 10. 4.	창작활동創作活動의 왕성旺盛과 비평批評의 천재天才를 대망待望	《朝鮮日報》	
1934. 1. 13.	낭만浪漫 리얼 중간中間의 길	《朝鮮日報》	
1935. 10.	즉실주의卽實主義의 길로 –민족문학民族文學이냐 계급문학階級文學이냐	《三千里》	
1937. 6. 5	기교문제技巧問題	《東亞日報》	
1938. 3. 6	건강健康한 생명력生命力의 추구追求	《朝鮮日報》	
1938. 4. 7.~9.	현대적現代的 단편소설短篇小說의 상모相貌(1~3)	《朝鮮日報》	
1938. 7. 31./8. 2.	서구정신西歐精神과 동방정취東方情趣 – 육체문학肉體文學의 전통傳統에 對하여(1~2)	《朝鮮日報》	
1938. 8.	단편소설短篇小說	《朝光》	
1938. 10. 16.	팔도풍물시집八道風物詩集 – 임학수林學洙 신저新著	《朝鮮日報》	

연도	작품명	발표지	비고
1939. 1.	문운융성文運隆盛의 변辯	《朝光》	
1939. 12.	『화분花粉』을 쓰고 – 창작여담創作餘談	《人文評論》 1권 3호	
1940. 1.	문학진폭文學振幅 옹호擁護의 변辯 – 신년新年 연두서年頭誓	《朝光》	
1941. 1.	신간평新刊評 – 유진오俞鎭午 저「봄」	《人文評論》 14호	
1941. 1.	국민國民의 마음 훈련과정訓練過程 – 신체제하新體制下의 여余의 문학활동방침文學活動方針	《三千里》 13권 1호	
1942. 1. 30.	생활生活과 창조創造	《每日新報》	
1942. 3.	일본어가 세계어로 – 내가 국어로 문학을 쓰는 데 대한 신념 – 반도문인에게 듣는다(日本語が世界語に – 私が國語で文學を書くについての信念)	《綠旗》	일본어로 발표, 한성례 번역
1942. 3. 3.~6.	문학文學과 국민성國民性 – 한 개의 문학적文學的 각서覺書(1~4)	《每日新報》	
1942. 4.	나는 이렇게 생각한다 – 새로운 국민문예의 길(私はかう考へてゐる – 新しい國民文藝の道)	《國民文學》	일본어로 발표, 한성례 번역
1942. 4. 5.	특수가치特殊價値의 참가參加 – 건설建設과 협찬協贊	《每日新報》	

6. 설문 및 문답(52편)

연도	작품명	발표지	비고
1930. 1.	신년삼원新年三願 – 1930년도年度 문단文壇에 대한 희망希望과 건의建議	《朝鮮講壇》 3호	
1930. 3.	포부抱負고 말고 – 금년今年도 학창學窓을 떠나는 졸업생제군卒業生諸君 포부抱負	《大衆公論》 2권 2호	
1932. 3.	현실現實에 따라 움직이라 – 금춘졸업생今春卒業生에게 부탁付託함	《實生活》(裝產社) 3호	
1932. 5.	문답問答 – 조선문사아호朝鮮文士雅號, 처녀작處女作, 대표작代表作, 감동感動 받은 작품作品	《白岳》	
1934. 9.	근독단평近讀短評	《三千里》 6권 9호	
1935. 1.	1935년두年頭 문답록問答錄	《中央》	
1935. 7. 12.	설화체說話體와 생활生活의 발명發明	《朝鮮中央日報》	
1935. 9. 18.	추등독서秋燈讀書 – 작품해부도作品解剖圖	《朝鮮日報》	
1935. 12.	십이월十二月과 나 – 조선학생朝鮮學生에게 주고 싶은 말	《學燈》	
1936. 5.	소재素材의 빈곤貧困	《朝鮮文學》	
1936. 6.	제작制作과 시절時節	《新東亞》 56호	
1936. 10.	가을의 탐승처探勝處	《朝光》	
1936. 11.	근실勤實한 편집내용編輯內容 – 창간일주년기념각계명사創刊一周年紀念各界名士의 축사祝辭	《朝光》	
1936. 12.	산타크로스는 무엇을 가져오나	《女性》	

연도	작품명	발표지	비고
1937. 1.	작가작품연대표作家作品年代表	《三千里》	
1937. 2.	문인文人과 여성女性 · 문인文人과 부부夫婦	《女性》	
1937. 2.	5개 항의 문답問答(도세渡世/문화/생활/유머/취미)	《朝光》	
1937. 3.	5개 항의 설문說問(심경/공상/독서/유머/인생)	《朝光》	전집에는 5개 항 중 심경 설문 미수록
1937. 4.	5개 항의 설문說問(연예/생활/애정/여행/유머)	《朝光》	
1937. 5.	설문說問(유머/일기/향수鄕愁)	《朝光》	
1937. 5.	설문說問(조선여성朝鮮女性 4개 문항)	《女性》	
1938. 1.	나의 십 년 계획十年計劃	《朝光》	
1938. 1.	조선작가단편자서전朝鮮作家短篇自敍傳	《三千里文學》 1호	
1938. 6.	설문說問	《朝光》	
1938. 8.	금년은 무방도(우리 집 척서법滌暑法)	《女性》	
1938. 8.	문사文士가 말하는 명영화名映畵	《三千里》	
1938. 10.	설문說問	《朝光》	
1938. 10.	개리와 쇠리 낚는 재미(즐거운 여름 방학)	《少年》 1권 5호	
1938. 11.	명사名士 만문만답漫問漫答	《朝光》	
1939. 1.	명사名士 만문만답漫問漫答	《朝光》	
1939. 2.	명사名士 만문만답漫問漫答	《朝光》	
1939. 3.	[설문] 선생先生께서는 신여성新女性과 구여성舊女性을 무엇으로 구별하시렵니까?	《女性》	
1939. 4.	서책추천書冊推薦 – 햄릿 · 파우스트	《女性》	

연도	작품명	발표지	비고
1939. 5.	설문設問(결혼結婚 8개 문항)	《女性》	
1939. 6.	우문현답愚問賢答—설문設問	《女性》	
1939. 7.	학생學生에게 추천推薦하는 서적書籍	《學友俱樂部》 1호	
1939. 8.	나는 무엇이 되려 했나 — 비행가飛行家	《朝光》	
1939. 9. 9.	몽테뉴 『수상록隨想錄』(전 3권) – 양서고지판良書告知板	《朝鮮日報》	
1939. 10. 29.	새로운 방법方法과 계시啓示를 – 외국문학外國文學 전공專攻의 변辯	《東亞日報》	
1940. 3.	소설小說을 권勸함 – 창窓	《女性》	
1940. 4.	여백문답餘白問答	《朝光》	
1940. 5.	여백문답餘白問答	《朝光》	
1940. 6.	작품애독作品愛讀 연대기年代記	《三千里》	
1940. 8.	여백문답餘白問答	《朝光》	
1940. 9.	조선문학상朝鮮文學賞을 준다면 – 엽서회답葉書回答	《朝光》	
1940. 10.	경성개조안京城改造案	《三千里》	
1940. 12.	작중인물지作中人物誌 – 『화분花粉』과 『창공蒼空』	《朝光》	
1941. 7.	명작名作 읽은 작가 감회作家感懷 – 『북경호일北京好日』	《三千里》	
1941. 7.	초향암草香庵으로	《三千里》	
1941. 12.	금년今年 일년간一年間의 아문단我文壇의 수획收獲	《三千里》	전집 미수록
1942. 1.	앞으로 어떻게 써야 하는가? – 특히 귀하가 흥미를 느끼는 주제는?(今後如何に書くべきか? – 特に貴下の興味を感ずる主題は?)	《國民文學》	일본어 설문, 한성례 번역
미상	내가 지금 중학생이라면	미상	

7. 좌담 및 대담(6편)

연도	작품명	발표지	비고
1936. 12.	조선문화의 재건을 위하여 – 제1분과회의: 문학에 대하여	《四海公論》	
1937. 1.	평양문인좌담회平壤文人座談會	《白光》 1호	
1937. 1.	현대작가창작고심합담회現代作家創作苦心合談會	《四海公論》	
1938. 1. 1.	지성옹호知性擁護와 작가作家의 교양敎養 – 평론가評論家 대對 작가作家 일문일답一問一答	《朝鮮日報》	
1939. 3.	내 지방地方의 특색特色을 말하는 좌담회座談會 – 평양 편平壤篇(李孝石은 大同工專 教授 資格으로 參席)	《朝光》	
1940. 4.	신문소설新聞小說과 작가作家의 태도態度	《三千里》	

8. 번역 작품(3편)

연도	작품명	발표지	비고
1925. 12. 18.	도둑맞은 아이(竊まれた兒, 예이츠[William Butler Yeats] 作)	《清凉》 2호	영시를 일본어로 번역
1927. 9.～10.	밀항자密航者(제럴드 워코니시[Gerald Warre-Cornish] 作)(1～2)	《現代評論》 1권 8～9호	
1930. 4.	기원후紀元後의 비너스(러디어드 키플링[Rudyard Kipling] 作)	《新興》 3호	효석曉晳 필명 사용

이효석 어휘 해설

[ㄱ]

가가(假家): '가게'의 원말

가가(可呵): 가소롭다, 웃을 만하다

가늠보다: 가늠하여 헤아리다

가닥길: 갈래길

가닥질: '가댁질'(아이들이 서로 잡으려고 쫓고 피하며 뛰노는 짓)의 사투리

가달: '가닥'(여러 가닥으로 갈라진 것)의 사투리

가리: 곡식이나 땔나무 등을 쌓은 더미, 또는 그것을 세는 단위

가리가리: 여러 가닥으로 갈라지거나 찢어진 모양.

가리산지리산: 이야기나 일이 질서가 없어 갈피를 잡지 못하는 것을 이르는 말

가살이: 격에 맞지 않고 얄망궂고 되바라진 데가 있는 사람

가생이: '가장자리'의 사투리

가스러지다: 거칠게 바스러지다

가영(假營): 임시 시설

가위: 어떤 무렵이나 때

가음: 감(특정한 자격을 갖춘 사람)

가잠나룻: 짧고 성기게 난 구레나룻

가제: '갓'의 사투리

가제나: '가뜩이나'의 사투리

각지: '갈퀴'의 사투리

간대로: '그리 쉽사리, 함부로, 설마'의 사투리

간드랭이: 꽃의 이름으로 여겨짐

간실간실: 남의 비위를 맞추면서 간사스럽게 행동하는 모양

간연하다(間然──): 지적하여 비난하다

간잎: 좌우로 나뉜 간의 한쪽 부분. 모양이 잎사귀와 같다

갈가지: '개호주'(범의 새끼)의 사투리

갈개발: 권세 있는 집안에 붙어서 덩달아 세력을 부리는 사람

갈데없다: 영락없다

감발저뀌: '감발이'(잇속을 노리어 남보다 먼저 약빠르게 달라붙는 사람을 얕잡아 이르는 말)의 원말

갑을을 나누다/갑을을 매기다: 우열 또는 등급을 매기다

값가다: 값이 나가다(귀하거나 좋아서 값이 많은 액수에 이르다)

갓파(河童): [일어] 일본 민담에 나오는 물에 사는 동물

강종(强從): 강제적인 복종

같지 않다: '같잖다'(하는 짓이나 꼴이 제격에 맞지 않고 눈꼴사납다)의 원말

개 머루 먹듯: 참맛도 모르면서 바삐 먹

어 치우는 행동을 비유하는 말
개궂다: '짓궂다'의 사투리
개금: '개암'의 사투리
개꿀: 벌집에 들어 있는 상태의 꿀
개끼다1: 갑자기 재채기를 하듯이 연거푸 기침을 하다
개끼다2: '갇혀 지내다'의 사투리
개리: '갈겨니'의 사투리
개신개신: 게으르거나 기운이 없어 나릿나릿 자꾸 힘없이 행동하는 모양
개신덕이: 개신개신 행동하는 사람
개진개진: 눈에 끈끈한 물기가 도는 모양
개짓이: 억지로, 지그시
개힘: 본래 있는 힘이 아니고 분위기나 기분에 휩쓸려서 일시적으로 내는 힘
객설스럽다: 쓸데없고 실없는 말이 많다
객탁하다(喀啄——): 뱉거나 쪼아버리다
갱개: '감자'의 사투리
거니채다: 어떤 일의 상황이나 분위기를 짐작하여 눈치를 채다
거들다: 들먹이다, 자꾸 말하다
거들어지다1: 부러운 것 없이 보란 듯이 행동하다
거들어지다2: 힘없이 이리저리 흔들리며 늘어지다
거위영장: 몸이 여위고 키가 크며 목이 긴 사람을 놀림조로 이르는 말
거적눈: 윗눈시울이 축 처진 눈
거쿨지다: 몸집이 크고 말이나 하는 짓이 씩씩하다
건가(建架): 건축(建築)과 가설(架設)
건들하다: 싱겁고 멋없다
건령(健齡): 10대 이상의 연령층
건설방: 아무 가진 것 없이 오입판에서 행하는 허랑한 짓, 또는 그런 짓을 하는 사람
건악(謇諤): 거리낌 없이 바른말을 하다
걸어앉다: 높은 곳에 궁둥이를 붙이고 두 다리를 늘어뜨리고 앉다
걸절(傑節): 아주 잘 쓴 구절
걸차다: 걸걸하다 또는 걸죽하다
검세다: 성질이 질기고 억세다
검측하다: 검은빛을 띠며 어둡다
검치다: 한 물체의 두 곳이나 두 물체를 맞대고 걸쳐서 붙이다
겉묻다: 남이 하는 김에 덩달아 따르다
겉볼안: 겉을 보면 속은 안 보아도 짐작할 수 있다는 말
게다(げた, 下駄): [일어] 왜나막신
게정거리다: 불평이 담긴 말과 행동을 자꾸 하다
겨누다: 견주어 헤아리다
격극하다(擊克——): 싸워 이기다
격단(格段): 격조의 수준
겯다1: (솜씨나 능력이 손에) 익숙하게 배다
겯다2: 씨와 날이 서로 어긋매끼게 엮어 짜다
겯다3: 어깨동무를 하다, 또는 서로 얽히거나 의지하다
결김에: 화가 난 나머지, 정신없이
결단하다: 대결하다
결머리: 못마땅한 것을 참지 못하고 발끈 성을 내거나 왈칵 행동하는 성미 또는 성질머리
겸록(兼錄): 함께 수록함
경(景): '경황'(흥미를 느낄 만한 겨를이나 형편)의 줄임말

경개(梗槪): 전체 내용의 요점만 간단하게 정리한 줄거리
경도(境道): 어떤 수준이나 단계
경물시(景物詩): 사철의 자연 경치를 보고 느낀 것을 노래한 시
경없다: '경황없다'의 준말. 몹시 괴롭거나 바쁘다
계관하다(係關——): 서로 관련을 맺거나 관련이 있다
계도(階度): 계층이나 계급의 정도나 수준
계점(契點): 계기가 되는 지점
고관줄: 고관 계층
고들매기: '곤들매기'의 사투리
고등: '고등보통학교'(일제 강점기의 학교로 현재의 중 · 고등학교에 해당함)의 준말
고를 바 없다: 구별되지 않는다
고림장이: 고림보(몸이 성치 못하여 늘 골골거리며 병을 앓는 사람, 또는 마음이 옹졸하고 하는 짓이 고린 사람을 놀림조로 이르는 말)
고시랑거리다: 불안한 마음으로 좀스럽게 몸을 자꾸 뒤척이다
고원(雇員): 관청에서 사무를 돕기 위하여 두는 임시 직원
고이가달: '고이(속곳)가랑'의 사투리
고이찮다: 괴이찮다(괜찮다)
고패를 치다: (심정 따위가) 세차게 굽이치다
곤댓짓: 뽐내어 우쭐거리며 하는 고갯짓
곧서다: '곧추서다'의 사투리
곧은 낚시: 곧바로 채는 낚시(큰 뜻을 품고 때가 오기를 기다리는 것을 비유적으로 이르는 말)
곧은불림: 사실대로 바로 말함
골로신: 러시아어 '골로시(kološa)'의 전와. 고무신.
골살: 이맛살
골통: 골통대(나무 따위를 깎거나 흙으로 구워서 만든 담뱃대) 또는 담뱃대의 연기가 통하는 연통
곰시락거리다: 매우 느리고 가볍게 자꾸 움직이다.
곱돌다: 곰돌다(자꾸 원을 그리며 움직이다)
공산하다(共産——): 재산을 공동으로 관리하고 소유하다
공중(公中): '공립중학교'의 줄임말
공칙하다: 일이 공교롭게 잘못된 상태에 있다
과남하다: 과람(過濫)하다. 분에 넘치다
과론(誇論): 과장해서 거론하다
과백(科白): 연극이나 탈춤에서 배우의 움직임과 대사를 통틀어 이르는 말
과즉(過則): '기껏해야'를 예스럽게 이르는 말
과피(過疲): 과도한 피로
괘사스럽다: 변덕스럽게 익살을 부리며 엇가는 듯한 태도가 있다
괘장: 처음에는 할 듯하다가 갑자기 딴전을 부리고 하지 않음
괜치 않다: '괜찮다'의 원말
괴: '고양이'의 줄임말
괴요(怪妖): 괴이하고 요사함
교개(絞開): 화면 속의 임의의 한 점을 원형으로 확대시키면서 화면을 나타내는 것(Iris In)

교교하다(皎皎――): 맑고 밝다
교폐(絞閉): 화면이 천천히 닫히는 것(Iris Out)
구대: 주머니(부대)
구민(丘民): 많은 백성
구주전국요도(毆洲戰局要圖): 유럽 전황(戰況) 지도
구진하다(究盡――): 모두 다 써버리다
군물: 군침
군잎: 군더더기 잎
굼성거리다: 궁시렁거리다(마음에 탐탁하지 않아서 낮은 목소리로 자꾸 혼잣말을 하다)
궁착하다(窮窄――): 궁하고 옹색하다
궤약(軌約): 기약된 궤도
궤하(机下): '귀하(貴下)'와 같은 뜻
귀양하다(歸壤――): 타지에 갔다가 평양으로 귀환하다
귀업(貴業): 상대방의 사업을 높여 이르는 말
귀융배: '구유배'(통나무를 파서 구유처럼 만든 작은 배)의 사투리
귀치 않다: '귀찮다'의 원말
귀표(鬼票): 술래놀이 할 때의 술래의 표식
그늑하다: '끄느름하다'(햇볕 따위가 약해지다)의 사투리
그늣하다: '그윽하다'의 동의어로 여겨짐
그닷: '그다지'의 사투리
글거리: '그루터기'의 사투리
글자대로: 문자 그대로
금선(琴線): 거문고 줄
금청(金靑): 라피스 라줄리, 청금석(靑金石)
급감(級監): 학급을 감독 관리하는 사람
긍하다(亘――): 걸치다(일정한 횟수나 시간, 공간을 거쳐 이어지다)
기대어(其代語): 그것을 대신하는 언어
기름길: 원래 길이 아니었으나 자주 다녀서 생긴 길의 흔적(이효석 고유의 낱말인 듯함)
기분(幾分): 얼마간, 약간
기연미연(期然未然): 그런지 그렇지 않은지 분명하지 않은 모양
기이다(忌――): 어떤 일을 숨기고 바른대로 말하지 않다, 꺼리다
긴치 않다: 요긴하지 않다. 마땅치 않다
길오장이: 식물의 명칭이지만 정확한 식물명을 알 수 없음
길표: 이정표
까치무릇: 산자고
깐보다: 어떤 형편이나 기회에 대하여 마음속으로 가늠하다, 또는 속을 떠보다
깡치: '밑에 가라앉은 찌꺼기나 앙금'의 사투리
께끔하다: '께끄름하다'(께적지근하고 꺼림하여 마음이 내키지 않다)의 준말
꼬막신이: '꼬락서니'의 사투리
꼬싯꼬싯: 낱낱이 따지고 캐어묻는 모양
꼲다: 잘잘못이나 우열을 가려서 평가하다
꽃방울: '꽃봉오리'의 사투리
꽃방치: '꽃방망이'의 사투리
끊치다: '끊기다'의 사투리
끝을 막다: 끝맺다, 마무리를 짓다
끼치다: (정확한 뜻을 알 수 없으나) '끼우다'를 강조하는 말로 여겨짐

[ㄴ]

나: '나이'의 준말

나꾸다: '낚다'(꾀나 수단을 부려 사람을 꾀거나 명예, 이익 따위를 제 것으로 하다)의 사투리

나배기: '나이배기'의 준말로 겉보기보다 나이가 많은 사람을 낮잡아 이르는 말

나변(那邊): 어느 곳 또는 어디

나분이: 마음이나 기분이 착 가라앉은 모양

나쎄: 어떤 나이, 얼마쯤 먹은 나이를 속되게 이르는 말

나지미(なじみ. 馴染み): [일어] 단골손님. 잘 아는 사람

낙자(가) 없다: '영락없다'의 사투리

낙향(樂鄕): 걱정 없이 즐겁게 살 수 있는 고장

난꾼: '난봉꾼'의 준말

난질: 주색에 빠져 놀아나는 짓

난탕을 치다: 무질서하고 난잡스럽게 마구 행동하다

난판: '난장판'(여러 사람이 함부로 떠들거나 덤벼 뒤죽박죽이 된 판)의 줄임말

낟: 곡식의 낟알

날뚱: 기대하지 않았는데 나타난 사람이라는 뜻인 듯함

날밑: 도검에서 칼날과 칼자루 사이에 끼우는 테의 일종

날뽐: 세련되지 않은 뽐내기

날탕: 아무것도 가진 것이 없음, 또는 그런 사람

남다: 남짓하다

남창(濫唱): 노래 따위를 마구 부르다

납신거리다: 말이나 행동이 가볍고 경망스럽다

낭하(廊下): 복도

내다: 냅다(연기 따위로 인해 눈이나 목구멍이 아리고 쓰라리게 하는 기운이 있다)

내생활(內生活): 내면적인 생활

내섬기다: '내생기다'(내리 이 말 저 말 자꾸 주워대다)의 사투리, 또는 아무 말이나 마구 하다

내숙(來宿): 잠자리를 찾아오다

내양(來壤): 평양에 옴

내위(內衛): 안을 지킴

내 적다: (심경 따위를) 드러내어 적다

내조(來朝): 외국 사신이 찾아옴

내주장하다(內主張--): 집안일에서 아내가 뜻을 내세우다

내지(內地): 일제 강점기 한반도에서 가리키는 일본 본토

내책(內責): 자기의 결함이나 오류에 대하여 제 스스로 꾸짖음

냉한급(冷汗級): 식은 땀이 날 정도로 부끄러운 수준

너볏이: 나른하면서 느긋하게

넘성: 듬쑥. 큰 물체가 육중하게 움직이는 모양

노가지나무: 노간주나무

노고초: 할미꽃

노대(露臺): 테라스

노리(のり, 糊): [일어] 곡물, 해초 등을 고아 만든 풀. 좁게는 과거 시멘트 반죽에 쓰인 해초풀.

노마(駑馬): 둔하고 재능이 모자란 사람

노비나촌(--村): 주을오천(함경북도 경성군 주을읍) 근처에 위치한 백계 러

시아인의 별장 지대
노염치다: 노엽히다(노엽게 만들다)
노주(露酒): (이슬처럼 받아 내린) 증류주
노태(駑駘): 느리고 둔한 말
녹절(綠節): 녹음의 계절
놋보: 됨됨이가 천하고 더러운 사람을 얕잡아 이르는 말
누덕감발: '누더기와 감발'(버선 대신으로 발에 감은 좁고 긴 무명)의 합성어
누렁둥이: 서양인 중 백인이 아닌 유색인종, 특히 흑인
눈(을)기이다: 옳지 못한 일을 남의 눈을 속여 슬쩍 피하다
눈보기: 눈을 맞춤
눈을 훔치다: 남의 눈을 피하다
눈질: 눈으로 흘끔 보는 짓
눈청: '눈망울'의 사투리
뉘엿거리다: 속이 몹시 메스꺼워 자꾸 토할 듯한 상태에 있다
느끼다: '흐느끼다'의 줄임말
늑준하다: 눅진하다(성질이 부드러우면서 끈기가 있다)
는실녀: 성적 충동 때문에 추잡하게 구는 여자
는적부리다: 늦장부리다
는질거리다: 매우 능글능글하게 자꾸 말하거나 행동하다
늠출하다: 늠름하고 훤칠하다
늡늡하다: 성격이 너그럽고 활달하다
능(能): '능력'의 준말
능걸치다: 능갈치다(아주 능청스럽다)
늦조(-調): 늦고 굼뜬 성격
닛검: '잇몸'의 사투리

[ㄷ]
다구지다: '다부지다'의 사투리
다그다: 시간이나 날짜를 예정보다 앞당기다
다닥치다: 아주 가까이 바싹 다다르다
다따가: 난데없이 갑자기
다랑(茶娘): 찻집의 여급
다리다: '댕기다'(불이 옮아 붙다 또는 그렇게 하다)의 사투리
다막(茶幕): 찻집
다섯 푼: 가치가 적다는 뜻
다욕스럽다(多辱—): 욕됨이 많다
다지다: 다잡다(다그쳐 단단히 잡다)
닦음질: 남을 몹시 을러대서 혼을 내는 일
단념(丹念): 성심, 단심
단눈: 한눈(한번 얼핏 보거나 한번에 전부 봄)
단마디: 한마디
단말: 감언(甘言, 남의 비위에 듣기 좋은 달콤한 말)
단망하다(斷望—): 희망을 끊다
단자(單字): 단어(單語)
닫다: 빨리 뛰어가다
달다1: (간장이) 달다(매우 근심스럽거나 안타까워 마음이 상하다)
달다2: '당기다'(불을 붙이다)의 사투리
달랭이: 실을 감아서 북 안에 넣는 속이 빈 막대기, 속이 빈 실속 없는 사람
달아오다: '달려오다'의 사투리
담(膽)을 떼다: 간담을 서늘하게 하다
담보(膽-): 겁이 없고 용감한 마음보
담하다: 담백하다
당삼치기: '당일치기'의 뜻으로 여겨짐
당세낭(當世娘): 당대의 아가씨

대간: 포기(뿌리를 단위로 한 초목의 낱개)

대거하다: 많은 무리들이 한꺼번에 들고 일어나다

대걸하다(大傑--): 대담(大膽)하고 걸걸(傑傑)하다

대계: 엉겅퀴

대근하다: 견디기가 어지간히 힘들고 만만하지 않다

대기(大忌): 매우 꺼리거나 싫어함

대다할(大多割): 대부분

대도연설(大導演說): 청중을 인도하는 연설

대륜(大輪): 꽃송이 따위의 둘레가 큰 것, 큰 도리

대마로(大馬路): 따마루. 중국 상하이의 최대 번화가였던 난징루(南京路)를 말함

대문(大文): 대목(글의 한 토막이나 단락)

대사(大寫): 부풀려 그려내다

대사(代詞): 대신하는 말

대서다1: 다른 사람의 뒤를 잇대어 서거나 바싹 가까이 서다

대서다2: 대들어 맞서다

대송하다(代送--): 대신하여 보내다

대안날(大安-): 크게 평안한 날

대원경(大遠景): 시나리오 용어, 장대하게 찍음

대조(大朝): 대판조일신문(1879년 1월 오사카(大阪)에서 창간된 일본의 신문으로 현재는 아사히신문사(朝日新聞社)가 발행하고 있음)

대처: '대체'의 사투리

대판(大-): 큰 도량 또는 통이 큰 사람

덤불지: 새의 종류인 듯하나 정확한 이름은 알 수 없음

덤장그물: 물고기가 지나는 길목을 막아서 물고기 떼를 한곳에 몰아넣을 수 있도록 치는 그물

덤치: '덩어리'의 사투리

덧치다: 낫거나 나아가던 병세가 다시 더하여지다

데설거리다: 성질이 털털하여 꼼꼼하지 않은 행동을 자꾸 하다

도규가(刀圭家): 의술에 능한 사람

도난계(盜難屆): 도난 신고

도래: '도르래'의 사투리, 또는 돌려서 여는 빗장

도량(跳梁): 함부로 날뜀

도련(刀鍊): 종이 따위의 가장자리를 가지런하게 베는 일

도리(道裡): 길의 이면(裏面). 뒷골목

도리우치(とりうち, 鳥打帽): [일어] 사냥꾼의 모자

도미(道味): 오묘한 이치, 또는 참뜻이나 참맛

도연하다(陶然--): 술이 취하여 거나하다

도유(塗油): 공식적으로 선정하여 임명함

도장관(道長官): 도지사(道知事)

도진(都塵): 도회지의 먼지, 또는 도시의 혼잡

도코노마(とこのま, 床間): [일어] 일본식 방의 상좌(上座)에 바닥을 한층 높게 만든 곳. 벽에는 족자를 걸고 바닥에는 꽃이나 장식물을 꾸며 놓음

독고소(どっこいしょ): [일어] 힘을 쓸 때 내는 소리로 우리말의 '영차'에 해당하는 말

독료(讀了): 읽기를 마침
독벼락: 술독벼락
독취하다(讀取--): 읽어서 취하다 또는 배우다
돌리다: 따돌리다
동백: '생강나무'의 사투리
동보(東宝): 일본의 영화사 및 영화관 이름
동색하다: 기색을 드러내다
동안을 떼다: 시간의 간격을 두다
동안이 뜨다: 시간의 간격이 길다
동이 떨어지다: 거리가 멀리 떨어지다, 또는 관계가 소원해지다.
동정(動情): 정서를 담은 동작 또는 연기
되1: '되우'(몹시)의 사투리
되2: '다시금' 또는 '도로'의 뜻
되다: 일이 힘에 벅차다
되땅: 오랑캐 땅
되술래잡다: 범인이 순라(巡邏)를 잡다는 뜻으로, 잘못을 빌어야 할 사람이 도리어 남을 나무라다
되작질: '뒤적질'의 사투리
됩데: '도리어'의 사투리
두남두다: 그 허물이나 잘못을 편들어 두둔하다
두수없다: 달리 주선하거나 변통할 여지가 없다
두틈바리: 어리석고 미련하고 찬찬하지 못한 사람
두풍(頭風): 머리가 늘 아프거나 부스럼이 나는 병, 또는 만성 두통 증세
둘 없다: 비할 데 없다
둘암소: 둘소(새끼를 낳지 못하는 소)
뒤넘꾼: 주제넘게 행동하여 건방진 데가 있는 사람을 낮잡아 이르는 말
뒤서다: 능력이나 수준에서 뒤떨어지거나 처지다
뒤슬뒤슬: 되지못하게 건방진 태도로 웃는 모양
뒤잡다: (어떤 사람이 다른 사람을) 마구 꽉 잡다
뒤치송하다: 길 떠날 준비를 뒤에서 거들며 돌보아 주다
뒤풀이하다: 어떤 말이나 글 아래에 그 뜻풀이 삼아 노래조로 지어 붙이다
뒷갈망: 뒷감당
드난: 임시로 남의 집 행랑에 붙어살면서 그 집의 일을 도와주는 고용살이
드뭇하다: '드물다'의 사투리
드잡이: 빚이나 세금을 못 갚은 사람의 가마나 솥 따위를 떼어 가거나 세간을 가져가는 일
든벌: 집 안에서만 입는 옷이나 신는 신발 따위를 통틀어 이르는 말
든손: (일을 시작한) 김에, 또는 그 당장에
들고나다: (가난 때문에) 집안의 물건을 팔려고 가지고 나가다
들때밑: 세력 있는 집의 오만하고 고약한 하인을 이르는 말
들리다: '들키다'의 사투리
들밖: 야외
들어배다: 배어들다(밖으로부터 스며들다)
듬짓하다: '듬직하다'의 사투리
등걸불: 타다가 남은 불
등글개: '등긁이'의 사투리
등글개첩: 등의 가려운 곳을 긁어 주는 첩이라는 뜻으로, 늙은이가 데리고 사

는 젊은 첩을 이르는 말

등색(橙色): 귤이나 등자껍질과 같이 붉은 빛을 약간 띤 누런색

따다: 따돌리다(싫거나 미운 사람을 돌려내어 일에 관계되지 않게 하다)

딴꾼: 말이나 하는 짓이 도리에 어그러지고 사나운 사람

딴죽걸이/딴죽치기: '딴죽걸기'와 같은 말. 발로 상대의 다리를 걸고 넘어뜨리기

딸보: 키도 작고 몸집도 작은 사람. 땅딸보

딸장이: 식물의 명칭이나 정확한 식물명을 알 수 없음

떨다: 돈이나 물건을 있는 대로 써서 없애다

뙤다: '똥기다'(남에게 살며시 일러 주다)의 사투리

뜨다: '굼뜨다'의 줄임말

뜬돈: 생각지도 않은 때에 우연히 생긴 돈

뜬사람: 뜨내기

뜬생각: 헛되거나 들뜬 생각

[ㄹ]

라듐과(―菓): 라듐을 넣어 형광색을 낸 과자

라이스커리: 카레라이스

레테르(letter): [네덜란드어] 라벨(label)

로단테(rhodanthe): 국화과의 한해살이풀

로스: 로스트(roast)의 일본어투 표기. 로스트해서 먹을 고기.

로켄만주(勞研饅頭): [일어] 일본의 명물 찐빵

루바시카(rubashka): [러시아어] 블라우스와 비슷한 러시아의 남성용 겉저고리

룸펜(Lumpen): [독일어] 부랑자 또는 실업자를 이르는 말

[ㅁ]

마가구(馬家溝): 마자거우(하얼빈의 거리 이름)

마구리: 길쭉한 토막, 상자, 구덩이 따위의 양쪽 머리 면, 또는 길쭉한 물건의 양 끝에 대는 것

마구발망: 분별없이 함부로 하는 말이나 행동

마룻대: 용마루의 밑에 서까래가 얹히게 된 도리

마바리: 말[馬]

마병장수: 헌 물건을 가지고 돌아다니면서 파는 사람

마수다/마스다: '바수다'의 사투리

마우재: 러시아인을 얕잡아 부르는 말

마주(魔酒): 정신을 흐리게 하는 술

마참1: '(때)마침'의 사투리

마참2: '마침내'의 사투리

마치다: 몸의 어느 부분에 무엇이 부딪는 것처럼 결리다

만곡(萬斛): 아주 많은 분량

만만(萬萬)없다: 전혀 없다

만목(滿目): 눈에 가득 차 보임, 또는 눈에 보이는 데까지의 한계

만요슈(まんようしゅう, 萬葉集): [일어] 일본에서 가장 오래된 시가집

만타(萬朶): 수많은 꽃송이

말눈치: 말하는 가운데에 은근히 드러나는 어떤 태도

말달리다: 어떤 행동이나 행위가 말을 달리는 것처럼 거침없다

말을 일기다: 말을 자꾸 하게 만들다

말을 피우다: 소문을 내다, 또는 말을 번지게 하다

말줄: 말의 실마리

말침: 쌀쌀맞게 톡 쏘듯 말하는 것

망간1: '총망지간'(悤忙之間, 매우 급하고 바쁜 틈)의 줄임말

망간2: '방금'의 사투리

맞갖다: 마음이나 입맛에 꼭 맞다

맞걸다: 맞대들다(맞서서 달려들다), 또는 노름판에서 서로 내기 돈을 내어놓다

맞잡이: 서로 대등한 상대

맟다: (일이나 절차가) 끝이 나다

매거(枚擧): 낱낱이 들어 말함

매생이: 노로 젓게 된 작은 배

매신(每申): 신문 《매일신보(每日申報)》의 약칭

매작질(媒妁-): 중간에서 소개하는 일 또는 그런 일을 얕잡아 이르는 말

매재: 매쟁이('납자리'의 사투리)

맥 있다: 맥박 또는 혈맥이 있다

맥(이) 나다: 맥이 풀리다(힘이 빠지거나 의욕이 떨어지다)

맥치다(脈--): 어떤 감정이 고동치듯 전신으로 퍼져나가다

머뭇다: 말이나 행동 따위를 선뜻 행하지 못하고 망설이다

먼전: 눈앞에 있는 사물과는 관계없이 멀리 떨어져 있는 쪽

멀떠구니: 모이주머니. 가난뱅이들을 빗대어 쓴 말

메: 메꽃의 뿌리

메기다: (인쇄기에 종이를) 넣다

멱서리: 짚으로 촘촘히 결어서 주로 곡식을 담는 데 쓰도록 만든 그릇

면난스럽다(面赧--): 무안하거나 부끄러운 느낌이 있다

면목: 안면(서로 얼굴을 알고 지낼 만한 친분)

면분(面分): 얼굴을 아는 정도의 교분

면오(面晤): 서로 만나서 이야기함

면책하다(面責--): 얼굴을 마주 본 자리에서 책망하다

명조(明朝): 내일 아침

모개: '무더기'의 사투리

모기둥: 각기둥(모가 난 기둥)

모다1: '모두'의 옛말

모다2: '모으다'(한데 합치다)의 준말

모던 걸(modern girl): 1930년대 경성을 중심으로 등장했던 신식 여성

모래불: 모래부리, 사취(沙嘴)

모롱이: 산모퉁이

모매(母妹): '동모매(同母妹)'의 준말, 동복누이

모설기: '모서리'의 사투리

모지리: 모질게(기세가 몹시 매섭고 사납게)

모회(慕懷): 가슴에 품은 사모의 정

목내이(木乃伊): 미라(mirra)

목양자(牧羊者): 양치기, 메시아(구세주)

목자: 딱따기(밤에 야경(夜警)을 돌 때 서로 마주 쳐서 '딱딱' 소리를 내게 만든 두 짝의 나무토막)

목침돌림: 여럿이 모인 자리에서 목침을 돌려 차례가 된 사람이 옛이야기나 노래를 하며 즐김
목코(もっこ, 畚): [일어] 삼태기
몸결: 몸의 살결
몸초리: 가느다란 몸
몹시 굴다: '못살게 굴다'의 사투리
못괘라: '못하겠노라'의 예스런 말
몽총하다: 붙임성이 없고 새침하다
묘망하다(渺茫——): 넓고 멀어서 바라보기에 아득하다
묘하다(渺——): 아득하다
무근하다(無瑾——): 흠이 없다
무기(舞妓): 대궐이나 관에서 잔치 때 춤을 추던 기생
무돈착하다(無敦着——): 무관심하다, 개의치 않는다(일어에서 따온 말)
무드러기: 화톳불이 꺼진 뒤에 미처 다 타지 않고 남아 있는 장작개비
무뚝: 무턱대고, 난데없이
무비(無比): 아주 뛰어나서 비길 데가 없음
무산당(無産黨): 무산 계급
무산문단(無産文壇): 프롤레타리아 문단
무시근하다: 성미나 반응 따위가 느리고 흐리터분하다
무연하다: 아득하게 너르다
무잡하다(蕪雜——): 사물이 뒤섞여서 어지럽고 어수선하다
무죽거리다: 미적거리다. 망설이다
무죽하다: 무거운 듯하다. 진득하다
무준하다: 오래도록 변함없다
무지다: '모으다'의 사투리
무지르다: (한쪽을) 잘라버리다
무지없다: 무람없다(조심스럽지 못하고 예의를 지키지 않아 버릇이 없다)
무참하다(無慙——): 매우 부끄럽다
무춤무춤: 놀라거나 어색해서 하던 행동을 자꾸 멈추는 모양
무트럭: 두툼하고 투박한 모양을 나타낸 말로 여겨짐
무폭하다(無暴——): 몹시 폭력적이다
묵극(默劇): 무언극, 판토마임
문(匁): 일본의 무게 단위(1관의 1,000분의 1, 즉 3.75그램)
문구(門口): (마을의) 입구 또는 들머리
문륜(紊倫): 문란한 윤리
물상(物象): 사물의 현상
물탕: 물장구
뭉숫하다: 뭉긋하다
뭉쿳하다: (가슴이) 졸아들다
뭉크리다: 웅키다(움키다), 손가락을 우그리어 물건 따위를 놓치지 않도록 힘있게 잡다
뭉킷하다: 뭉클하다(슬픔이나 노여움으로 가슴이 갑자기 꽉 차는 듯한 느낌이 들다)
미득(味得): 맛을 알아내는 것
미루다: 미루어 짐작하다
미리(美理): 좋은 이치
미성(微誠): 미미한 정성
미연간(靡然間): 자기도 모르는 사이
미인계(美人系): 미인의 혈통
미전(未前): 미연(未然, 아직 그렇게 되지 않은 상태)
밀덩이(蜜——): 봉밀(蜂蜜)의 덩어리
밀빛(蜜–): 꿀 같은 빛깔
밀장: 밀장지(옆으로 밀어서 여닫는 장지)

[ㅂ]

바쇠: '바소'(곪은 부위를 째는 침)의 사투리

바시랑거리다: 가만히 있지 못하고 계속 좀스럽게 움직이다

바심하다: 타작하다

바투: 두 물체 사이의 거리가 가깝게

바툼하다: 두 대상이나 물체 사이가 매우 가까운 듯하다

박래품(舶來品): 주로 서양에서 배에 실려 들어온 신식 물품

박산하다: 박살을 내다, 산산히 부수다

박서다: 맞서다 또는 싸우다

박지르다: 힘껏 차서 쓰러뜨리다

박청(薄靑): 엷은 청색

밖날: 바깥, 야외

반독하다(返讀——): 되풀이하며 읽다

반둥건둥: 하던 일을 끝내지 않고 중도에 그만두는 모양

반드름하다: '반듯하다'의 사투리

반문(泮門): 성균관이나 문묘(文廟)의 문. 대학에 들어가는 문

반생초(半生抄): 반생의 이야기를 줄여 쓴 것

반신지(返信紙): 회답하는 편지나 전보 용지

반작(伴酌): 술 시중을 드는 일 또는 술친구

반지(半紙): 종이의 질이 질기고 거친 얇고 흰 일본 종이

반지빠르다: 어중간하여 쓰기에 알맞지 않다

발라맞추다: 말이나 행동을 남의 비위에 맞게 하다

발명(發明): 죄나 잘못이 없음을 말하여 밝힘

발설다: 발길이 익숙지 않다

발연(勃然): 벌컥 일어나는 모양

발자하다: 성미가 급하다, 또는 꺼리거나 주저함이 없다

발허리: 발목

밤을(이) 패다: (힘겹게) '밤을 새우다'(밤이 새다)의 사투리

방객(訪客): 방문객(어떤 사람이나 장소를 찾아오는 손님)

방평(謗評): 헐뜯는 평가

배관하다(拜觀——): 상대를 공경하는 마음으로 바라보다

배돌다: 가까이 가지 않고 피하여 딴 데로 돌다

배반낭자(杯盤狼藉): 술을 마시고 한창 노는 모양

배접하다(拜接——): (상대방을 높이며) 고맙게 받다

배책(配策): 수배하기 위한 계책

배측(拜測): 상대방을 높이며 '추측'을 이르는 말

배하(配下): '지배하(支配下)'의 준말

백낮: 백주(白晝), 대낮, 한낮

백목(百目)/백조(百條): 수많은 조목(條目) 또는 온갖 항목(項目)

백지(白地): 근거 없이

버덩: 높고 평평하며 나무는 없이 풀만 우거진 거친 들

버들껑하다: 퍼들껑하다(날개나 꼬리를 퍼드덕거리며 자꾸 움직이다)

번국질하다: '뒤집개질(물건을 이리저리 뒤집는 짓)하다'의 사투리. '번각질'이

라고도 함

번기다1: 뒤집거나 넘기다

번기다2: (때나 순서를) 빼먹고 건너뛰다, 또는 그런 것을 어기다

번더지: '번데기'의 사투리

벋디디다: 뻗대며 서다, 또는 서서 버티다

벌족(閥族): 나라에 공이 많고 벼슬 경력이 많음

범하다(帆——): 돛을 달다. '아침이 범할 때'란 '아침이 시작될 때'를 비유한 말인 듯함

범범하다(泛泛——): 데면데면하다, 주의를 기울이지 않다.

범연하다(泛然——): 차근차근한 맛이 없이 데면데면하다.

베읍(—邑): 베네치아

벼락패: 벼락치기로 만나는 무리

변기(變技): 배역에 맞게 연기를 바꾸거나 창작 기법을 바꾸는 기술

변도(邊都): 변방의 도시

변새(變—): 달라지는 모양

병대(兵隊): [일어] 군대

보깨다: 사람을 성가시게 들볶다

보장하다(保藏——): 잘 간직하다

보재/보재기: '보자기'의 사투리

보전(普專): '보성전문학교'의 약칭

보풀무명: 보풀명주(고치실의 찌꺼기로 짜서 거죽에 보푸라기가 많이 일어난 명주)

복달더위: 삼복 기간의 몹시 심한 더위

복복하다(馥馥——): 풍기는 향기가 그윽하다

본제(本第): 본가(본래 살던 집), 음식 따위의 원조

볼 동안에: 순식간에, 잠깐 사이에

봇살(洑—): 봇물의 물살

봉절(封切): 개봉(봉한 것을 떼어서 엶)

봉치함: 혼서지와 채단을 담는 예장함. '봉채함(封采函)'의 원말

부앙(俯仰): 내려다보거나 올려다보기

부연전포(敷衍傳布): 상세히 전하고 퍼뜨리는 것

부영주택(府營住宅): 오늘날의 시영주택에 해당됨

부정하다(不淨——): 깨끗하지 못하다.

부회의원(府會議員): 오늘날의 시(市)의원에 해당됨

북지(北支): 중국의 북부 지방

불가신(不可信): 믿을 수 없는 것

불서럽다: 몹시 서럽다

불역: 큰 강이나 바닷가의 모래벌판

불풍나다: 잦고 바쁘게 드나드는 모양

붉은 몸: 나신(裸身)

붓날리다: '말이나 하는 짓 따위가 붓이 나는 것처럼 가볍게 들뜨다'의 사동형

뷰로(Bureau) : 1912년 일본에서 창립된 '재팬 투어리스트 뷰로(Japan Tourist Bureau, JTB)'를 가리키는 말

비대다정한(肥大多情漢): 살이 찌고 다정한 사내

비뻼: 비를 피함

비색하다(否塞——): 운수가 꽉 막히다

비생(卑生): 스스로를 낮추어 부르는 말

비승동맹(非乘同盟): 택시 안 타기 운동

비영거리다: 병으로 몸이 야위어 제대로 가누지 못하다

빈중빈중: 언짢거나 비웃거나 울려고 할 때 소리 없이 입을 내밀고 실룩거리는 모양

빗서다: '빗더서다'(다른 곳으로 비켜서 서다)의 준말

빙탁하다(憑託——): 기대다, 전거(典據)하다

빼닫이: '서랍'의 사투리

삐다: (물, 비, 사람, 행위 등이) 빠지거나 잦아져서 줄다

삠하다: 뜸하다 또는 잦아져서 줄어들다

[ㅅ]

사경(私耕): 농가에서 머슴에게 주는 돈. '새경'과 같은 말

사계(斯界): 해당 분야

사괴다: '사귀다'의 옛말

사내붙이: 혈연이나 그와 같은 부류에 묶일 수 있는 가까운 남자

사다: 가진 것(물건)을 주고 돈을 마련하다

사도(斯道): 그 방면의 도 또는 그 노정(路程)

사벌(sabel): [네덜란드어] 군인이나 경관이 허리에 차던 서양식 칼

사사(些事): 하잘것없이 작거나 적다

사연(使然): 그렇게 하도록 시킴, 또는 어떤 것으로 인한 결과

사조(辭藻): 문장이나 글

사조(詞藻): 시문의 문채(文彩)나 말의 수식

사진: '활동사진(motion picture)'의 준말

사퇴하다(仕退——): (벼슬아치가) 일과를 마치고 물러나오다

사흘갈이: 소를 데리고 사흘 낮 동안 갈 수 있는 논밭의 넓이

산림기수(山林技手): '산림기사'와 같은 말

산문(散文): 시정(詩情)이 결핍되어 산만하고 평범하며 따분함

산비알: '산비탈'의 사투리

삼문(三文): 삼류, 서푼짜리

삼벽(三碧): 크게 길한 날

삼원덕(三元德): 세 가지 근본이 되는 덕목

삼일철(三日-): 삼짇날

삼종훈도(三種訓導): 일제 강점기의 3급 초등학교 교원

상맥(想脈): 상상력의 광맥

상수: 가장 좋은 꾀. '상책'과 같은 말

상태(象態): 현상과 형태

상화(想華): 상상력의 꽃, 또는 수필 또는 형식에 얽매이지 않고 보고 느낀 것을 생각나는 대로 써 내려간 산문

-새로(에): '고사하고', '그만두고', '커녕'의 뜻을 나타내는 보조사

새로: 자정을 넘긴 시각 앞에 쓰여 시각이 다시 시작됨을 이르는 말

새빨간: '적나라한(赤裸裸-)'의 의미로 '맨머리'를 뜻함

새풀: '억새'의 사투리

생(生): '소생'(자신을 낮추어 부르는 말)의 준말

서방(書房): '서재'와 같은 말

서사(書肆): (출판사를 겸한) 서점

서선(西鮮): 황해도, 평안도 등 조선 북서부 지역

서암(書庵): 서재(書齋) 또는 서실(書室)

서전(瑞典): 스웨덴

석사(碩士): 벼슬이 없던 사람을 높여서 이르던 말

석상(席上): 여러 사람이 모인 자리
선달(先達): 선진(어느 한 분야에서 연령, 지위, 기량 따위가 앞섬 또는 그런 사람)
선숙하다(善熟——): 잘 익다
선열하다(鮮烈——): 산뜻하고 뚜렷하여 다른 것과 혼동되지 아니하다
선전(鮮展): '조선미술전람회'의 약칭
선향(線香): 모기향
설개: 그네의 발판으로 짐작됨
설피다: 어설프다. 사이가 촘촘하지 않고 성기다.
설화(屑話): 자질구레한 이야기
섬: '철'(사물의 이치를 분별할 줄 아는 힘이나 능력)의 사투리
섬기다: 셍기다(이 말 저 말을 잇달아 주워섬기다)
섬부하다(贍富——): 넉넉하고 풍부하다
섬섬이: 애절하게, 가냘프고 여리게
성대(城大): '경성제국대학'의 준말
성도(聲導): '선창(先唱)'과 같은 말
성래(性來): 타고난 성품
성부르다: 성싶다(앞말이 뜻하는 상태를 어느 정도 느끼고 있거나 짐작함을 나타내는 말)
성수부(聖樹賦): 크리스마스 트리에 부치는 글
성애술: 흥정을 도와준 대가로 대접하는 술
성심(成心): 마음을 먹음
성언(聲言): 성명(聲明, 어떤 일에 대한 자기의 입장이나 견해 또는 방침 따위를 공개적으로 발표함)
세민층(細民層): '영세민층'의 준말
소부: 젊은 아낙(남의 집 부녀자를 일상적으로 이르는 말)
소성(素性): 본래의 타고난 성품
소수: 몇 냥, 몇 말, 몇 달에 조금 넘음을 나타내는 말
소양지판(霄壤之判): 하늘과 땅의 차이
소인연극(素人演劇): 아마추어 연극
소절수장(小切手帳): 수표용지를 철한 묶음
소체(素體): 아무 꾸밈도 없는 몸
소하법(銷夏法): 피서법
소한(小閑): 짧은 휴식 시간
속 뽑히다: 여러 가지 수단으로 인해 마음속이 훤히 드러나다
속간지럽다: 낯간지럽다
속고(續稿): (연재물에서) 앞에 쓴 원고에 이어 씀
속발여장(束髮麗粧): 머릿단을 묶고 예쁘게 화장하여 꾸민 모양
속편(俗篇): 저속한 작품 또는 속된 작품
손덤치: 두툼하고 큰 손
손바닥을 번기다: 손바닥 뒤집듯이 쉽게 한다는 뜻. 여반장(如反掌)
손속: 노름할 때에 힘들이지 않아도 손대는 대로 잘 맞아나오는 운수
솔구장이: '소리장이'의 사투리
솔리다: '몸이나 물건 따위를 기울이다'의 사투리
쇄락하다(洒落——): 기분이나 몸이 상쾌하고 깨끗하다
쇄사(瑣事): 쓸모없고 사소한 일
쇠리: '쉬리'의 사투리
쇠미기(衰微期): 쇠약해지는 시기
쇠민장이: '산비장이'의 사투리
쇠치네: '미꾸라지'의 사투리

수교(垂橋): '현수교(懸垂橋)'의 준말
수급관청: 으뜸가는 급의 관청
수난로(水煖爐): 난방용 라디에이터
수다하다(數多——): 수효가 많다
수두(首頭): 앞장서는 사람, 필두(筆頭)
수떨스럽다: 수다스럽게 떠들썩한 듯하다
수람하다(收攬——): 사람의 마음 따위를 거두어 잡다
수모(愁貌): 근심하는 모습
수뭇수뭇: 숨은 듯 만 듯
수부(隨付): 따라붙음
수빙(樹氷): 나무나 풀에 내려 눈처럼 된 서리
수삽스럽다: 수줍고 부끄러운 데가 있다
수신(修身): (일제 강점기) '윤리'에 상당하는 학과목 명칭
수신척골(瘦身瘠骨): 야윈 몸
수연(垂涎): 탐이 나서 침을 흘림
수연삼천장(垂涎三千丈): 몹시 탐이 나서 많은 침을 흘림
수적(水滴): 물방울
수진시집(袖珍詩集): 포켓북(소매 안에 넣고 다닐 정도로 작은 판본으로 된 시집)
수해(樹海): 바다처럼 펼쳐진 나무숲
수획(收獲): 수확
숙례(淑禮): 반듯한 예절
숙학(夙學): 이른 시기에 배움
순시(殉時): 때를 따라
술기: '수레'의 사투리
숭덕(崇德): 1894년 평양에 설립되었던 초등 과정의 학교
숭상(崇商): 평양 숭실상업학교
숭숭거리다: 싱숭생숭하다, 어수선하고 갈팡질팡하다
승벽(勝癖): 호승지벽(好勝之癖, 남과 겨루어 이기기를 좋아하는 성미나 버릇)
승양하다(乘揚——): 타고 올라가다 혹은 배우다
승정(僧正): 승단을 이끄는 고위 승려
시고법(始稿法): 글을 시작하는 방법
시관(試官): '시험관(試驗官)'의 준말
시금초: '시금치'의 원말
시남시남/시납시납: '시나브로'(모르는 사이에 조금씩)의 사투리
시발: '수발'(거동이 불편하거나 병이 든 사람 곁에서 여러 가지 시중을 들며 보살핌)의 사투리
시뻐스럽다: 못마땅하게 생각하다
시스럽다: '스스럽다'(친분이 그리 두텁지 못하여 조심스럽다)의 사투리
시차국(矢車菊): 수레국화(국화과의 꽃)
시차초(矢車草): 도깨비부채(범의귓과의 여러해살이풀)
식분(植盆): 식물을 심은 화분
신경(新京): 일본 제국이 세운 괴뢰 정부 만주국의 수도. 현재의 중국 지린 성(吉林省) 창춘 시(長春市)에 해당함
신다리: '넓적다리'의 사투리
신신하다: 마음에 들고 시원스럽다
신조사(新潮社): 1904년 창립된 일본의 출판사
신체제(新體制): 일제 강점기 파시즘적 성격의 새로운 통치 체제
신탄대(薪炭代): 땔나무나 숯을 구입하는 데 드는 비용
실네기: '실랑이'의 사투리
실명씨(失名氏): 무명씨(無名氏)

실물교수(實物敎授): 학습자가 실제의 사물을 직접 관찰하거나 만져 보도록 하여 학습하게 하는 방법
심야(心野): 마음의 들판
심판: '셈판'(어떤 일이나 사실의 원인)의 사투리
싼들대다: '새들대다'(마음이 들떠서 경솔하게 자꾸 까불어대다)의 사투리
쓰메에리(つめえり, 詰襟): [일어] 목을 두르도록 깃을 세운 일제 강점기 제복
씨돝: 씨를 받으려고 기르는 돼지

[ㅇ]

아나(あな, 穴): [일어] 구멍 또는 노다지나 화수분(이익이나 소득이 생기는 일이나 장소)
아둑시니: '어둠의 귀신'을 뜻하는 사투리. 눈이 어두워서 사물을 제대로 분간하지 못하는 사람을 뜻하기도 함
아라사(俄羅斯): 러시아
아롱기둥: 고르고 촘촘하게 세워진 기둥
아스파라거스: 식용이 아닌 관상용 식물. 가지는 가늘며 솔잎 같은 작은 잎이 어긋나게 돋아 있음
아승자(亞承者): 선대에 미치지 못하는 계승자
아지: '가지'의 사투리
아지프로: 선동(agitation)과 선전(propaganda)의 합성 약어
아크선(ark船): 노아의 방주
아태(雅態): 우아한 자태
안가하다(安價-): 값이 싸다.
안깐: 남의 집 부녀자를 통속적으로 이르는 사투리
안모(顔貌): 얼굴 모습
안연하다(晏然--): 안정되어 걱정 없고 편안하다
안잠자기: 남의 집에서 먹고 자며 그 집의 일을 도와주는 여자
안표(眼標): 눈의 표적, 안목이나 눈높이
알라카르트(à la carte): [프랑스어] 차림표에서 골라 주문하는 요리
암중구수(暗中鳩首): 여럿이 머리를 맞대고 은밀하게 의논하는 일을 비유적으로 이르는 말
앙돌아지다: 앵돌아지다(노여워서 토라지다)
앙축대하(仰祝大賀): 받들어 크게 축하하다
앞대: 어떤 지방에서 그 남쪽 지방을 이르는 말
애격(哀激): 큰 슬픔
애꿉다: '애꿎다'(아무런 잘못도 없이 억울하다)의 사투리
애끗하다: 애틋하다
애무하다: 애매하다(아무 잘못 없이 꾸중을 듣거나 벌을 받아 억울하다)
애상(愛想): 좋아하는 사람이나 사물에 애착하는 마음
야기: 불만스러워 야단하는 짓
야드럽다: (북한어) 야들야들하다
야리쿠리(やりくり, 遣り繰り): [일어] 변통, 둘러댐
야무러지다: '야물다'에서 파생된 말로 사람됨이나 씀씀이 따위가 퍽 옹골차고 헤프지 않다
야속시하다(野俗視--): 천박한 풍속으로 여기다

야영(夜營): 밤에도 영업함
야지(野地): 산이 적고 들이 많은 지방
야취(野趣): 야성적 취향
약차하다(若此——): 앞에서 말하거나 열거하거나 지적한 것과 같다
양기하다(揚棄——): 변증법의 중요한 개념으로, 어떤 것을 그 자체로는 부정하면서 오히려 한층 더 높은 단계에서 그것을 긍정하는 일
양이(糧餌): 양식
양이(洋梨): 서양 배
양자(樣姿/樣子): 모양과 맵시
양종(洋種): 서양에서 들어온 종류나 종자
양주소(釀酒所): 양조장(釀造場, 술을 빚는 공장)
얘숙(속)하다: '야속하다'의 사투리
어거하다(馭車——): 거느리어 바른길로 나가게 하다
어기차다: 성질이 매우 굳세다
어뜩하다: 어른거리다
어령칙하다: 기억이나 형상 따위가 긴가민가하여 뚜렷하지 아니하다
어립다: '어지럽다'의 사투리
어복장국: 편육을 담은 그릇을 놓고 여럿이 둘러앉아 먹는 평안도식 음식
어사무사하다(於思無思——): 생각이 날 듯 말 듯하다
어심아하다(於心訝——): 마음속으로 의심스럽고 이상해하다. 어심의아(於心疑訝)하다
어연미연: 뚜렷하거나 적극적인 의지가 없이 되는대로 행동하는 모양
어제(語題): 토픽
억잡다: 마음 따위를 억지로 다잡다
억판: 매우 가난한 처지
언결입다: '언걸입다'(다른 사람 때문에 해를 입다)의 사투리
얼렁거리다: 남의 비위를 맞추거나 환심을 사려고 자꾸 다가오다
얼리다1: '어울리다'(한데 얽히고 엇갈리며 달라붙다)의 사투리
얼리다2: '어르다'(요구에 응하거나 말을 잘 듣도록 구슬리다)의 사투리
얼입다: 남의 허물로 해를 입다
엄렬하다(嚴烈——): 장엄하고 치열하다
엄부렁하다: 실속은 없이 겉만 크다
엄엄하다: 매우 으리으리하다, 어마어마하다
엄지락총각: 떠꺼머리총각, 노총각
엄치다: '겹치다'(덧놓이거나 포개지다)의 사투리
엉성궂다: 빽빽하지 못하고 매우 성기다.
엉크렇다: 덩그렇다, 우뚝 솟다
엥겔스 걸: 마르크스와 엥겔스의 사상에 동조하는 여성
여걸(女乞): 여자 거지
여비다: '여위다'의 사투리
여역(女役): 여자 배우, 또는 여자 역할을 하는 사람
여옥(如玉): 구슬과 같이 아름다운 것을 비유적으로 이르는 말, 또는 귀여운 딸
여우(旅寓): 나그네가 머무는 곳
여웅(女雄): 여걸
여인(旅人): 나그네 또는 여행자
역(亦): '역시'의 준말
역강(歷降): 역사 또는 그 흐름

역물(逆物): 거슬리는 대상이나 사물
연담(緣談): 혼담(婚談)
연대(年代): 어떤 나이 대
연돌(煙突): 굴뚝
연면하다(連綿――): 끊이지 않고 꾸준히 이어지다
연부(然否): 그러함과 그러하지 않음
연홀하다(戀惚――): 애틋하고 황홀하다
열명(列名): 여러 사람의 이름을 나란히 벌여서 적음
염량: 심보, 마음보
염염하다(焰焰――): 활활 타오르다
염오(厭惡): 마음으로부터 싫어하여 미워함
엽(頁): 쪽, 페이지
엽강(頁講): 몇 페이지에 해당하는 강의, 또는 페이지 단위의 강의
엽렵하다(獵獵――): 매우 슬기롭고 날렵하다, 또는 분별 있고 의젓하다
영가(寧暇): 편안히 지낼 수 있는 여가
영대(齡代): 연령대 또는 세대(世代)
영동(靈動): 영적 감동
영륜(齡輪): 나이테
영륜(營綸): 일정한 포부를 가지고 일을 조직적으로 계획함
영매스럽다: 성질이 영리하고 비범한 데가 있다
영시(靈屍): 주검
예어(藝語): 문예 작품에서 쓰는 말
예회(例會): 일정한 날짜를 정하여 놓고 정기적으로 모이는 모임
오공이: 지붕 위에 얹는 손오공을 닮은 잡상(雜像). 몸이 작고 단단하게 생긴 사람을 놀리는 말
오랍뜰: '문정'(門庭, 대문이나 중문 안에 있는 뜰)의 사투리
오매지간(寤寐之間): 잠자는 사이
오정(午正): 정오
오족(五族): 일본인, 한족(漢族), 조선인, 만주족, 몽고족의 다섯 민족
오지리(墺地利): 오스트리아
오진시키다(伍進――): 대오를 이루어 전진하다
오치하다(伍置――): 특정한 대오에 들게 하다
오형(吾兄): 정답게 상대를 높여 이르는 말
옥신하다: 폭신하다(포근하게 보드랍고 탄력이 있다)
올똥하다: 올똘하다(정신이 맑고 또렷하다)
올켜쥐다: '움켜쥐다'의 사투리
옷섶이 넓다: 오지랖이 넓다(남의 일에 쓸데없이 참견하다)
옹생원: 옹졸하고 너그럽지 못한 사람
옹송망송하다: 옹송옹송하다. 생각이 잘 떠오르지 아니하다
와사등(瓦斯燈): 가스등(석탄 가스를 도관(導管)에 흐르게 하여 불을 켜는 등)
완미하다(玩味――): 시문(詩文) 따위의 뜻을 깊이 음미하다
완실하다(完實――): 충실하다
왜성대(倭城臺): 서울특별시 중구 예장동과 회현 1동에 걸친 지역. 임진왜란 때 왜군이 주둔한 데서 유래함
외다: 벽지에 있다, 거리가 떨어져 멀리 있다
외단(外段): 신문의 한 단

외통길: 외길(한군데로만 난 길)

왼데/왼처: '외처(外處)'의 사투리. 본 고장이 아닌 외딴 곳

요(寮): 기숙사

요란하다(燎爛--): 불타오르듯 찬란하다

요려(妖麗): 요염하고 화려함

요비하다(要費--): 필요한 경비, 노력 등이 들다

욕전(浴殿): 좋은 욕실

용담(用談): 일이나 업무에 관계된 대화

용수: 죄수의 얼굴을 보지 못하도록 머리에 씌우는 둥근 통 같은 기구

용의하다(用意--): 마음먹다, 마음을 쓰다

용자(容姿): 용모와 자태

용훼하다(容喙--): 간섭하여 말참견을 하다

우(嵎): 산모롱이

우렷하다: 눈앞에 보이는 모양이 희미하면서도 뚜렷하다

우리(寓理): 우의적 논리 또는 우화의 이치

우방(牛蒡): 우엉(국화과의 두해살이풀)

우쓸하다: 두렵거나 춥거나 하여 몸이 움츠러들다

우유무위(優遊無爲): 하는 일 없이 한가롭고 편안하게 지냄

욱신거리다: 냄새가 향내 따위가 짙게 가득히 풍기다

욱욱하다(郁郁--): 매우 향기롭다, 짙다

울가망하다: 근심스럽거나 답답하여 기분이 나지 않음

울발하다(鬱渤--): 성하다

울연하다(蔚然--): 감정이나 생각 따위가 흥성하다

웃길/웃질: '윗길'(질적으로 훨씬 더 나은 품질 또는 그 물건)의 사투리

웃쓸다: 휩쓸리다 또는 빠져들다

웅(雄): '영웅'의 준말

웅사(雄士): 영웅

웅승거리다: 춥거나 두려워 몸을 궁상맞게 몹시 웅그리다

원(媛): 이효석의 부인 이경원(李敬媛)의 애칭

원두(園頭): 밭에 심고 가꾸는 오이나 참외, 수박, 호박 등을 통틀어 이르는 말

원리(垣籬): 울타리

원모자(原謀者): 우두머리가 되어 어떤 일이나 음모 따위를 맨 먼저 꾸미는 사람

원야(原野): 개척되지 않은 땅

원족(遠足): 소풍

위도하다(委渡--): 건네주다

유경식보(柳京食譜): 평양의 음식 메뉴

유도(柳都): 평양의 별칭. 유경(柳京)이라고도 함

유락(愉樂): 마음이나 기분이 흐뭇하고 좋음

유령(幼齡): 10대 미만의 연령층

유수하다(幽邃--): 깊고 그윽하다

유위하다(有爲--): 능력이나 쓸모가 있다

유익(遊弋): 재미로 하는 사냥 또는 배를 타고 이리저리 돌아다님

유창(幽窓): 그윽한 곳을 향해 난 창

유축(有畜): 가축을 가지고 있음

유축(誘逐): 꾀어내 물리침

유축: 외따로 떨어져 구석진 곳이라는

뜻의 사투리
유풍(流風): 예로부터 전해오는 풍속
응: 주로 어린아이가 어른에게 어리광을 부리며 버릇없이 하는 말이나 행동. 원말은 '응석'
응급수당(應急手當): 응급처치의 일본식 표현
응연하다(凝然--): 태도나 행동거지가 단정하고 듬직하다
의롱그릇: 옷장 또는 옷을 넣는 농
의문지망(倚門之望): 대문에 기대어 서서 자식이 돌아오기를 기다림
의부(義夫): 의로운 사람
의상(意想): 마음속에 지닌 뜻과 생각
의생(醫生): 예전에 한방 의술로 병을 고치는 것을 업으로 삼던 사람
의안(意案): 복안(腹案, 겉으로 드러내지 아니하고 마음속으로만 생각함)
의용(儀容): 몸을 움직일 때 나타나는 태도나 모양
의장(衣欌): 옷장
의장(衣裝): 옷차림
이강(以降): 이래(以來, 그동안 죽)
이데: 이데아(idea)
이도(利刀): 날카로운 칼
이부당(理不當): 이치나 사리에 맞지 않음
이소고연(理所固然): 이치가 본래부터 그러함
이심이: '이무기'의 사투리
이아치다: 자연의 힘이 미치어 손해를 입다 또는 그렇게 하다
이와나미판(岩波版): 일본 이와나미 출판사가 간행하는 문고판
이왕가(李王家): 조선의 왕실을 낮추어 부르는 말
이왕직상(李王職賞): 이왕직(일제 강점기에 조선 왕실 관련 업무를 맡은 관청)에서 주던 상
이지(easy): '이지 고잉(easy going)'의 줄임말
인고봉공(忍苦奉公): 고통을 감내하며 국가와 사회를 위해 봉사하다
인금: 사람의 가치나 됨됨이
인줄: 서로의 인연이 맺어진 길, 또는 사람들과 맺은 관계
인총(人叢): 한곳에 모였거나 살고 있는 사람들의 수
인축(人畜): 사람과 가축을 통틀어 이르는 말
일건/일껀: '일껏'의 사투리
일광실(日光室): 햇빛이 잘 들도록 천장을 유리로 만든 방
일국(一掬): 한 움큼
일렬(逸劣): 수준이 뛰어나거나 졸렬함
일류: '나름'의 뜻.
일부인(日附印): 서류 따위에 그날그날의 날짜를 찍어 넣는 도장
일사천벽(一絲千碧): 한 올이 천 개의 푸른 옥과 같다
일선대약(一線大約): 제일선에서 사용되는 가장 중요한 것
일설(逸說): 일화와 같이 떠도는 이야기
일속(一粟): 한 알의 좁쌀, 몹시 적은 양
일역구(一驛區): 한 정거장 거리
일의적(一義的): 가장 중요한 의미를 갖는
일주(一籌): 한 가지 계책

일척(一齣): 이야기나 노래의 한 구절
일편(逸篇): 뛰어난 한 편의 작품
임검(臨檢): 현장 검색
임리하다(淋漓──): 피, 땀, 물 따위의 액체가 흘러 흥건하다
임본(臨本): 수련기 또는 특정 시기에 본받아야 할 근본 또는 모범
입령(立齡): 30대 나이(三十而立)
입봉창: 소리를 내거나 말을 하지 못하도록 사람의 입을 막는 것, 또는 입에 물리는 물건
입비(入費): 어떤 일에 드는 비용
입살: 악다구니가 세거나 센 입심(기운차게 거침없이 말하는 힘)
입을 넣다: 간섭하다. 말참견하다
입자리: 입으로 낸 자국
입힘: '입심'(기운차게 거침없이 말하는 힘)의 원말
잇줄: 치열(齒列, 이가 늘어선 모양)

[ㅈ]
자(眥): 눈초리
자겁하다: 제풀에 겁을 내다
자력(資力): 자본을 낼 수 있는 힘
자련자련: 정성을 들여 조심스럽게 움직이는 모양
자매(自罵): 스스로를 꾸짖음
자벌(資閥): 막대한 자본을 가진 사람
자복이: '수북이'의 사투리
자사(恣肆): 제멋대로 함
자상(姿像): 맵시의 모양
자시키(ざしき, 座敷): [일어] 응접실
자익되다(資益──): 밑천이 되거나 이득이 되다
자작지얼(自作之孼): 자기가 저지른 일로 말미암아 생긴 재앙
자짓빛(紫地─): 자줏빛
자취 맑다: 어떤 것이 남긴 표시나 자리가 없다
자치동갑: 한 살 차이가 나는 동갑
자하다(資──): 밑천이 되다, 영향을 미치다
자후(自吼): 스스로 크게 노한 소리
작가주방고(作家廚房苦): 창작실에서 겪는 고통
작란(作亂): '장난'의 원말
작반(作伴): 길동무로 삼음 또는 어울림
잠간(暫間): '잠깐'의 원말
잠연(蠶然): 문맥상 '누에와 같은'의 뜻으로 여겨짐
잡도(雜道): 난잡한 짓
잡도리: 단단히 준비하거나 대책을 세움
잡망하다(雜忙──): 잡다한 여러 가지 일로 바쁘다
잡아들다: 들어서다 또는 접어들다
잣다: 높은 곳을 향하여 길을 꺾어 돌거나 힘들게 올라가다 또는 서다
장간(長間): 시간적 거리 또는 오랜 동안
장궤(掌櫃): 부자 혹은 중국 사람을 속되게 이르는 말
장기(匠器): 장인(匠人)이 사용하는 기구
장깃: 칼깃(새의 날갯죽지를 이루는 빳빳하고 긴 깃)의 사투리
장대: 긴 축대가 있는 곳
장도막: 한 장날과 다음 장날 사이의 기간
장백산맥: 이효석의 작품에서는 태백산맥

장전(壯展): 웅장한 식전

잦히다: 물건의 안쪽이나 아래쪽이 겉으로 드러나게 하다

재세: 완력이나 권세를 믿고 교만하게 굶

재없이: 근거는 없지만 틀림이 없이

재치다: '재우치다'(빨리 몰아치거나 재촉하다)의 사투리

재화(才華): 빛나는 재주, 또는 뛰어난 재능

쟁기(爭氣): 남과 다투어 이기고자 하는 기질

저(邸): '저택(邸宅)'의 줄임말

저녁물: 저녁 무렵

저름: 고기 살점을 세는 단위

저미하다(低迷--): 기운이 빠져 활동이 둔하고 혼미하다

저악하다(沮惡--): 나쁘다

저어하다(齟齬--): 서어하다, 익숙하지 아니하여 서름서름하다

저적거리다: 매우 힘없이 천천히 걷다

적역적연(適役適演): 알맞은 역에 알맞은 연기

적청(赤靑): 옳고 그름

전: 물건의 위쪽 가장자리

전기(典記): 경전(經典)의 기록

전대(廛臺): 물건을 얹어 놓은 판매대

전벽(全璧): 완벽함

전비(前非): 이전에 저지른 잘못

전색(詮索): 조사하여 구함

전선(全鮮): '전조선(全朝鮮)'의 준말

전중이: 징역살이하는 사람을 속되게 이르는 말

전지(全知): '전지전능(全知全能)'의 줄임말

전통: 한통속

절품(絕品): 비할 데 없이 훌륭한 물건 또는 작품

점적하다1: 점직하다(부끄럽고 미안한 느낌이 있다)

점적하다2: '적막하다'의 뜻인 듯함

점좌(點座): 점점이 자리를 잡다

접문(接吻): 입맞춤

정말(丁抹): 덴마크

정소(情訴): 애정에 호소함

정혼(精魂): 정령(精靈)

제기를 디디다: 까치발을 하다, 혹은 발끝으로 다니다

제목주의(題目主義): 한 가지 명제를 두고 그것을 기준으로 판단하고 비판하려는 사상

제물맞춤: 안성맞춤(조건이나 상황이 어떤 경우나 계제에 잘 어울림)

제비초: 제비꽃을 가리키는 듯함

제일중학교: 평양 소재 중학교

제작(諸作): 여러 작품

제전(帝展): '일본제국미술전'의 준말

제턱: 변함없는 그대로의 분량 또는 정도

제하: '손아랫사람'이라는 뜻인 듯함

조고(操觚): 문필

조교(調敎): 승마(乘馬)를 훈련함 또는 훈련하는 사람

조련하다: 만만할 정도로 헐하거나 쉽다 [주로 부정문 형식으로 쓰이는 말]

조록: 가는 물줄기나 빗물 따위가 빠르게 잠깐 흐르다가 그치는 소리 또는 그 모양

조루(粗漏): 조잡하게 얽어 비가 새는 상황, 또는 그러한 상황을 비유적으로 이

르는 말

조미(朝味): 아침에 느끼는 신선한 느낌

조밀조밀하다: 매우 조심스럽고 조마조마하다

조사(措辭): 시가나 산문에서 문자를 선택하거나 배열하는 일 또는 그런 용법

조상(俎上): 도마 위 또는 작업대

조세(早世): 요절(夭折, 젊은 나이에 죽음)

조이: '조'의 사투리

조제남조(粗製濫造): 조잡하게 함부로 만들어 내는 것

조짜(造-): 진짜처럼 만든 가짜 물건

족생(簇生): 초목이 무더기로 더부룩하게 자라남

좀상(-賞): 좀스러운 상

종방(鍾紡): 방적회사 이름. 일어로 '가네보'라 함

종용하다(從容--): 성격이나 태도가 차분하고 침착하다

종이울: 종이로 만든 울타리

좌증(左證): 참고가 될 만한 증거

죄만스럽다: 매우 죄스럽고 죄송한 느낌이 있다

주렵/주접(이) 들다: '주눅 들다'의 사투리

주렵: '주접'의 사투리

주름잡다: 시간이나 공간의 길이를 앞당기거나 짧게 하다

주물뜨(트)리다: 제물에 몸이 움츠러뜨리다

주의(周衣): 두루마기

주조사(鑄造師): 주물공(鑄物工)

준역(準域): 어떤 경지에 가까운 영역

중경시비(中耕施肥): 작물을 재배하는 중에 거름을 주는 일

중목(衆目): 대중의 눈, 또는 여러 사람의 눈

중판(을) 매다: 하던 일을 도중에 그만두다

쥐알봉수: 잔졸하면서 약은 사람을 놀림조로 이르는 말

즉경(卽景): 눈앞에 펼쳐진 경치

즉하다(則/卽--): 당면하다, 임하다

증유(曾遊): 지난날에 들러 놀았던 일

증좌(證左): 참고가 될 만한 증거

지과(智果): 앎의 결과, 또는 깨달음의 묘과(妙果)

지나(支那): 중국

지나쳐: 지나치게

지다: (젖이 불어) 저절로 나오다

지만하다: 무엇을 하기 전에 충분한 준비를 하다, 또는 몸을 가누다

지실치 못하다: 칠칠치 못하다(야무지고 반듯한 데가 없다)

지우다1: 내기나 시합, 싸움 따위에서 재주나 힘을 겨루어 상대를 꺾다

지우다2: 일정한 기간이 지날 때까지 시간을 보내다

지정거리다: 곧장 내달아 가지 않고 한 곳에서 자꾸 머뭇거리다

지치다: 사람이 기침 따위를 해대다

지필(遲筆): 글쓰는 속도가 느림

직장(職長): 작업 현장에서 근로자를 직접 지휘하거나 감독하는 사람

진고지속(進稿遲速): 원고 쓰는 속도가 느리거나 빠름

진부진(振不振): 진흥과 부진

진장(陳藏): '김장'과 같은 말

진피: 끈덕지게 달라붙는 짓, 또는 못난

행동

질레: 잘못된 말이나 행동을 계속할 때 쓰는 말

질빗이: 여럿이 늘어선 모양이 빗살처럼 빽빽하고 가지런한 모양

질숙거리다: 목을 길게 뽑아 내밀다, 또는 멀리 있는 사람을 보기 위해 기웃거리다

징벽하다(澄碧──): 맑고 푸르다

징킨스 업(Jenkins up): 동전과 같은 표식을 감춘 사람이 누구인지를 찾는 놀이

찌긋거리다: 주의나 눈치를 주려고 슬며시 자꾸 잡아당기다

[ㅊ]

차등지(此等誌): 이와 같은 잡지들

차례지다: 차례가 되다. 일정한 차례나 기준에 따라 몫을 분배받다

차치광이: '미치광이'의 사투리

차하하다: '차입'(감옥 같은 곳에 외부의 돈이나 물품 따위를 들여보냄)의 반대말

착살스럽다: 하는 짓이나 말 따위가 조금 얄밉고 더러운 데가 있다

착종(錯綜): 여러 가지로 뒤섞인 모양. 여러 사물이나 현상이 뒤섞여 있음을 나타냄

찬가불이하다(讚嘉不已──): 찬양해 마지않다

찬식(燦飾): 찬란하게 장식하다

찬앙하다(讚仰──): 학덕이나 공덕 따위를 우러러 받들다

찬연(餐宴): 먹을 것을 많이 차린 잔치

찬하(攢賀): 두 손을 모아 축하의 뜻을 표함

참례하다(參禮──): 다른 사람의 일에 끼어들다. 참여하다

참태(慘態): 참상

찹찹하다: 가깝고 살뜰하다, 마음이 들뜨지 아니하고 차분하다

창구(艙口): 배의 창고에서 짐을 내리거나 올리기 위하여 상갑판에 만들어 놓은 네모진 구멍

창닫이: 창틀

창을 빼다: 못할 짓을 하거나 하는 짓이 줏대가 없고 온당치 못하다.

창이 나다: 해져서 구멍이 뚫리다, 살림이 거들나다

창흘(蒼吃): '창창'(蒼蒼, 앞길이 멀어서 아득함)을 일컫는 것으로 여겨짐

채자(採字): 활자를 고르는 일

채치다: 고삐 따위를 갑자기 힘을 주어 잡아당기다, '채다'를 강조하는 말

처제(妻弟): 아내의 남동생 혹은 여동생

척동(尺童): '삼척동자'의 준말

천녀(天女): 여신 또는 아름답고 상냥한 여자

천보: 비천하고 누추한 본새나 버릇 또는 그 본새나 버릇을 가진 사람

천분(天分): 타고난 재능이나 직분

철수: '철(계절)'의 사투리

첫끝: 실마리, 단초(端初)

청렬하다(淸洌──): 물이 맑고 차다

청쇄하다(淸灑──): 맑고 깨끗하다

청어(淸語): 좁은 의미로는 만주어를 의미하나 일반적으로는 중국 말을 가리킴

청지: 청색 바탕

체관(諦觀): 체념, 단념

체전부(遞傳夫): 우편집배원

초다짐: 초벌로 미리 하는 다짐

초속(超俗): 초세(超世, 세속에 구애되지 않고 초연함

초열지옥(焦熱地獄): 불교에서 말하는 팔열(八熱) 지옥 중 하나

초초하다(楚楚——): 청초하다(말쑥하고 깨끗하다)

초치하다(招致——): 불러들이다

촉규화(蜀葵花): 접시꽃

촌구(寸句): 한 마디의 말, 또는 짧은 구절

촌낭(村娘): 시골 아가씨

촌침(寸針): 짧은 비판

총대(總代): 전체를 대표하는 사람, 또는 마을의 우두머리

총중(叢中): 뭇사람 가운데

총태(總態): 총체적 태세

총후(銃後): (일제 강점기에 쓰던 말로) 총의 뒤쪽 즉 전선이 아닌 후방

추고하다(追考——): 지난 일을 돌이켜 생각하다

추근하다: 물기가 조금 있어 축축하다

추사하다(追寫——): (글을) 따라가며 베끼다

추심적(樞心的): 중추적(中樞的)

추점(樞點): 중추적 지점, 또는 매우 중요한 요소

축산(蓄産): 유산 혹은 전통

축설(縮設): 축소하여 설치하다.

축장하다(蓄藏——): 모아서 감추거나 거두어 두다

축하다: 생기를 잃다

춥춥스럽다: 집요하게 덤벼들며 귀찮게 하다, 매우 추접스럽다

충충대다: 마음이 움직이게 충동질하다

취체하다(取締——): 규칙, 법령, 명령 따위를 지키도록 통제하다.

취태평지곡(醉太平之曲): '평조회상(平調會相)'의 다른 이름

취하다(就——): ~에 나아가다, ~를 다루다

측문하다(仄聞——): 얼핏 풍문으로 듣다

측측하다(惻惻——): 불쌍하고 가엾다

츨츨하다: 보기에 싱싱하여 질이 좋다

치경(稚境): 치졸한 경지 또는 수준

치념하다(置念——): 염두에 두다, 또는 미리 생각해 놓다

치열하다(稚劣——): 유치하고 졸렬하다

치첩(雉堞): 성 위에 낮게 쌓은 담

치편(稚篇): 치기 어린 글 또는 그러한 글을 모아 놓은 책

친간(親姦): 육친 간의 간음 행위

칭원하다(稱冤——): 원통함을 들어서 말하다

칭탈(稱頉): 무엇 때문이라고 핑계를 댐

[ㅋ]

커트 글라스(cut glass): 본래의 뜻은 무늬를 새겨 넣은 유리그릇. 여기서는 과자를 담은 커트 글라스라는 뜻인 듯함

코 큰 소리: 잘난 체하는 소리

코에 걸리다: 눈에 거슬리다

쿨리(苦力, coolie): [중어] 육체노동에 종사하는 하층의 중국인 노동자

크낙하다: 매우 크다

큰 체: 잘난 체

[ㅌ]

타(打): 'dozen'의 일본어

타감(惰感): 게으름의 느낌
타방(他方): ~하는 한편
탄합(呑合): 삼키어 합해짐
탕일하다(蕩逸──): 방탕하고 절제가 없다
태(態)를 피우다: 아는 척하다, 또는 허세를 부리다
토이기(土耳其): 터키
통리(通理): 일반에 공통되는 원리
통세나다(痛勢──): 진통이 있다
통열하다(通閱──): 두루 살피다
퇴내다: 실컷 먹거나 가지거나 누리어서 물리게 되다
퇴환(退還): 뒤로 물러나다, 뒤떨어져 원래의 자리로 돌아가다
툽툽하다: 두텁다, 두껍다
트죽하다: '트집을 잡다 또는 비위에 거슬리다'의 뜻인 듯함
특수경: 특별하고 희귀한 경지
특언예송하다(特言禮頌──): 특별히 예찬하다

[ㅍ]

파리 나전가(巴里 羅甸街): 파리의 라탱 구역(Quartier Latin)
파묻다: 따지면서 자세하게 묻다, 캐묻다
파잡다: 결점을 들추어내다
팔불용(八不用): 팔불출
펀펀히: 아무 일도 하지 아니하고 빈둥거리며 노는 모양
펏질: 뻔질(자주, 종종)
편기(偏嗜): 편벽한 기호
편사하다(偏私──): 사사로운 편견, 편향
편연(便然): 편하고 쉽게 이용하는 일, 또는 그러한 것의 자연스러움. 편의
편포(遍布): 널리 폄
평성(平城): 평양의 별칭으로 쓰인 말인 듯함
평신저두(平身低頭): 엎드려 머리를 댄다는 뜻
폐롭다: 폐를 끼치다
포류(蒲柳): 갯버들
폼(form): 정거장의 승강대, '플랫폼(flatform)'의 준말
표물: 표시물
표박하다(漂迫──): 일정한 주거나 생업이 없이 떠돌아다니며 지내다
푸냥하다: 생김새가 좀 두툼하다
푸신하다: 폭신하여 아늑하다
풀들: 초원
풀이 나다: '풀이 죽다'와 대비하여 쓴 말
품격(稟格): 성정(性情)과 격조(格調)
품구(品具): 갖추어야 할 물품
품기다: 품게 하다
품조(品操): 품성과 격조
풍류낭(風流娘): 풍류가 있는 아가씨
풍설(豊雪): 눈이 많이 옴
풍순하다(豊醇──)/풍신하다: 풍부하고 순수하다, 또는 술이 빚어지거나 그런 냄새가 나다
풍신(風神): 풍채
풍안(豊眼): 실컷 눈요기를 함
풍윤하다(豊潤──): 풍부하고 넉넉하다, 또는 살지고 기름지다
풍일하다(豊溢──): 넘치도록 풍부하다
풍준하다: 풍부하고 아름답다
풍후하다(豊厚──): 풍부하고 두텁다, 또는 술이 빚어지거나 그런 냄새가 나다
프로시: '프롤레타리아 시(詩)' 또는 '프

로파간다 시'의 준말
플래토(plateau): 학습 과정 중 일시적인 정체를 가리키는 심리학 용어
피근피근하다: 뻔뻔스러울 정도로 고집이 세고 완고한 모양
피마: 다 자란 암말
피육스럽다: 일어 'ひにく(皮肉)'에서 만들어 낸 말로 '아이러니하다'의 뜻
피장(避莊): 더위나 추위를 피해 가는 별장
핏돈: 피처럼 소중한 돈

[ㅎ]

하리코미(はりこみ, 張(り)込み): [일어] 잠복해서 정탐하는 사람
하차(荷車): 짐차
하치않다: '하찮다'의 원말
하쿠라이(はくらい, 舶來): [일어] 주로 서양에서 배에 실려 들어온 박래품(舶來品)
한끈: 한번, 대번
할애(割愛): 일부를 떼어 주다
함박: '함박꽃'의 줄임말
해깝다: '가볍다'의 사투리
해끗하다: 한 군데가 얼핏 조금 하얗다
해내다: 혼내 주다, 야단쳐 주다
해당(海棠): '해당화(海棠花)'의 준말
해조(諧調): 즐거운 가락
행길: 한길의 사투리
행문(行文): 글을 지음, 지은 글
행티: 행짜를 부리는 버릇
향복(享福): 행복을 누림
허든허든하다: 힘이 없어 중심을 잃고 이리저리 자꾸 헛디디다
허붓하다: 마음이 허전하다 또는 헛헛하다
허전거리다: 다리에 힘이 빠져 쓰러질 듯하다
허절하다: 후줄근하다
허출하다: 허기지고 출출하다
헌거롭다(軒擧--): 인색하거나 까다롭지 아니하고 너그러운 데가 있다
헙헙하다: '헛헛하다'(무엇을 잃은 듯하여 몹시 아쉽거나 섭섭한 느낌이 있다)의 옛말
헛입다: '부당한 말을 듣게 되다'의 뜻으로 여겨짐
헤다: 맑은 물에 넣어 빨거나 씻다 또는 헹구다
헤이다: 어려운 상태에서 벗어나려고 애쓰다
헵뜨다: 눈을 치켜뜨다
현발(懸拔): 슬로건, 모토를 내세우는 것
혈조(血潮): 치솟는 혈기를 비유하는 말
협(脇): 옆구리
호(鎬): 칼의 몸 중간에 길게 난 홈
호개(好箇): 한 개의 좋은 것
호개: '호견(胡犬)'의 사투리, 주로 사냥개로 이용
호궁(胡弓): 만주인들의 전통 찰현 악기. 중국에서는 호금, 한국에서는 해금이라고 함
호기취사(好忌取捨): 좋아하거나 꺼리고, 취하거나 버림
호저(好著): 좋은 저작물
호지(胡地): 오랑캐가 사는 땅
혹사하다(酷似—): 매우 비슷하다
혼갈(混竭): 맑지 않고 흐림

훌훌히: 조심성 없이 가볍거나 쉽게, 대수롭지 않게

홋홋하다: 매우 홀가분하다

화리(禾利/花利): 경작권

화세(火稅): 화전에 물리던 세금

화저(火箸): 부젓가락(화로에 불을 다루는 젓가락)

환의(幻衣): 환상의 옷

활이야 살이야: 남을 큰소리로 오래 꾸짖어 야단함. 활쏘기를 할 때 근처에 있지 말라고 크게 소리치던 말에서 유래

황당불이(荒唐不二): 황당하기 짝이 없다

회똑거리다: 한쪽으로 쏠리거나 미끄러지다

회조하다: 낡고 촌스럽다, 후줄근하다

획시기(劃時期): 획기적인 시기

획점(劃点): 한 획을 그음, 중대한 전환점

후락하다(朽落--): 낡고 썩어서 못 쓰게 되거나 빛깔이 바래고 지저분하게 되다

후리다: 노려보다

후미키리(ふみきり, 踏切): [일어] 철로 건널목

후출하다: 무엇이 조금씩 빠져나가다

후카고무(ふかごむぐつ, 深ゴム靴): [일어] 신고 벗기 편하도록 목 부위 앞부분에 넓게 고무를 댄 앵클부츠

훗훗이: 훈훈하고 편안하게

휘뚤거리다: 기웃거리며 열씬대다

휘연하다: 훤한 듯하다

휘엿하다: 후련하고 시원스럽다

휘젓이: '버젓이'의 강조어

휘줄거리다: 휘젓고 다니다 또는 휘날리다

휘줄하다: 휘늘어지다, 축축 늘어지다

휘추리: 곧게 뻗은, 가늘고 긴 나뭇가지

휘친하다: 날씬하게 쭉 뻗다

흐리마리: 성미나 반응 따위가 느리고 흐리터분하다. '흐지부지'의 사투리

흐벅지다: 탐스럽게 두툼하고 부드럽다

흐붓하다: 흐뭇하고 흡족하거나 푸짐하고 넉넉하다(이효석 고유의 낱말인 듯함)

흑매(黑莓): 블랙베리(blackberry)

흘연히(屹然-): 높게 우뚝 솟은 모양

흠미하다(歆味--): 기쁨을 맛보다

흠욕하다(欽慾--): 높이 여겨 탐내다

흥(興)이야 항(恒)이야: 관계도 없는 남의 일에 쓸데없이 참견하여 이래라저래라 하는 모양

흰멋: 터무니없는 멋 또는 되지 못한 멋

히야카시(冷(や)かし): [일어] 놀림, 야유

이효석전집 편찬위원장
이우현(이효석문학재단)

자문위원 (가나다순)
곽광수(서울대학교 명예교수, 불문학)
김명렬(서울대학교 명예교수, 영문학)
김용직(서울대학교 명예교수, 국문학, 학술원 회원)
김창진(전 가톨릭대학교 교수, 국문학)
박성창(서울대학교 교수, 국문학)
방민호(서울대학교 교수, 국문학)
성석제(소설가)
신범순(서울대학교 교수, 국문학)
오정희(소설가)
이영준(경희대학교 교수, 한국현대문학)
이영춘(시인)
이익섭(서울대학교 명예교수, 국어학)
주종연(국민대학교 명예교수, 국문학)

일어 번역
장순하(시조시인)
이호철(소설가)
한성례(세종사이버대학교 교수, 일문학)
이로미(일어 번역가)

텍스트 교감 · 편집 팀
이상옥(책임자, 서울대학교 명예교수, 영문학)
공강일(서울대학교 대학원 국문학 박사과정 수료)
나보령(서울대학교 대학원 국문학 박사과정 수료)
송민자(춘천교육대학교 졸업)
이지훈(서울대학교 대학원 국문학 박사과정 수료)